中華書局

香港實證研究

健康長壽

張筱蘭 編

序一

「祝您身體健康、長命百歲」這是不少人喜歡用的祝福語句，不過將來可能要改口，因為全球人均壽命正不斷延長，過百歲已不是罕見，而香港人更是全球最長壽的地方之一，女性平均年齡達到 87.5 歲，男性平均82.1 歲。

長壽可能是不少人的願望，但我認為有質素的長壽更重要，即是年過百歲，仍然行得、跑得、瞓得又食得，長壽地活得健康、活得快樂，那就最理想，當然要做到並不容易，那究竟如何可以做到？閱畢此書可能你會找到答案。

一看《健康長壽：香港實證研究》此書名已相當吸引，內容更是豐富多元，由過百歲老人分享健康長壽座右銘，以至最佳營養膳食、生活習慣、高齡長者政策，以及本地及外國長壽人口國家的調查及數據等等，也有篇幅詳細說明，確實是一本非常值得推薦的書籍，祝願選閱這書的讀者，都有所得，長壽健康。

食物及衛生局前局長
高永文醫生 GBS, BBS, JP

序二

　　隨着醫療保健和生活條件的進步，長壽對於大多數人而言已不是遙不可及的目標。有研究預計 2000 年後出生的孩子中，每兩位便會有一位活到 100 歲。香港作為其中一個長壽的大都會也不例外。

　　張博士與其團隊於 2010 年開啟香港百歲老人研究的時間，我正在香港大學行為健康教研中心任總監。張博士致力於創新科研，糅合了社會科學及醫學的研究方法，從本地百歲老人那裏收集健康長壽的智慧。這本書集合了這項艱鉅研究的理念、成果和精髓，並將成為我們邁向健康、快樂及有意義的老年生活的新聖經。

　　美國著名的明尼蘇達州修女研究（Nun Study of Aging and Alzheimer's Disease）指出，擁有積極正面的思維和穩定的情緒是促進長壽的最重要因素。這本書正正是個好例子，說明了本地百歲老人一生如何利用智慧和積極的人生觀面對生命中的起起跌跌，也證明了幸福感、正能量、笑容、快樂以及分享積極的情緒皆是長壽不老的祕訣。

　　在現時的新冠病毒疫情下，公共設施關閉和社交距離政策容易令長者被社會孤立和感到孤獨。長者友善社區對於長者的身心健康至關重要。《美國醫學會雜誌》最近所發表的評論提出了「健康的道德因素」（Moral Determinants of Health），指出要建設一個促進全人健康的社區，除了需要政策和社區網絡的支援，也有賴其居民對於捍衛區內各弱勢社群的身心健康的團結（Solidarity）。這本書提醒了我們及政策制定者創建一個相互支持的社區環境的重要性，而該環境應為社區中的「老友記」提供全方位的支援。

最後，我衷心祝賀張博士完成這本徹底改變華人社會對於理解健康長壽的巨著。

陳麗雲太平紳士 Ph.D., R.S.W., F.A.O.S.W., F.H.K.P.C.A., F.H.K.A.S.W.,
J.P. 香港大學社會工作及社會行政學系榮休教授、
腫瘤社會工作者協會（美國）院士、
香港社會工作專科院創始院士及香港專業輔導協會院士

序三

　　中國歷史上有許多帝王因為渴望延長享受財富和權力，而追求長壽、甚至長生不老的方法。然而，奉行及時行樂、今朝有酒今朝醉的生活方式，以為是在享受生命，其實卻在耗弱心靈能量，畢竟外在物質帶來的滿足感都很短暫，提升生命質素的豐足與幸福感，其實比生命的長度更加重要。

　　張筱蘭博士出版這本書的目的之一，是希望回顧過去不同領域的諸多重大科學研究及文獻成果，並與大家分享香港百歲老人的實證研究，從而提醒大家可以提早參考他們的生活方式，以達致長壽但仍然充滿活力、能獨立自理日常生活的生命質素。

　　根據本書內容，基於各種商業因素的影響，近年社會上出現過度醫療的問題，因過度診斷化驗和治療，令原本沒病的人被診斷為患病，需要接受藥物及其他方法的治療。40 多年前 Gruenberg 提出「成功中的失敗」理念，就是指醫藥科技幫助人類延長了壽命，但人類的健康狀況卻越來越差。在大眾濫用低價值醫療服務的情況下，對患者產生的潛在傷害，比能夠獲得的好處更加明顯。

　　研究結果顯示，健康長壽的百歲老人很少使用醫療服務，身體經常保持活動，睡眠充足，而且對飲食有自律的要求，通常偏向多菜少肉的飲食習慣。經常食用動物性食物的人容易產生不良的健康影響，相反食用植物性食物的人除了更為健康，更能避免慢性疾病。心態方面他們大部分都性格安詳、樂觀開朗，對人生看得淡、放得下，不追名逐利，能夠在各種生活壓力中恢復，抵禦負面情緒或創傷。

　　正如張博士所說，百歲老人的經驗絕對值得我們借鑒和學習，甚至可

以將他們的生活模式推廣至社區，建立全民性、可持續、全方位的健康長壽計劃，才是真正避免「長壽危機」出現和解決龐大醫療及財政負擔的可行之策。

　　很多人會覺得道理知易行難，所謂預防勝於治療，即是要提早為老年的健康來做準備。如果能夠養成早晚靜坐的習慣，就算只是十多分鐘，只要肯寧可短、不可斷地持續練習，就能提升自我覺察能力，保持身心健全，讓生命不只是長壽，還可以展現出對生命的豁達與睿智。

常霖法師

目錄

前言

　　人類一直追求實現健康長壽，甚至渴望延遲衰老及迴避死亡，這一觀念一直存在於人類歷史、神話、文學中。據《史記·秦始皇本紀》記載，秦始皇也曾求取「長生不老藥」，卻始終沒有結果。在工業化社會之前，人類的平均預期壽命增加較緩慢，但自進入工業化社會，人類的平均預期壽命迅速增加。時至今日，日本、北歐國家、意大利、香港特別行政區（香港）和澳門特別行政區（澳門）等一些國家或地區的女性出生時平均預期壽命已經超過 85 歲，個別國家或地區男性的平均壽命也超過了 80 歲 [1,2]。自 2001 年，香港男性的平均壽命開始超越日本男性，2016 年更達到了 81.3 歲，比日本男性高 0.3 歲；而香港女性的出生時平均預期壽命自 2013 年也開始超越日本女性，2016 年達到 87.3 歲，比日本女性 87.1 歲的平均壽命高 0.2 歲 [3]，成為全球之冠。

　　平均壽命是根據一個國家或地區哪一年或哪幾年的各年齡實際死亡數據計算出來的，即是指就全體出生者平均而言，計算出生時預期未來壽命長短。它是按現有分年齡死亡率和生命表中的人口年齡構成計算的。最常用的測量方法是自出生時起算，也常以不同性別、不同年齡去計算某個年齡的人平均預期還可以活多少年。又或者統計百歲老人及極端長壽老人的人數及比較全球認證壽命最長壽的老人，如法國珍妮·卡爾芒（Jeanne Calment）在 1997 年逝世時為 122 歲 164 日 [4]。人類出生時平均預期壽命的增加，歸因於各年齡死亡率的下降。以往主要歸因於嬰兒及兒童死亡率的不斷下降，但最近二三十年主要歸因於老年人死亡率的下降 [5]。在大部分發達國家或地區，愈來愈多的人能活到 90 歲或 100 歲，甚至成為超級百歲老人，即 110 歲或以上。

　　出生時平均預期壽命所反映人口預期未來生命時間的長短，並不能全

面地表達生活的質量、長度和廣度。換句話說，從生命表的死亡數據分佈（the Distribution of Deaths, dx）中計算出最多死亡人數的年齡，更能反映一個國家或地區大部分人真正可存活的長度 [6-10]。而這一數字已從過往的80 多歲，推遲到現在的 90 多歲，預測到 2066 年大部分香港的女性在 97歲左右才會面臨死亡 [11]。故此，當大家在準備晚年生活的開支及計劃如何維持高生活質量時，必須注意有很大的概率人們會比出生時平均預期壽命存活多 6～8 年的時間。

　　僅僅延長生命而不增加生活質素是沒有意義的。健康長壽才是人類追求的目標，這一點已成為共識。健康長壽就是指在壽命延長同時亦延長健康期，或者在增加壽命的同時也使健康期相應增加甚至健康期增加更多。壽命延長和人口老齡化是影響每個人、每個家庭甚至整個社會的普遍性全球現象，將對人類生活的所有方面產生重大的影響。老年人口本身也在老齡化。世界上數量增長最快的年齡組是百歲以上老人和 80 歲及以上的高齡長者。目前高齡長者佔老年人口總量的十分之一左右。據預測，高齡長者將以每年平均 3.8% 的速度增長，由 2020 年的 1.45 億人增至 2050 年的 4.26 億人，增加三倍之多 [12]。到 21 世紀中葉，65 歲及以上長者人口中將有約五分之一為 80 歲及以上的高齡長者，百歲老人的增長更甚 [13]。人口學家發現，在法國、意大利、日本、韓國和中國香港等發達國家或地區中，年過百歲的老人的數量每十年翻一番，這一發現引發了更多關於百歲老人的系統性科學研究。

　　從 1990 年開始，聯合國人口部門（United Nations Population Division, UNPD）開始監測全球百歲老人的數量，1990 年第一次估計時約為9.2 萬人，2015 年這數字增至 45.1 萬人 [14]，2020 年增至 57.3 萬人，預計到 2100 年全球百歲老人將超過 1,900 萬人 [12]，這一幅度增長是 2015 年百歲老人數量的四十多倍 [15]。

　　根據香港統計處 2016 年中期人口普查統計數據，在過去的 35 年間，85 歲及以上的長者由 1981 年的 1.5 萬人，增加到 2016 年的 17.3 萬人，預計到 2066 年將會達 77 萬人。高齡化係數，即 85 歲及以上長者在 65歲及以上長者中的比重，通常用百分比表示，反映了長者的高齡化水平。圖

1 顯示了香港 85 歲及以上長者人口數及高齡化係數，1981～2016 年高齡長者佔 65 歲及以上人口的比重由 5% 升到 15%，預測到 2066 年高齡化係數會增至 30%，即每三位 65 歲及以上長者中約有一位為 85 歲及以上。

除香港人口高齡化的趨勢異常顯著，長壽水平的提高也十分迅速。長壽水平，即每十萬 65 歲及以上長者中百歲老年人的數量。圖 2 顯示了香港百歲及以上老年人數及長壽水平，1981～2016 年，香港百歲及以上老年人的數量由 289 人增至 3,645 人，35 年間增多近 12 倍。根據香港統計處預測，香港百歲及以上長者人數到 2066 年將增至 5.11 萬人 [17]。長壽水平也由 1981 年的每十萬 65 歲及以上長者人口的 89 人上升到了 2016 年的 313 人，預計到 2066 年長壽水平會增至 1,972 人，即每十萬 65 歲及以上長者中約有 2,000 人達到百歲及以上（見圖 2）。

香港正面臨人口高齡化，即高齡長者人口的增長速度明顯快於長者人口的整體增長速度。人口老齡化的程度愈高，長者人口高齡化的程度也愈高；反之亦然。同樣，在人口迅速老齡化和高齡化的同時，香港人口的長壽水平也快速提高，其增長速度更遠高於人口高齡化和老齡化的速度。

近十年來，香港的人口結構發生了明顯的變化，「人生七十古來稀」已不鮮見，而耄耋及百歲老人更為普遍。一方面，長壽被視為人類社會的成就，如「長壽紅利」；另一方面，長壽也被視為社會的財政負擔或威脅，如「長壽危機」。以往百歲老人也經常被視為體弱衰老的群體，我們很少從他們身上學習有關健康長壽的知識，甚至覺得他們的想法及生活方式與時代脫節，這些誤區導致在進行健康長壽及百歲老人科學研究時遇到很多阻礙。雖然這群百歲老人或多或少會有這樣或那樣的老年健康問題，但他們絕不是「長壽危機」所描述的體弱衰老的形象。

老年人的健康狀況一般隨年齡增加而惡化，因此老年人數量的迅速增加意味着對長期照料需求的增多。高齡長者人口中包含不同年齡層的老年人，如耄耋老人（八九十歲老人）、長壽老人（90 歲及以上老人）、準百歲老人（95～99 歲的老人）和百歲老人，甚至超級百歲老人（110 歲以上的老人），他們各方面的需要多受到認知功能、身心健康及自我照顧能力

圖 1　香港 85 歲及以上長者人數及高齡化系數，1981～2066

千人　■ 85 歲及以上人口　■ 65 歲及以上人口　── 高齡化系數 %

數據來源：香港特別行政區統計處 2016 年中期人口普查主要結果 [16]。

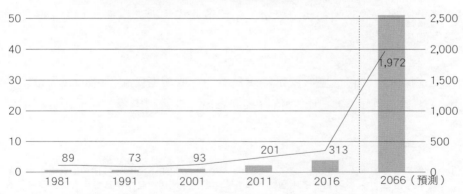

圖 2　香港 100 歲及以上老人人數及長壽水平，1981～2066

千人　■ 100 歲及以上人口　── 長壽水平（每十萬 65 歲及以上人口中）

數據來源：香港特別行政區統計處 2016 年中期人口普查主要結果 [16]。

的影響。百歲老人與其他年齡組的老年人一樣具多樣性。生理年齡並非決定健康狀況的單一因素，因此，準百歲或百歲老人並不一定比 80～84 歲長者的身體更差。

目前，世界上還生存着一群健康長壽的百歲老人，他們的認知能力、身心健康狀況、自我照料能力及生活質量得到了最大程度的發展，他們幾乎同年輕人一樣反應機敏、態度積極樂觀、對生命尊重、有節制地約束自我、幽默平和、行為自主，保持着活到老學到老的精神狀態 [18]。

香港的長者也不例外，可惜香港在百歲老人數據的收集上仍然非常落後，也缺乏系統的、全方位的健康長壽的計劃。大部分財政資源分配或研究資金，仍偏向於疾病及藥物治療和醫學科技的研發。近期，社會上甚至多次討論過度醫療的話題，這一課題其實在十多年前已有論及，因過度診斷、化驗和治療，令原本沒病的人被診斷為患病，需要接受藥物及其他方法的治療 [19]；或在濫用低價值醫療服務的情況下，對患者產生潛在傷害，這些潛在的傷害比能夠獲得的好處更加明顯 [20]。而這群健康長壽的百歲老人則很少使用醫療服務，他們好像掌握了挑戰癌症、心臟病、中風和糖尿病等可怕疾病的基因和環境線索，相反這些疾病過於迅速地奪去了其他一些人的生命。

這群健康的百歲老人就是健康長壽和「成功老齡化」（Successful Aging）[1] 的活例子，他們絕對值得我們表揚、借鑒和學習，甚至可以將他們

---

① 關於書中的「成功老齡化」（Successful Aging）一詞，目前中國大陸常用的是「健康老齡化」（Healthy Aging），這兩個概念和術語經常互換使用，是指多數老年人保持良好的身心健康，並擁有良好的智力、心理、軀體、社會和經濟功能與狀態，這五大功能的潛力得到充分的發揮。1961 年 Havighurst[21] 提出開創性術語「成功老齡化」，在本書的第八章「多角度及跨學科界定成功老齡化」中也有討論。而過往文獻綜述及建立起了關於「積極老齡化」（Positive Aging）的概念和相關術語（例如「健康老齡化」）——「主動老齡化」（Active Aging）、「生產性老齡化」（Productive Aging）和「成功老齡化」[22,23]。雖然這些概念中的每一個都很相似，但強調了不同老年人各個方面的生活質量，並反映出老年醫學研究和政策重點的重新定位。Bowling（1993）[24] 指出「積極老齡化」和「成功老齡化」的概念經常互換使用，而「健康老齡化」是「積極老齡化」的關鍵要素。「積極老齡化」的概念承認個人和「老齡化」社會層面的財務方面，並強調了財務安全以及健康、活動和參與的重要性。「主動老齡化」強調通過維持健康來預防疾病的健康生活方式，雖然生

健康長壽的生活模式推廣至社區，建立全民性、可持續、全方位的健康長壽計劃，這才是真正避免「長壽危機」出現及解決龐大醫療及財政負擔的可行之策。過去在全球範圍內大約進行過數十個有關健康長壽及百歲老年人的縱向跨學科系統性追踪調查，他們的實證科研成果正是政策制定及推動社區服務的基石。

出版本書的目的之一是希望回顧過去不同領域的諸多重大科學研究及文獻成果，並與大家分享「香港百歲老人」的實證研究結果。此外，還要揭示這樣一個命題，即這些健康長壽的百歲老人之所以能夠健康生活，是因為他們擁有了我們所缺乏的有利條件。而這書會告訴你這些有利條件是什麼、如何獲得這些有利條件以及如何利用這些有利條件來實現和達成健康長壽的目的，進而使每一個人的認知、精神和身心健康及生活質量得到充分發展，使個人更好地擁有生命的意義——與社會互動，保持健康體魄並與社區緊密結合，避免慢性疾病出現及減少疾病惡化，到了耄耋、百歲之年仍能自在、自主、自決地生活；甚至正向地影響身邊的家人、朋友和同事。在出版學術論文之餘，希望能建立一個普世的價值觀，即百歲老人某種程度上象徵着今日社會的成就，是一個令人驕傲的現象，也是促使新老年學研究的契機。

實際上，我們經常發現身邊存在這樣的現象，就是有的老年人健康長壽沒有疾病折磨直到逝世，而有的老年人體弱多病，甚至有的較年輕的長者比百歲老人的健康狀況更差，需要更多的長期照顧，給自己、家人、社會帶來巨大的痛苦與負擔。那麼，哪些環境與遺傳基因有利於或不利於健

活中老年人的獨特屬性並不相同，但共識是他們結合了身體功能健康、良好認知功能、財務安全和積極參與社會。而「主動老齡化」「健康老齡化」和「成功老齡化」，這些概念和術語的重疊之處在於它們都不單描述身體、心理、社會狀況，也描述財務狀況的不同維度，這表明老年保健已成為世界的一大課題。1998 年，鄔滄萍教授在全國家庭養老與社會化養老服務研討會閉幕式上的講話中 [25] 也指出，中國大陸於 1993 年第 15 屆老年學會上進一步提出「健康老齡化」這一詞。而世界衛生組織於 2015 年及 2016 年分別出版的《關於老齡化與健康的全球報告》[26] 及《中國老齡化與健康國家評估報告》[27] 也概述如何在健康老齡化概念的基礎之上建立公共衛生行動框架。在香港，安老事務委員會於 2019 年設立為期三年的「康健樂頤年」（Healthy Aging）專責小組，以制訂有關推廣「康健樂頤年」的策略和措施 [28]。

（上接頁 P.8）

康長壽？個人和社區如何逐步達到長壽又健康的目標？這些都是人口學與其他相關社會科學及醫學生物學家們需要攻克的難題。這一挑戰不但具有重大的學術價值，而且對政府的老齡工作、家庭社區照顧和護理服務的科學決策及管理、應對人口高齡化具重大的現實意義。

人的生命的長短或許不重要，重要的是如何維持一個健康的身體。健康的定義並不是沒有疾病那麼簡單。根據世界衛生組織的報告，健康包括認知、精神和身心健康、擁有日常的基本自我照顧及操作能力、對生活滿意、有意義和有幸福感[29]。在過往的研究中，我曾利用香港統計署的住戶調查數據，將有關慢性疾病及日常生活功能和認知障礙症（或稱腦退化症）的普遍率代入生命表計算老年人或高齡長者的平均預期壽命，得出他們有多長時間是活在慢性疾病及缺乏日常生活功能和罹患認知障礙症之中。結果顯示，雖然香港長者活得長壽，但活得並不健康，而且缺乏日常生活功能的獨立性，高齡長者尤其是女性罹患認知障礙症的時間約佔其平均預期壽命的一半[30,31]。

這正是四十多年前 Gruenberg 提出的「成功中的失敗」（The Failures of Success）的理念，即醫藥科技幫助人類延長了壽命，但人類的健康狀況卻愈來愈差[32]。而人類一直追求的不單是長壽，更重要的是認知、精神和身心健康、優質生活及幸福感，這是人類所有觀念、智能、情感和社會關係中最寶貴的財富。在這方面，我的個人體會尤其深刻，我的個人經歷也是促使我不斷進行健康長壽研究的原因之一。

1998 年，我在北京第一次接觸健康長壽的研究，由曾毅教授帶領的「中國老年健康長壽影響因素」研究項目[33]開始至今已超過二十年。研究百歲老人及其健康長壽的過程是無比珍貴的，這段經歷是我人生寶藏中的珍品，而在珍品背後我感受到不幸、憂傷、掙扎及痛苦。人類經常缺乏敬畏之心，或者好勝心蓋過了初心，又或者被一些錯誤判斷及謊言所蒙蔽，不停摔跤直至遍體鱗傷時才懂得用智慧和平的心態接受無常的事情。這也是我從 2011 年「香港百歲老人」研究時、親自訪問 153 位準百歲及百歲老人的過程中，學習到的一些人生哲理和智慧。在過去的日子裏，我曾在國際科學期刊發表了多篇有關百歲老人及健康長壽的英文論文，在此希

望用最親切的中文和語言文字將這嚴肅的課題與大眾分享，將學術研究成果帶給社會、家庭及每個人，使之不只成為一本「教科書」，而是變成一本「活書」。

現代社會中人類壽命顯著延長，這一趨勢令人備受鼓舞，但仍然有一些負面的信息值得我們關注。你身邊或許有一些朋友曾說「有酒今朝醉」「及時行樂」，這些都是不負責任的見解和行為。觀念上的錯誤導致很多人以為疾病離自己很遠，有些人甚至認為即使生病了也沒關係，心裏總懷着「人總要死一次」「不怕死」的態度。直至突然有一天，當得知自己或家人罹患癌症或其他慢性疾病時，才慢慢接受並開始改變，但往往為時已晚。

世界衞生組織的報告顯示，暮年之後，大多數人開始罹患癌症、慢性心血管疾病及認知障礙症，且以上疾病的患病率呈現明顯的上升趨勢及年輕化特徵 [27]。照護依賴導致雙重負擔，給依賴型的長者及其家庭帶來深重的影響。它影響長者的生活質量及同住者的心理健康，如果照顧者因為照顧長者而需要減少有償工作和對其他活動的參與，那麼整個家庭的經濟健康和生活質量也會受到損害 [27]。故此，對於罹患癌症、慢性心血管疾病及認知障礙症的長者來說，當事人並不是唯一受到折磨及困擾的人，他們的朋友、家人甚至鄰里、所在的小區都要與他們一同應對這些疾病的挑戰，這不單是一個人的「戰爭」，更是一個家庭和整個社會要面對的問題 [34]。

一些與我個人相關的原因也促使我寫成這本書。人生的起伏成敗，命運的變化莫測，如夢如露，亦如電如風。在過去的日子裏，我的家人和身邊的朋友一個接一個患上癌症，我親眼目睹了自己的爸爸受肺癌折磨超過18 年，直至他在 2003 年逝世，至今已 17 年，但過往的一些片段仍歷歷在目。看着我摯愛的、身體強壯和聲音洪亮的爸爸逐漸衰弱一直至走向死亡，看着身邊的照顧者忍受煎熬的痛苦，更加促使我踏入健康長壽的研究課題。

我曾看見爸爸在早上一次又一次地口吐鮮血，他經歷了開胸切除左邊整個肺部的大手術，身體一直很虛弱，時常有痰積聚於餘下的右邊肺部中。而後癌細胞變異，又開始活躍，右邊肺部近心臟位置，長出了一個

6～8 厘米的癌腫瘤。爸爸這時已不能再承受第二次大手術。他的身體健康狀況愈來愈差，鼻孔上每天都插着氧氣管，自我照顧能力也大大減退。他需要經常進出醫院，及至後期需要院舍照顧。在我的印象中，他每天清晨天未亮就上班，直到患上癌症，至復原，到再復發，我深深體會到患者被疾病折磨的痛苦及照顧者手足無助的苦況。這正是 Gruenberg 提出的「成功中的失敗」[32]，雖然爸爸的壽命延長了，但生活質量並不理想。

而後我的媽媽、姨媽及姐姐先後患上乳腺癌，姐姐更是在 40 歲前被診斷出患乳腺癌。我的內心深處有一股無形的壓力和陰影，我是否也走不出癌症的魔掌？最近，不斷聽到身邊的朋友或他們的家人被診斷出患有喉癌、直腸癌、乳腺癌、肺癌及其他慢性疾病（如中風、心臟病、糖尿病，甚至認知障礙症），我更覺得沒有什麼比擁有身心健康及一個健康的大腦更寶貴了。無論是手術治療、電療、化療、標靶藥及其他藥物治療等，抑或是離開醫院後家中復康照顧的過程或住院舍的安排，對於患者及其家人來說，這一切都是「另類接觸」，需要不斷學習、調整及處理各種可能出現的情況。但這方面過往的研究並沒有提供太多的資料或資料很零散，全方位的心身靈介入及認知行為治療對罹患肺癌或其他疾病的患者及其家人的生活質量的提升是非常重要的 [35]。

我對認知障礙症一點也不陌生，回憶中我獨居的外婆是一位很勤奮的農民，年幼時我經常在田裏與她和我的媽媽耕種、收割蔬菜，後來外婆跌了一跤引發腦中風，身體變得衰弱，記憶也開始消退，她從在鄉郊獨立生活到依賴外傭照顧，至最後被安置於院舍。外婆的記憶一天一天流失，她漸漸忘記我們是誰，再沒有能力辨別日期、時間和地點，再沒有能力照顧自己的起居飲食及衞生清潔。一天她又一次摔倒後，再也不能站起來，要臥床插喉，直至步入她人生的最後階段——死亡。

這些情況大家也可能經歷過，全天候的照顧對家人來說是非常沉重的壓力。這也是我與高鋸慈善基金、香港社會服務聯會及香港大學攜手成立「『腦』伴同行計劃」（REACH—HK）的原因之一。在香港首次推行這個轉譯研究及多元化的認知障礙症（或稱腦退化症）照顧者支援及輔導計劃，此計劃由高鋸慈善基金撥款，恆基兆業產業集團及攜手扶弱基金捐款

資助。整個計劃於 2011 年 10 月至 2014 年 8 月進行，通過系統的評估及輔導服務，配合照顧技巧及社區支持資訊，從而減輕照顧者的壓力，提升其精神健康。研究結果實證，這些措施可以明顯改善社區中認知障礙症家庭照顧者的身心健康，緩解他們的抑鬱症狀及負擔，並增加他們正向照顧的經驗 [36]。

在我的印像中，家翁是一位幽默、開朗和樂觀的長輩。20 年前他仍然身壯力健，每天做俯臥撐。後來，雖然他患有糖尿病及心臟血管疾病，還曾經患腦中風，但他一直堅持鍛練身體，希望能活得健康長壽。2015 年他再次受到疾病的困擾和折磨，在此之前家翁已經歷了洗腎及栓塞冠狀動脈手術。他每天服用 8～10 種降血壓、降膽固醇、治療糖尿病和心臟病的藥物，經常進出醫院，到後期藥物好像已沒有多大效果，甚至出現明顯的不良反應。他在醫院時開始認知不清，出現幻覺及假象，弄不清夢境與現實，迷迷糊糊，直到後來心臟停止跳動。

試想一下，如果關於你的過去和現在一切念念不忘的片段卻漸漸淡忘；又或者你發現自己的眼力、聽力和説話的能力都在慢慢退化，別人跟你説了好幾遍，但自己卻總好像聽不清，對方更露出不耐煩及疑惑的表情；又或者當你原本想說酒店的四天住宿結賬數目是 2,500 多元，但莫名其妙卻説成了 42,000 多元……你會怎麼辦？人生一世，草木一秋，韶光易逝，白駒過隙。細如生活小事、大至生死，我們可掌握的好像不多。而這本書將介紹許多科學研究的成果及「香港百歲老人」的研究結果，將其組織和整合成了系統性的知識，這些系統性的知識能夠幫助我們延長健康舒適生活的時間，甚至可以在某程度使我們掌握和控制自身衰老的過程。

正是以上的經歷促使我走上了百歲老人和健康長壽研究的道路。2003 年時在意大利羅馬大學人口科學學系（Università de la Sapienza—Dipartimento di Scienze Demografiche）做博士後是重要的一環，當時與我的博士後導師、人口學專家 Graziella Caselli 教授一起工作。而 2004 年 2 月是我首次與她在意大利撒丁島的阿爾蓋羅（Sardegna, Alghero）舉辦有關新路線長壽及死亡模型研究的國際會議 [Research Training Network（RTN）Workshop on New Approaches for Longevity and Mortality]。會

議中 Caselli 教授與其他學者分享了有關意大利國家統計研究所（Istituto Nazionale di Statistica, Istat）半超級百歲及以上老人（即 105 歲及以上老人）的死亡數據收集及年齡核對認證工作。1969～2000 年在意大利的 21 個地區，收集及認證了 1,532 名半超級百歲及以上老人的死亡數據。而這期間，經核對認證後，超級百歲及以上老人（即 115 歲老人）的死亡數只有 21 人[37]。

意大利國家統計研究所半超級百歲及以上老人的數據庫給研究人員提供了非常重要的數據。2019 年，Caselli 及其他學者發表了一篇論文，顯示百歲老人及半超級百歲老人的增加是受益於一般老年人活存率的上升；而男女性別的差異則受 60 歲及以上女性的高活存率影響。研究結果顯示，人類的壽命到了 110～112 歲時會出現一種阻力，不再向前[38]。

而 Caselli 教授的同事、人口統計學家伊麗莎白・巴爾比（Elisabetta Barbi）與其團隊於 2018 年在《科學》（Science）雜誌上發表了論文，展示了 2009～2015 年認證的 3,836 名意大利 105 歲及以上老人（1896～1910 年出生）的死亡風險率（衡量死亡概率），並提出了人類的死亡風險隨年齡增長是否存在上限的疑問[39]。

這一課題最初由英國精算師本傑明・岡珀茨（Benjamin Gompertz）於 1825 年提出，死亡的概率會隨年齡增長逐年遞增，比如 70 歲的人死亡概率會比 30 歲的人高得多[40]。而德國精算師威廉・萊克西斯（Wilhelm Lexis）於 1878 年在死亡理論中提出了有關死亡人數分佈中最多死亡人數的年齡及常態分佈（Normal Distribution）[41]。此後萬尼奧・崁尼斯托（Väinö Kannisto）等學者再次提出，生命表中存在壓縮死亡人數分佈的現象[6-10,42-47] 及人類壽命面對着「一道無形的牆」（An Invisible Wall）[42,43]。其他學者也提出雖然死亡概率的確會隨年齡增長而增加，但在超過了一定年齡後，這一增加趨勢會逐漸放緩[48-53]。

巴爾比與團隊的最新研究結果與過往的研究結論相吻合，人口的死亡概率在 80 歲之前呈指數上升，之後增速放緩，並在 105 歲以後達到或接近一個「平台期」（Plateau）。而 110 歲時的死亡概率與 105 歲時是一樣

的，每年的死亡概率為 50%，即二分之一的機會。研究顯示，人類的壽命
可能仍未達到極限，還有存活更久的潛力[39]。進化論預測死亡率會趨平，
如在昆蟲研究中發現，嚙齒類動物已表現出「高齡死亡率平台期」[54]。這
一發現重新激起了有關人類壽命是否存在固定上限的辯論。

不過，並非所有人都贊同此次研究發現。如 2016 年《自然》（*Nature*）
雜誌上發表的一篇論文指出，人類壽命存在上限，而且受自然過程制約。
美國紐約阿爾伯特愛因斯坦醫學院（Albert Einstein College of Medicine）
基因學家 Xiao Dong、Brandon Milholl 及 Jan Vijg 指出，人類壽命會有
自然限制，人類壽命的上限約為 115～125 歲[55]。但也有很多團隊不同意
其結論。目前，被確認在世的最年長的超級老人是來自日本的田中力子
（Tanaka Kane），她生於 1903 年，目前已經 117 歲高齡[56]。

現在，全球 100 歲及以上的老年人約為 57 萬人，預計未來十年這一
數字會因為醫學等技術的進步增加一倍[12]，老年人問題將會成為全球面臨
的一個重大挑戰。而這群健康長壽的百歲老人及超級百歲老人完全屬於臨
床上的例外。他們通常具有延遲或逃脫主要疾病的特徵，並且縮短了經歷
身體嚴重衰退的時間。他們不知為何能躲過衰老通常伴隨的各種磨難，把
自身的衰退擠進了生命走向終點前的短暫時期中，他們通常死於虛弱和各
器官衰竭[4]。如果每個人的基因適應度和戰勝困難環境存活下來的能力不
同，那麼，不那麼強壯的人很可能會先死；而擁有良好基因及適應環境的
人，解釋了為何他們所在的超高齡群體的死亡率會出奇的低。記錄更多百
歲老人及超級百歲老人的資料，可以讓我們學習如何提高自身抵抗力並提
高對長者的照顧水平，這樣的科學研究不僅能進一步揭示人類壽命的自然
極限，甚至可能為「長壽危機」帶來的財政負擔或威脅指明出路。

在接觸超級百歲老人方面，2006 年 4 月我連同南丹麥大學老人科醫
生伯納德‧朱恩（Bernard Jeune）及法國健康與醫藥研究所人口學家約
翰—瑪麗‧羅賓教授（Jean-Marie Robine）探訪厄瓜多爾超級老人瑪麗
亞‧卡波維亞（María Esther Capovilla）。她出生於 1889 年 9 月 14 日，
是世界上被確認的第十名的最年長者（第一名是法國的珍妮‧卡爾芒），
享嵩壽 116 歲 347 天，是南美洲史上最長壽者，全世界第一位跨越三個世

◎ 「卡波維亞之手」，瑪麗亞・卡波維亞 (María Capovilla)。
相片由張筱蘭博士於 2006 年 4 月在她家中拍攝和提供。

◎ 伊麗莎白・博登（Elizabeth Bolden）。相片由張筱蘭博士於
2006 年 4 月在她居住的院舍中拍攝和提供。

紀者，曾是發展中國家史上最長壽者。她是厄瓜多爾最長壽紀錄保持者，也是最後一個活過 19 世紀 80 年代和 1889 年的人。

2006 年 4 月，我們去卡波維亞在厄瓜多爾的家探訪她，當時她的三位女兒及曾孫女也在現場。她過着安閒的生活，看雜誌、閒談、撥扇、吃草莓雪糕、看電視等，可以不使用手杖在屋內隨意走動及上廁所。很可惜，她在 2006 年 8 月的最後一個星期因肺炎逝世，差 18 天就能慶祝她 117 歲的生日了。在過世時，她是世界第五名的最年長者。

同一時間，我們去了美國孟斐斯市一家護理安老院探訪伊麗莎白·博登（Elizabeth Bolden），她出生於 1890 年 8 月 15 日。她是我探訪的超級老人中的唯一一位黑人，她的雙親都是被解放的黑奴。探訪當日，她的情況與卡波維亞相差很大。大部分時間她需臥床且無法與其他人溝通，需要定時點滴補充營養液，但她非常喜歡波波糖，房間的牆上掛了一串波波糖，她口中也在吃着波波糖。她在 2006 年 12 月 11 日去世，享嵩壽 116 歲 119 天。

核心的差異使我們與這群健康長壽的百歲老人和超級百歲老人不同，大部分人不明白使自身健康長壽的方法和內在機制，又或者簡略概括説一些維持健康的方法，如多吃高蛋白質的食物、食用營養補充劑或加鈣牛奶、減少吸收澱粉質等。暢銷的「營養」和「健康」類書籍的大多數作者或飲食博客主未必參加或涉及過原始、專業的研究。也就是説，他們沒有在同業的審查下設計和進行研究，在同業評審的科學期刊中很少或根本沒有發表過論文或出版過書籍，幾乎沒有接受過營養科學或老年醫學的正式培訓。他們通常會利用社交圈或媒體建立「網紅」群，借助非常有利可圖的項目和產品，給讀者留下短暫和無用的飲食指導。

而健康長壽的百歲老人擁有一個最有利的條件，就是對飲食有自律的要求。飲食是一種常態及常規化的生活方式，不是一次履行或朝令夕改的習慣。社會上一直流傳的健康食療或配方大多針對減肥健美及抗衰老，對整體心智、精神和身心健康缺乏科學及實證的研究，大部分是人云亦云、一知半解；還有的人一邊吃抗「三高」（即降高血壓、降高膽固醇及降高

血糖）的藥物，一邊放縱自己的嘴巴，不節制飲食；甚至有些人説，我不抽煙不飲酒，飲食已經很清淡了，患上癌症就是天意安排及遺傳的影響。這些都是推卸責任的做法，對自己的生活方式及飲食習慣沒有審視和反省，逃避自己的人生責任，將照顧的壓力推給家人、政府及社會。更有甚者，一些所謂的健康食品、藥物及營養補充劑不僅沒有豐富我們的飲食或強健我們的體魄，反而起到了潛在的破壞作用。

2009 年我獲得香港大學恆生銀行金禧教育研究基金資助，與香港社會服務聯會合作並得到銅鑼灣聖保祿醫院的幫助，進行了香港百歲老人試點研究（見第四章），試點結果為 2011 年「香港百歲老人」研究奠定了基礎。之後在 2011 年 5 月 6～7 日，我在香港大學舉辦了「高齡長者及百歲老人會議」，會議聚集了「國際百歲老人協會」（International Centenarian Consortium, ICC）的科學家和本地研究人員，圍繞東西方高齡老年人的各項問題進行學術交流，包括人口結構、社會心理、行為、功能、老年病學（即身體健康特徵、客觀的測量／體能測試）。高齡老年人的經驗能讓人們更充分地了解健康長壽，並提供了跨學科學術研究、醫療保健和老齡化政策的新見解。

2011 年 4 月「香港百歲老人」研究第一期正式展開，與香港社會服務聯會及香港衛生署合作，成功到全港 18 區探訪了 153 位於 1910～1915 年出生、在香港居住的華裔準百歲和百歲老人。問卷源於兩個得到驗證的量表，分別為 2008 年版本的中國老年健康長壽影響因素調查和香港衛生署的長者健康中心問卷。「香港百歲老人」調查問卷涵蓋了身體健康、主觀健康、功能健康、心理健康、日常活動、社交和醫療保健需要及服務使用情況、人口學特徵等方面。身體評估包括手握力測試、坐立到站立測試和其他當場測試的體格表現測試；此外，還抽取了調查對象 20 毫升的靜脈血液做基因檢驗之用。為了使讀者對該研究項目有一個比較全面的了解，同時又避免譯文中不同書稿作者在這方面的重複勞動，在本書第二部分第六章會更詳細地概述研究意義、目標、調查樣本設計、數據內容等。

而本書第二部分的四篇論文的中文譯文，部分研究內容分別於 2012 年 11 月在奧地利維也納人口學院（Vienna Institute of Demography, VID）

舉行的「Determinants of Unusual and Differential Longevity」會議、2014
年 5 月在日本大阪大學及 2015 年 6 月在意大利撒丁島舉行的「國際百歲
老人協會」會議中匯報。四篇英文原稿分別在不同的同業審查下的國際期
刊發表及出版。故此，不論每個讀者的教育程度、年齡、性別或能力如
何，我相信所有人都能從這本書中獲益。

確實，研究百歲老人及健康長壽環境因素的過程對我個人產生了微妙
的影響，從而影響了我如何處理疾病及建立新生活的態度。與此同時，2014
年我初次接觸到由香港荃灣港安醫院推行的「新起點」（NEWSTART）[57] 健
康生活計劃。計劃參照美國羅馬林達長壽村的健康生活方式及飲食習慣，
強調身心的健康，長壽村的老年人吃大量的蔬果和全穀類食物、避免酗酒
抽煙及刺激物、重視家庭和諧、有積極的人生觀、強調規律運動和充分休
息、作息定時、堅持有節制的生活方式、與外界保持良好的社會互動。該
計劃的內容與「香港百歲老人」健康長壽的研究結果非常吻合，更促使我
繼續堅持這方面的研究。

要延續「香港百歲老人」的研究，需要資金及各相關單位的合作，幾
經努力，原本「香港百歲老人」第二期可在 2016 年進行，再次與香港社
會服務聯會及香港醫療輔助隊合作，並在 2015 年 1 月獲得香港大學非臨
床研究倫理委員會（參考編號：EA271214）的批准。計劃於 2016 年 4 月
下旬展開，甚至我已成功到社區訪問了四位於 1916～1919 年出生的準百
歲和百歲老人，並預約了多位百歲老人進行家訪。很可惜，由於一件很不
幸的事件在香港大學發生，第二期的「香港百歲老人」研究計劃在訪問了
四位準百歲和百歲老人後就擱淺了。

雖然不幸的事件發生，但這只短暫影響了我的研究工作。2016 年 12
月我參加了在新加坡國立大學醫學院（The Duke-NUS Medical School,
Duke-NUS）舉辦的「百歲老人是否實現成功老齡化：國際研究的經驗」
（Are Centenarians the Realization of Successful Ageing: Insights from
a Global Study）研討會，與香港大學基因研究所（Centre for Genomic
Sciences）學者合作，匯報了有關「香港百歲老人」的基因研究結果（見
第十章）。

我開啟健康長壽的研究，正是因為過往看到親人和自己雙刃刀生鏽的一面，而看不見鋒利的那一面。長壽是人類的複雜表型，它與遺傳和環境因素有莫大的關係，每個因素對長壽有不同程度的影響。過往研究顯示遺傳因素對人類健康長壽有着重要的影響。根據丹麥流行病學關於 2,872 對雙胞胎的研究，發現遺傳因素對長壽的貢獻估計為 25%[58]。基因並非不可改變，基因與環境因素互動會影響人類的健康長壽，而在影響基因表達的眾多環境因素中，最重要的就是飲食。哈佛大學醫學院遺傳學家普雷斯頓·埃斯特普（Preston W. Estep）更認為人的一生是動態發展變化的，一些年輕時對我們有利的因素往往會在中年或老年時帶來實質性傷害[59]。

雖然有些生活方式被視為風險因素，但環境因素可能會受到基因的影響。過往對雙胞胎的研究顯示，生活方式和健康行為的變化可能本身就是可遺傳的，甚至由於擁有共有基因及共享環境，引至家庭中聚集了「生活方式」的風險因素。例如，飲食方面存在的差異模式、飲酒、吸煙和體育參與，甚至宗教信仰都可能受到遺傳變異的影響[60]。

在 2016～2017 年，我經歷了一段壓力特別大的時期，那是一段痛苦、可怕和無助的經歷。我遇到揮之不去、貌似無法解決的矛盾，擔負着壓得人透不過氣來的責任。這段令人困擾、令人悲痛的時間導致我經常患病，甚至患上了抑鬱、炎症、痛症、失眠以及精神創傷，引發一連串埋於心底未癒的傷疤再次出現。當時，我承擔着令我精疲力竭而又不感興趣的工作，消極的情緒及精神創傷使我更相信自己會罹患癌症。面對錯綜複雜的生活和危機，無助感和絕望感淹沒了我。這持續不斷的不安情緒和強烈的無助感，影響了我的身體對疾病的反應，而內心的焦慮總是能用特殊的辦法把我攫住，那時我曾經放棄希望，覺得生命不再值得留戀，身體的免疫系統好像也已繳械投降。

幸好有家人的關懷，在 2017 年年底我入院治療。入院初期服用精神藥物，精神創傷的病徵明顯減退，但中期出現對藥物的依賴及病情的反覆，到後期藥物治療已沒有什麼效用。我感覺更憔悴、疲憊、恐懼，不願意接觸別人和事物。我甚至懷疑自己曾是一個做健康長壽研究的學者及在大學教書的教授，為何自己會變成弱不禁風的「病人」，變得如此掙扎和

絕望。我決定去學習過一種不同的生活，一種有助於身體康復的生活。我必須坦誠對待自己，卸掉背負的重擔，通過身體鍛練及呼吸運動，培養內心的力量，重建人體的生理和諧，從而提升身體的自然防禦力。

在這段期間，我偶然閱讀了加措仁波切一系列的佛學書籍及南懷瑾老師有關儒家和道家的書籍，這令我醍醐灌頂，頓然徹悟，心境平和。這樣的接觸漸漸啟發了我，將儒釋道的思想和中國文化中優秀的哲學精神《易經》中的「精義入神」[61]，與精神健康的關係及健康長壽的研究成果連接起來。回想 2011 年時，我走遍香港 18 區去探訪 153 位準百歲和百歲老人，他們正向的精神特徵與佛教和《易經》中的思想非常接近，我開始更多地閱讀這方面的文獻，使自身有更深入的反思及覺醒，並每天與我最親愛的丈夫交流，一起重整人生。

我開始明白和欣賞世界充滿美麗幸福的一面，即使面對最大的壓力——自己患病或親人患病和死亡，也可以選擇正向的一面，死亡是另一種生命的開始。生老病死，如春夏秋冬變化的大法則[61]。我和我的丈夫使用同伴（Buddy）的方式，互相提點和學習，力求修養到清心寡慾、內心平靜到極點，達到「知止而後有定，定而後能靜」。我們隨時注意自己的意念和行為，避免在生活中掀起不必要的波瀾，就算有波瀾出現，也明白「禍福無門，惟人自召」的道理[61]。新的生活方式讓我們學習拋棄俗世的煩惱，掙脫藩籬，使我們進入精神和身體活動「奔流而出」的最佳狀態。而我也慢慢開始正確地看待事物，不僅能觀察到周圍的事物，也能觀察到自己的內心，探尋自我生命內在的維度和人生的價值。

2018 年伊始，為了堅決消除過往的痛苦及傷疤，我決定為自己和身邊的人打開一道通往新生命的大門，並專注完成寫作和編輯這本書，達到「精義入神，以致用也」[61]。雖然「香港百歲老人」的研究結果讓我明白身體鍛練、精神健康及健康飲食的重要性，甚至我在「新起點」健康生活計劃中也學習到了維護健康的飲食守則，避免動物性食物、加工的精製食品等，但以往自己對整體健康飲食模型的理解仍然非常膚淺。我曾選用橄欖油、提高蛋白質和膳食纖維的攝入量、進食低脂牛奶及低碳水化合物的食物，甚至服用維生素 C 及鈣片，身體狀況不但沒有更好，反而更加之累。

究竟問題出在哪裏？

改變心態及自我生命意識的覺醒，使我開始掌握帕特里克·霍爾福德（Patrick Holford）《營養聖經》（*The New Optimum Nutrition Bible*）中的最佳營養膳食及植物化學物搭配[62]，開始享受最佳營養植物化學膳食的好處，並與我的丈夫一起篤實履踐，進行整體高質量的最佳營養植物飲食模式。早在 20 世紀 90 年代，T. Colin Campbell 便啟動了「救命飲食」中國健康調查（The Cornell China Study）[63]，研究結果顯示食用動物性食物最多的人會產生不良的健康影響，相反食用植物性食物最多的人是健康的，同時他們更能避免慢性疾病。與許多人所認為的相反，Campbell 相信癌症不是自然事件。在美國，人們如果採用健康的飲食習慣和生活方式，是可以預防許多癌症的，即使老年時也可以做到優雅和祥和[63]。

而過往的大型研究，如「健康老齡化：歐洲人口縱向研究」（The Healthy Ageing: a Longitudinal study in Europe, HALE）顯示，1988～2000 年在 11 個歐洲國家中採用較為健康的生活方式的人，其癌症死亡率下降了 60%，心臟病發病率下降了 64%，心血管疾病發病率下降了 61%[64]。根據希臘最近的研究結果，老年人擁有更高的地中海飲食的依從性，其衰弱概率也較低[65]。而「香港百歲老人」的研究結果顯示，香港的長壽老年人與藍區長壽老人[66]（包括日本沖繩島、意大利撒丁島、希臘伊卡利亞島、美國羅馬林達及哥斯達黎加）的飲食習慣有着共通的地方。這一發現對日後開展基於人口健康相關的預防工作以及臨床實踐，甚至推動全民健康長壽社區計劃有重大意義。

過往 17 年中我的研究論文主要是用英文撰寫，因為在競爭激烈的學術界，論文在國際期刊上發表才對工作職位有利，大眾很少有機會讀到。把「香港百歲老人」的研究成果寫成一本中文書，更多是我的「黃粱美夢」。

改變生活方式，採用健康長壽的飲食習慣及獲取整全的最佳營養植物膳食，尋求心緒平衡，並滿足身體對體力勞動需要的一籃子方案並不能申請專利，傳統醫學界或藥廠可能也並不感興趣，但過往的科學證據表明，我們能夠通過深刻影響自身的抵抗力來解除疾病帶來的危險。而健康長壽

的百歲老人就是好例子，我相信自己或身邊更多的人可以像他們一樣，將生活長久地沐浴在生命之光中。這正是日後能證實延緩衰老及超越人類壽命自然極限的非常重要的一步，也是出版這本書的原因之一。

這本書的總體架構分三部分。第一部分是五篇於 2011 年在香港大學的「高齡長者及百歲老人會議」中論述過及於 2012 年在「亞洲老年學及醫學雜誌—百歲老人特刊」發表的英文學術論文的中文翻譯版，藉此幫助讀者理解本書所講的香港百歲老人的研究背景、人口概念、理論及人口高齡化的展望。而這五篇中文譯文已獲批香港大學 2011/2012 年度知識交流撥款計劃「具影響力的知識交流項目」（項目編號：KE-IP-2011/12-71），並收錄於香港社會服務聯會編製的中文版「健康長壽：百歲長者專輯」，但未正式出版及發行。故此，我將更新這一部分，希望能為讀者提供最新的理論基礎及學術討論。

在這部分中，第一章由倫納德·潘（Leonard Poon）教授和我概述 20 年來我們從百歲老人研究中所學到的知識。第二章是由彼得·馬丁（Peter Martin）教授等學者撰寫的有關百歲老人研究理論的概論，他們提出了一些在長壽研究中容易被人們忽略的理論部分，比如 Baltes 的選擇優化補償模型，經典的 Rowe 及 Kahn 成功老齡化模型也在不同的文獻內提及。第三章是由安妮·赫姆（Anne Herm）、Michel Poulain 教授和我探討各地百歲人口增長差異的原因。第四章是由我及其他學者報告在香港首次進行百歲老人試點調查的結果。該調查透過一系列生物學標誌探討了香港健康長壽的基本情況。第五章是由香港衞生署前助理署長（家庭及長者健康服務）陳慧敏醫生撰寫的有關高齡長者政策及前瞻性的文章，為第一部分的結尾。文中提出了一些新的政策方向以滿足高齡長者的需要，並希望藉此令全社會對健康長壽有深入的了解，對高齡長者和百歲老人健康及社會服務需要有更清楚的認識。

第二部分包括四篇是由我和其他學者於 2014～2017 年發表在國際學術期刊的英文論文的中文譯文，與大家分享「香港百歲老人」的研究成果。第六章為「香港百歲老人定量研究」，該英文原稿於 2017 年由 Springer 在 *Encyclopedia of Geropsychology* 一書中出版。第七章及第八章

分別為「香港百歲老人身心健康：定性研究」及「多角度及跨學科界定成功老齡化」，前者英文原稿在 2014 年的 *BMC Geriatrics* 中出版，而後者則於 2015 年在國際期刊 *Aging and Mental Health* 上發表。第九章是「香港百歲老人和衰弱研究」，英文原稿在 2015 年的 *Journal of the American Medical Directors Association* 中出版。這部分主要揭示香港百歲老人能活得健康長壽及實現成功老齡化的主要因素、如何界定健康及避免衰弱、理解身體健康及增強自我照料能力、學習與家人朋友營造有意義及愉快的關係。

第三部分的三篇文章由我撰寫，第十章為 2016 年在新加坡會議上發佈的有關「香港百歲老人及成功老齡化」的基因分析，討論基因及環境因素對人類健康長壽重要的影響。基因並非不可改變，而在影響基因表達的眾多環境因素中，生活方式最為重要。第十一章則在分享香港百歲老人健康長壽的座右銘之餘，討論精神健康及生活方式和運動與健康長壽的關係。最後一篇文章，揭示及對比香港百歲老人與藍區長壽老年人的飲食習慣，並列舉最佳營養植物膳食，如哪些食物是健康營養物質的來源，哪些食物則需要盡量避免，從而引導人們加強自身免疫功能，使認知、精神和身心健康可以達到最佳狀態。

書中有關最佳營養植物膳食的建議不能取代醫生或營養師的意見，我無意通過本書向大家推薦一種新的自然療法。在探討改善精神健康、生活方式、身體鍛練、基因與環境及海外國家健康長壽膳食同時，我使用的是一些簡單的術語，儘管我相信自己絕對忠實於大多數科學家及學者研究的精髓，但我還是要為簡化地描述了他們畢生工作的成果表示歉意。其中，國際研究動態部分列出了較多國際參考文獻，以方便讀者查閱。

致謝

主編非常感謝香港老年學會（Hong Kong Association of Gerontology）同意及授權將第一部分五篇於 2012 年在 "亞洲老年學及醫學雜誌 - 百歲老人特刊"《Asian Journal of Gerontology & Geriatrics - Centenarians Special Issue》發表的英文學術論文翻譯為中文，而主編亦更新了部份中文翻

譯版的內容。另外，第一部分第四章的作者感謝香港大學亞太研究中心的恆生金禧教育研究基金（2008～2009 年度）及香港社會服務聯會（社聯）對本研究計劃的支持。本研究計劃於 2009 年 8 月獲得香港大學非臨床研究操守委員會的許可（許可證號：EA120809）。我們也非常感激被訪者、他們的家人及義工，衷心感謝銅鑼灣聖保祿醫院的醫生、Nancy Cheung 修女、Karen Cheung 護士，社聯的陳文宜女士和陳巧施女士，香港大學運動及潛能發展研究所的 Kenneth Liang 先生。

另外，主編及第二部分四篇譯文的作者感謝香港大學運動及潛能發展研究所的 Kenneth Liang 先生，感謝香港大學社會工作及社會行政系的葉兆輝教授和徐永德教授對「香港百歲老人」研究的支持。我們也滿心感謝香港大學護理學系的梁綺雯博士為我們安排及協調血液測試，並感謝瑪麗醫院的 Morris Tai 醫生和 Jason So 醫生，東華三院馮堯敬醫院的 Winnie Mok 醫生和陳漢威醫生，退休前為香港衛生署助理署長（家庭及長者健康服務）的陳慧敏醫生、Linda Hui 醫生、Sammy Ng 醫生和 Shelley Chan 女士，社聯的陳文宜女士和陳巧施女士。感謝抽血人員 Wan W-K 醫生，註冊護士 Karen Cheung C-P 女士、Irene Lau 女士、Rosanna Liu 女士和 Luk F-L 女士對本研究的支持。此計劃若沒有被訪者和他們家人的熱心參與，肯定不能順利進行。同時，也感謝匿名的評審人員為各英文論文提出的建設性意見。主編也非常感激參與「香港百歲老人」第二期研究合作的社聯，香港醫療輔助隊的前總參事許偉光先生、John Wong 醫生、陸賽龍先生及曾經參與 2016 年家訪培訓的義工。最後，非常感謝顧大男博士、王建平博士及王紀文先生參與後期部分校對工作和提出有建設性的意見。

披露聲明

主編和各章作者沒有報告任何利益衝突。

理委員批准及資金來源

「香港百歲老人」研究由香港大學非臨床研究倫理委員會於 2011 年 1 月（參考編號：EA200111）批准進行，延續有效期至 2023 年 1 月 26

健
康
長
壽
：
香
港
實
證
研
究

日；衛生署倫理委員會於 2011 年 5 月批准（參考編號：L/M48/2011 in DHHQ/5030/5/5）。研究由大學教育資助委員會種子基金研究計劃（Seed Funding Programme for Basic Research）及香港大學社會工作及社會行政學系的配套資金（計劃編號：104001032）資助。AXA 安盛保險集團也有參與資助，給 2011 年受訪的 153 位準百歲和百歲老人派發紅包。

參考文獻

1. United Nations, Department of Economic and Social Affairs, Population Division. (2017). *World Population Prospects: The 2017 Revision, Key Findings and Advance Tables* (ESA/P/WP/248). https://esa.un.org/unpd/wpp/Publications/Files/WPP2017_KeyFindings.pdf. Accessed 11 March 2018.

2. United Nations, Department of Economic and Social Affairs, Population Division. (2017). *World Population Prospects: The 2017 Revision, Volume II: Demographic Profiles* (ST/ESA/SER.A/400). https://esa.un.org/unpd/wpp/Publications/Files/WPP2017_Volume-II-Demographic-Profiles.pdf. Accessed 11 March 2018.

3. Hong Kong Census and Statistics Department. (2017). *Demographic Trends 1986-2016 in Hong Kong*. Demographic Statistics Section (1) Census and Statistics Department HKSAR. https://www.statistics.gov.hk/pub/B1120017042017XXXXB0100.pdf.

4. Robine, J. M., Allard, M., Herrmann, F. R., & Jeune, B. (2019). The Real Facts Supporting Jeanne Calment as the Oldest Ever Human. *The Journals of Gerontology*. Series A, *Biological Sciences and Medical Sciences*, 74 (Suppl_1), S13-S20.

5. Kannisto, V., Lauristen, J., Thatcher, A. R., & Vaupel, J. W. (1994). Reductions in mortality at advanced ages: Several decades of evidence from 27 countries. *Population and Development Review*, 20 (4), 793-809.

6. Cheung S-L. K., Robine, J-M., Tu, E. J-C., & Caselli, G. (2005). Three dimensions of the survival curve: Horizontalization, verticalization, and longevity extension. *Demography*, 42 (2), 243-258.

7. Cheung, S-L. K., & Robine, J-M. (2007). Increase in common longevity and the compression of mortality: The case of Japan. *Population Studies*, 61 (1), 85-97.

8. Cheung, S-L. K., Robine, J-M., Marazzi, A., & Paccaud, F. (2009). Dissecting compression of mortality in Switzerland, 1876-2005. *Demographic Research*, 21 (19), 569-598.

9. Thatcher, A. R., Cheung, S-L. K., Horiuchi, S., & Robine, J-M. (2010). The compression of deaths above the mode. *Demographic Research*, 22 (17), 505-538.

10. Horiuchi, S., Ouellette, N., Cheung S-L. K., & Robine, J-M. (2013). Modal age at death: Lifespan indicator in the era of longevity extension. *Vienna Yearbook of Population Research*, (11), 37-69.

11.   Hong Kong Census and Statistics Department. (2017). *Hong Kong Life Tables 2011-2066*. Demographic Statistics Section (1) Census and Statistics Department. HKSAR.

12.   United Nations, Department of Economic and Social Affairs, Population Division. (2019). *World Population Prospects 2019: Highlights*. ST/ESA/SER.A/423. Accessed 16 Jan 2020. https://population.un.org/wpp/Publications/Files/WPP2019_Highlights.pdf.

13.   United Nations, Department of Economic and Social Affairs, Population Division. (2002). *World Population Ageing 1950-2050*. (ST/ESA/SER.A/207). http://www.un-.org/esa/population/publications/worldageing19502050/ . Accessed 11 March 2018.

14.   United Nations, Department of Economic and Social Affairs, Population Division. (2015). *World Population Prospects: The 2015 Revision, Key Findings and Advance Tables*. Working Paper No. ESA/P/WP.241. Accessed 18 August 2018.

15.   Robine, J-M., & Cubaynes, S. (2017). Worldwide demography of centenarians. *Mechanisms of Ageing and Development*, 165, 59-67.

16.   香港特別行政區統計處：2016 年中期人口普查：主要結果 (2017 年 11 月)。

17.   預測數字由香港特別行政區統計處 (普查及人口) 於 2017 年 11 月 27 日直接從電郵提供。

18.   Holstege, H., Beker, N., Dijkstra, T., Pieterse, K., Wemmenhove, E., & Schouten, K., et al. (2018). The 100-plus Study of cognitively healthy centenarians: Rationale, design and cohort description. *European Journal of Epidemiology*, 33 (12), 1229-1249.

19.   熊志 (2018)。〈過度醫療是什麼同問題？〉,《信報》,2018 年 6 月 25 日。

20.   Brownlee, S., Chalkidou, K., Doust, J., Elshaug, A. G., Glasziou, P., & Nagpal, S., et al. (2017). Evidence for overuse of medical services around the world. *Lancet*, 390 (10090), 156-168.

21.   Havighurst, R. J. (1961). Successful aging. *Gerontologist*, 1, 8-13.

22.   Chong, M-L. A., Ng, S. H., Woo, J., & Kwan, Y-H. A. (2006). Positive ageing-views from middle-aged and older adults. *Ageing and Society*, 26, 243-266.

23.   Woo, J., Ng, S. H., Chong, M-L. A., Kwan, Y-H. A., Lai, S., & Sham, A. (2008). Contribution of lifestyle to positive ageing in Hong Kong. *Ageing International*, 32, 269-278. doi: 10.1007/s12126-008-9022-3.

24.   Bowling, A. (1993). The concept of successful and positive ageing. *Family Practice*, 10, 4, 449-53.

25.   鄔滄萍：中國特色社會主義的養老模式,鄔滄萍教授在全國家庭養老與社會化養老服務研討會閉幕式上的講話 (摘要),《老齡問題研究 (月刊)》,1998 (05)。

26.   World Health Organization. (2015).《關於老齡化與健康的全球報告》。https://www.who.int/ageing/publications/world-report-2015/en/. Accessed 1 November 2015.

27. World Health Organization. (2016).《中國老齡化與健康國家評估報告》。https://apps.who.int/iris/bitstream/handle/10665/194271/9789245509318-chi.pdf. Accessed 31 August 2018.

28. The Elderly Commission. (2019). *Report on Healthy Ageing Executive Summary.* https://www.elderlycommission.gov.hk/en/library/Ex-sum.htm. Accessed 15 November 2019.

29. World Health Organization. (2001). *International Classification of Functioning, Disability and Health (ICF).* World Health Organization, Geneva.

30. Cheung, S-L. K., Yip, S-F. P., Branch, L. G., & Robine, J-M. (2015). Decreased proportion of dementia-free life expectancy in Hong Kong SAR. *Dementia and Geriatric Cognitive Disorders*, 40 (1-2), 72-84.

31. Cheung, S-L. K., & Yip, S-F. P. (2010). Trends in healthy life expectancy in Hong Kong SAR, 1996-2008. *European Journal of Ageing*, 7, 257-269.

32. Gruenberg, E. (1977). The failures of success. *The Milbank Memorial Fund Quarterly*, 55 (1), 3-24.

33. 曾毅、柳玉芝、張純元、蕭振禹（2004）。《健康長壽影響因素分析》。北京：北京大學出版社。

34. Servan-Schreiber, D. (2009). *Anti-cancer A New Way of Life.* New York: The Penguin Group.

35. Lau, H-P. B., Chow, Y-M. A., Wong, F-K. D., Chan, S-M. J., Chan, H-Y. C., & Ho, T-H. R., et al. (2018). Study protocol of a randomized controlled trial comparing integrative body—mind—spirit intervention and cognitive behavioral therapy in fostering quality of life of patients with lung cancer and their family caregivers. *Journal of Evidence-Informed Social Work*, 5 (3), 258-276.

36. Cheung, S-L. K., Lau, H-P. B., Wong, W-C. P., Leung, L-M. A., Lou, W-Q. V., Chan, M-Y. G., & Schulz, R. (2015). Multicomponent intervention on enhancing dementia caregiver well-being and reducing behavioral problems among Hong Kong Chinese: A translational study based on REACH II. *International Journal of Geriatric Psychiatry*, 30 (5), 460-469.

37. Bruzzone, S., Barbi, E., & Caselli, G. (2004). *Italian Supercentenarians: over 105 deaths by region time series, data sources and validation procedures.* RTN Workshop on New Approaches for Longevity and Mortality Research, Alghero-Sardegna, February 13-14, 2004.

38. Caselli, G., Battaglini, M., & Capacci, G. (2020). Beyond one hundred: a cohort analysis of Italian centenarians and semisupercentenarians. *J Gerontol B Psychol Sci Soc Sci,* 75 (3), 591-600. Lau, H-P. B., Chow, Y-M. A., Wong, F-K. D., Chan, S-M. J., Chan, H-Y. C., & Ho, T-H. R., et al. (2018). Study protocol of a randomized controlled trial comparing integrative body-mind-spirit intervention and cognitive behavioral therapy in fostering quality of life of patients with lung cancer and their family caregivers. *Journal of Evidence-Informed Social Work*, 5 (3), 258-276.

39. Barbi, E., Lagona, F., Marsili, M., Vaupel, J. W., & Wachter, K. W. (2018). The plateau of human mortality: Demography of longevity pioneers. *Science*, 360, 1459-1461.

40. Gompertz, B. (1825). On the nature of the function expressive of the law of human mortality, and on a new mode of determining the value of life contingencies. *Philosophical Transactions of the Royal Society of London*, 115 (1825), 513-583.

41. Lexis, W. (1878). Sur la durée normale de la vie humaine et sur la théorie de la stabilité des rapports statistiques. *Annales de Démographie Internationale*, 2 (5), 447-460.

42. Kannisto, V. (2000). Measuring the compression of mortality. *Demographic Research*, 3 (6).

43. Kannisto, V. (2001). Mode and dispersion of the length of life. *Population: An English Selection*, 13 (1), 159-171.

44. Comfort, A. (1956). *The biology of senescence*. London: Routledge & Kegan Paul.

45. Fries, J. F. (1980). Aging, natural death, and the compression of morbidity. *The New England Journal of Medicine*, 303 (3), 130-135.

46. Wilmoth, J. R., & Horiuchi, S. (1999). Rectangularization revisited: Variability of age at death within human populations. *Demography*, 36 (4), 475-495.

47. Yashin, A. I., Begun, A. S., Boiko, S. I., Ukrainseva, S. V., & Oeppen, J. (2001). The new trends in survival improvement require a revision of traditional gerontological concepts. *Experimental Gerontology*, 37 (1), 157-167.

48. Kannisto, V. (1994). *Development of oldest-old mortality, 1950-1990: Evidence from 28 developed countries*. Odense: Odense University Press.

49. Horiuchi, S., & Wilmoth, J R. (1998). Deceleration in the age pattern of mortality at older ages. *Demography*, 35, 391-412.

50. Thatcher, A. R. (1999). The long-term pattern of adult mortality and the highest attained age. *Journal of the Royal Statistical Society*, (A) 162 (Part 1), 5-43.

51. Thatcher, A. R., Kannisto, V., & Vaupel, J. W. (1998). *The force of mortality at ages 80 to 120*. Odense: Odense University Press (Monographs on Population Aging 5).

52. Robine, J-M., & Vaupel, J. W. (2001). Supercentenarians: Slower ageing individuals or senile elderly? *Experimental Gerontology*, 36 (4-6), 915-930.

53. Barbi, E., Caselli, G., & Vallin, J. (2003). Trajectories of extreme survival in heterogeneous populations. *Population*, 58, 43-65.

54. Vaupel, J. W., Carey, J. R., Christensen, K., Johnson, T. E., Yashin, A. I., & Holm, N. V., et al. (1998). Biodemographic trajectories of longevity. *Science*, 280, 855-860.

55. Dong, X., Milholland B., & Vijg, J. (2016). Evidence for a limit to human lifespan. *Nature*. 538, 257-259 (13 October 2016).

健
康
長
壽
：
香
港
實
證
研
究

56. 澎湃新聞：《日本百歲老人破 7 萬人達史上最多 30 年間增加 22 倍》，2019 年 09 月 14 日。https://finance.sina.com.cn/world/gjcj/2019-09-14/doc-iicezzrq5709955.shtml?cref=cj. Accessed 16 Jan 2020.

57. 台北台安醫院（2014）。《觀念對了獲得健康好輕鬆》。北京：中醫古籍出版社。

58. Herskind, A. M., McGue, M., Holm, N. V., Sørensen, T. I., Harvald, B., & Vaupel, J. W. (1996). The heritability of human longevity: A population-based study of 2872 Danish twin pairs born 1870-1900. *Human genetics*, 97 (3), 319-323.

59. Preston, Estep III. (2016). *The mindspan diet: Reduce Alzheimer's risk, minimize memory Loss, and keep your brain young.* New York: Ballantin Books.

60. Boomsma, D., Busjahn, A., & Peltonen, L. (2002). Classical twin studies and beyond. *Nature Reviews Genetics*, 3 (11), 872-82.

61. 南懷瑾（2018）。《易經系傳別講（一及二）》，北京：東方出版社。

62. Holford, P. (2004). *The new optimum nutrition bible.* New York: Crossing Press.

63. Campbell, T. C., & Campbell, T. M. (2016). *The China study.* Inc. Dallas: BenBella Book.

64. Knoops, K. T., de Groot, L. C., Kromhout, D., Perrin, A. E., Moreiras-Varela, O., Menotti, A., & van Staveren, W. A. (2004). Mediterranean diet, lifestyle factors, and 10-Year mortality in elderly European men and women the HALE project. *JAMA*, 292 (12), 1433-1439.

65. Ntanasi, E., Yannakoulia, M., Kosmidis, M. H., Anastasiou, C. A., Dardiotis, E., & Hadjigeorgiou, G., et al. (2018). Adherence to Mediterranean Diet and Frailty. *Journal of the American Medical Directors Association*, 19 (4), 315-322.e2.

66. Buettner, D. (2015). *The blue zones solution.* Washington：National Geographic Partners, LLC.

第一部分

第一章
全球百歲老人研究回顧和進展 ①

潘倫納德　張筱蘭

摘要

隨着全球高齡長者及百歲老人數量的不斷上升，有關長壽的研究也在近十年內不斷增加。與此同時，針對長壽研究的領域不斷擴展，其研究方法也變得更加純熟。本章將回顧以往工業化國家經歷的人口的變化以及有關百歲老人研究的文獻資料，並總結一些主要的縱向研究發現。

引言

縱觀歷史，人們一直都在探索長壽的祕訣。以中國文化為例，快樂和長壽被視為高生活品質、幸福和成功老齡化的重要決定因素。年長的人會受到人們的尊重。這些觀念在大部分民族中都是相似的，但不同的文化也不一樣的。

在過去 50 年裏，科學界陸續出現尋找人類長壽機制的研究。早期為何缺乏相關的研究，主要有四個方面的原因。

---

①　以英文論文原稿為準。Poon, L. W., & Cheung, S-L. K. (2012). Centenarian research in the past two decades. *Asian Journal of Gerontology and Geriatrics*, 7, 8-13.

　　第一，超過 100 歲的人口數量十分少，這種情況在近幾十年才有所改變。過往美國曾擁有最多的百歲老人，根據美國統計局人口部門的報告，1990 年有 37,306 名百歲老人[1]，到 2000 年已超過了 5 萬人，至 2010 年已達 53,364 人[2]。而根據 2019 年聯合國人口部門（Population Division of the United Nations, UNDP）的預測，到 2100 年美國百歲老人的數量將會增加至 172.6 萬人[3,①]。

　　但最近，美國擁有最多百歲老人的狀況已被日本取代，截至 2019 年 9 月，日本共同社報導，根據厚生勞動省（Ministry of Health, Labor and Welfare），日本的百歲老人數為 71,274 人，其中女性佔 88.1%。這一數字比 2018 年增加了 1,489 多人，並且連續第 49 次增長[4,5]。日本前首相中曾根康弘就是百歲老人之一，他在 2018 年 5 月滿 100 歲，是日本最長壽的前首相[6]，很可惜，他於 2019 年 11 月 29 日因衰老原因自然死亡，終年 101 歲。統計顯示，居住在東京的百歲老人最多，有 5,973 人。神奈川縣和大阪府是擁有百歲老人第二和第三多的地區[5]。1963 年日本開始有百歲老人的記錄，當時只有 154 名百歲老人[②]，1998 年這一數字僅為 10,000 人，而到 2007 年已超過了 30,000 人，到 2017 年已增加到近 68,000 人。根據日本國家人口和社會保障研究所的估計，到 2023 年日本百歲老人的數量將超過 10 萬，再過五年後將達到 17 萬人[5,6]。聯合國人口部門更預測，到 2100 年日本百歲老人的數量將會增加至 84.9 萬人[3]。

　　香港統計處也曾預測，香港百歲及以上的人數到 2066 年將增至 5.11 萬人[7]，這一數字與聯合國人口部門用中方案預測的數字約 63 萬人比較，則偏向保守。聯合國預測，到 2100 年香港百歲老人的數量將會增加至 109 萬人[3]。預計到 2100 年整個中國百歲老人的人數將會增加至 455.2 萬人[3]，成為全球之冠。另外，早期有關長壽老人的研究大多是描述性的，因此很難辨別或複製導致長壽的影響因素。

---

①　英文論文原稿根據 1990 年美國統計局報告，2000 年為 72,000 人，並預計 2010 年為 131,000 人，到 2050 年預計百歲老年人的數量將會增加至 834,000 人。這一數字根據 2010 年美國統計局的報告，已更新並修改。

②　根據 Robine 及其他學者 2010 年的論文[8]，1963 年日本百歲老人的數量是 154 人，而不是 The Guardian 報紙上報導的 153 人[9]。

　　第二，早期的研究樣本數量十分少，無法推論長壽人口的整體狀況。

　　第三，只有少數有關健康習慣以及特殊疾病的獨立調查，使得這些研究缺乏對照實驗以及有力的假設。

　　第四，直到近十年，才有足夠具有代表性的樣本進行系統的研究，可以檢驗和對比不同學科對長壽原理的假設。

　　有關長壽的開拓性研究，往往是基於少量樣本進行的描述性研究，而且沒有任何理論基礎。大多數的長壽研究是基於生物學，只有不到三分之一的研究是針對長壽的行為學和社會學範疇[10]。本章的目的是重新探討世界各地人口結構的變化對百歲老人出現的預示。這種變化令我們需要尋找關於這一人群的特徵，以及他們如何適應這一轉變和維持現有生活質量的知識。本章也會重新探討部分關於百歲老人的文獻，並對日後有關的研究給出建議。

人口結構的變化

　　在過去的二十多年裏，所有工業化國家的人口學特徵都有顯著的改變——平均預期壽命延長。在 2006 年，全球 65 歲及以上人口約為五億人。到了 2030 年，65 歲及以上人口會達到十億人，也就是每八個人中就有一人是 65 歲及以上的長者。第二次世界大戰結束時，日本、中國香港、新加坡和韓國的平均預期壽命約 45～50 歲。現在，這些國家和地區平均預期壽命均排在世界前列。另外，人口結構也發生前所未見的變化，傳統的人口結構像一個金字塔，年輕人佔較大的比例。但由於壽命延長和出生率下降，現在的人口金字塔形狀趨向矩形。「矩形化」（Rectangulari-sation）的人口結構，導致低供養比率，即供養非工作和退休人口的勞動人口越來越少。極低出生率和結婚率更可能使人口結構成為一個「倒轉三角形」。當供養比率降至極低，將會威脅社會的穩定。對於一些國家來說，這絕對是迫在眉睫的危機。在亞洲，人口金字塔向矩形的改變將會不斷持續下去[11]。

人口老齡化的速度在不同國家有很大的差別。工業化國家，特別是亞洲國家的人口老齡化速度最快。法國 65 歲及以上的人口在 115 年內（1865～1980 年）由佔總人口的 7% 增加至 14%。在美國，整個過程估計用了 69 年（1944～2013 年）。而在日本，人口老齡化的過程僅用了 26 年（1970～1996 年）。平均預期壽命正在快速增長的亞洲國家，也要面對人口老齡化的問題 [12,13]。而這些改變會在經濟、工作生產、勞動年齡人口分佈、供養比、家庭結構和關係、長者照顧、安老院舍服務、休閒設施、醫療、福利及退休政策等方面帶來顯著的影響。我們必須好好了解這些長者的生物學、心理學、社會學、健康狀況及疾病、存活、適應力、生活質量和身心健康等方面的知識。

百歲老人研究

根據文獻搜索（使用 PubMed 數據庫），在 2018 年 9 月有 6,717 篇有關高齡長者（Oldest-old）的文章 [①]。有關百歲老人（Centenarians）研究的出版物也增加到 4,762 種。當高齡長者及百歲老人的人數不斷增加，人們需要更多、更新的有關如何照顧他們的信息。在歐洲，有 18 個國家曾經或正在進行關於高齡長者或百歲老人的研究，包括阿塞拜疆、比利時、丹麥、芬蘭、法國、格魯吉亞、德國、希臘、匈牙利、荷蘭、波蘭、葡萄牙、意大利、俄羅斯、西班牙、瑞典、瑞士、英國和葡萄牙 [②]。在亞洲，中

---

① 2000 年只有 1,402 篇有關高齡長者的文章，到 2011 年增加到 1,952 篇，增加了 500 多篇。

② 根據 2018 年 9 月 5～6 日在澳大利亞悉尼藍山舉行的「國際百歲老人協會」年會（International Centenarians Consortium, ICC），最新加入高齡長者及百歲老人研究的國家有葡萄牙及新加坡。葡萄牙的百歲老人研究發展了不同的項目，如「葡萄牙波爾圖百歲老人研究」（PT100 Oporto Centenarian Study）、「葡萄牙貝拉內陸地區百歲老人研究」（PT Beira Interior）、「PT80＋」、「PT 後代」（PT Offspring）及「PT 非常年長和衰弱的軌跡及照顧者研究」（PT caregiving dyads in Very Old Age and Frailty Trajectory）。

國內地 [①]、中國香港、印度 [②]、日本 [③][④]（包括沖繩島 [⑤]）、新加坡 [⑥]、韓國 [⑦] 和

_____

① 「中國縱向健康長壽調查」（Chinese Longitudinal of Healthy Longevity Survey, CLHLS）[14] 分別於 1998 年、2000 年、2002 年、2005 年、2008 年 9 月、2011 年 12 月和 2014 年，在中國 22 個省份進行。比較過往的研究，CLHLS 收集了 80～112 歲或更高齡的老年人口數據，並與 65～79 歲的年輕長者對照。研究的目標是確定哪些因素在健康長壽中發揮重要作用。另外，中國其他主要城市或地方，如最早於 1982 年在上海市 [15-17]、河北省 [18]、浙江省紹興市 [19]、重慶市 [20]、成都市「杜江堰長壽與老齡計劃」（Project of Longevity and Aging in Dujiangyan, PLAD）[21]、廣西壯族自治區巴馬瑤族自治縣 [22] 和海南省「中國海南百歲老人隊列研究」（China Hainan Centenarian Cohort Study, CHCCS）[23-24] 也有進行過百歲老人研究。2017 年 10 月，由南京師範大學負責的「南京百歲老人研究」（Nanjing Centenarian Study, NCS）已開始進行，目的是收集生活在南京市行政區域內的所有百歲老人的數據以及抽樣百歲老人的一個孩子和一個孫子。根據南京市民政局 2017 年百歲老人名單，大約有 320 名百歲老人。2018 年 4 月 20 日，主編與南京師範大學趙媛教授等人，探訪了一位在南京古樓居住的 103 歲百歲老人，她與女兒同住，很喜歡清潔乾淨，自己管自己的事情及財產。她自己能上廁所、洗澡及吃飯。雖然她有時候覺得越老越不中用，但自評比別人健康及經濟狀況好，性格樂觀且不抱怨。

② 在印度，確切百歲老人的數目仍然存在一些爭議 [25]。而百歲老人的研究亦相當少，除了最早由蒂魯帕蒂及其他學者等完成相關研究 [26]，最近 Nair（2011）也分析了喀拉拉邦老年女性的長壽特徵，並以蒂魯帕蒂的研究為基礎，採用定性數據進行了標準化分析 [27]。

③ 「東京百歲老人研究」（Tokyo Centenarians Study, TCS）於 2000～2002 年在東京城區進行。自 2003 年以來，東京半超級百歲老人研究（JSS）在日本全國范圍內開展。

④ 在澳大利亞悉尼藍山舉行的「國際百歲老人協會」2018 年會（ICC Annual Meeting）上公佈了另一項最新日本百歲老人研究，名為「京丹後市百歲老人研究」（Kyotango Centenarians Study, KCS），該研究在 2017 年開始在鄉區進行，並成功訪問了 153 位百歲老人，初步結果顯示有 63 名住在院舍，12% 是臥床。

⑤ 「沖繩百歲老人研究」在調查世界上最長壽人群的健康老齡化。這是一項自 1975 年開展以來持續地對日本最南端老年人健康老齡化的研究。全世界人口的疾病流行率和壽命差異很大。過去的研究表明，儘管基因對特定疾病很重要，但人類整體壽命的大部分變化是環境因素造成的。重要的環境因素包括飲食習慣、身體活動、吸煙和其他危險行為、社會和公共衛生實踐（如免疫接種）和基本衛生保健。

⑥ 2015 年 A＊STAR 和國立大學健康系統（The National University Health System, NUHS）發起 SG90 長壽隊列研究，旨在研究 90 歲以上的新加坡約 1,000 名老年人的隊列。https://www.asiabiotech.com/22/2207/22070020x.html#gsc.tab=0。新加坡國立大學醫學院 (National University of Singapore Duke Medical School) 於 2016 年 12 月舉辦了有關百歲老人與成功老齡化的會議。在會議中，新加坡研究員利用「新加坡華人健康研究中的 80 歲及以上長者」（Oldest Old in the Singapore Chinese Health Study 80＋）的數據做研究分析。

⑦ 「韓國百歲老人研究」以人類長壽綜合及多學科的方法，通過醫療、遺傳、心理、營養、生態、經濟、家庭、社會的合作，通過整體方法來解釋百歲老人的特徵，以了解基因、性別、生態棲息地、飲食和社會文化變量對長壽的影響。韓國百歲老人的遺傳特徵是獨特的，說明了基因和環境的相互作用。百歲老人的性別比例偏向於女性，但不是統一的，而是區域性的。雖然男性百歲老人數量較少，但與女性百歲老人相比，他們在功能上表現得更好，並且需要更少的醫療護理。生活在山區居住的百歲老人比生活在海邊附近的生活狀況更好。

台灣都有進行類似百歲老人的研究。在美國 [①]，這些研究在包括加利福尼亞州、佛羅里達州、喬治亞州 [②]、愛荷華州 [③]、愛達荷州、路易斯安那州、新英格蘭地區 [④]、紐約州、猶他州等地方均有進行。在澳大利亞 [⑤]，已經進行過三個有關高齡長者或百歲老人的研究。在南美洲（如巴西 [⑥]）及拉丁美洲（如古巴 [⑦]），也曾經進行有關百歲老人的研究。

有關百歲老人的最大型調查由 IPSEN 基金會於 1990 年在法國進行 [28]。1990 年 1 月至 1991 年 4 月，共計 910 位老年人接受了調查。其中 800 位被證實為百歲老人，並接受了身體檢查 [28]。此外他們對已認證最長壽的女士珍妮・卡爾芒（Jeanne Calment）（於 1997 年 8 月 4 日在法國阿爾勒離世，終年 122 歲零 164 天）的親屬進行了關於長壽與遺傳關係的研究。從收集回來的家族數據看，她的 62 位直系親屬都比對照實驗的人更長壽 [28]。

---

① 「福特漢姆百歲老人研究」（The Fordham Centenarian Study, FCS）採用的研究方法是混合式，調查 95～107 歲的準百歲和百歲老人的個人特徵（如健康、認知、幸福、心理優勢）、他們的直接社交網絡（如家人和朋友、非正式支持等）以及可能使這些長者成功老齡化的社會文化特徵。

② 「喬治亞州百歲老人研究」（The Georgia Centenarian Study, GCS）（1988～2009 年）是美國國立衛生研究院資助的時間最早的研究。第一期（1988～1992 年）是一項橫斷面研究。從選民登記名單中獲得必須具有認知功能的、在社區居住的百歲老人的姓名，其他參與者通過媒體、老齡區域代理機構和教會聯繫人招募。兩個較年輕的群體（即八旬長者和有性別要求的長者）是由喬治亞大學的調查研究所通過隨機數字撥號招募的，總共招募了 38 名男性和 53 名女性。共有 321 名研究參與者，其中 31 名男性和 62 名女性為 80 多歲，35 名男性和 137 名女性為百歲老人。

③ 「愛荷華州百歲老人研究」（The Iowa Centenarian Study, ICS）是美國兩個最大的百歲老人研究之一，在該國人口稠密地區的東北部和東南部地區進行。愛荷華州百歲老人研究是獨一無二的，因為它涉及農村中西部百歲老人。尚不清楚長壽與地理區域在多大程度上有關係，該研究填補了一般農村地區參與者的不足。

④ 「新英格蘭地區百歲老人研究」（The New England Centenarian Study, NECS）主要調查百歲老人及其家庭成員，以確定健康老齡化和特殊壽命的決定因素。他們的發現有助於與極端長壽相關的醫學和遺傳學主題的研究。

⑤ 「悉尼百歲老人研究」（The Sydney Centenarians Study, SCS）是對 95 歲及以上老人的認知和身體功能的縱向研究。該研究於 2007 年在澳大利亞新南威爾士大學（University of New South Wales, UNSW）啟動。SCS 的開發是為了探索遺傳和環境因素對健康長壽的影響。

⑥ 「巴西百歲老人研究」旨在比較巴西弗洛里亞諾波利斯百歲老人的身體活動水平和功能能力。研究參與者為 23 位百歲老人（101.7±2.0 歲）[33]。

⑦ 「古巴百歲老人研究」（The Cuban Centenarian Study, CCS）於 2004～2008 年對 1,488 名百歲老人進行了訪談和評估，發現百歲老人的平均預期餘壽只有六個月 [34]。

以往研究的準確度因為一些研究方法，如橫截面設計、採取方便抽樣方法以及缺乏適當的對照組，而受到影響和限制[29]。在丹麥的縱向研究中，研究人員嘗試利用丹麥民事登記系統，找出 1905 年出生仍然存活的百歲老人，結果確認有 40,355 名百歲老人在世。研究還發現丹麥的百歲老人比當時較年輕的人住院的天數更少[30]。

根據 1995～1996 年進行的丹麥百歲老人縱向研究，當時有 276 位 1895 年出生的百歲老人存活下來，而丹麥 1905 年出生的人口中，則發現有 225 位百歲老人仍然存活。1905 年出生並存活的老人比 1895 年出生並存活的老人擁有更好的日常活動能力（Activities of Daily Living, ADL）[31]。1905 年出生並存活的老人其傷殘率也不是很高[32]。在 207 個百歲老人中，20% 的女性和 44% 的男性能夠獨自做到指定的日常活動[35]。雖然這群百歲老人常見慢性疾病的患病率很高，不過小部分百歲老人仍保持完好的認知能力和行動能力[36]。

在意大利，38 位百歲老人（主要居住在帕多瓦）於 1992 年 10 月和 1995 年 7 月間接受了訪問[37]。他們仍然保有相當完備的認知能力，而他們在焦慮和抑鬱方面的得分都比年輕的兩組更低。他們認為自己是虔誠的信徒，並對自己的財務狀況感到滿意。他們同時比稍年輕的長者更滿意自己的生活、社交及家庭狀況。研究嘗試找出可能對長壽有重要幫助的保護性因素，但受限於研究方法的不足，例如只是從單一地域中選出較便於進行研究的百歲老人進行調查。

在意大利撒丁島（Sardinia）的「AKEA 研究」[①,38]，利用多維度家訪去研究百歲老人和接近百歲的高齡長者的社會人口學、臨床和遺傳方面的特質。由於撒丁島長期處於孤立的狀態，加上外來移民率低、同族結婚率高以及居民的生活方式較一致，使得那裏非常適合進行遺傳學與極端長壽以及健康長壽之間關係的研究[39-42]。1997～2003 年，撒丁島的 44 個城鎮已發現了有 53 人的年齡超過 105 歲（AKeA2 計劃）。已有研究針對撒丁

---

①   AKEA 是從撒丁島傳統智慧中提取的首字母縮寫，"A KENT ANNOS" 大約意味着「健康和生命活到 100 歲」。

島的家族效應對百歲老人的影響進行了分析，家族效應是指某個家族分支的人會特別長壽，不過這些發現仍屬推斷[42]。而意大利「曼托瓦長壽研究」〔The MALVA（MAntova LongeVA）Study〕的高齡長者中，則有着相當大的差異，這可能是遺傳及（或者）環境和生活方式因素造成的[43]。

意大利「多元百歲老人研究中心」（Italian Multicenter Study on Centenarians, IMUSCE）的一項流行病學研究中，有 602 位來自意大利不同地區的百歲老人參與研究。他們身體健康，有自理能力，有良好的體能及認知能力，但卻沒有從事任何社會或生產活動[44]。與意大利卡拉布里亞（Calabria）的高齡長者相比，我們更容易察覺到男性百歲老人與女性百歲老人的健康特徵差異：男性有更好的體魄，而且患病率比女性低。此外，超過90 歲的長者有較低的糖尿病、骨質疏鬆症和胃潰瘍發病率[45]。

瑞典的百歲老人的研究，訪問了 100 位來自瑞典南部並於 1887～1891 年出生的百歲老人。儘管在《精神疾病診斷和統計手冊第三版修訂本》（*The Diagnostic and Statistical Manual of Mental Disorders, DSM III-R*）的表現上有着較大的差異，但百歲老人通常被認為比一般人更負責任、有能力、隨和、不容易焦慮[46]。個人特徵（如生理儲備、健康和功能狀態）及運氣都是百歲老人出現的重要因素[47]。增加壽命的要素（Salutogenic）及減少壽命的要素（Pathogenic）均是推斷個人壽命的重要因素；而在斷定生存率時，一些隨機因素，例如意外死亡的因素，有時可能比一些必然因素（如家族壽命）更為重要[47]。

歐洲百歲老人研究概覽呈現在表 1-1 中。百歲老人研究的範圍從僅包括少數參加者的一些無結構訪談，到以整個人口為基礎樣本的包括生物學、臨床醫學、心理學、社會學、人類學的系統性研究。較長期的百歲老人的研究有丹麥百歲老人縱向研究[31,35-36]、日本沖繩百歲老人研究[48]、美國喬治亞百歲老人研究[49-50]和美國新英格蘭百歲老人研究[51]。

表 1-1　歐洲百歲老人研究概覽

國家／地區	研究機構	樣本資料
比利時	公共管理人口研究中心，比利時天主教魯汶大學 [52]	使用比利時百歲老人數據
丹麥奧登斯	南丹麥大學與南丹麥大學公共衛生研究所流行病學 [35-36]	通過丹麥民事登記系統獲得被訪者
芬蘭	「芬蘭百歲老人研究」，赫爾辛基大學第二醫學系 [53]	基於芬蘭國家人口登記訪問 185 位百歲老人
法國	「百歲之謎探究」，IPSEN 基金會，法國國立衛生與醫學研究所（French National Institute of Health and Medical Research, INSERM）[28]	1990～1991 年，訪問 29,669 名醫學和老年醫學的醫生來估計法國百歲老人的數目
格魯吉亞	「格魯吉亞長壽研究」（Georgian Longevity Study），國家治療中心，實驗和臨床治療研究所，第比利斯 [54]	自 2004 年以來，訪問 136 位 90 歲及以上的長壽老人，並根據地理位置如山區和沿海地區進一步分析
德国	「海德堡百歲老人研究」（Heidelberg Centenarian Study），海德堡大學 [55]	基於德國城市登記，2000～2001 年面對面訪問 91 位準百歲老人和百歲老人
希臘伊卡里亞	「希臘高齡長者研究」，雅典大學醫學院心臟病學第一附屬醫院 [56]	訪問 80 歲及以上的長者包括男性 89 名及女性 98 名
希臘雅典	「希臘百歲老人研究」，生物學研究所細胞激增與老化試驗室 [57]	在 2000 年到 2002 年之間，訪問 489 名居住於社區的百歲老人（佔女性的 77%）及其代理人／照料者
荷蘭	「萊頓市 85 歲及以上老人研究」（Longitudinal Leiden 85-plus Study），萊頓大學醫學中心普通內科系老年學和老年醫學研究所 [58-60]	數據來自 599 名 85 歲及以上的萊頓老人（應答率 87%）以及 27 份質性深度訪談
波蘭華沙	「波蘭百歲老人項目」（The Polish Centenarians Programme），分子與細胞生物學國際研究所 [61]	訪問 346 名百歲老人（女性佔 85.55%），並蒐集 285 份生物材料，153 個淋巴細胞系永久保存
	波蘭科學院醫學研究中心神經外科系 [62]	百歲老人組 10 人，參照組 20 人
葡萄牙	「波爾圖百歲老人研究」（Oporto Centenarian Study）[63-64]	訪問 140 名所有住在波爾圖大都市區的 100 歲老人，15 名男性和 125 名女性。平均年齡是 101.2 歲（SD=1.6），最年長的參與者是一位 108 歲的女性

（續上表）

國家／地區	研究機構	樣本資料
	「貝拉內陸地區百歲老人研究」〔Beira Interior Centenarian Study (PT100-BI)〕[65]	在 2013～2014 年間，共訪問 101 名百歲老人（平均年齡 101.1 歲，SD=1.5），其中 14 名男性，87 名女性
意大利	「撒丁島百歲老人研究」（The Sardinia Longevity Study），西西里大學生物醫學科學系[38]	在全島對 141 名符合要求的百歲老人進行了一次多維家庭訪談，並根據性別和居住地區對等量的 60 歲對照進行了配對。此外，還研究了 41 個百歲老人的同胞兄弟姐妹，以及針對這些同胞的 41 個年齡和性別對照
	「意大利百歲老人多中心研究」（Multicenter Study on Centenarians, IMUSCE），帕多瓦大學老年心理醫學服務中心[44]	研究涉及意大利各個地區的 602 位百歲老人，其中 125 名男性，477 名女性
	「卡拉布里亞高齡長者描述研究」，卡拉布里亞大學[45]	使用兩個專門的問卷，其中一個針對 400 名 90 歲及以上的老人，另一個針對 453 名 65～85 歲的老人
	「意大利北部曼圖亞（MALVA）研究」，博洛尼亞大學[43]	在 1998 年尋找 117 名 98 歲及以上的老人（其中 39 名為百歲老人）
	「意大利瓦雷澤 80 歲及以上人口研究」（Monzino 80+ Population Based Study）[66]	一項針對意大利瓦雷澤省 80 歲及以上居民的人口研究。使用單階段設計確定認知障礙症病例。2,813 名居民中有 2,504 人（89%）獲得了相關信息
俄羅斯莫斯科	「俄羅斯百歲老人研究」，公共衛生研究所[67]	歐洲皇室和貴族長壽族譜數據。其中，8,409 名男性，3,742 名女性
西班牙馬德里	「西班牙百歲老人（100～108 歲）」，馬德里歐洲大學[68]	64 位百歲老人（57 位女性年齡範圍：100～108 歲），年輕的健康對照者（n = 283，女性 67，男性 216）
瑞典	「斯德哥爾摩大學瑞典百歲老人研究」（Stockholm University Swedish Centenarian Study），隆德大學[46]	訪問 164 名在 1887～1891 年出生於瑞典南部的百歲老人。在 143 名倖存者中，100 名同意參加
歐洲	歐洲健康老齡化中的遺傳作用（Genetics of Healthy Aging in Europe, GEHA）（2003～2008），博洛尼亞大學[69]	25 個合作者（24 個來自歐洲，1 個來自中國），涉及 11 個歐洲國家。2,650 名 90 歲及以上的長壽老人和 2,650 名較年輕的配對控制組

（續上表）

國家／地區	研究機構	樣本資料
歐洲	健康老齡化：歐洲人口縱向研究（The Healthy Ageing: a Longitudinal Study in Europe, HALE）[70]	包括參加歐洲調查「營養與長者：關聯行動」（The Survey in Europe on Nutrition and the Elderly: a Concerned Action, SENECA）和「芬蘭、意大利、荷蘭的長者」（The Finland, Italy, the Netherlands, Elderly, FINE）研究包括 1,507 名健康的男性和 832 名在 11 個歐洲國家的 70～90 歲女性。這項隊列研究在 1988～2000 年進行

　　除了針對百歲老人的研究，在瑞士、英國和瑞典都有關於高齡長者的研究。「瑞士高齡長者跨學科縱向研究」（Swiss Interdisciplinary Longitudinal Study on the Oldest Old, SWILSOO）發現，經常與家人聯絡和擁有親密朋友等都能令人們保持良好功能健康[71]。家庭環境還可以推遲高齡長者的退化速度[71]。英國（The Newcastle 85+ Study）指出，不同群體的能力與依賴程度有着很大差異。有很高比例的高齡長者，尤其是男性，能夠保持獨立[72]。然而，也有部分比例的長者需要在家裏或院舍內接受 24 小時護理[73]。在瑞典，關於高齡長者的研究如「瑞典小組研究高齡長者的生活條件」第一及第二階段（The Swedish Panel Study of Living Conditions of the Oldest Old, SWEOLD I 及 II）[74-75]、「昆斯霍爾姆項目」（The Kungsholmen Project）[76-77]、「于默奧高齡長者研究」（The Umeå 85+ Study）[78]、「八旬高齡長者的雙胞胎研究」（The Comprehensive Longitudinal Origins of Variance in The Old-Old: Octogenarian Twins, OCTO-Twin）[79] 以及「縱向人口研究『斯科訥老齡化』」（The Longitudinal Population Study "Good Aging in Skåne", GÅS）[80-81]，對高齡長者的健康狀況，生活條件，影響生活質量及存活率的健康、財產、住房、社交關係、活動及政治資源等方面進行了研究。

　　為了揭開可重複機制對長壽及成功適應力（Successful Adaptation）的貢獻，我們需要更全面地理解老齡化研究的理論、方法、數據、歷史和跨學科的研究方向。我們還需要理解：長壽不等於活得健康，只有擁有健

康、自理能力及活動能力，才值得活至一百歲。

調查人員需要運用生理、心理和社交的方法（Biopsychosocial），了解構成個人在生理、心理及社交上差異的一些原始及互動因素。不同國家，所進行的研究有不同的目的。除了歐洲對健康老齡化的遺傳學研究及五國聯合高齡長者研究項目（The Five Country Oldest Old Project, 5-COOP）（包括丹麥、法國、日本、瑞士及瑞典）外 [1]，不同國家或研究比較或對照不同理論的情況仍然十分有限。

針對百歲老人研究的評論

2007 年的《老年學和老年醫學年度評論》（*Annual Review of Gerontology and Geriatrics*）採用了「生物—心理—社會」的研究方法 [10]，這則評論以這樣一句話作引言：「雖然長壽是人類數千年以來的夢想，但要到最近約 15 年才開始有科學研究嘗試尋找長壽的祕密。」這則年度評論對進行百歲老人研究的方法、研究設計的限制及實行上的困難有所探討。其中還提出了一些早期研究面對的潛在問題及解決方法。另外，還對如何尋找記載有高齡長者及百歲老人的第一手及第二手信息的文獻及數據給出了指引，包括了世界高齡長者的清單及收集此類數據的困難。

接着，評論集中討論了關於長壽的生物學及遺傳學的範疇。這部分描繪了關於老齡化的隨機過程、如何延長壽命、先天及後天因素對長壽的影響以及針對百歲老人的後代進行研究的好處等。然後集中討論了長壽研究在心理學範疇的新發現。也提出了個人技能與問題處理技巧、社交支持和認知能力對存活及長壽的影響。之後，評論了現有數據庫中數據的質量、質化研究方法、模型的發展，並以喬治亞百歲老人研究作為個案，討論了研究方法上的一些爭議及思考。這則評論最主要的貢獻就是提出了過去研

---

① 根據 Robine 及其他學者 2010 年的論文 [8]，5-COOP 項目旨在提供流行率以估計一系列生物標誌物、功能限制和老年病病情，包括認知障礙。在不同的文化環境中，包括丹麥、法國（南部）、日本（東京和沖繩）、瑞士和瑞典，對 95 歲和 100 歲老人考慮所有可能的社交和物理環境因素，即「他們得到什麼」。

究中所面臨的問題，並給出了一些預防這些問題的方法。這則評論採用了
多學科與跨學科的方法，檢驗了先天及後天因素對長壽的影響的假設。

　　2010 年百歲老人的《現代老年學與老年醫學研究》（*Current Geron-tology and Geriatrics Research*）特刊中寫道：「對老齡化過程與長壽了解
的重要貢獻者中 [82]，包括以下數個關於長壽的縱向研究：「沖繩百歲老人
研究」（The Okinawa Centenarian Study）[48]、「檀香山心臟研究」（The Ho-nolulu Heart Program）[83] 以及「弗明翰心臟研究」（The Framingham Heart
Study）[84]。而時間跨度最長的美國百歲老人研究是「喬治亞百歲老人研究」
（The Georgia Centenarian Study）」[50]。及後，世界各地的百歲老人研究陸續
出現，說明了有關長壽的研究正在不斷進步。

　　這則 2010 年的評論強調概念性與方法性的範疇：第一，在世界不同
地方高齡長者的年齡驗證以及在長壽和健康中作出取捨的問題；第二，利
用現有的長壽數據庫來選擇影響長壽因素的方法；第三，評估高齡長者的
行動能力的方法；第四，導致長壽的生理特徵；第五，社會心理學對長壽
的影響。對比早期只含少量樣本的描述性研究，這些研究在年齡驗證、抽
樣、統計、檢驗假設的多元建模方面都採用了更科學的方法。

　　2011 年一則關於高齡長者健康的評論更指出 [85]，高齡長者的人數正在
快速增長：「這部分人口通常在體能和認知方面都有下降的傾向，但只有
少數數據提及正面及負面的經驗、習慣，身邊的環境對其健康的影響，以
及社會和保健政策如何協助他們面對困難。」

　　這則 2011 年的評論道出了高齡長者研究的四個階段。第一個階段是
建立健康研究所必須的理論。這部分描繪了身心健康與追求快樂的概念、
從老齡化圖譜中學到的知識以及如何建立模型去檢驗部分假設。第二個階
段則是驗證個人一生的經歷與創傷對其現今狀況的影響。大部分關於百歲
老人的研究會問及他們現今的狀況，卻對其過往的歷史置之不理。部分患
有創傷後壓力症候群的大屠殺倖存者及士兵有其獨特的經歷，表明過往的
創傷可能影響一個人現在的行為表現。第三個階段集中於一些調節及間接
的過程，如資源、營養、健康、認知功能、活力、社交關係、精神、宗教

以及休閒活動對身心健康的影響。第四個階段則集中於如何準確及可靠地量度健康程度。這則 2011 年的評論讓人能夠全面地了解長壽以及健康老齡化的知識。

2012 年《老年學及生物科學期刊》的特刊中 [86]，刊載了關於不同種族的極端長壽的研究。它為研究長壽的學者提供了在建立長壽模型及檢驗假設方面使用人類及動物模型的指引。

2017 年，Springer 出版了《老年心理學百科全書》(*Encyclopedia of Geropsychology*) [87]，涵蓋更多高齡長者及老齡化的研究，例如「澳大利亞老齡化縱向研究」(Australian Longitudinal Study of Aging, ALSA)[88]、「柏林老齡化研究」(Berlin Aging Studies, BASE & BASE-II) [89]、「加拿大老齡化縱向研究」(Canadian Longitudinal Study on Aging, CLSA) [90]、「中國健康與退休縱向研究」(China Health and Retirement Longitudinal Study, CHARLS) [91]、「英國老齡化縱向研究」(English Longitudinal Study of Ageing, ELSA) [92]、「新西蘭老齡問題縱向研究—健康工作和退休」(The Health, Work, and Retirement, HWR) [93]、「愛爾蘭老齡問題縱向研究」(Irish Longitudinal Study on Ageing, TILDA) [94]、「韓國老齡問題縱向研究」(Korean Longitudinal Study of Ageing, KLoSA) [95]、「阿姆斯特丹縱向老化研究」(Longitudinal Aging Study Amsterdam, LASA) [96]、「墨爾本健康老齡化縱向研究」(Melbourne Longitudinal Studies on Health Ageing, MELSHA) [97]、「日本老齡化與退休研究」(The Japanese Study of Aging and Retirement, JSTAR) [98]、「SONIC 老年人縱向隊列研究」[99]、「歐洲健康老齡化和退休調查」(The Study of Health, Ageing, and Retirement in Europe, SHARE) [100] 等。在數據收集方面，涉及更廣闊的年齡層與準百歲和百歲老人以作比較。

同年，《老齡機制發展學術期刊》(*Mechanisms of Aging and Development*) 於 2017 年 6 月份出版了一期特刊，針對百歲老人研究中出現的主題，從不同角度對衰老、長壽、與年齡相關疾病的生物學等方面進行闡述。甚至對百歲老人及其表型和遺傳特徵尋找「風險」因素，針對識別所有主要年齡相關慢性疾病的保護因子，無論是遺傳因素還是環境因素，從

而揭示人類衰老和長壽的一些基本機制。衰老和長壽重要的主題包括免疫衰老、炎症、線粒體（Mitochondrial）DNA 遺傳學和腸道微生物群。還有人口統計學的重要性（包括性別、出生日期、不同群組）、群體遺傳學（與原始人類進化和適應不同環境有關）、所有與文化習慣相關的變量（如生活方式和性格）以及非生物因素（如營養和教育），這些都是人類的典型特徵 [101]。

根據特刊主編 Franceschi 及其他學者 [101] 的觀點，百歲老人的表型似乎是共同點和特殊性的複雜混合。第一個共同點是，他們在很大程度上避免或推遲了與年齡相關的慢性疾病，並且他們在身體和認知上保持活躍直到 90 歲及以上。第二個共同點是性別差異。所有國家女性百歲老人的數量都超過男性百歲老人的數量，但是男性百歲老人的生活質量相對較好。第三個共同點是百歲老人健康狀況的異質性，無論是身體還是認知，或是由於空間、地理和時間、出生隊列，以及隨之而來的對不同社會經濟和文化、人類學的適應環境。事實上，百歲老人的表型是基因與環境之間相互作用的結果，也是在一種終生適應之下而產生其獨特特性的基礎。

結論

近期有關長壽研究的評論集中於量化及質化方法、可重複機制、跨學科及系統性角度以及結果的普適程度。研究人員應該熟悉老齡化的理論及模型，以提升高齡長者和百歲老人研究的具體性。長壽不應只是在生命上加上歲月，而應該要在歲月上加上生命，這是全球迫切需要和共同努力的方向。《老齡機制發展學術期刊》的主編和撰寫該期特刊的所有科學家都同意以上觀點，並建議成立「全球百歲聯盟」（World-Wide Consortium 100+，WWC100+）[101] 以更充分了解極端長壽的出現。不過，我們亦可先從「國際百歲聯盟—認知障礙症」（International Centenarian Consortium-Dementia, ICC-Dementia）中吸取經驗，為研究人類健康長壽定立一個更嶄新和廣泛的目標 [102]。

參考文獻

1.   Krach, C.A., & Velkoff, V.A. (1990). *Centenarians in the United States.* Population Division, Bureau of the Census. http://www.census.gov/prod/99pubs/p23-199.pdf.

2.   Meyer, J. (2012). Centenarians: (2010). *2010 Census Special Reports.* Population Division, Bureau of Census. https://www.census.gov/prod/cen2010/reports/c2010sr-03. pdf. Issued December.

3.   United Nations, Department of Economic and Social Affairs, Population Division. (2019). *World Population Prospects: The 2019 Revision.* https://population.un.org/ wpp. Accessed 16 January 2020.

4.   Japan's Centenarian Population Tops 70,000. https://www.nippon.com/en/japan-data/h00540/japan%E2%80%99s-centenarian-population-tops-70-000.html#:~:text=There%20are%20now%20more%20than,Japan%20now%20has%2071%2C274%20 centenarians. Accessed 30 September 2019.

5.   Xu, X. (2018). *Number of centenarians in Japan reaches record high in September. Xin Hua.,* 2018-09-14. http://www.xinhuanet.com/english/2018-09/14/c_137468283. htm. Accessed 18 August 2018.

6.   *Centenarians in Japan hit record 69,785, nearly 90% of them women.* kyodo news. Tokyo. Sat, September 15, 2018. http://www.thejakartapost.com/life/2018/09/14/ centenarians-in-japan-hit-record-69785-nearly-90-of-them-women.html. Accessed 18 August 2018.

7.   預測數字由香港特別行政區統計處（普查及人口）於 2017 年 11 月 27 日直接從電郵提供。

8.   Robine, J-M., Cheung, S-L. K., Saito, Y., Jeune, B., Parker, M. G., & Herrmann, F. (2010). How much selected are the centenarians today: New insights from the 5-COOP study. *Current Gerontology and Geriatrics Research.* Article ID 120354, 9 pages.

9.   McCurry, J. (2018). *Japanese centenarian population edges towards 70,000.* The Guardian. https://www.theguardian.com/world/2018/sep/14/japanese-centenarian-population-edges-towards-70000. Accessed 14 September 2018.

10.   Poon, L. W., & Perls, T. T. (2007). *Annual review of gerontology and geriatrics: Vol. 27. Biopsychosocial approaches to longevity.* New York: Springer.

11.   Yip, S-F. P, Cheung, S-L. K., Law, C-K. S., Chi I., & Robine J-M. (2010). The demographic window and economic dependency ratio in the Hong Kong SAR. *Asian Population Studies,* 6 (2), 241-260.

12.   Robine J-M., & Saito, Y. (2009). The number of centenarians in Europe. European papers on the New Welfare. *The counter-ageing society: Steps towards the European Welfare.* 13, 47-62.

13.   Robine J-M., Cheung, S-L. K., Saito, Y., Jeune, B., Parker, M. G., & Herrmann, F. (2010)

How much selected are the centenarians today: New insights from the 5-COOP study. *Current Gerontology and Geriatrics Research. Volume 2010*, Article ID 120354, 9 pages.

14. 曾毅、柳玉芝、張純元、蕭振禹（2004）。《健康長壽影響因素分析》。北京：北京大學出版。

15. Yuan, C-H., Yang H-S., Zhou D-Y., Wei, J., Xie, W-J., Wang, P-L., & Zhu, Y. (1992). The centenarians in Shanghai city and its genetic analysis. *AGE*, 15 (1), 19-22.

16. Zheng, Z-X., Wang, Z-S., Zhu, H-M., Yang, J-Y., Peng, H-Y., & Wang, L-X., et al. (1993). Survey of 160 centenarians in Shanghai. *Age and Ageing*, 22 (1), 16-19.

17. Xia, J. F. (1999). Survey of 116 centenarians' longevity factors in Shanghai. *Acta Univ Med Second Shanghai*.19, 165-7.

18. 陳維茹、劉體霞（2009）。〈河北省百歲老人生活習慣行為狀況分析〉，《職業與健康》，2009，14，1460－1460。

19. 馬黎、魯國建、俞迪紅（2014）。〈紹興市百歲老人生活狀況及血清學等指標結果〉，《中國老年學雜誌》，2014，2，184－185。

20. Li, Y., Bai, Y., Tao, Q. L., Zeng, H., Han, L. L., & Luo, M. Y., et al. (2014). Lifestyle of Chinese centenarians and their key beneficial factors in Chongqing, China. *Asia Pacific journal of clinical nutrition*, 23 (2), 309-14.

21. Hai, S., Cao, L., Yang, X., Wang, H., Liu, P., Hao, Q. K., & Dong, B. R. (2017). Association between nutrition status and cognitive impairment among Chinese nonagenarians and centenarians. *International Journal of Gerontology*, 11 (4), 215-219.

22. Xiao, Z., Xu, Q., & Yuan, Y. (1996). Solving the mystery of the status and longevity of centenarians in Bama. *Chinese Journal of Population Science*, 8 (4), 385-94.

23. 何耀、欒復新、姚堯、楊姍姍、解恆革、李靖、劉淼、王建華、吳蕾、朱喬、陳小萍、寧超學、王魯寧、李小鷹、張思兵、張福、趙亞力（2017）。〈中國海南百歲老人隊列研究：研究設計及初步結果〉，《中華流行病學雜誌》，2017，38（9），1292－1298。

24. Fu, S-H., Yao, Y., Luan, F-X., & Zhao, Y-L. (2018). Prevalence of metabolic syndrome risk factors and their relationships with renal function in Chinese centenarians. *Scientific Reports*, 8 (1), 9863.

25. Bhattacharyya, K. K. (2017). Centenarians in India: The present scenario. *International Journal of Community Medicine and Public Health*, 4 (7), 2219-2225.

26. Ramamurthy, P. V., Jamuna, D., & Reddy, L. K. (1996). Psychological profiles of centenarians. The Tirupati centenarian study. In V. Kumar (Ed.), *Aging: Indian perspective and global scenario*. New Delhi: All India Institute of Medical Science.

27. Nair, L. V. (2011). Longevity-a study of the elderly women in Kerala. *Indian Journal of Gerontology*, 25 (3), 394-414.

28. Allard, M. & Robine, J-M. (2000). Les centenaires français. Étude de la Fondation

IPSEN 1990-2000 Rapport final. *L'année gérontologique*. Paris. http://www.serdi-fr.com.

29. Christensen, K., Johnson T. E., & Vaupel J. W. (2006). The quest for genetic determinants of human longevity: Challenges and insights. *Nature Reviews Genetics*, 7 (6), 436-448.

30. Engberg, H., Oksuzyan A., Jeune B., Vaupel J. W., & Christensen K. (2009). Centenarians-a useful model of healthy aging? A 29-year follow-up of hospitalizations among 40 000 Danes born in 1905. *Aging Cell*, 8 (3), 270-276.

31. Engberg, H., Christensen K., Andersen-Ranberg K., Vaupel J. W., & Jeune B. (2008). Improving activities of daily living in Danish centenarians - but only in women: A comparative study of two birth cohorts born in 1895 and 1905. *Journal of Gerontology: Biological Sciences and Medical Sciences*, 63A (11), 1186-1192.

32. Christensen, K., McGue, M., Petersen, I., Jeune, B., & Vaupel J. W. (2008). Exceptional longevity does not result in excessive levels of disability. *Proceedings of the National Academy of Sciences of the United States of America*, 105 (36), 13274-13279.

33. Streit, I. A., Fortunato, A. R., Hauser, E., & Mazo, G. Z. (2017). Functional capacity and level of physical activity in centenarians of florianópolis, Brazil. *Journal of Physical Education*. http://dx.doi.org/10.4025/jphyseduc.v28i1.2815.

34. Giraldo, G. (2009). Counting to 100: A first look at Cuba's national centenarian study. *MEDICC Review*, 11 (4).

35. Andersen-Ranberg, K., Christensen, K., Jeune, B., Skytthe, A., Vasegaard, L., & Vaupel J. W. (1999). Declining physical abilities with age: A cross-sectional study of older twins and centenarians in Denmark. *Age and Ageing*, 28, 373-377.

36. Andersen-Ranberg, K., Schroll, M., & Jeune, B. (2001). Healthy centenarians do not exist, but autonomous centenarians do: A population-based study of morbidity among Danish centenarians. *Journal of American Geriatric Society*, 49, 900-908.

37. Buono, M. D., Urciuoli, O., & De Leo, D. (1998). Quality of life and longevity: A study of centenarians. *Age and Aging*, 27, 207-216.

38. Deiana, L., Ferrucci, L., Pes, G. M., Carru, C., Delitala, G., & Ganau, A., et al. (1999). AKEntAnnos. *The Sardinia study of extreme longevity. Aging (Milan, Italy)*, 11 (3), 142-149.

39. Carru, C., Pes, G.M., Deiana, L., Baggio G., Franceschi, C., Lio, D., & Balistreri, C.R., et al. (2003). Association between the HFE mutations and longevity: A study in Sardinian population. *Mechanisms of Ageing and Development*. 124, 529-532.

40. Passarino, G., Underhill, P. A., Cavalli-Sforza, L. L., Semino, O., Pes, G. M., & Carru, C., et al. (2001). Y chromosome binary markers to study the high prevalence of males in Sardinian centenarians and the genetic structure of the Sardinian population. *Human Heredity*, 52, 136-139.

41. Lio, D., Pes, D. M., Carru, C., Listi, F., Ferlazzo, V., & Candore, G., et al. (2003). Asso-

ciation between the HLA-DR alleles and longevity: A study in Sardinian population. *Experimental Gerontology*, 38, 313-318.

42. Caselli, G., Pozzi, L., Vaupel, J. W., Deiana, L., Pes, G., & Carru, C., et al. (2006). Family clustering in Sardinian longevity: A genealogical approach. *Experimental Gerontology*, 41, 727-736.

43. Guerresi, P., Troiano, L., Minicuci, N., Bonafe, M., Pini, G., & Salvioli, G., et al. (2003). The MALVA Study: An investigation on people 98 years of age and over in a province of Northern Italy. *Experimental Gerontoloy*, 38, 1189-1197.

44. Motta, M., Bennati, E., Ferlito, L., Malaguarnera, M., Motta, L., & Italian Multicenter Study on Centenarians (IMUSCE). (2005). Successful aging in centenarians: Myths and reality. *Archives of Gerontology & Geriatrics*, 40, 241-251.

45. De Rango, F., Montesanto, A., Berardelli, M., Mazzei, B., Mari, V., & Lattanzio F., et al. (2011). To grow old in Southern Italy: A comprehensive description of the old and oldest old in Calabria. *Gerontology*, 57, 327-334.

46. Samuelsson, S. M., Alfredson, B. B., Hagberg, B., Samuelsson, G., Nordbeck, B., & Brun, A., et al. (1997). The Swedish centenarian study: A multidisciplinary study of five consecutive cohorts at the age of 100. *International Journal of Aging and Human Development*, 45 (3), 223-253.

47. Hagberg, B., & Samuelsson, G. (2008). Survival after 100 years of age: A multivariate model of exceptional survival in Swedish centenarians. *Journals of Gerontology. Series A (Biological Sciences and Medical Sciences)*, 1219-26.

48. Willcox, B. J. Willcox, D. C., Willcox, B. J., Hsueh W., & Suzuki M. (2006). Genetic determinants of exceptional human longevity: Insights from the Okinawa Centenarian Study. *AGE*, 28, 313-32.

49. Poon, L. W., Clayton, G. M., Martin P., Johnson, M. A., Courtenay, B. C., & Sweaney, A. L., et al. (1992). The Georgia centenarian study. *The International Journal of Aging and Human Development*, 34 (1), 1-17.

50. Poon, L. W., Jazwinski, S. M., Green, R. C., Woodard, J. L., Martin, P., & Rodgers W. L., et al. (2007). Methodological considerations in studying centenarians: Lessons learned from the Georgia centenarian studies. In L. W. Poon (Eds.), *Annual review of gerontology and geriatrics: Biopsychosocial approaches to longevity* (pp. 231-264). New York: Springer.

51. Perls, T. T., Bochen, K., Freeman, M., Alpert, L., & Silver, M. H. (1999). Validity of reported age and prevalence of centenarians in New England. *Age and Ageing*, 28 (2), 193-197.

52. Poulain, M., Chambre, D., Foulon, M., Zhang, C., & Liu, Y. (2001). Survival among Belgian centenarians (1870-1894 cohorts). *Population: An English Selection*, 13 (1), 117-138.

53. Louhija, J, Miettinen, H. E, Kontula, K., Tikkanen M. J., Miettinen T. A., & Tilvis R. S. (1994). Aging and genetic variation of plasma apolipoproteins. Relative loss of the

apolipoprotein E4 phenotype in centenarians. *Arterioscler Thromb*, 14 (7), 1084-9.

54. Kipshidze, N. N., & Zubiashvili, T. (2011). Influence of environment, lifestyle, and gender on health status of long-lived persons. *Bulletin of the Georgian National Academy of Science*, 5 (1), 133-138.

55. Jopp, D., & Rott, C. (2006). Adaptation in very old age: Exploring the role of resources, beliefs, and attitudes for centenarians' happiness. *Psychology and Aging*, 21 (2), 266-280.

56. Panagiotakos, D. B., Chruysohoou, C., Siaso, G., Zisimos, K., Skoumas, J., Pitsavos, C., & Stefandais, C. (2011). Sociodemographic and lifestyle statistics of oldest old people (>80 years) living in Ikaria island: The Ikaria study. *Cardiology Research and Practice*, article ID 679187.

57. Stathakos, D., Pratsinis, H., Zachoes, I., Vlahaki, I., Gianakopoulou, A., Zianni, D., & Kletsas, D. (2005). Greek centenarians: Assessment of functional health status and life-style characteristics. *Experimental Gerontology*, 40, 512-518.

58. Von Faber, M., van der Wiel, A. B., van Exel, E., Gussekloo, J., Lagaay, A. M., & van Dongen, E., et al. (2001). Successful aging in the oldest old: Who can be characterized as successfully aged?. *Archives of Internal Medicine*, 161, 2694-2700.

59. Taekema, D., Gussekloo, J., Maier, A. B., Westendorp, R. G. J., & De Craen, A. J. M. (2010). Handgrip strength as a predictor of functional, psychological, and social health. A prospective population-based study among the oldest old. *Age and Aging*, 39, 331-337.

60. Willems, J. M., Trompet, S., Blauw, G. J., Westendorp, R. G. J., & De Craen, A. J. M. (2010). White blood cell count and C-reactive protein are independent predictors of mortality in the oldest old. *Journal of Gerontology: Medical Sciences*, 65 (6), 764-768.

61. Mossakowska, M., Barcikowska, M., Broczek, K., Grodzicki, T., Klich-Raczka, A., & Kupisz-Urbanska, M., et al. (2008). Polish centenarians programme-multidisciplinary studies of successful ageing: Aims, methods, and preliminary results. *Experimental Gerontology*, 43, 238-244.

62. Luczywek, E., Gabryelewicz, T., Barczak, A., Religa, D., Pfeffer, A., & Styczynska, M., et al. (2007). Neurocognition of centenarians: Neuropsychological study of elite centenarians. *International Journal of Geriatric Psychiatry*, 22, 1004-1008.

63. Ribeiro, O., Araújo, L., Teixeira, L., Duarte, N., Brandão, D., Martin, I., & Paúl, C. (2016). Health status, living arrangements, and service use at 100: Findings from the Oporto centenarian study. *Journal of Aging & Social Policy*, 28 (3), 148-164.

64. Ribeiro, O., Araújo, L., Teixeira, L., Brandão, D., Duarte, N., & Paúl, C. (2017). Oporto centenarian study. In N. A. Pachana (Eds.), *Encyclopedia of geropsychology* (pp. 1-7). Singapore: Springer.

65. Afonso, R. M., Ribeiro, O., Vaz Patto, M., Loureiro, M., Loureiro, M. J., & Castelo-Branco, M., et al. (2018). Reaching 100 in the countryside: Health profile and living circumstances of Portuguese centenarians from the Beira interior region. *Current*

Gerontology and Geriatrics Research, 8450468, doi: 10.1155/2018/8450468.

66. Lucca, U., Tettamanti, M., Logroscino, G., Tiraboschi, P., Landi, C., & Sacco L., et al. (2015). Prevalence of dementia in the oldest old: The Monzino 80-plus population based study. *Alzheimers and Dementia*, 11 (3), 258-70.e3.

67. Gavrilova, N. S., Garvilov, L. A., Evdokushkina, G. N., Semyonova, V. G., Gavrilova, A. L., & Evdokushkina, N. N., et al. (1998). Evolution, mutations, and human longevity: European royal and noble families. *Human Biology*, 70 (4), 799-804.

68. Fiuza-Luces, C., Ruiz, J. R., Rodriguez-Romo, G., Santiago, C., Gómez-Gallego, F., & Yvert, T., et al. (2011). Are "endurance" alleles "survival" alleles? Insights from the ACTN3 R577X Polymorphism. *PLoS ONE*, 6 (3).

69. Franceschi, C., Bezrukov, V., Blanché, H., Bolund, L., Christensen, K., & de Benedictis, G., et al. (2007). Genetics of healthy aging in Europe: The EU-integrated project GEHA (GEnetics of Healthy Aging). *Annals of the New York Academy of Sciences*, 1100, 21-45.

70. Knoops, K. T., de Groot, L. C., Kromhout, D., Perrin, A. E., Moreiras-Varela, O., Menotti, A., & van Staveren, W. A. (2004). Mediterranean diet, lifestyle factors, and 10-year mortality in elderly European men and women: The HALE project. *JAMA*, 292 (12), 1433-9.

71. Pin, S., Guiley, E., Spini, D., & Lavine d'Epinay, C. (2005). The impact of social relationships on the maintenance of independence in advanced old age: Findings of a Swiss longitudinal study. *Zeitschrift Fur Gerontologie und Geriatrie*, 38, 203-209.

72. Collerton, J., Barrass, K., Bond, J., Eccles, M., Jagger, C., & James, O., et al. (2007). The Newcastle 85+ study: Biological, clinical and psychosocial factors associated with healthy ageing: Study protocol. *BMC Geriatrics*, 7 (14).

73. Jagger, C., Collerton, J., Davies, K., Kingston, A., Robinson, L. A., & Eccles, M. P., et al. (2011). Capability and dependency in the Newcastle 85+ cohort study. Projections of future care needs. *BMC Geriatrics*, 11, 21.

74. Lundberg, O. & Thorslund, M. (1996). Fieldwork and measurement considerations in surveys of the oldest old. *Social Indicators Research,* 37 (2), 165-187.

75. Parker, M. G., Ahacic, K., & Thorslund, M. (2005). Health changes among Swedish oldest old: Prevalence rates from 1992 and 2002 show increasing health problems. *Journal of Gerontology: Medical Sciences*, 60A (10), 1351-1355.

76. von Strauss, E., Fratiglioni, L., Viitanen, M., Forsell, Y., & Winblad, B. (2000). Morbidity and comorbidity in relation to functional status: A community-based study of the oldest old (90+ years). *Journal of the American Geriatrics Society*, 48 (11), 1462-1469.

77. von Strauss, E., Agüero-Torres, H., Kåreholt, I., Winblad, B., & Fratiglioni, L. (2003). Women are more disabled in basic activities of daily living than men only in very advanced ages: A study on disability, morbidity, and mortality from the Kungsholmen project. *Journal of Clinical Epidemiology*, 56 (7), 669-677.

78. von Heideken Wågert, P., Rönnmark, B., Rosendahl, E., Lundin-Olsson, L., Gustavsson, J. M., & Nygren, B., et al. (2005). Morale in the oldest old: The Umeå 85+ study. *Age and Ageing, 34* (3), 249-255.

79. Thorstensson, H., & Johansson, B. (2009). Does oral health say anything about survival in later life? Findings in a Swedish cohort of 80+ years at baseline. *Community Dentistry and Oral Epidemiology, 37* (4), 325-332.

80. Enkvist, A., Ekström, H., & Elmståhl, S. (2012a). What factors affect life satisfaction (LS) among the oldest-old?. *Archives of Gerontology and Geriatrics, 54* (1), 140-145.

81. Enkvist, A., Ekström, H., & Elmståhl, S. (2012b). Life satisfaction (LS) and symptoms among the oldest-old: Results from the longitudinal population study called Good Aging in Skåne (GÅS). *Archives of Gerontology and Geriatrics, 54* (1), 146-150.

82. Willcox, D. C., Willcox, B. J., & Poon, L. W. (2010). Centenarian studies: Important contributors to our understanding of the aging process and longevity. *Current Gerontology and Geriatrics Research*, 484529, doi: 10.1155/2010/484529.

83. Curb, J. D., Reed, D. M., Miller, F. D., & Yano, K. (1990). Health status and life style in elderly Japanese men with a long life expectancy. *Journal of Gerontology, 45* (5), S206-S211.

84. Yashin, A. I., Akushevich, I. V., Arbeev, K. G., Akushevich, L., Ukraintseva, S. V., & Kulminski, A. (2006). Insights on aging and exceptional longevity from longitudinal data: Novel findings from the Framingham Heart Study. *AGE, 28* (4), 363-374.

85. Poon L. W., & Cohen-Mansfield, J. (Eds.) (2011). *Understanding the well-being of the oldest old*. Cambridge: Cambridge University Press.

86. Anson, R. M., Willcox, B., Austad, S., & Perls, T. (2012). Within- and between-species study of extreme longevity--comments, commonalities, and goals. *The Journals of Gerontology. Series A, Biological Sciences and Medical Sciences, 67* (4), 347-350.

87. Pachana, N. A. (2017). *Encyclopedia of Geropsychology*. Singapore: Springer.

88. Windsor, T. D., & Mary, A. (2017). Australian longitudinal study of aging (ALSA). In N. A. Pachana (Ed.), *Encyclopedia of geropsychology* (pp. 321-328). Singapore: Springer.

89. Delius, J. A. M., Düzel, S., Gerstorf, D., & Lindenberger, U. (2017). Berlin aging studies (BASE and BASE-II). In N. A. Pachana (Ed.), *Encyclopedia of geropsychology* (pp. 386-395). Singapore: Springer.

90. Taler, V., Sheppard, C., Raina, P., & Kirk, S. (2017). Canadian longitudinal study on aging (CLSA), A Platform for Psychogeriatric Research. In N. A. Pachana (Ed.), *Encyclopedia of geropsychology* (pp. 432-439). Singapore: Springer.

91. Chen, X-X., Smith, J., Strauss, J., Wang, Y-F., & Zhao, Y-H. (2017). China health and retirement longitudinal study (CHARLS). In N. A. Pachana (Ed.), *Encyclopedia of geropsychology* (pp. 463-469). Singapore: Springer.

92. Rogers, N. T., Banks, J., Nazroo, J., & Steptoe, A. (2017). English longitudinal study of aging (ELSA). In N. A. Pachana (Ed.), *Encyclopedia of geropsychology* (pp. 797-806). Singapore: Springer.

93. Towers, A., Stevenson, B., Breheny, M., & Allen, J. (2017). Health, work, and retirement longitudinal study. In N. A. Pachana (Ed.), *Encyclopedia of geropsychology* (pp. 1025-1033). Singapore: Springer.

94. Feeney, J., & Kenny, R. A. (2017). Irish longitudinal study on ageing (TILDA). In N. A. Pachana (Ed.), *Encyclopedia of geropsychology* (pp. 1261-1265). Singapore: Springer.

95. Jang, S-N. (2017). Korean longitudinal study of ageing (KLoSA): Overview of research design and contents. In N. A. Pachana (Ed.), *Encyclopedia of geropsychology* (pp. 797-806). Singapore: Springer.

96. Aartsen, M., & Huisman, M. (2017). Longitudinal aging study Amsterdam. In N. A. Pachana (Ed.), *Encyclopedia of geropsychology* (pp. 1438-1446). Singapore: Springer.

97. Browning, C. J., & Kendig, H. (2017). Melbourne longitudinal studies on health ageing (MELSHA). In N. A. Pachana (Ed.), *Encyclopedia of geropsychology* (pp. 1463-1469). Singapore: Springer.

98. Hashimoto, H. (2017). Older people and their psychological well-being in Japan, evidence from the Japanese study of aging and retirement (JSTAR). In N. A. Pachana (Ed.), *Encyclopedia of geropsychology* (pp. 1690-1700). Singapore: Springer.

99. Gondo, Y., Masui, Y., Kamide, K., Ikebe, K., Arai, Y., & Ishizaki, T. (2017). SONIC Study, a longitudinal cohort study of the older people as part of a centenarian study. In N. A. Pachana (Ed.), *Encyclopedia of geropsychology* (pp. 2227-2236). Singapore: Springer.

100. Börsch-Supan, A. (2017). Survey of health, ageing and retirement in Europe (SHARE). In N. A. Pachana (Ed.), *Encyclopedia of geropsychology* (pp. 2343-2350). Singapore: Springer.

101. Franceschi, C., Passarino, G., Mari, D., & Monti, D. (2017). Centenarians as a 21st century healthy aging model: A legacy of humanity and the need for a world-wide consortium (WWC100+). *Mechanisms of Ageing and Development*, 165 (Pt B), 55-58.

102. Brodaty, H., Woolf, C., Andersen, S., Barzilai, N., Brayne, C., & Cheung, S-L. K., et al. (2016). ICC-dementia (International Centenarian Consortium - dementia): An international consortium to determine the prevalence and incidence of dementia in centenarians across diverse ethnoracial and sociocultural groups. *BMC Neurology*, 16, 52.

第二章
百歲老人和健康老齡化研究模式 ①

彼得‧馬丁　博‧哈格伯格　潘倫納德

摘要

　　有關百歲老人及長壽的研究幾乎沒有基於理論模型。有一部分研究主要使用醫學和生物學研究模型，有些研究的重點則為人口和心理社會範疇，也有的研究應用了壓力和適應能力模型、成功老齡化的生命跨度模型。在這篇文章中，我們會首先回顧三個第一代研究模型，它們分別由規範老齡化研究（The Normative Aging Study）、Bonn 縱向老齡化研究（The Bonn Longitudinal Study of Aging）和 Duke 正常老齡化研究（The Duke Studies of Normal Aging）發展而來。

　　接着，我們會回顧三個第二代研究模型，包括喬治亞適應研究模型（The Georgia Adaptation Model）、瑞典長壽研究模型（心理和生理功能老化研究模型）[The Swedish Longevity Model（Psycho-Physiological Model of Functional Aging）] 以及韓國寺廟研究模型（The Korean Temple Model）。這些研究模型着重於生理特徵（身體機能及家族壽命）、個人特徵（性格）、環境和適應能力特徵（社交支持、活動和應付壓力的能力）以及身體和精神健康。愈來愈多的研究模型包含「遠期事件的影響」

---

①　　以英文論文原稿為準。Martin, P., Hagberg B., & Poon, L. W. (2012). Models for studying centenarians and healthy aging. *Asian Journal of Gerontology and Geriatrics*, 7, 14-18.

（早年經歷和終身性健康行為）。基於這些百歲老人的綜合性研究模型，我們勾畫出長壽的原則（Principles of Longevity）並給出了進一步發展長壽理論的建議。

簡介

關於百歲老人和長壽的研究幾乎沒有基於理論研究模型。因此，我們迫切需要一個全面的研究方法。本文的論述基於縱向老齡化研究的第一代長壽研究模型以及當代長壽研究模型和長壽的一般原則，提供研究長壽的模型和理論邏輯依據。

有關長壽的理論研究模型

大多數有關長壽的研究不是理論性的，而是描述性的。有的研究只集中在健康、營養、遺傳、環境因素等單一因素對長壽的影響上。長壽取決於很多不同的因素，而理論研究模型能令多種因素及其之間相互的關聯變得概念化[1]。理論研究模型也強調間接影響壽命的因素。例如，吸煙與削減壽命存在關係[2]，但吸煙可能只是教育與長壽之間的中介變量。結構壽命研究模型能夠測試調節（互動）效應：女性的健康生活習慣與長壽的關係可能比男性強，某種營養變量能預測一個社會內人口的壽命而不能預測其他社會內人口的壽命。調節效應使得這些研究模型能夠探索個體或群體間的差異。不同因素對不同年齡組的影響可能也有所差別。一些利於長壽的因素（如心理—社會因素）可能對較年輕長者群體的生存更為重要，而另一些利於長壽的其他因素（如生理因素）則可能對高齡長者更為重要[3]。長壽研究模型的任務是描繪因素與因素之間的關係，然後用結構方程建程序（Structural Equation Modeling），利用現有的數據檢驗一些研究假設的模型。讓理論與方法互相印證，判斷不同理論、不同方法的相對價值。

相關的理論方法

一些有關生物生命跨度的研究模型解釋了我們老化的過程[4]。這些研

究模型或是包括心理—社交動態的過程，或是探索心理社交特徵與生物特徵對長壽的交互影響。其中，醫學研究模型[5]集中探究會危及健康的疾病或是會延長壽命的行為，而這些研究通常不涉及影響長壽的行為特徵。人口學研究[6]對人口發展趨勢以外的主題，如綜合性長壽研究模型，則沒多大興趣。壓力和適應研究模型[7]通常是有關死亡的研究模型（Mortality Models）（類似醫學研究模型），該模型表明過多的壓力和不適當的應對壓力的方法都可能導致過早死亡或縮短壽命。生命跨度模型[8]（Life-Span Approach）包括「選擇優化補償理論」（Selective Optimisation with Compensation Theory），該理論認為人類長壽是因為個人優先選擇對生存重要的事物，並為遇到的阻礙或局限作出補償。Rowe 及 Kahn 模型[9]則認為每個人都需要在生理、功能、認知以及社會等維度上做好準備，才能實現成功老齡化。但是，以上這些理論都不是為了研究長壽而提出來的。

第一代長壽研究模型

第一代關於長壽的跨學科研究模型，原本是縱向老齡化研究的一部分，包括：規範老齡化研究（Normative Aging Study）[10]、Bonn 老齡化縱向研究（Bonn's Longitudinal Study of Aging）[11]及 Duke 正常老齡化縱向研究（Duke Longitudinal Study of Normal Aging）[2]。結構研究模型的發展與測試是合乎邏輯的，因為有一些被訪者可能可以生存至下一次數據收集時，但有一些人則可能在期間已離世。

表 2-1 總結了長壽模型的主要變量。由規範老齡化研究發展的第一個研究模型提出了六個直接影響壽命的因素（遺傳、教育、智商、社會經濟狀況、營養和預防傳染疾病）。另外，該模型還提出了一些影響壽命的間接或中介因素。例如，教育會影響人們的工作機會，進而影響人們的社會經濟狀況，並能以此推測人的壽命。同樣，基因可以用來估計智商，該研究模型假設智商能夠用來推測壽命。社會經濟狀況也可能受到教育程度的影響，並可以通過社會經濟狀況反推營養狀況，而營養均衡能用來預防疾病。而這也是長壽的決定因素之一。圖 2-1 顯示了這些間接途徑作用機制的邏輯框架。

表 2-1　**長壽模型中的主要變量**

長壽預測因素	規範老齡化研究	Bonn 老齡化縱向研究	Duke 正常老齡化縱向研究	喬治亞適應研究模型	瑞典長壽研究模型	韓國寺廟研究模型
遺傳	○	○	○	○		○
教育	○	○				
智商	○	○	○	○		
社會經濟狀況	○	○	○	○		
營養	○			○		○
職業	○	○				
預防傳染疾病	○					
性格		○		○	○	○
活動		○	○	○		○
情緒		○		○	○	
預防性醫療服務		○				○
環境因素		○				
生態因素		○			○	○
社交聯繫		○			○	○
性關係			○			
健康行為			○	○		○
生活滿意度			○	○	○	
健康			○	○		
性別				○		○
生活經驗				○	○	
適應能力				○	○	
記憶				○		
時間分配				○		
壓力					○	
快樂體驗					○	
功能老化					○	
社會文化						○
生活方式						○

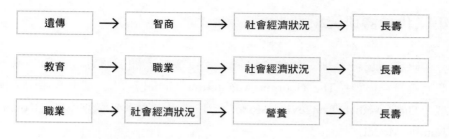

◎ 圖 2-1 延長壽命的間接途徑（基於 Rose 和 Bell，1971）

第二個研究模型總結了 Bonn 老齡化縱向研究中與人類存活相關的因素。提出了五個直接影響長壽的因素：遺傳、教育（包括職業及社會經濟地位）、心理社交因素（性格、智商、行為、情緒、適應能力和社交聯繫）、生態因素以及預防性醫療服務和衛生。該模型假設遺傳和環境因素會影響到一連串的心理社交因素，從而對長壽產生間接性的影響。

第三個研究模型總結了 Duke 正常老齡化研究的研究結果[2]。其中提出了一個變量「壽命差異」，這一變量代表預期壽命與實際壽命之間的差異。通過控制被訪者的年齡、性別和種族，發現了八個影響長壽的直接因素（父母壽命、智商、社會經濟狀況、活動、性關係、是否有吸煙或飲酒的習慣、生活滿意度和健康）。另外該研究還提出了一些影響壽命的間接路徑：父母的壽命通過影響社會地位來影響壽命；智商通過影響社會地位來影響壽命；社會地位通過影響參與的活動及健康習慣來影響壽命；參與的活動通過影響生活滿意度來影響壽命。

三個第一代長壽研究模型均包括了遺傳（或家族壽命）變量、智商、社會地位、營養和一些健康的範疇（預防疾病、衛生及健康）。其中，Bonn 研究模型包括較廣泛的社會和環境因素以及個性、情緒和適應能力。Duke 研究模型則更具體，包含了健康和性關係。

以上研究模型中沒有涉及任何假設的調節關係（Mediating Relations），也沒有探討任何調節（互動）（Moderating Effects）的影響。

第二代長壽研究模型

　　研究者已發展出三種結構研究來對百歲老人開展研究，分別是喬治亞適應研究模型（The Georgia Adaptation Model）[12,13]、瑞典長壽研究模型（The Swedish Longevity Model）[3]和韓國寺廟研究模型（The Korean Temple Model）[14]。

　　喬治亞適應研究模型[12,13]原本不是預測壽命的研究模型。相反，它的目的是了解影響高齡長者生活質量的因素。它包含數個因素群：家庭壽命（作為推斷壽命的一個因素）、環境支持（包括社會和房屋保障）、個人特徵（性格、性別和社會經濟狀況）、營養以及適應性的特徵（認知能力、生活經驗、活動、記憶、時間分配和健康行為）。主要的因變量包括身心健康和生活滿意度。在中介關係層面上，性格可能會決定健康行為，進而影響身體健康；環境支持可能通過影響活動參與，進而影響精神健康。該研究模型並沒有明確提出調節作用的影響。

　　瑞典長壽研究模型[3]強調生理和心理變量的相互關聯。有兩個主要途徑可以阻礙或促進長壽。「脆弱性途徑」（Vulnerability Pathway）以負面體驗作起始，導致如極度焦慮和心理壓力等心理反應，這些反應可以引起生理反應，並體現於心理狀態和生理結構中，最後可能因負面心理壓力造成不良影響，如影響日常生活功能以及縮短壽命。與之相反，「靈敏度途徑」（Sensitivity Pathway）則從正面體驗作開始而產生幸福感和快樂等心理反應，這些反應也可以導致生理反應，並體現於適應行為及生理結構中，並帶來一些正面的影響，如壽命增長、生活滿意度提高以及更優質的生活質量。該研究模型也考慮了社會情境及環境因素。

　　在韓國寺廟研究模型中[14]，環境因素對個人壽命有重要的影響。基因、性別、性格和社會結構的「生態棲息地」（Eco-habitat）被描繪為促進長壽的最基礎因素。韓國寺廟研究模型的四大支柱包括運動、營養、社交關係和參與。寺廟的上部包括生活方式、醫療、保健和社會支持，而寺廟的圓頂就是長壽本身。

第二代長壽研究模型都是包含非常籠統的因素的啟發式研究模型
（Heuristics Model）。它們不是可以立即測試的研究模型，但卻指出了長
壽研究中應注意的類別因素。除了大家普遍接受的長壽因素外（如遺傳、
智商和社會經濟狀況），這些研究模型也重視負面及正面事件、對壓力的
應對、情感、日常生活功能和生活方式的影響。

長壽的原則（Principles of Longevity）

表 2-2 顯示了基於第一代和第二代模型的長壽原則。第一個原則是，
長壽過程是一個很個人化的過程[1]。每個百歲老人都是獨特的個體，他們
以自己獨特的方式實現長壽。我們有許多實現長壽的途徑，有些人長壽的
決定性因素可能是遺傳，而其他人長壽的決定性因素可能是環境支持或性
格的影響。

表 2-2　**長壽原則**

原則
長壽是一個高度個人化的過程：許多途徑可導致長壽
80 歲老人的存活概率不一定與從 80 歲到百歲老人的存活概率一樣（長壽的悖論）
在百歲老人中，長壽顯著地受性別的影響
長壽取決於心理社會資源
長壽不能保證有良好的身體狀態、功能或認知健康（長壽與健康老化）
長壽產生的體驗能幫助化解近端壓力
長壽的老人需要更加努力地生存（日常生活）
長壽是一種情感經歷

第二個原則是人口從出生到 80 歲的存活概率不一定與從 80 歲到 100
歲的存活概率一樣。人們要生存到 80 歲，心理因素可能比其他因素更重
要；但要再多生存 20 年，生理因素可能更為重要[3]。因此，人們提出了生
理—心理互動機制。「適應負荷」（Allostatic Load）的概念量化了壓力所
引起的生理風險，它反映了面對不同程度的心理壓力所導致的生理變化，
從而為了解和研究衰老過程中心理及生理因素的互動提供了一種方法。根
據這一概念，身體在受到持續壓力的情況下，需要過度使用自主和內分泌
系統以適應壓力，結果會導致結構性的變化，並削弱未來的適應能力[16]。

「適應負荷」的概念已經被用作解釋老化上的差異，而且可以應用於長壽研究中 [17]。

第三個原則是，長壽的過程和性別有莫大的關係，特別是對百歲老人的影響更大。大多數百歲老人是女性 [18]，但在某些社會中卻有例外 [19,20]。目前，社會文化差異對長壽老人性別構成的影響仍不清楚。

第四個原則是，長壽取決於心理─社交支持 [21,22]。一個人在沒有家人、社會和醫療幫助下是不可能活過百歲的。而盡責 [23]、具有強韌的個性 [24,25] 均有助於生存。

第五個原則是，長壽不保證能夠有良好的身體狀態、日常生活功能或認知能力。只有少數百歲老人有良好的健康狀態或維持高度的日常生活功能 [26,27]。

第六項原則是，長壽源自許多不同的體驗。即使在日常生活功能或健康已經受損的情況下，百歲老人仍然可以透過他們獨特的人生體驗促使自己長壽。這些「遠期體驗」（Distal Experiences）和「創傷性生活體驗」（Traumatic Life Experiences）同時出現：這些體驗 [28] 更可能發生在晚年的生活中，例如喪偶、失去子女和朋友、入住養老院、健康發生變化，等等。

第七項原則是，一些高齡長者需要比其他較年輕的人更努力。他們在活到百歲中需要付出更多的努力去處理自己的日常生活。

第八項原則是，長壽不單是指能活過百歲的能力，也包含了百歲老人每天都要面對的情感經歷。他們會感到自己無用、疲勞以及「被困在家」 [22,29]。對踏入人生最後階段的百歲老人而言，正面情緒減少的現象非常普遍。他們需要運用剩餘的資源來應付日常生活的需求，包括日常壓力、認知挑戰以及功能需要。

未來的方向

　　長壽研究模型是在總結已有的老齡化縱向研究基礎上得到的成果，這些模型建立了啟發百歲老人研究的框架。這些研究模型需要根據影響長壽的歷史性改變做出改進和調整。「二戰」後嬰兒潮時代出生的百歲老人（Baby Boomer Generation，出生於 1946～1964 年）與現在的百歲老人相比可能有不同的生存特徵。我們建議最少要在以下四個方面對長壽研究模型做出調整。

　　第一，長壽研究模型需要考慮不同「隊列效應」（Cohort Effects）造成的影響。一些比較不同出生隊列百歲老人的研究顯示，較近期出生隊列的百歲老人在認知能力中有較高的分數[30]。日本百歲老人的研究顯示，於 20 世紀 70～90 年代出生的隊列中，殘疾的比例有所增加[31]。由於有新的百歲老人隊列不斷出現，源自隊列的差別在未來的百歲老人研究中將變得更為重要。隊列的影響說明了遠期事件對不同的隊列可能會造成不同的影響，並可能影響到生命的質量與長度。很少有研究評估長壽及其預測因素（Predictors）之間關係的調節因素。此外，教育和心理—社交支持也可能成為此類調節因素，而行為特徵也可能會調節基因對壽命的影響。

　　第二，醫療和科技進步會繼續影響壽命。未來可能有越來越多的百歲老人患有慢性疾病，因此新的長壽研究模型也有必要考慮這點。

　　第三，社會保障或醫療保健系統的變化以及退休待遇的變化均可能對長壽造成影響。

　　第四，進一步對百歲老人的生命意義進行概念化是必要的。目前還不清楚是什麼因素促使了百歲老人「繼續生存」。一個合適的框架還應該考慮符號學（Semiotics）的內容，特別是標誌、象徵、隱喻及溝通[32]。百歲老人都是獨特的個人，而符號學則可能有助於探索支撐他們繼續生存的動力。

　　此外，必須探索百歲老人對於時間的概念。大多數百歲老人知道，

他們的未來是非常有限的。他們往往會經歷「加速變化」(Accelerated Change) 的過程，也就是説對比起他們年輕時的生活，現在的轉變來得非常快速。有關百歲老人的研究往往忽略百歲老人的主觀感受，但它是百歲老人日常生活的一個特質。

長壽研究模型將我們假設的會影響壽命的因素與我們觀察到的實際上與長壽有關的因素聯繫起來。未來的長壽研究應進一步包括對理論的發展和檢驗。

參考文獻

1. Poon, L. W., & Perls, T. T. (2007). The trials and tribulations of studying the oldest old. *Annual Review of Gerontology and Geriatrics*, 27, 1-10.

2. Palmore E. B. (1982). Predictors of the longevity difference: A 25-year follow-up. *The Gerontologist*, 22 (6), 513-518.

3. Hagberg, B. (2007). Developing models of longevity. *Annual Review of Gerontology and Geriatrics*. 27, 205-30.

4. Hayflick, L. (1996). *How and why we age*. New York: Ballentine.

5. Evert, J., Lawler, E., Bogan, H., & Perls, T. (2003). Morbidity profiles of centenarians: Survivors, delayers, and escapers. *The Journals of Gerontology. Series A, Biological Sciences and Medical Sciences*, 58 (3), 232-237.

6. Vaupel, J., & Jeune, B. (1995). The emergence and proliferation of centenarians. In B. Jeune (Eds.), *Exceptional longevity: From prehistory to the present* (pp. 109-15). Denmark: Odense University Press.

7. Tafaro, L., Tombolillo, M. T., Brükner, N., Troisi, G., Cicconetti, P., & Motta, M., et al. (2009). Stress in centenarians. *Archives of Gerontology and Geriatrics*, 48 (3), 353-355.

8. Baltes P. B. (1997). On the incomplete architecture of human ontogeny. Selection, optimization, and compensation as foundation of developmental theory. *The American Psychologist*, 52 (4), 366-380.

9. Rowe, J. W., & Kahn, R. L. (1997). Successful aging. *The Gerontologist*, 37 (4), 433-440.

10. Rose, C. L., & Bell, B. (1971). Predicting longevity. Heath Lexington, Lexington, *Mass*.

11. Lehr, U., & Schmitz-Scherzer, R. (1974). Psychologische Korrelate der Langlebigkeit (in German). *Acta Gerontologica*. 4, 261-8.

12. Poon, L. W., Clayton, G. M., Martin, P., Johnson, M. A., Courtenay, B. C., & Sweaney, A. L., et al. (1992). The Georgia centenarian study. *International Journal of Aging & Human Development*, 34 (1), 1-17.

13. Poon, L. W., Johnson M. A., & Martin, P. (1997). Looking into the crystal ball: Will we ever be able to accurately predict individual differences in longevity?. In J-M. Robine (Eds.), *Longevity: To the limits and beyond* (pp. 113-9). Berlin: Springer.

14. Kwak, C. S., Lee, M. S., Oh, S. I., & Park, S. C. (2010). Discovery of novel sources of vitamin b(12) in traditional Korean foods from nutritional surveys of centenarians. *Current Gerontology and Geriatrics Research*, 374897, doi: 10.1155/2010/374897

15. McEwen, B. S., & Stellar, E. (1993). Stress and the individual. Mechanisms leading to disease. *Archives of Internal Medicine*, 153 (18), 2093-2101.

16. Selye, H. (1979). *The stress of life*. New York: Van Nostrand Reinhold.

17. Seeman, T. E., Singer, B. H., Rowe, J. W., Horwitz, R. I., & McEwen, B. S. (1997). Price of adaptation--allostatic load and its health consequences. MacArthur studies of successful aging. *Archives of Internal Medicine*, 157 (19), 2259-2268.

18. Robine J-M., Kirkwood T. B., & Allard M. (2001). *Sexuality, gender, reproduction, parenthood*. New York: Springer.

19. Koenig R. (2001). Demography. Sardinia's mysterious male Methuselahs. *Science*, 291 (5511), 2074-2076.

20. Poulain, M., Pes, G. M., Carru, C., Ferrucci, L., Baggio, G., & Franceschi, C., et al. (2007). The validation of exceptional male longevity in Sardinia. In J-M. Robine (Eds.), *Human longevity, individual life duration, and the growth of the oldest-old population* (pp. 147-66). Dordrecht: Springe.

21. Martin, P. (2002). Individual and social resources predicting well-being and functioning in later years: Conceptual models, research, and practice. *Ageing International*, 27, 3-29.

22. Martin, P., Poon, L. W., Kim, E., & Johnson, M. A. (1996). Social and psychological resources in the oldest old. *Experimental Aging Research*, 22 (2), 121-139.

23. Friedman, H. S., & Martin, L. R. (2007). A life-span approach to personality and longevity: The case of conscientiousness. In C. Aldwin (Eds.), *Handbook of health psychology and aging*. New York: Guilford.

24. Martin, P. (2007). Personality and coping among centenarians. In L. W. Poon (Eds.), *Biopsychosocial approaches to longevity* (pp. 89-106). New York: Springer.

25. Martin, P., MacDonald, M., Margrett, J., & Poon, L. W. (2010). Resilience and longevity: Expert survivorship of centenarians. In P. Fry (Eds.), *New frontiers in resilient aging: Life-strengths and well-being in late life* (pp. 213-38). New York: Cambridge University Press.

26. Andersen-Ranberg, K., Schroll, M., & Jeune, B. (2001). Healthy centenarians do not

exist, but autonomous centenarians do: A population-based study of morbidity among Danish centenarians. *Journal of the American Geriatrics Society*, 49 (7), 900-908.

27. Gondo, Y., Hirose, N., Arai, Y., Inagaki, H., Masui, Y., & Yamamura, K., et al. (2006). Functional status of centenarians in Tokyo, Japan: Developing better phenotypes of exceptional longevity. *The Journals of Gerontology. Series A, Biological Sciences and Medical Sciences*, 61 (3), 305-310.

28. Martin, P., & Martin, M. (2002). Proximal and distal influences on development: The model of developmental adaptation. *Developmental Review*, 22, 78-96.

29. Martin, P., Bishop, A., Poon, L., & Johnson, M. A. (2006). Influence of personality and health behaviors on fatigue in late and very late life. *The Journals of Gerontology. Series B, Psychological Sciences and Social Sciences*, 61 (3), P161-P166.

30. Engberg, H., Christensen, K., Andersen-Ranberg, K., & Jeune, B. (2008). Cohort changes in cognitive function among Danish centenarians. A comparative study of 2 birth cohorts born in 1895 and 1905. *Dementia and Geriatric Cognitive Disorders*, 26 (2), 153-160.

31. Suzuki, M., Akisaka, M., Ashitomi, I., Higa, K., & Nozaki, H. (1995). Chronological study concerning ADL among Okinawan centenarians. *Nihon Ronen Igakkai Zasshi*, 32, 416-23.

32. Chandler, D. (2007). *Semiotics: The basics*. London: Routledge.

第三章
各地百歲老人的湧現：人口統計分析 [1]

安妮·赫姆　張筱蘭　Michel Poulain

摘要

　　大部分國家（包括發展中國家）的百歲老人正在增加。本研究比較不同國家百歲老人的規模及其增長率。雖然移民會為此估計帶來誤差，但各國間百歲老人的數量差別仍然很大（其中，日本的百歲老人最多，其次為法國）。本研究探討了三個解釋百歲老人人口增長的因素：一個世紀前的出生人口、該出生隊列生存至 100 歲的概率以及百歲老人的存活情況，其中最重要的因素為 80～100 歲老人存活率的增長。聯合國發佈的 2019 年《世界人口展望》（*World Population Prospects*）預測全球百歲老人的數量會繼續增長 [2]，尤其是在 21 世紀後半葉的發展中國家中。因此，為了滿足高齡人口越來越大的照顧需要，具有遠見的經濟及社會方面的調整策略正迫在眉睫。

---

[1]　以英文論文原稿為準。Herm, A., Cheung, S-L. K., & Poulain, M. (2012). Emergence of oldest old and centenarians: demographic analysis. *Asian Journal of Gerontology and Geriatrics*, 7, 19-25.

[2]　英文原稿利用聯合國發佈的《世界人口展望》（2010 版），本譯文已採用 2019 版數據進行更新。United Nations. (2019). *World Population Prospects: The 2019 Revision*. Department of Economic and Social Affairs, Population Division. Accessed 17 Jan 2020. https://population.un.org/wpp/.

引言

從 1950 年起，由於社會經濟發展以及醫學方面的進步，百歲老人的數量急速增長。百歲老人越來越常見 [1,2]。對於發達國家，如果目前的預期壽命年均增長率一直持續整個 21 世紀，將會有一大部分 2000 年後出生的人口活過 100 歲 [3]。

人口老齡化是一個以日曆年齡（Chronological Age）來改變人口年齡結構（Population Age Structure）的動態過程。在人類歷史上，長壽及長壽的人士一直為人所仰慕 [4]。眾所周知，百歲老人於兩三個世紀前已經出現 [5]，且在大部分發達國家都是如此 [2]。

文獻回顧

日本及歐洲一些國家的百歲老人經歷了史無前例的增長 [6-9]。在所有有可靠數據可追溯的國家中，百歲老人都有明顯的上升（俄羅斯除外）（表3-1）。以每十年國家之間的相對增長率作比較，我們會發現很大的差別。法國及日本百歲老人的增長十分快速 [10]；但是，除了在過去十年，丹麥、瑞典、荷蘭及英國的百歲老人的增長速度都在下降。這個增長是當代人口壽命延長的主因 [11]。不過，我們尚沒有理論來支持百歲老人必會以指數（Exponential）增長的速度上升，故以指數的方法來對未來的增長趨勢進行外推不一定準確。

急速增長的不單是百歲老人人口，90～99 歲老人也於 20 世紀後期明顯地增加，但各國之間差異很大（表 3-2）。百歲老人的增長與 90～99 歲老人的增長是有關聯的 [12]。超級百歲老人（Super Centenarians）近年也有出現，並吸引了人口學家的注意 [14-16]；這一現象與 Vincent Hypothesis，即「沒有人可以活過 110 歲」的假設相違背 [13]。

表 3-1　特定國家每十年百歲老人的數量及其相對增長率

國家	百歲老人的數量							百歲老人相對增長率			
	1950年	1960年	1970年	1980年	1990年	2000年	2010年	1980～1970年	1990～1980年	2000～1990年	2010～2000年
澳大利亞	164	175	181	413	943	1,442	3,064	2.28	2.29	1.53	2.12
比利時	23	44	121	187	512	847	1,510	1.55	2.74	1.65	1.78
巴西	-	-	-	-	1,304	6,245	18,333	-	-	4.79	2.94
加拿大	193	270	542	1,145	2,580	3,309	6,000	2.11	2.25	1.28	1.81
中國	-	-	-	-	4,469	8,556	13,514	-	-	1.91	1.58
丹麥	17	19	46	156	325	470	889	3.39	2.08	1.45	1.89
芬蘭	4	12	20	42	133	245	566	2.10	3.17	1.84	2.31
法國	195	368	860	1,898	3,957	8,087	16,947	2.21	2.08	2.04	2.10
意大利	88	252	485	921	2,385	5,388	12,756	1.90	2.59	2.26	2.37
日本	111	156	341	927	3,056	11,472	45,108	2.72	3.30	3.75	3.93
墨西哥	-	-	-	-	2,403	4,638	7,441	-	-	1.93	1.60
荷蘭	37	61	156	391	813	1,074	1,675	2.51	2.08	1.32	1.56
挪威	49	78	69	156	251	418	636	2.26	1.61	1.67	1.52
波蘭	-	56	334	470	904	1,065	2,824	1.41	1.93	1.18	2.65
俄羅斯	3,000	6,780	6,031	6,693	8,534	3,899	5,433	1.11	1.28	0.46	1.39
瑞典	46	73	110	308	570	896	1,798	2.80	1.85	1.57	2.01
瑞士	10	29	48	124	333	678	1,306	2.58	2.69	2.04	1.93
英國	299	569	1,139	2,273	4,160	6,296	12,066	1.99	1.83	1.51	1.92
美國	4,255	5,362	8,345	15,107	29,944	40,163	57,355	1.81	1.98	1.34	1.43

數據來源：人類死亡率數據庫（www.hmd.org），《世界人口展望》（2010版）。

表 3-2 特定國家 1950～2010 年九旬老人的數量

國家	九旬老人的數量（千人）						
	1950 年	1960 年	1970 年	1980 年	1990 年	2000 年	2010 年
澳大利亞	9	11	16	27	42	71	130
比利時	6	10	15	21	35	57	59
巴西	8	10	17	31	86	211	431
加拿大	12	19	32	58	85	125	212
中國	26	16	27	47	87	136	198
丹麥	4	5	8	14	23	31	37
芬蘭	2	2	3	6	12	22	32
法國	37	58	102	154	243	416	425
意大利	25	41	68	109	181	347	457
日本	15	30	58	110	267	635	1,355
墨西哥	26	16	27	47	87	136	198
荷蘭	5	10	19	31	51	68	88
挪威	5	6	8	11	18	25	36
波蘭	14	12	21	36	57	94	113
俄羅斯	116	111	149	210	224	294	288
瑞典	8	9	15	25	39	63	82
瑞士	3	5	8	14	27	44	60
英國	45	68	115	157	227	350	459
美國	141	234	358	658	984	1,379	1,990

數據來源：人類死亡率數據庫（www.hmd.org），《世界人口展望》（2010 版）。

各國之間的比較

要量度壽命，就必須準確地收集百歲老人的年齡數據。年齡數據上的誤差在以往的人口數據中以及在民事登記上缺乏效率是常見的 [17-19]。

當比較不同人口的壽命時，百歲老年人口佔總人口的比例，如百歲老人的發生率，可能受到誤導。各國生育率以及移民率上的差別會給這一數字帶來誤差。要更準確地了解百歲老人的增長，可以把目前百歲老人的存量（年過 100 歲的老人）與剛滿 100 歲的老人作比較。某一年內新增百歲老人的數量應等於一個世紀前出生而活到 100 歲的人口數量。把新增百歲老人與總人口或其他年齡組作比較是沒有意義的。

在沒有任何理論支持百歲老人數量依循指數增長的情況下，要比較各國的高齡長者增長是很困難的。加之，各國間期初（Initial）高齡長者的差異很大，大部分國家的期初高齡長者數量很少。因此，這些國家的高齡長者增長率會較大。

比較百歲老人在不同人口中的增長情況，採用隊列視角（Cohort Perspective）是必要的。假設我們可以忽略有關隊列（Cohort）在過去一世紀內跨境移民的情況，那麼，新增百歲老人便可與一個世紀前的出生人口作比較（表 3-3）。其中，法國女性活到 100 歲的比例是最高的，其次是日本、荷蘭以及瑞士。法國的比例是比利時的兩倍、芬蘭的三倍。男性活到 100 歲的比例，日本排第一位，其次是荷蘭及法國。比利時、芬蘭的這一比例不足日本的一半。芬蘭的比例低是因為該國人口於 20 世紀初期移出情況嚴重，不過此解釋不適用於比利時。同一個原因也可以解釋為何法國高齡女性的比例高於日本，因為後者有較高的遷出率。人類死亡率數據庫（Human Mortality Database, HMD）內沒有澳大利亞、加拿大、波蘭、俄羅斯、美國以及英國 1900 年的出生人口數據。

表 3-3 1900 年出生隊列新增百歲老人及相應隊列的原始出生規模

國家	1900 年出生女性數量	2000 年達到 100 歲的女性數量	女性存活率（每十萬）	1900 年出生男性數量	2000 年達到 100 歲的男性數量	男性存活率（每十萬）
比利時	95,178	472	496	100,176	66	66
丹麥	35,087	233	664	37,042	50	135
英格蘭	456,018	2,948	646	471,044	398	85
芬蘭	41,904	122	291	44,435	26	59
法國	407,631	3,908	959	425,139	597	140
意大利	519,440	2,581	497	547,936	506	92
日本	692,618	5,460	788	727,916	1,183	163
荷蘭	78,959	599	758	83,531	121	144
挪威	32,150	182	566	34,079	37	109
瑞典	67,299	445	661	70,840	95	134
瑞士	46,093	338	734	48,223	59	122

數據來源：人類死亡率數據庫（www.hmd.org）。

　　有關移民率的假設（即淨移民率可被忽略）可能過於苛刻，因為在龐大的入境移民數字下，對新增百歲老人數量的估計可能比實際更多（如法國），在龐大的出境移民數字下，該估計可能會比實際數字更少（如日本）。其中一個解決方法是把新增百歲老人與該隊列自出生至 100 歲的人口作比較。為了限制移民率的影響，我們提倡利用百歲老人率（Centenarian Rate, CR），就是將剛滿 100 歲的老人與同一出生隊列於 40 年前（即 60 歲）的人口作比較[9]。這個指標能夠把兩個隊列（例如 1900 年出生的及 1910 年出生的）的百歲老人的情況進行比較（表 3-4）。要計算 1900 年出生、1910 年出生的兩個隊列的 CR，我們可以把 2000 年、2010 年剛滿 100 歲的人口數分別除以 1960 年、1970 年剛滿 60 歲的人口數。

表 3-4　1900 年、1910 年出生隊列的百歲老人率（每一萬人中 60 歲及以上老人數量）

國家	2000 年百歲女性	2010 年百歲女性	2000 年百歲男性	2010 年百對男性
澳大利亞	123	174	21	39
比利時	52	97	10	15
加拿大	180	203	40	42
丹麥	65	102	14	21
芬蘭	41	80	17	19
法國	109	207	19	36
意大利	78	139	19	30
日本	127	358	29	71
荷蘭	74	100	18	17
挪威	74	94	15	20
波蘭	27	54	8	17
俄羅斯	34	25	9	7
瑞典	75	119	18	27
瑞士	88	136	24	31
英國	76	119	11	26
美國	163	176	31	38

數據來源：人類死亡率數據庫（www.hmd.org）。

　　除了俄羅斯，研究內所包括的其他所有國家的 CR 在 2000～2010 年都有所增長，儘管各國的增長有異（表 3-4）。2010 年，CR 最高的是日本女性（358/ 每 10,000 人），其次是法國（207）及加拿大（203），而比利時、荷蘭及北歐各國的 CR 不足 100。過去已有文獻討論日本的壽命增長比歐美國家高的原因[10,18,20,21]。澳大利亞、加拿大及美國在 2000 年有較高的排名並於 2000～2010 年有最小的升幅，此情況可以由這些國家的高入境移民率（即使對於 60 歲以上長者）解釋，可是這個解釋不太適用於 2010 年的數據。

討論

　　一個人口內百歲老人的數量取決於該人口中活到 100 歲的人（新增百

歲老人）的數量以及該隊列之後的存活率。新增百歲老人是由一個世紀前的出生人口、該隊列從出生至 100 歲的死亡率以及該隊列於 100 年間的移民活動最終產生的。這三個因素的相對影響力可以從已限制移民效應的隊列生命表（Cohort Life Tables）的比較中得到。部分國家的生命表可以在人類死亡率數據庫中找到（表 3-5）。百歲老人的絕對增長數量可以與一個世紀前出生人口數量的變化、新增百歲老人的比例（I_{100}）以及 100 歲以上老人數量（L_{100+}）的增長作比較，後兩項數據都可以從隊列生命表中抽取。百歲老人的數量可以由出生人口乘以 L_{100+} 計算得到，也可以由出生人口數乘以 I_{100} 再乘 L_{100}/I_{100} 計算得出。通過把 1875～1879 年出生隊列的數據設定為 100，可以比較這些變量的變化（表 3-6）。

表 3-5 新生兒的絕對數量及隊列生命表指標：達到 100 歲的人數（I_{100}）和存活至 100 歲以上的總人數（L_{100+}）

國家	1975～1879 年	1880～1884 年	1885～1889 年	1890～1894 年	1895～1899 年	1900～1904 年	1905～1909 年
丹麥							
百年前的出生人數	307,126	324,641	337,755	336,611	351,743	364,230	374,157
L_{100+}	254	377	456	605	671	856	1,084
I_{100}	131	199	240	328	352	431	518
芬蘭							
百年前的出生人數	361,536	377,798	393,482	385,657	423,233	437,431	458,850
L_{100+}	77	136	182	270	297	360	571
I_{100}	32	66	90	136	160	205	294
法國							
百年前的出生人數	4,736,079	4,668,502	4,499,947	4,290,343	4,255,902	4,202,168	3,974,071
L_{100+}	182	259	375	546	775	1,163	1,740
I_{100}	93	134	182	258	365	528	767
意大利							
百年前的出生人數	5,224,763	5,302,312	5,634,596	5,555,046	5,448,087	5,345,734	5,472,473
L_{100+}	102	160	246	361	543	821	1,208
I_{100}	56	83	121	174	263	387	559

（續上表）

國家	1975～1879 年	1880～1884 年	1885～1889 年	1890～1894 年	1895～1899 年	1900～1904 年	1905～1909 年
荷蘭							
百年前的出生人數	724,805	738,011	761,998	778,288	815,721	841,094	855,852
L_{100+}	268	386	532	624	661	764	921
l_{100}	133	187	265	337	361	401	470
挪威							
百年前的出生人數	293,444	296,314	302,387	305,293	322,799	329,639	311,004
L_{100+}	385	436	537	747	707	871	1086
l_{100}	195	223	251	359	387	426	536
瑞典							
百年前的出生人數	683,831	672,986	685,879	661,873	672,311	683,721	687,201
L_{100+}	255	371	488	573	705	938	1,283
l_{100}	134	190	252	296	363	472	631
瑞士							
百年前的出生人數	441,622	415,541	404,673	414,308	449,744	476,516	475,113
L_{100+}	143	243	373	523	705	944	1,290
l_{100}	80	135	187	274	376	481	631

數據來源：人類死亡率數據庫（www.hmd.org）。

　　出生人口數量的變化對於百歲老人增長的影響有限（表 3-6）。即使是在出生人口數一直下降的法國，百歲老人數量依然有所增長。各國 100 歲及以上老人的存活率都在增長，不過該增長只解釋了百歲老人增長的一部分。主要的增長動力來自該隊列自出生至 100 歲間的存活概率。30 年間，意大利新生隊列的 100 歲存活概率增加了十倍，法國及瑞士增加了八倍，三個北歐國家增加了約四倍。解釋此現象的其中一個原因是期初壽命（Initial Longevity）上的差異（以 1875～1879 年出生隊列的壽命為例）。各國 1905～1909 年出生隊列的百歲老人的期初壽命都差不多，只是法國比較高。可惜，我們沒有獲得日本的隊列生命表資料，日本百歲老人人口於 1980～2010 年翻了 50 倍，而其 100 年前的出生人口只增加了兩倍，

根據人類死亡率數據庫的資料，另外兩個因素（I_{100}、L_{100+}）分別增加了 16 倍及 1.4 倍。出生至 100 歲的存活率增加的原因主要為因醫療進步而減少的幼童死亡。可是，這個原因只解釋了百歲老人不多於 20% 的相對增長。在避免死亡方面，最大的原因是 80～100 歲成人存活率的增長[9,11]。

表 3-6　百歲老人絕對數量演變的三個要素：新生兒的絕對數量、
存活到 100 歲的概率（I_{100}）以及新增百歲老人的存活率（L_{100+}/I_{100}）

國家	1875～1879 年	1880～1884 年	1885～1889 年	1890～1894 年	1895～1899 年	1900～1904 年	1905～1909 年
丹麥							
百歲老人的數量	100	-	208	-	301	-	570
百年前的出生人數	100	106	110	110	115	119	122
新增百歲老人	100	152	183	250	269	329	395
新增百歲老人的存活率	100	98	98	95	98	102	108
芬蘭							
百歲老人的數量	100	-	317	-	583	-	1,348
百年前的出生人數	100	104	109	107	117	121	127
新增百歲老人	100	206	281	425	500	641	988
新增百歲老人的存活率	100	86	84	83	77	73	75
法國							
百歲老人的數量	100	-	208	-	426	-	893
百年前的出生人數	100	99	95	91	90	89	84
新增百歲老人	100	144	196	277	392	568	825
新增百歲老人的存活率	100	99	105	108	108	113	116
意大利							
百歲老人的數量	100	-	259	-	585	-	1,385
百年前的出生人數	100	101	108	106	104	102	105
新增百歲老人	100	148	216	311	470	691	998
新增百歲老人的存活率	100	106	112	114	113	116	119
荷蘭							
百歲老人的數量	100	-	208	-	275	-	428

（續上表）

國家	1875～1879 年	1880～1884 年	1885～1889 年	1890～1894 年	1895～1899 年	1900～1904 年	1905～1909 年
百年前的出生人數	100	102	105	107	113	116	118
新增百歲老人	100	141	199	253	271	302	353
新增百歲老人的存活率	100	102	100	92	91	95	97
挪威							
百歲老人的數量	100	-	161	-	268	-	408
百年前的出生人數	100	101	103	104	110	112	106
新增百歲老人	100	114	129	184	198	218	275
新增百歲老人的存活率	100	99	108	105	93	104	103
瑞典							
百歲老人的數量	100	-	185	-	291	-	584
百年前的出生人數	100	98	100	97	98	100	100
新增百歲老人	100	142	188	221	271	352	471
新增百歲老人的存活率	100	103	102	102	102	104	107
瑞士							
百歲老人的數量	100	-	269	-	547	-	1,053
百年前的出生人數	100	94	92	94	102	108	108
新增百歲老人	100	169	234	343	470	601	789
新增百歲老人的存活率	100	101	112	107	105	110	114

數據來源：人類死亡率數據庫（www.hmd.org）。

　　基於 100 歲之前及之後的存活率，百歲老人未來會繼續呈上升趨勢，聯合國也預測百歲老人會持續增長（表 3-7）[22]。不過，100 年前的出生率差異會給發展中國家和發達國家帶來不同百歲老人變動趨勢（圖 3-1）。發展中國家的百歲老人會於 21 世紀後期超越發達國家。有兩個原因可解釋此預測：第一，發展中國家的出生率於 20 世紀增加，此增長會導致未來百歲老人人口的增加。第二，考慮到這些國家的期初壽命較短，壽命的相對增幅也較大。超過一半的百歲老人會生活於今日的發展中國家。預測中國百歲老人人口的增幅尤其重要 [23]。

表 3-7　2020～2100 年百歲老人數量估計

國家	百歲老人估計數量（千人）								
	2020 年	2030 年	2040 年	2050 年	2060 年	2070 年	2080 年	2090 年	2100 年
澳大利亞	4	8	12	22	34	45	60	89	108
比利時	2	4	5	9	13	18	22	28	34
巴西	21	59	109	185	333	522	750	1,015	1,226
加拿大	9	14	18	34	53	61	74	100	127
中國	75	162	315	621	1,269	2,587	2,995	4,772	4,552
香港特別行政區（中國）	4	8	13	23	49	68	87	108	109
丹麥	1	2	3	6	7	11	13	16	23
芬蘭	1	2	3	5	6	7	9	12	15
法國	19	43	56	98	136	181	212	273	326
意大利	17	35	53	74	105	164	189	201	237
日本	79	168	267	440	452	604	774	788	849
墨西哥	13	19	27	44	83	145	225	322	447
荷蘭	3	5	8	15	21	30	31	42	54
挪威	1	1	2	4	5	7	9	12	16
波蘭	5	17	27	47	81	84	132	168	155
俄羅斯	9	35	56	61	116	120	173	259	198
瑞典	2	3	4	8	9	13	15	22	26
瑞士	2	3	4	7	10	16	18	25	30
英國	16	23	32	55	74	108	126	174	203
美國	97	162	221	426	695	847	1,006	1,376	1,726

更新數據來源：聯合國（2019），《世界人口展望》（2019 版）。

　　中國台灣地區的百歲老人的比例於 2004～2008 年增加了 19%[24]。中國香港地區百歲老人由 1981 年的 289 人升至 2006 年的 1,510 人，增幅為四倍[25]；到 2016 年，這一數字已增加至 3,645 人，1981～2016 年的 35 年間增加了近 13 倍。

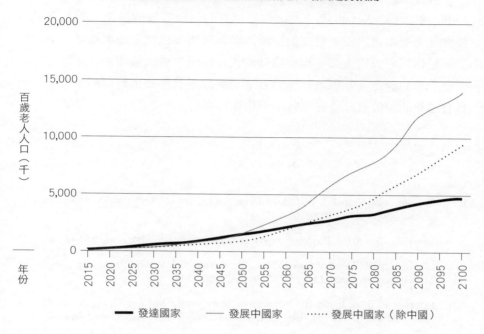

圖 3-1　發展中國家、發達國家百歲老人增長趨勢預測

更新數據來源：聯合國（2019），《世界人口展望》（2019 版）。

結論

　　最近的趨勢顯示，各國百歲老人正在穩定地增加。儘管有些國家的增長為指數形式，但並沒有理論支持這個現象。各國百歲老人的增長也有差異，日本百歲老人的增長比指數形式要快，而其他國家百歲老人的增長比指數形式慢。在初期百歲老人較少的地方，百歲老人的增長相對更快。

　　百歲老人整體增長的原因包括：一個世紀前的出生人口、該隊列達到 100 歲的比例以及該隊列 100 歲之後的存活率。導致百歲老人增長的主要原因是達到 100 歲高齡的概率以及近年來明顯增長的 80～100 歲老人的存活率。

　　聯合國於 2019 年公佈：到 2100 年，世界百歲老人會大幅增長至超過 1,900 萬人。今天，百歲老人仍然是罕見的健康長壽的象徵。百歲老人日後會變得更常見，隨之而來的醫療護理需要也會增加。由此推斷，增加的不單是百歲老人的人口，需要護理的人口比例也會大幅增加。因此，我們需要未來的資源及基礎設施進行合理規劃以妥善照顧這群高齡老人，而且具有遠見的經濟及社會方面的調整也是必需的。

參考文獻

1.　Oeppen, J., & Vaupel, J. W. (2002). Demography. Broken limits to life expectancy. *Science*, 296 (5570), 1029-1031.

2.　Vaupel, J. W. (2010). Biodemography of human ageing. *Nature.* 464, 536-42.

3.　Christensen, K., Doblhammer, G., Rau, R., & Vaupel, J. W. (2009). Ageing populations: The challenges ahead. *Lancet*, 374 (9696), 1196-1208.

4.　Petersen, L. B., & Jeune, B. (2010). *Icons of longevity. Luxdorph's eighteenth century gallery of long-livers* (pp. 330). Odense: University Press of Southern Denmark.

5.　Jeune, B. (1995). Search for the first centenarians. In B. Jeune (Eds.), *Exceptional longevity. From prehistory to the present. Odense monographs on population aging* (pp. 11-24). Denmark: Odense University Press.

6.　Robine, J-M., Saito, Y., & Jagger, C. (2003). The emergence of extremely old people: The case of Japan. *Experimental Gerontology*, 38 (7), 735-739.

7.　Cheung, S-L. K., & Robine, J-M. (2007). Increase in common longevity and the compression of mortality: The case of Japan. *Population Studies*, 61 (1), 85-97.

8.　Robine, J-M., & Saito Y. (2009). The number of centenarians in Europe. *European Papers on the New Welfare. The Counter-ageing Society: Steps Towards the European Welfare*, 13, 47-62.

9.　Robine, J-M., & Caselli, G. (2005). An unprecedented increase in the number of centenarians. *Genus*, LXI, 57-82.

10.　Robine, J-M., Cheung S-L. K., Saito, Y., Jeune, B., Parker, M. G., & Herrmann, F. R. (2010). Centenarians Today: New Insights on Selection from the 5-COOP Study. *Current Gerontology and Geriatrics Research*, 120354, doi: 10.1155/2010/120354.

11.　Vaupel, J. W., & Jeune B. (1995). The emergence and proliferation of centenarians In B. Jeune (Eds.), *Exceptional longevity: From prehistory to present Time. Odense monographs on population aging*. Denmark: Odense University Press.

12.　Rau, R., Soroko, E., Jasilionis, D., & Vaupel, J. W. (2008). Continued reductions in mortality at advanced ages. *Population and Development Review*, 34 (4), 747-768.

13. Vincent, P. (1951). La mortalite des vieillards. *Population.* 6, 181-204.

14. Robine, J., & Vaupel, J. W. (2001). Supercentenarians: Slower ageing individuals or senile elderly?. *Experimental Gerontology*, 36 (4-6), 915-930.

15. Robine, J-M., & Vaupel, J. W. (2002). Emergence of supercentenarians in low mortality countries. *North American Actuarial Journal*, 6, 55-63.

16. Maier, H., Gampe, J., Jeune, B., Robine, J-M., & Vaupel, J. W. (2010). Supercentenarians. *Demographic research monographs* (pp. 323). Verlag Berlin Heidelber: Springer.

17. Kannisto, V. (1988). On the survival of centenarians and the span of life. *Population Studies*, 42, 389-406.

18. Wilmoth, J. R., & Lundstrom, H. (1996). Extreme longevity in five countries: Presentation of trends with special attention to issues of data quality. *European Journal of Population*, 12 (1), 63-93.

19. Maier, H., Gampe, J., Jeune, B., Robine, J-M., & Vaupel J. W. (2010). Supercentenarians. *Demographic research monographs* (pp. 323). Verlag Berlin Heidelber: Springer.

20. Wilmoth, J. (1998). Is the pace of Japanese mortality decline converging toward international trends?. *Population and Development Review*, 24 (3), 593-600.

21. Robine, J-M., & Saito, Y. (2003). Survival beyond age 100: The case of Japan. *Population and Development Review*, 29, 208-228.

22. United Nations. *World population prospects: the 2010 revision.*

23. Poston Jr, D. L., & Zeng, Y. (2008). Introduction: Aging and aged dependency in China. In Y. Zeng (Eds.), *Healthy longevity in China. Demographic, socioeconomic, and psychological dimensions* (pp. 1-18). The United Kingdom: Springer.

24. Yang, P. (2010). What is productive in Taiwanese centenarians' lives? A challenge for the definition of productive ageing. *China Journal of Social Work*, 3, 125-37.

25. Cheung, S-L. K., Yip, S-F. P., Chi, I., Chui, W-T. E., Leung, Y-M. A., Chan H-W. F., & Chan, M-Y. G. (2012). Healthy longevity and health care service needs: A pilot study of the centenarians in Hong Kong. *Asian Journal of Gerontology and Geriatrics*, 7, 26-32.

第三章

各地百歲老人的湧現：人口統計分析

第四章
健康長壽與醫療服務需要：
香港百歲老人試點調查 ①

張筱蘭 葉兆輝 齊銥 梁綺雯 徐永德 陳漢威 陳文宜

摘要

　　香港的高齡人口越來越多。百歲老人在過去的幾十年裏增長了 5.5 倍。可是，這些老年人一直是被社會忽略的群體。本試點調查旨在了解在香港社區居住的百歲老人的健康狀況及其醫療服務需要。

　　本調查於 2009 年 9～11 月進行。我們從 56 個地區性長者社區中心邀請了 33 名於社區居住的百歲老人及其家屬進行訪問。20 個被訪者完成了訪問（應答率為 67%），三個被訪者中途退出（退出率為 9%）。在面訪中，我們的問卷綜合採納中國老年人健康長壽追踪調查（Chinese Longitudinal Healthy Longevity Survey, CLHLS）以及香港衞生署屬下長者健康中心（Elderly Health Center, EHC）的兩份問卷而成。主要問題包括家庭結構、一般功能、日常生活自理能力、身體健康狀況、認知能力狀況、人口特徵、社會經濟背景以及生活環境特徵等。

---

①　　以英文論文原稿為準。Cheung, S-L. K., Yip, S-F. P., Chi, I., Chui, W-T. E., Leung, Y-M. A., Chan H-W. F., & Chan, M-Y. G. (2012). Healthy longevity and health care service needs: A pilot study of the centenarians in Hong Kong. *Asian Journal of Gerontology and Geriatrics*, 7, 26-32.

結果發現，有大約一半的被訪者認為他們的健康狀況非常好或好。有一半的被訪者的簡易精神狀態測驗（Mini Mental State Examination, MMSE）分數高於 23 分（總分為 30）。大約有三分之二的被訪者在日常生活自理能力上沒有障礙。白內障是被訪者中所患最多的疾病，其次為高血壓和糖尿病。超過三分之二的被訪者認為行動不便及健康問題是導致他們減少社交接觸的最主要原因，其次為交通不便及費用問題。被訪者的女兒（如有）通常是被訪者患病時的主要照顧者。

總括而言，沒有慢性病對於避免日常生活自理能力和功能性能力上的退化十分重要。較富裕的經濟背景及家庭支持，有助於避免老年人入住院舍，並促進老年人居家養老。

引言

第 20 屆國際老年人日（International Day of Older Persons）確認了老年人為社會上越來越重要的組成部分。全球 60 歲及以上長者人口將於 2050 年增加至 20 億人，其中增幅最快的是高齡長者人口（即 80 歲及以上長者）[1]。全球而言，80 歲及以上人口的年均增幅為 3.8%，是 60 歲及以上人口（1.9%）的兩倍[2]。全球百歲老人預計會由 2015 年的 45.1 萬人，增加至 2100 年的 2,642 萬人，增長幅度是 2015 年百歲老人數量的 50 倍①。

高齡長者人口的數量及比例的增長已於 20 世紀 80 年代在歐洲出現。該現象表示人類壽命的上限越來越高[3,4]。在一些西歐及北歐國家，百歲老年人已於 20 世紀 50 年代起以平均每十年翻一番的速度增加[5]。從那時起，日本[6]、丹麥[7]、英格蘭及威爾士[8]、比利時[9]、法國[10]、意大利[11]、瑞士[12]以及美國[13]的百歲老年人口也在增長。

---

① 數據已根據聯合國《世界人口展望》（2015 版）進行更新。United Nations. (2015). *World Population Prospects: The 2015 Revision, Key Findings and Advance Tables.* Working Paper No. ESA/P/WP.241. Department of Economic and Social Affairs, Population Division. Accessed 18 August 2018. 詳細的百歲人口數據及趨勢亦可參考 Robine, J-M., & Cubaynes, S. (2017). Worldwide demography of centenarians. *Mechanisms of Ageing and Development*, 165, 59-67.

在日本，百歲老年人口於 2008 年超過 36,276 人，而這一數字預計會於 2050 年增至 100 萬人 [14]。屆時，全日本每一百個人中就有一個百歲老人 [2]。百歲老年人口每年以 8% 的速度在上升 [15]。在日本和瑞典，超過 100 歲甚至 105 歲的老年人數量近乎直線上升 [16]。全球而言，百歲老人是增加最快的年齡組，其次是年過 85 歲的長者，這些年齡組的增長速度比其他年齡組更快。相對於較年輕的長者，高齡和百歲老人需要更多的醫療服務，但我們對於他們在健康及醫療方面的需要以及促進他們身心健康的有效方法都缺乏了解 [17]。

香港高齡長者（即 80 歲及以上）預計會由 2010 年的 24.6 萬人（佔總人口 3.5%）升至 2039 年的 87.2 萬人（佔總人口 9.8%）[18]。1980～2010 年，該年齡組的人口以年均 6.0% 的速度增加，這個增幅是 60～79 歲人口增幅（2.7%）的兩倍多。香港 80 歲及以上長者人口的年均增長速度比全球平均速度更快。聯合國稱 85 歲及以上長者為 "Oldest old" [2]，此說法源於 "Old-old"（即 80 歲及以上長者）[19]，這兩組長者的增長速度都很快且相差無幾。香港百歲老人由 1981 年的 289 人升至 2011 年的 1,890 人，增加了 5.5 倍，2016 年已增加至 3,645 人，1981～2016 年的 35 年間增長近 13 倍。

了解高齡長者的社交及健康情況十分重要 [20]。過去大部分有關高齡人口健康情況的研究採用的是「開放式年齡組」(An Open Age Group) 的方法，例如長者只要是 80 或 90 歲以上即可參加研究 [21-23]。絕大多數官方人口統計數據或預測數據都止於 85 歲及以上這個年齡組 [18]。現有研究的一個限制是長者的樣本數據有限，對於準確地預測百歲老人的情況而言實在太少了。針對百歲老人的健康及醫療需要的研究也很缺乏。

本研究旨在調查香港社區居住的 90～99 歲、100 歲及以上老年人的健康情況並了解他們的護理需要。

研究方法

本試點調查於 2009 年 9～11 月與香港社會服務聯會合作進行。我們從 56 個地區長者社區中心邀請了 33 名 90～99 歲、100 歲及以上的老年

人及其家屬進行訪問。20 個被訪者完成了訪問（應答率為 67%），三個被訪者在訪問中途退出（退出率為 9%）。大約有 75% 的被訪者是從港島東區、黃大仙、觀塘以及沙田招募而來。

調查問卷綜合採納了中國老年人健康長壽追踪調查（Chinese Longitudinal Healthy Longevity Survey, CLHLS）的 2008 版本以及港衛生署屬下長者健康中心（Elderly Health Center, EHC）的兩份問卷而成。除首席研究員（張筱蘭）外，一名受過訓練的義工及一名註冊護士為被訪者進行面談。

收集到的數據包括家庭結構、居住安排以及居住地與子女鄰近情況（Living Arrangements and Proximity to Children）、一般自理能力（General Functioning，指活動能力及日常生活自理能力，包括洗澡、更衣、上廁所、行動、控制大小便以及進食）、工具性日常生活能力（Instrumental Activities of Daily Living，包括探望鄰居、外出購物、做飯、洗衣、一次連續走 400 米路、拿起五公斤的重物、連續坐下然後站立三次、乘坐公共交通工具、打電話以及處理財務事宜）、視力及聽力、體能、自評健康（Self-Rated Health）、生活滿意度（Life Satisfaction）、認知能力 [Cognitive Function，以簡易精神狀態測驗即 Mini Mental State Examination（MMSE）來量度]、抑鬱症徵狀 [Depressive Symptoms，以老年抑鬱量表 Geriatrics Depression Scale（GDS）來量度]、情緒、慢性疾病、入住醫院情況、口腔健康、過往健康情況、目前身體情況和生理情況、睡眠質量、疼痛、體重下降、生活質量、健康有關行為（Health-related Learning Behavior）、對於終生學習的看法、在處理慢性疾病上的自我效能感（Self-Efficacy）、護理需要及成本、社交活動、飲食習慣、吸煙及飲酒、營養、早年身體狀況（兒童、成年及大約 60 歲時）、運動、心理特質、自殺傾向、對預設醫療指示（Advance Directives）及安樂死的看法、經濟資源、照料者及家人支持、對社區內醫療及養老服務的需要。被訪者體能方面的數據通過以下測試來量度，包括在不用扶手的情況下從椅子站立、從站立的姿勢起在地上拾起一本書以及原地 360 度轉一圈。被訪者的神經肌肉功能（Neuromuscular Function）則以手握力測試（每隻手三次）來量度。此外，還調查了老年人的人口特徵、社會經濟狀況以及生活環境特徵。

　　連續變量以平均值及標準差表示，分類變量則以絕對數量及相對的百分比表示。所有數據分析均以 Statistical Package for the Social Sciences (SPSS Inc, Chicago [IL], US) 進行。

結果

　　表 4-1 顯示了被訪者的社會人口學和描述性特徵。被訪者的平均年齡為 97.1 歲（標準差為 4.71），六成為女性，八成已喪偶，七成半被訪者的受教育年限少於六年；六成被訪者以前從事手工作業或在其他基層工作，五成半的老年人家庭年平均收入少於 40,000 元港幣（即大約每月 3,300 元港幣），七成老年人現在與至少一人同住。

表 4-1　香港 90～99 歲、100 歲及以上老人的社會人口特徵分佈（N=20）

特徵	佔比（%）
性別	
女性	60
男性	40
年齡（平均值 =97.1 歲，標準差 =4.71）	
90～99 歲	60
100 歲及以上	40
婚姻狀態	
已婚	10
喪偶	80
未婚	5
無法回答	5
出生地	
香港	5
中國大陸	
廣東	70
非廣東	25
城鄉	
城市	25
農村	75
受教育年限（平均值 =4，標準差 =5，最小值 =0，最大值 =13）	
0 年	45

（續上表）

特徵	佔比（%）
1～6 年	30
＞ 6 年	25
人均家庭年收入（港幣）	
（平均值 =52,405，標準差 =32,160，最小值 =12,000，最大值 =100,000）	
≤29999	30
30,000～39,999	25
40,000～69,999	15
70,000～99,999	5
≥100,000	25
居住安排	
獨居	30
非獨居	70
與誰同住	
配偶	14
子女／孫子女	72
家庭傭工	14
住房類型	
公共住房	45
自己擁有或配偶擁有	55

自我評估身體狀況及性格特徵

大約一半的被訪者認為，與同輩相比，他們的個人健康情況屬於非常好或好；與一年前的健康狀況作比較，六成認為「馬馬虎虎」，表示沒有大的轉變。八成半表示他們「經常」凡事向好的方面想，並「時常」把個人財物整理得妥當整潔。當問到他們是否感到恐懼或擔憂時，四成半回答「從不」，但有三成表示感到寂寞，有被疏離感，而且覺得自己「越老越沒有用」。

認知能力評估

就簡易精神狀態測驗（Mini Mental State Examination, MMSE）而言，五成被訪者得分超過 23 分（總分 30 分）。一成半被訪者得分少於 18 分且接受過超過兩年的教育，一成被訪者得分少於 18 分且沒有接受過教育，

一成被訪者得分少於 20 分且接受過 1～2 年的教育，5% 的被訪者得分少於 22 分且接受過超過兩年的教育，一成被訪者得分少於 22 分且沒有接受過教育。

生活方式及社交活動

大約五成被訪者過去一年內幾乎每天會吃新鮮蔬果。沒有被訪者目前有吸煙或飲酒的習慣，大約有三分之二的被訪者從未吸煙或飲酒。超過一半的被訪者定時做運動。平均開始規律運動的年齡為 59.3 歲（標準差為 22.7）。有被訪者於 80 歲或以上的高齡才開始規律運動。

在社交活動、對終生學習的看法以及阻礙他們社交活動的原因方面，有過半的被訪者每個月至少有一次社交活動，大約三分之一被訪者每個星期至少有一次社交活動。對於終生學習看法的平均分為 23.5 分（標準差為 3.4，範圍為 17～30），這表示大部分被訪者認同終生學習是有益的。超過三分之二的被訪者認為阻礙他們進行社交活動的主要原因是行動不便及健康因素，其次為交通不便及費用問題。

日常生活自理能力及工具性日常生活能力

大約三分之二的被訪者可以不用他人協助處理以下事項：洗澡、完整地更衣、上廁所、自我清潔及收拾好衣物、離開床或椅子。大部分被訪者可以自行進食。三成被訪者偶爾有失禁情況。兩成被訪者在日常生活自理能力上不需要他人協助，但有三成半的被訪者在 1～2 個項目上需要他人協助（表 4-2）。

表 4-2 老年人 Katz 日常生活自理能力和工具性日常生活能力（N=20）

項目	佔比（%）
Katz 日常生活自理能力	
無需幫助	
洗澡	70
穿衣服	90

（續上表）

項目	佔比（%）
上廁所	90
行走	90
控制大小便	70
吃飯	95
有困難項目	
無	60
1～2	30
≥3	10
工具性日常生活能力（十個問題）	
有困難項目	
無	20
1～2	35
≥3	45

身體檢查及健康情況

六成半的被訪者有非常好或好的睡眠質量；平均睡眠時間為 6.5 小時（標準差為 2.5）。平均心臟收縮壓為 127.3 毫米汞柱（標準差為 21.4），而平均心臟舒張壓為 77.4 毫米汞柱（標準差為 9.3）。大約三分之二的被訪者心率正常；平均心跳為每分鐘 69.5（標準差為 10.6）下。具體統計結果見表4-3。

表 4-3　老年人體檢與健康狀況（N=20）

體檢及健康狀況	佔比（%）
睡眠質量	
非常好和好	65
睡眠時間（平均值 =6.5，標準差 =2.5，最小值 =2，最大值 =12）	
≤4 小時	20
5～9 小時	65
≥10 小時	15
血壓	
收縮壓（mm Hg）（平均值 =127.3，標準差 =21.4，最小值 =90，最大值 =180）	
≤90	5

（續上表）

體檢及健康狀況	佔比（%）
90～120	30
120～140	35
140～160	20
≥160	10
舒張壓（mm Hg）（平均值 =77.4，標準差 =9.3，最小值 =60，最大值 =90）	
≤60	5
60～70	15
70～80	25
80～90	35
≥90	20
上肢活動	
雙手放於脖子之後	80
雙手放於後背較低處	90
向上舉直雙手	80
從椅子上站起並無需藉助雙手	50
BMI 身體質量指數（kg/m^2）（平均值 =22.4，標準差 =2.8，最小值 =18，最大值 =27）	
體重過輕 < 18.5	5
正常 =18.5～24.9	65
超重 =25～29.9	25
肥胖 ≥30	0
由站立姿勢從地上拾起一本書	
是	70
無需幫助能自轉一圈（360 度）（平均值 =5.4，標準差 =1.3，最大值 =4，最大值 =9）	
4～5 步	58
6～7 步	37
≥8 步	5
右手握力測試（平均值 =15.2，標準差 =7.3，最小值 =5，最大值 =28.3）	
≤8 公斤	21
9～14 公斤	21
14～19 公斤	26
19～24 公斤	16
> 24 公斤	16
左手握力測試（平均值 =14.7，標準差 =7.1，最小值 =6.3，最大值 =28.7）	
≤8 公斤	16
9～14 公斤	42
14～19 公斤	16
19～24 公斤	10

（續上表）

體檢及健康狀況	佔比（％）
＞ 24 公斤	16
確診疾病（在醫院）	
腦血管疾病／中風	15
冠心病	5
高血壓	45
非經常性脈搏不穩	5
阿爾茨海默症以外的腦退化症（自報，n=2）	5
關節炎（自報，n=7）	20
盤骨骨折	5
其他骨折	25
骨質疏鬆	15
白內障（自報，n=14）	75
青光眼	5
肺炎	10
尿道感染（過去 30 天內）	5
糖尿病	30
痛風（自報，n=4）	15
胃潰瘍	10
老年抑鬱量表（GDS）（15 個問題）（平均值 =2.7，標準差 =2.5，最小值 =0，最大值 =9）	
≤4（輕微抑鬱）	79
5～9（少許抑鬱）	21
自殺傾向（十個問題）（平均值 =46.8，標準差 =3.1，最小值 =39，最大值 =50）	
≤39（少許不同意）	5
40～44（不同意）	11
≥45（完全不同意）	84
預設醫療指示（三個問題）（平均值 =8.4，標準差 =1.9，最小值 =2，最大值 =11）	
≤3（完全同意）	5
4～8（同意）	37
9（無意見）	42
10～12（不同意）	16

　　平均身體質量指數（Body-Mass Index, BMI）為 22.4（標準差為 2.8）；六成半被訪者體重屬正常（18.5～24.9），沒有被訪者屬於肥胖。七成的被訪者可由站立姿勢從地上拾起一本書，58% 的被訪者可以在不用他人協助只用 4～5 步即可原地轉 360 度。右手平均手握力為 15.2 公斤（標準差為7.3），左手平均手握力為 14.7 公斤（標準差為 7.1）(表 4-3)。

沒有被訪者在過去兩個星期內感到沒胃口。少於三分之一的被訪者在過去六個月內有突然的體重下降。大約一半的被訪者在過去兩年內未患上有需要入住醫院的疾病。大約三分之一的被訪者平時無需服食任何藥物，而在服食藥物的被訪者中，正在服用 1～4 種藥物。

白內障是被訪老年人最常患的疾病，其次為高血壓及糖尿病。沒有被訪者患過癌症、心力衰竭、精神疾病或其他常見疾病（周圍末稍性血管疾病、腦退化症、頭部損傷、半身不遂、多發性硬化症、帕金森症、癲癇症、結核病、肺氣腫／慢性阻塞性肺病／哮喘、腎衰竭以及甲狀腺疾病）。老年抑鬱量表平均分數為 2.7 分（標準差為 2.5），最高分數為 9 分；九成半被訪者十分不同意或不同意自己有自殺傾向。42% 的被訪者十分同意／同意訂立預設醫療指示（表 4-3）。

經濟支持及護理需要

四成被訪者正在領取綜合社會保障援助作為基本收入來源，一成半被訪者的基本收入來源為子女及配偶。大部分被訪者有足夠的經濟能力支付日常生活開支。三分之一的被訪者認為自己的經濟狀況比社區內其他人更好。在醫療開支方面，公共醫療服務及／或子女為主要的經濟資源（表4-4）。

表 4-4 **經濟支持與照顧（N=20）**

經濟支持與照顧	佔比（%）
主要的經濟支持方式	
自己	5
配偶	5
子女及其配偶	15
孫子女及其配偶	5
集體	15
綜援	40
傷殘及高齡津貼	15
經濟支持足以支付日常費用	
是	75

（續上表）

經濟支持與照顧	佔比（%）
與本地其他人相比，本人的經濟狀況	
非常富裕	10
富裕	30
一般	45
貧窮	10
沒有回答	5
是否有家庭醫生	
是	50
誰主要支付醫療費用	
公共醫療服務	45
自己	20
子女／孫子女	35
當你生病時，通常誰會照顧你	
配偶	5
兒子	5
兒媳婦	5
女兒	45
孫子女及其配偶	15
社會服務	10
家庭傭工	10
沒人	5
日常生活中，最常與之交談者	
配偶	5
兒子	10
女兒	35
孫子女及其配偶	15
朋友／鄰居	25
沒人	10
通常和誰說出你的想法	
配偶	5
兒子	5
女兒	50
孫子女及其配偶	5
其他親戚	5
朋友／鄰居	10
沒人	20
遇到問題／困難時，向誰求助	

（續上表）

經濟支持與照顧	佔比（%）
兒子	10
女兒	40
女婿／兒媳婦	10
其他親戚	5
朋友／鄰居	5
社會工作者	20
沒人	5

被訪者的女兒（如有）通常是被訪者患病時的主要照顧者，也是被訪者主要的傾訴對象，其次為朋友或鄰居。一成的被訪者表示他們沒有可以傾訴的對象。當他們遇上問題及困難時，四成的被訪者會依靠女兒，兩成依靠社工（表 4-4）。

討論

1971 年起，香港的平均預期壽命已增加了超過十歲，2010 年男性平均預期壽命為 79.8 歲，女性平均預期壽命為 86.1 歲[24]。就平均預期壽命而言，香港屬全球最高的地區之一，與日本女性（86.2 歲）及冰島男性（80.2 歲，根據 2005～2010 年中位數預測）持平[25]。基於預期壽命的延長及隨年齡增長的死亡率下降[26-28]，大部分死亡會發生在 80 歲後期或 90 歲高齡[29]。

大部分關於高齡老年人的研究是在過去二十年進行的[30]。本研究的結果有助了解香港 90～99 歲老年人以及百歲老人的健康情況及醫療需要，但仍有幾項待完善之處。第一，試點研究樣本只包括 20 名被訪者，今後同類型的研究需招募更多的被訪者。第二，過去有幾個具代表性或頗具代表性並針對 90～99 歲老年人以及百歲老人的研究顯示，這一年齡組的長者大多健康狀況欠佳，其中大部分長者需長期臥床或患有腦退化症[31,32]。此次調查的樣本從社區招募而來，故他們在認知能力及身體機能上相對健全（只有一名被訪者因自我評估為患有腦退化症所以未能親自回答問題），以後的研究需要將住在養老院的長者一併納入。第三，雖然女性比

男性更長壽，女性長者卻有較多功能上的殘缺，所以日後研究需要招募與男性數量大致相當的女性，以了解兩性在健康長壽上的差別[33]。日後的研究中還需加入對照組（Control Group，指 60～69 歲、70～79 歲、80～89 歲的長者）。第四，被訪者自報年齡時可能偏低或者偏高。我們已嘗試通過不同途徑核實被訪者年齡，包括與中國農曆、生肖及六十甲子順序表的對照。民族為漢族的長者普遍會如實匯報自己的年齡[34]。第五，本次試點調查沒有抽取長者血液樣本以作基因及身體機能特徵分析。對孿生長者的研究顯示，有約 25% 的個人成長差異是遺傳性的[35,36]。血液樣本有助於了解遺傳及身體機能特徵對長壽的影響，以及這些因素與心理社交、行為、環境因素等的互動。

雖然沒有一個單一的原因可充分地解釋長壽[37]，但這項研究指明出了一些有助於長壽的跨學術範疇的因素（心理社交、行為、認知能力以及疾病）。樂觀積極、有良好的認知能力以及有一套系統的健康生活習慣（如飲食均衡、進食足夠的新鮮蔬果、不吸煙及過量飲酒以及定時做運動）都有助於健康長壽。有良好的睡眠及避免肥胖也是重要的因素。避免患上嚴重疾病（如癌症、心衰竭以及精神病）對推遲日常生活自理能力和功能性能力的衰退很重要。殘疾是導致長者入住院舍的兩個重要因素之一[38]，隨着長者殘疾的情況越來越嚴重以及年紀越來越大，他們更加需要由院舍提供的常規專業護理服務[39,40]。與其他年齡組比較，2006 年時高齡長者佔據了非家庭住戶（Non-Domestic Household）的最大部分（34% 為 85～99 歲，41% 的為 100 歲或以上）[41]。截至 2018 年 9 月底，共 40,079 人在長期護理服務中央輪候冊內登記輪候各類型的資助長者住宿照顧服務（包括養老院及護理院）[42]，該人數約為 2006 年的兩倍①。

與院舍相比，大部分香港長者喜歡在家養老[43]。富裕的經濟背景及家庭支持在避免長者入住養老院的決策中扮演着很重要的角色。整體來說，長者最常依賴女兒或其他女性給予非正式的照顧[44]。在居住於社區的長者

---

① 英文論文原稿是根據 2010 年 10 月的數據，當時有 26,837 人在長期護理服務中央輪候冊上，輪候各類資助養老服務機構（包括養老院及護理院）。該中央輪候冊名單由 2006 年起已增加了 17%。

中，有 37.3%、26.3% 以及 25.6% 的長者分別由子女、配偶以及家庭傭工或護士照顧 [45]。與 2004 年的一項調查相比，由家庭傭工或護士照顧的長者增加了 1.7%[46]。截至 2017 年，外籍家庭傭工的人數已有 369,651，是 1998 年的兩倍 [47,①]。

如果本地長者更喜歡在家養老，政府應增加資源以支持無薪家庭照顧者和聘請家庭傭工的僱主。家庭傭工可以在照顧體弱的長者方面發揮更重要的作用。長者護理服務應針對在家無薪及低薪照顧者的需要，為他們提供有關溝通技巧、語言、老年學、護理以及心理教育的培訓課程 [48]。此外，推廣長者友善及支持社區也是重要的一環。需要改善社區設施及推廣適合長者的設計（如房屋、戶外設施以及交通工具），以增加長者在社區內的參與。

高齡長者人口會比其他年齡組的人口增加得更快，他們也比較年輕的長者需要更多的醫療服務。我們對他們的需要以及改善他們身心健康的方法認識尚淺 [17]，但我們可以通過對極長壽老年人的研究，更深入地了解他們在生存、疾病、體弱及獨立生活等方面的特點，並以此為起點探索如何改善全人類的健康 [37]。這些數據對日後的醫療開支預算及政策發展非常重要。故此，為全面掌握香港高齡長者的健康情況及醫療需要，進行一次有足夠樣本的追蹤研究 (Longitudinal Study) 是首要的工作。

參考文獻

1.   United Nations. (2010). *The 20th annual celebration of the international day of older persons*. http://www.un.org/ageing/ documents/idop2010.pdf. Accessed 1 November 2010.

2.   United Nations. (2002). *World population ageing 1950-2050*. Department of Economic and Social Affairs. Population Division. New York: United Nations Publications.

3.   Thatcher, A. R. (1981). Centenarians. *Population Trends*, 25, 11-4.

---

① 英文論文原稿中，外籍家庭傭工的人口由 1998 年的 180,640 人升至 2008 年的 256,597 人，升幅為 42%。

4. Kannisto, V. (1988). On the survival of centenarians and the span of life. *Population Studies,* 42, 389-406.

5. Vaupel, J. W., & Jeune, B. (1995). The emergence and proliferation of centenarians. In B. Jeune (Eds.), *Exceptional longevity: From prehistory to the present* (pp. 109-16). Denmark: Odense University Press.

6. Robine, J-M., Saito, Y., & Jagger, C. (2003). The emergence of extremely old people: The case of Japan. *Experimental gerontology*, 38 (7), 735-739.

7. Skytthe, A., & Jeune, B. (1995). Danish centenarians after 1800. In B. Jeune (Eds.), *Exceptional longevity: From prehistory to the present* (Chapter 6). Denmark: Odense University Press.

8. Thatcher, A. R. (2001). The demography of centenarians in England and Wales. *Population.* 13, 139-56.

9. Poulain, M., Chambre, D., & Foulon, M. (2001). Survival among Belgian centenarians (1870-1894 cohorts). *Population,* 13, 117-38.

10. Vallin, J., & Meslé, F. (2001). Vivre au-delà de 100 ans. *Population et Société*, 365, 1-4.

11. Robine, J-M., & Caselli, G. (2005). An unprecedented increase in the number of centenarians. *Genus,* LXI, 57-82.

12. Robine, J-M., & Paccaud, F. (2005). Nonagenarians and centenarians in Switzerland, 1860-2001: A demographic analysis. *Journal of Epidemiology & Community Health*, 59, 31-7.

13. Krach, C. A., & Velkoff V. A. (1999). *Centenarians in the United States. U.S. Current Population Reports*. Bureau of the Census.

14. Japan centenarians at record high. *BBC News.* Accessed on 12 September 2008.

15. Vaupel, J. W., Carey, J. R., Christensen, K., Johnson, T. E., Yashin, A. I., & Holm, N. V., et al. (1998). Biodemographic trajectories of longevity. *Science*, 280 (5365), 855-860.

16. Vaupel, J. W. (2010). Biodemography of human ageing. *Nature*, 464, 536-42.

17. Vaupel, J.W. (2008). Perface. In Y. Zeng (Eds.), *Healthy longevity in China. Demographic, socioeconomic, and psychological dimensions* (pp. v-vii). The United Kingdom: Springer.

18. Hong Kong Census and Statistics Department. (2010). *Hong Kong population projections 2010-2039*. The Hong Kong Government Printer. HKSAR.

19. Suzman, R. M., Manton, K. G., Willis, D. P., & Manton K. G. (1992). Introducing the oldest old. In R. M. *Suzman (Eds.), The oldest old* (pp. 3-14). New York and Oxford: Oxford University Press.

20. Ho, S. C., & Woo, J. (1994). *Social and health profile of the Hong Kong old-old population*. Hong Kong: The Chinese University of Hong Kong.

21. Ho, S. C., Woo, J., Sham, A., Chan, S. G., & Yu, A. L. (2001). A 3-year follow-up study of social, lifestyle and health predictors of cognitive impairment in a Chinese older cohort. *International Journal of Epidemiology*, 30 (6), 1389-1396.

22. Woo, J., Ho, S. C., Yu, L. M., Lau, J., & Yuen, Y. K. (1998). Impact of chronic diseases on functional limitations in elderly Chinese aged 70 years and over: A cross-sectional and longitudinal survey. *The Journals of Gerontology. Series A, Biological Sciences and Medical Sciences*, 53 (2), M102-M106.

23. Woo, J., Ho, S. C., & Sham, A. (2001). Longitudinal changes in body mass index and body composition over 3 years and relationship to health outcomes in Hong Kong Chinese age 70 and older. *Journal of the American Geriatrics Society*, 49 (6), 737-746.

24. Hong Kong Census and Statistics Department. *Vital events.* http://www.censtatd.gov.hk/hong_kong_statistics/statistical_tables/index.jsp?charsetID=1&tableID=004 2001. Accessed 31 March 2010.

25. Population Division of the Department of Economic and Social Affairs of the United Nations Secretariat. *World population prospects: The 2008 revision.* http://esa.un.org/unpp. Accessed 31 March 2010.

26. Kannisto, V., Lauristen, J., Thatcher, A. R., & Vaupel, J. W. (1994). Reductions in mortality at advanced ages: Several decades of evidence from 27 countries. *Population and Development Review*, 20, 793-809.

27. Oeppen, J., & Vaupel, J. W. (2002). Demography. Broken limits to life expectancy. *Science*, 296 (5570), 1029-1031.

28. Rau, R., Soroko, E., Jasilionis, D., & Vaupel J. W. (2008). Continued reductions in mortality at advanced ages. *Population and Development Review*, 34, 747-68.

29. Thatcher, A. R., Cheung, S-L. K., Horiuchi, S., & Robine, J-M. (2010). The compression of deaths above the mode. *Demographic Research*, 22, 505-38.

30. Wilmoth J. R. (2000). Demography of longevity: Past, present, and future trends. *Experimental Gerontology*, 35 (9-10), 1111-1129.

31. Andersen-Ranberg, K., Schroll, M., & Jeune, B. (2001). Healthy centenarians do not exist, but autonomous centenarians do: A population-based study of morbidity among Danish centenarians. *Journal of the American Geriatrics Society*, 49 (7), 900-908.

32. Gondo, Y., Hirose, N., Arai, Y., Inagaki, H., Masui, Y., & Yamamura, K., et al. (2006). Functional status of centenarians in Tokyo, Japan: Developing better phenotypes of exceptional longevity. *The Journals of Gerontology. Series A, Biological Sciences and Medical Sciences*, 61 (3), 305-310.

33. Cheung, S-L. K., & Yip, S-F. P. (2010). Trends in healthy life expectancy in Hong Kong SAR 1996-2008. *European Journal of Ageing*, 7, 257-269.

34. Zeng, Y. (2008). Introduction to Chinese Longitudinal Healthy Longevity Survey (CLHLS). In Y. Zeng (Eds.), *Healthy longevity in China. Demographic, socioeconomic, and psychological dimensions* (pp. 23-37). The United Kingdom: Springer.

35. McGue, M., Vaupel, J. W., Holm, N., & Harvald, B. (1993). Longevity is moderately heritable in a sample of Danish twins born 1870-1880. *Journal of Gerontology*, 48 (6), B237-B244.

36. Herskind, A. M., McGue, M., Iachine, I. A., Holm, N., Sørensen, T. I., Harvald, B., & Vaupel, J. W. (1996). Untangling genetic influences on smoking, body mass index and longevity: A multivariate study of 2464 Danish twins followed for 28 years. *Human Genetics*, 98 (4), 467-475.

37. Hagberg, B. (2007). Developing models of longevity. *Annual Review of Gerontology and Geriatrics*, 27 (1), 205-230.

38. Woo, J., Ho, S. C., & Lau, E. (1998). Care of the older Hong Kong Chinese population. *Age Ageing*, 27, 423-6.

39. Chau, P. H., Yen, E., & Woo, J. (2007). Caring for the oldest old: "Mixing and matching" informal and formal caregiving. *British Medical Journal*, 334, 570.

40. Lou, V. W. Q., Chui, E. W. T., Leung, A. Y. M., Kwan, C. W., Chi, I., & Leung, W. K. S. (2009). Characteristics of elderly people who prefer to stay in the community. *Asian Journal of Gerontology and Geriatric*, 4, 113-118.

41. Hong Kong Census and Statistics Department. (2006). *Population by-census: Summary results*. The Hong Kong Government Printer. HKSAR.

42. Social Welfare Department of Hong Kong Special Administrative Region. *Waiting list for residential care services.* https://www.swd.gov.hk/sc/index/site_pubsvc/page_elderly/sub_residentia/id_overviewon/. Accessed 10 November 2018.

43. More elderly should stay at home, study finds. *South China Morning Post.* Accessed 6 January 2010.

44. Robine, J. M., Michel, J. P., & Herrmann, F. R. (2007). Who will care for the oldest people in our ageing society?. *BMJ (Clinical research ed.)*, 334 (7593), 570-571.

45. Hong Kong Census and Statistics Department. (2009). *Thematic household survey report no. 40: Social-demographic profile, health status and self-care capability of older persons*. The Hong Kong Government Printer. HKSAR.

46. Hong Kong Census and Statistics Department. (2005). *Thematic household survey report no. 21: Social-demographic profile, health status and long-term care needs of older persons*. The Hong Kong Government Printer. HKSAR.

47. 入境事務處：《國籍及性別劃分的外籍家庭傭工數目》。https://www.censtatd.gov.hk/hkstat/sub/gender/labour_force/index_tc.jsp. Accessed 10 November 2018.

48. Huynh-Hohnbaum, A. L., Villa, V. M., Aranda, M. P., & Lambrinos, J. (2008). Evaluating a multicomponent caregiver intervention. *Home Health Care Services Quarterly*, 27 (4), 299-325.

第四章

健康長壽與醫療服務需要：香港百歲老人試點調查

第五章
積極及健康長壽的政策及前瞻性研究 [1]

陳慧敏 [2]

摘要

　　香港特別行政區政府於 1997 年把長者照料列為其三大政策方向之
一，並由此引入了多項與長者人口財政支持、住房需要以及長期護理方面
有關的政策措施。為了提倡積極老齡化（Active Aging），一個創新性的
計劃──「長者學苑」得以成立，以促進因社會轉變而日漸式微的跨代共
融。隨着高齡長者人口的急速增長，我們需要投放更多的資源用於認知障
礙症患者的護理、社區支持、專業人員發展、長者照料者培訓以及協調各
類護理服務。關於長者財政支持，照顧責任共擔（Shared Responsibility）
的模式是唯一可行的出路。2012～2013 年度財政預算案中提出了一項「長
者社區照顧服務券試驗計劃」，以鼓勵居家養老 [3]。由於未來的長者會比現
在的長者更為富裕並有更高的教育水平，他們可能會比較健康，而且與現

---

①　　以英文論文原稿為準。Chan, W. M. (2012). Policy implication and the way forward. *Asian Journal of Gerontology and Geriatrics, 7*, 69-63.

②　　香港衞生署前助理署長（長者健康服務）。

③　　社會福利署（社署）於 2013 年 9 月推出第一階段「長者社區照顧服務券試驗計劃」，採用「錢跟人走」的資助模式，讓符合資格的長者因應個人需要，使用社區照顧服務券（社區券）選擇合適的社區照顧服務。第一階段試驗計劃已於 2017 年 8 月 31 日結束。第二階段試驗已在 2016 年 10 月 3 日開展，服務涵蓋全港 18 區，社區券數量最高可達 7,000 張。https://www.swd.gov.hk/tc/index/site_pubsvc/page_elderly/sub_csselderly/id_psccsv/ Accessed 28 May 2020.

今長者的需求及期望有所不同，例如期望擁有一個獨立而有質量的生活。因此，商界可以開發社區照顧服務或針對長者需要的產品市場。為了滿足這一前所未見的需求，一個全面的服務模式是必需的，包括對現行勞工法進行微調以便長者的能力得到發揮，或為勞動者提供更彈性的工作環境，以便他們可以照顧家中的長者。

一個前所未見的情況

「人口老齡化代表着公共衛生政策及社會經濟發展的成就」[1]。人口老齡化源於各地生育率的下降以及因醫學科技和疾病預防的發展而導致的壽命延長。由於長者缺乏經濟生產力，而且有較多的醫療及個人護理需要，社會上有很多人視長者為社會的負擔。隨着出生率的下降及人類壽命的延長，人口老齡化是必然的。

2010 年香港男性的平均預期壽命位居世界第一，達 80.2 歲；而女性的平均預期壽命則僅次日本，達 86.4 歲 [2]。由於香港本地出生率長期保持低位，社區內長者的比例將會快速上升。2010 年 65 歲及以上的長者佔全香港人口的 13%，並將在 2016 年升至 16%，2031 年升至 26%。其中 85 歲及以上人口的增幅最快，由 2010 年的 118,800 人升至 2016 年的 168,900 人（增幅為 42%），至 2030 年預計將增至 244,400 人（增幅為 105%）[3,4]。

長者照料政策

香港特別行政區政府在 1997 年把長者照料列為其三大政策方向之一。除了強調由家人照顧長者的傳統觀念外，行政長官承諾政府會致力於改善長者的生活質量，包括為長者提供社會保障（即「老有所養」）、促進長者對社區的歸屬感（即「老有所屬」）以及令長者健康及有尊嚴地生活（即「老有所為」）。另外，政府設立了由專業人士、學者以及養老服務機構代表組成的養老事務委員會，為其長者照料服務及養老政策提供意見 [5]。多年來，委員會向政府提議了各項有關長者財政支持、住房需要、

長期護理（院舍、居家及社區護理支持）以及促進健康和積極老齡化（Active and Healthy Aging）的政策。

有關長者財政支持及保障方面，世界銀行提出了「三支柱方案」（Three Pillar Approach）。這個方案包括：（1）私人管理的強積金計劃（2）個人儲蓄、投資及年金保險（3）社會安全網。由於強積金在 2000 年才推行，目前長者尚未得到「三支柱方案」所提的全面財政保障。不少長者仍主要依賴自己多年的儲蓄或家人的支持生活，在此基礎上有小部分年過 60 歲的長者（15%）申領了綜合社會保障援助計劃（簡稱「綜援」）。此外，政府還設有高齡津貼計劃。65～69 歲的長者申請高齡津貼計劃，需通過收入及資產審查，70 歲及以上的申請者則無需經過收入及資產審查。患有嚴重殘障但沒有申領綜援的長者可以申領無需經過收入及資產審查的傷殘津貼。

在住房方面，目前有大約 57% 的 60 歲及以上長者住在公營及資助房屋。家中有長者的家庭可獲得房屋優先分配權利。這樣可促使家人繼續與長者同住，達到「居家養老」的目標。另外，香港房屋協會通過「長者安居樂」計劃 ① 為中等收入的長者提供專為其設計的房屋，公寓內有康樂及健康護理服務設施，可供長者長期租住。

在長期護理方面，提供全面、以人為本的長者護理服務，並對長者的家庭照料者提供適合貼切的支持。這些服務包括院舍服務、日間照料、喘息服務以及社區照顧服務。在香港，大約有 5% 的 60 歲及以上長者住在院舍[6]。社區照顧服務是指包括為長者提供個人護理及家務助理服務的綜合居家照顧服務。從 2001 年起，香港特別行政區政府為身體虛弱的長

---

① 「長者安居樂」住屋計劃於 1999 年推出，兩個試驗項目分別在 2003 年及 2004 年落成，為中產長者提供集居住、康樂設施及醫療護理於一身的居所。兩個項目位於將軍澳的樂頤居及佐敦谷的彩頤居，合共提供 576 個「終身租住」的單位。項目內的居所及設施均以長者友善的概念設計，加上專業的護理服務，讓長者「居家安老」。有鑒於這兩個試驗項目的成功，房協將於紅磡利工街發展第三個「長者安居樂」項目，並根據兩個現有項目的經驗及住戶的意見，優化新項目的設施及設計。此項目經已動工，預計於 2022 年落成。https://www.hkhs.com/tc/our-business/elderly-housing/senior-citizen Accessed 28 May 2020.

者提供量身打造的居家照顧方案，以減少此類長者住進院舍的機會。「離院長者試驗綜合支援計劃」（The Integrated Discharge Support Trial Programme for Elderly）則以跨學科的模式 ①，為剛離開醫院的長者提供全面的照顧，以減少他們再住院的風險及避免過早長住院舍的情況發生 [7]。

有關健康照料及積極老齡化（Active Aging）的政策

在香港，大部分長者可以健康及獨立地住在社區內。雖然有七成長者患有慢性疾病，也有約四成長者在過去的 60 天內去看過醫生，但超過九成的長者在日常生活上沒有太大障礙。大部分長者採用由醫院管理局提供的低廉的綜合醫療服務，而此類公營醫療服務（住院及門診）的主要使用者也是長者 [6]。

為了改善長者的基層醫療（Primary Care），衛生署於 1998 年成立了「長者健康服務中心」（Elderly Health Service）②。「長者健康服務中心」以家庭醫學模式，集合營養學、臨床心理學、物理治療以及職業治療方面的專家，為長者提供綜合的基層醫療服務。長者健康外展服務團隊為長者及其照料者提供健康教育活動及培訓課程。長者健康服務中心還通過不同的媒體，如電視、電台、新聞媒體、小冊子、影片及書本等，宣傳有關健康促進活動的信息。

2009 年，政府試行「長者醫療券計劃」（the Elderly Healthcare Voucher Scheme），以改善針對長者的基層醫療服務。該計劃為 70 歲及以上長者提供每人每年五張面值 50 元港幣的醫療券，以資助他們使用私營基層醫療服務（包括中西醫、牙醫、脊醫、註冊及登記護士、物理治療

---

① 　關愛基金（下稱「基金」）於 2018 年 2 月推出為期三年的「支持在公立醫院接受治療後離院的長者試驗計劃」（下稱「試驗計劃」），支持剛離開公立醫院並需要過渡期護理及支持的老年人，為他們提供為期一共不超過六個月的過渡期院舍住宿照顧及／或社區照顧及支援服務，旨在讓他們在過渡期接受所需的服務後可繼續在熟悉的社區居家安老，避免他們過早長期入住安老院舍。試驗計劃於 2018 年 2 月至 2021 年 1 月底開展，由社會福利署（下稱「社署」）負責推行。Accessed 10 November 2018. https://www.swd.gov.hk/sc/index/site_pubsvc/page_supportser/sub_tcs/#objective.

② 　https://www.dh.gov.hk/chs/main/main_ehs/main_ehs.html.

師、職業治療師、放射技師或醫務化驗師）的費用。2011 年，此試驗計劃得以延長三年，受資助者的醫療券數量也增加一倍至每年十張。

由於這一計劃受到社會的普遍歡迎，香港政府在 2014 年把醫療券金額增至每年 2,000 元港幣，並由試驗計劃轉為恆常計劃。符合資格的長者可繼續和累積未使用的醫療券。2017 年 7 月 1 日起，「長者醫療券」受惠長者的符合資格的年齡由 70 歲降至 65 歲。2018 年 6 月，醫療券的累積金額上限亦提高至 5,000 元港幣及於 2019 年 6 月 26 日再提高至 8,000 元，並成為恆常措施。此外，因應計劃在 2019 年的檢討結果，為鼓勵長者將醫療券用於不同基層醫療服務，由 2019 年 6 月 26 日起每名長者可用於視光服務的醫療券金額設每兩年 2,000 元的上限 [1]。

積極及健康老齡化

2001 年，安老事務委員會推行了「健康老齡化」運動（the Health Aging Campaign），旨在通過四個策略性方向，包括促進個人責任感、加強社區力量、營造長者友善社區以及提升長者的形象，促進長者身心健康。

2003 年，該運動的目標由健康老齡化轉移至積極老齡化。根據世界衛生組織的定義，積極老齡化為提升長者健康、參與以及保障的過程（the Process of Optimizing Opportunities for Health, Participation and Security as People Age）的一個改善機會。身心健康不只是一個目標，也是一個途徑。

社會福利署資助的長者中心接受了一系列優化過程，以使它們除了提供傳統的社區支持服務之外，也在推廣長者身心健康服務及在支持長者照料上擔當更重要的角色。安老事務委員會推出了新措施以鼓勵長者終生學習和促進社區支持，從而提升長者的自我效能感（Self-Efficacy）。「長者學苑」計劃（Elder Academy Scheme）在 2007 年實行，該計劃把小學、中學及大學與養老服務機構連接起來，至今已成立了超過 100 所「長者

[1]　https://www.hcv.gov.hk/sc/pub_background.htm.

學苑」。通過利用院校的設備以及地區性長者中心和鄰舍中心的專業和網絡，為長者提供各項教育性活動[9]。

除了由社會福利署發行「長者卡」（the Senior Citizen Card）以鼓勵商界自願地提供長者優惠外，康樂及文化事務署（康文署）也於其管轄下的各項休閒設施上為長者提供優惠。康文署在 2011 年在各公共泳池實施長者月票計劃。另外，為了提倡積極老齡化，自 2012 年 8 月起[①]，65 歲及以上的長者可以用每程兩元港幣的優惠價乘搭公共交通工具[10]。

轉變的趨勢，轉變的需要

自 1997 年起，政府不斷提倡居家養老的概念。可惜，儘管已有政策以跨學科的角度促進社區照顧的發展，但長者入住院舍的比例一直偏高。

另一個難題是長者一直被認為是醫療體制的負擔及社會問題。這可能是因為媒體過度渲染長者的窮困、龐大的需要以及其他負面的情況。也可能是因為人們缺乏對養老問題的認識。隨着越來越多的兒童由外籍傭工而非由祖父母照顧，年輕人與長者之間的代溝也更加明顯。家庭規模日益縮小也使三代同堂的家庭變得罕見。這些社會現象是否會增加政府而非家庭在照顧長者上的責任？急速增長的高齡長者人口對社會帶來什麼衝擊（例如是否會增加對老人院或昂貴醫療服務的需求）？

隨着年齡的增加，人的身體普遍會有所退化，但仍然有很多身體健康的高齡長者比患有多種長期疾病的中年人或較年輕的長者使用更少的醫療服務。但不可否認，年長是認知退化（如認知障礙症）的一個主要原因，而此類疾病會為社會帶來沉重的負擔。

2005～2006 年，由衞生署長者健康服務中心及香港中文大學精神醫學系合作進行的認知障礙症患病率研究發現，大約每十名 70 歲及以上的

---

①   https://www.swd.gov.hk/tc/textonly/site_sccs/cat_gov/group_2/.

長者中就會有一名患有認知障礙症。在 60 歲及以上的長者群中，年齡每上升五歲，認知障礙症的患病率會隨之增加一倍，由 60～64 歲人口的 1.2% 升至 85 歲及以上人口的 32.1%。人們普遍缺乏對認知障礙症的認識：只有 11% 的個案獲得確診，即每一個確診個案背後有八個個案未被確診。高錕教授在 2004 年被確診患有認知障礙症的時候 [1]，香港醫生曾跟他說此症在香港十分罕見也無治癒方法 [12]。

認知障礙症會導致殘障，也為長者的家人及醫療和社會服務體制帶來極大的負擔。因照顧患有認知障礙症長者而來的壓力令長者的照料者承受極大的精神困擾，並使他們成為「沉默的患者」（Silent Patients）。此外，若長者的照料者未能妥善處理長者的行為問題，還有可能導致紛爭及衝突，會令長者的照料者過早地安排長者入住院舍。目前，院舍中大約有 31.6% 是患有認知障礙症的長者。

應付新需要的新方向

及早確診認知障礙症對日後管理病程是必需的，因為越早開始藥物治療越可以推遲病徵及控制病程。非藥物治療，如行為治療、現實導向、懷緬治療等，有助於保持長者的自我照顧能力。及早採用社區支持服務，如日間護理服務、同路人小組、喘息服務等，可以使家人學到適當的技巧來處理長者的情緒及行為問題，以減少照顧壓力，從而改善照顧的質量。

我們呼籲社會各界提升對認知障礙症的關注，讓整個社會做好準備。認知障礙症不單影響長者、長者的照料者或醫護人員，公共服務的提供者，如公共巴士司機、警察，都需要對此疾病有所認識，以便在需要的時候給予長者支持。

---

[1]　諾貝爾物理學獎得主、有「光纖之父」之稱的香港中文大學前校長高錕在 2018 年 9 月 23 日離世，終年 84 歲。https://www.info.gov.hk/gia/general/201809/23/P2018092300842.html.

生活質量

生活質量對高齡長者來説也很重要。雖然很多高齡長者在臨終時需要院舍的照顧，但院舍應該只是身體嚴重衰退或在日常生活功能上有嚴重缺損的長者善終的選擇。香港長者入住院舍的比例（5%）較其他國家／城市更高，而與此同時，香港本地長者較為長壽，這表示有不少的個案屬於過早入住院舍的情況。由於過早入住院舍會消耗很多資源且效果並不理想，政府需要改變有關長者長期護理的政策並優化現行的社區照顧服務，以改變現狀。

社區支持

長期護理應該採用以下原則，包括長者友善、居家養老、照顧責任共擔以及公平分配資源。在對社區照顧服務提供更多的資源之餘，我們也需要優化對長者家人的支持。這些支持包括：延長服務的開放時間，增加長者照料者的訓練，協調服務涉獵的範圍，增加緊急喘息服務，優化醫療和社會福利部門之間、不同養老服務機構互相之間的互動[7]。

財政支持

在長期護理服務中加入收入審查並實行服務券計劃，有助於鼓勵家庭與政府一同承擔長者的照料責任。目前，由於入住政府資助的院舍並不需要通過收入審查，家人缺乏把長者留在社區內照顧的動機。不少長者申請家人不供養父母的證明書（俗稱「衰仔紙」）以申請「綜援」來支付私人院舍的開支。這不是一個理想的做法，因為這不單令長者與家人之間的關係變得疏離，更為社會帶來額外的負擔。在 2012～2013 年度財政預算案中，政府除公佈了一項社區照顧服務券試驗計劃之外，還承諾增加投放於社區照顧服務及日間護理上的資源。這些措施有助於增加長者照料服務的選擇，並促進居家養老。為了鼓勵居家養老，正在接受「綜援」的長者也能夠獲得社區生活的補助金[13]。

在人口老齡化的大勢下，照顧責任共擔是唯一可行的出路。在醫療服務方面，為了增加市民在醫療服務上承擔的責任，政府提出了一項自願性醫療保險作為醫療服務改革的其中一環[①]。在社區服務方面，養老服務不單是社會福利服務項目。通過服務券計劃，私營團體不應僅提供院舍服務，而應發展更多元化的社區照顧服務。

人力資源發展

隨着人口老齡化進程的不斷推進，社會需要不同的服務以應對此趨勢。培訓機構需要為越來越大的人力資源需求做好準備，這一需求不僅是針對醫療及護理方面的專業人員，同時也包括其他醫務輔助人員，尤其是為身體或認知殘障長者服務的物理治療師及職業治療師。私營的基層醫療系統也缺乏老年醫學專才。雖然現在已經有社區給醫護人員提供有老年醫學文憑的課程，但為了妥善處理長者的健康問題，在職培訓的需求依然很大。在不少醫護人員眼中，常見的長者身體問題，如認知障礙症、失禁及抑鬱症等仍屬較難管理的類別。

長者照料者培訓

為了確保個人護理的質量，正式及非正式的長者照料者都應接受培訓以提升對病徵的理解，學習協助身體或認知殘障長者的基本技巧，以減少可避免的危險，如跌倒或迷路。雖然不少機構都有提供此類培訓，但由於工作性質或薪酬不具吸引力，長者照料者的老化已經成為一個嚴重的問

[①] 自願醫保計劃是為重新調整公私營醫療系統的平衡而推行的多項重要政策措施之一，這些措施包括開發電子健康記錄互通系統、促進公私營協作以及確保公私營界別醫護人手、服務和設施的供應。自願醫保計劃規範個人償款住院保險，保險公司和消費者的參與均屬自願性質。透過令市民更容易獲得住院保險保障，並提升住院保險的質素和透明度，自願醫保計劃有助於加強消費者使用私營醫療服務的信心，並讓他們可選擇醫生和在更方便的環境下接受治療。公營醫療服務的使用者也可受惠。隨着越來越多的市民願意通過自願醫保計劃使用私營醫療服務，公營系統可騰出資源以提升服務質量和縮短輪候時間。這樣，自願醫保計劃可以促進公私營界別的協同效應，使公私營界別的醫療資源更加用得其所。Accessed 10 November 2018. https://www.vhis.gov.hk/sc/welcome_message/index.html.

題。因此，需要優化此類工作的前景以吸引更多的年輕人入行。自 2006 年起，社會福利署對社會福利界實施了登記護士培訓課程，為該行業提供有關照顧長者範疇的進修機會。此外，我們需要提升行業的形象和提倡代際共融。為了改善對長者照料者的支持，需要提供針對長者照料者、鄰舍義工及家庭傭工的培訓。目前，有不少長者正由家庭傭工提供個人護理，因此，需要提供更多的培訓及經濟誘導措施使市民更好地使用家庭傭工、義工及家庭長者照料者，以協助長者居家養老。

全面的服務模式（Holistic Approach）

長者不只需要吃飯、睡覺、醫療及個人護理，他們也有社交及心靈上的需要，他們也希望過有尊嚴的生活。社會上存在一種思維慣性，以年齡為標準，把年輕人、成年人及長者劃分到學習、工作及休憩三個角色裏。但是這些角色的區別已不再適應現代的觀念和期待。我們需要採用一個融合各年齡階層（Age-Integrated）的模式，使各年齡層的人都能獲得教育、工作及休憩的機會。對於老年人來說，學習的經歷不單有助於鍛練腦筋，更能預防認知障礙症，而工作的經歷（義工或朋輩導師計劃）也有助於長者保持活力及自信心。「長者學苑」恰好提供了一個終身學習的模式。「第三齡大學」（University of the Third Age）也可以通過「學生是老師，老師也是學生」（Students are Teachers and Teachers are Students）的方式，提供年齡融合的學習模式，令長者享受黃金歲月。

代際共融

「長者學苑」提供了一個推廣代際共融概念的平台。雖然有九成長者有子女在香港居住，但仍然有大約三分之一的長者獨居或與配偶同住。這種與子女物理上的分離，加上越來越多的兒童由家庭傭工而非祖父母照顧，影響了代際關係，也為未來的社區照顧服務帶來隱患。高齡長者可能比其子女更長壽，而需要孫子女的隔代照顧。社會也需為此作好準備，以減少社會財政的負擔及對長者生活質量的影響，因此，應推廣為高齡長者實施優先分配公共房屋及稅務減免等措施。

社區內的其他適應措施

給予勞動者彈性工作安排可以方便勞動者照顧家中年長的成員。這些安排包括彈性工作時間、兼職或在家工作間（Home Office）。為了營造一個對長者友善的環境，在交通工具、住房、休憩及運動設施上，都可以採用對長者友善的設計來滿足不同長者的需要。

銀髮市場（The Grey Market）

未來的長者將會比現在的長者有更高的受教育水平、更多的資產以及更強的購買力。他們希望有更多的選擇，也有更高的要求。這些長者對如何預防疾病更認識，所以他們在晚年的時候可能會有更好的健康狀況。大部分長者會選擇獨立生活，所以對社區照顧服務的需求會更高，也推高了以服務券形式支付私營社區照顧服務的需求。對不同的產品，例如為身體殘障長者特製的衣服，長者也有其個人的喜好和需要。認知障礙症長者需要特製的「玩具」以幫助他們打發時間，而長者照料者則需要特別的儀器去時刻關注長者的情況。

樂觀的未來

促進代際共融的計劃中，長者對於社會來說可以成為一筆寶貴的資產。他們有豐富的人生經驗，可以教導年輕人，幫助年輕人學習人生需要的技能。通過互聯網發展，代際關係也可以得到緩和，長者可以像以前的長者一樣參與到下一代的成長中。

這個世界是屬於所有年齡層的，也依賴各方的努力去發揮各個人群的長處。香港以一個充滿年輕人的都市的面貌茁壯成長，也應能妥善地適應老齡化這個大勢。為了使各個年齡層的人都能夠擁有多彩的生命，政府、養老服務機構、長者照料者以及長者自身需要通力合作、攜手並進。

參考文獻

1. World Health Organization. Brundtland, G.H. Speech on world health day. Available from http://www.who.int/directorgeneral/speeches/1999/english/19990407_world_health_day.html.

2. Census and Statistics Department. (2011). *Hong Kong life tables 2004-2039*. Hong Kong.

3. Census and Statistics Department. *Population estimates in 2010*. Hong Kong.

4. Census and Statistics Department. (2011). *Population projections 2010-2039*. Hong Kong.

5. The HKSAR Government. *The 1997 policy address*. Accessed 8 Oct 1997.

6. Census and Statistics Department. *Socio-demographic profile, health status and self-care capability of older persons*. Available from http://www.statistics.gov.hk/publication/stat_report/social_data/B11302402009XXXXB0100.pdf.

7. Sau Po Center on Ageing and Department of Social Work and Social Administration, the University of Hong Kong. *Consultancy study on community care services for the elderly*. Available from http://www.elderlycommission.gov.hk/en/download/library/Community%20Care%20Services%20Report%202011_eng.pdf.

8. *Active ageing: A policy framework*. Available from http://whqlibdoc.who.int/hq/2002/WHO_NMH_NPH_02.8.pdf.

9. http://www.elderacademy.org.hk/en/welcome/secretary.html.

10. The HKSAR Government. *The 2011 policy address*. Accessed 12 Oct 2011.

11. Department of Health (2009, Dec). *Dementia in Hong Kong. Public Health & Epidemiology Bulletin*. Available from http://www.chp.gov.hk/files/pdf/bulletin_v18_n3_23122009.pdf.

12. Caring for people with dementia: needs and services. *Presentation by Mrs Kao May Wan Gwen during the Cadenza Symposium 2011*. Accessed 15 Sep 2011.

13. The HKSAR Government. *The 2012-13 budget speech*. Accessed 1 Feb 2012.

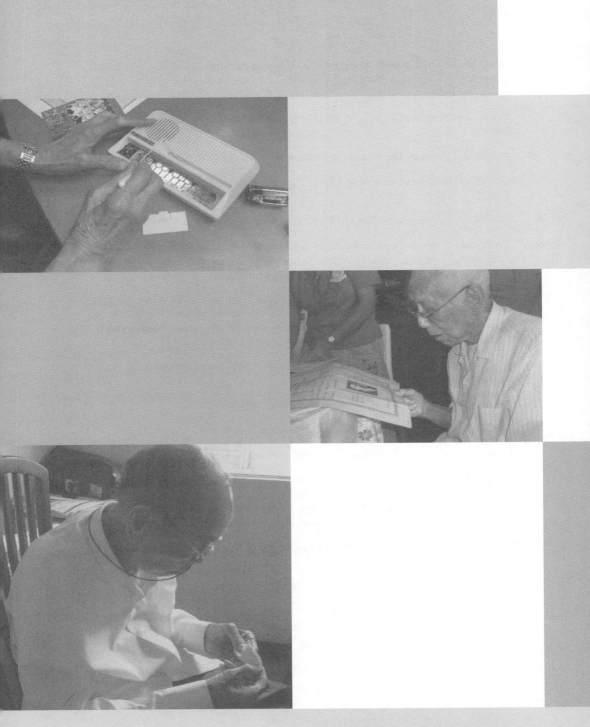

第二部分

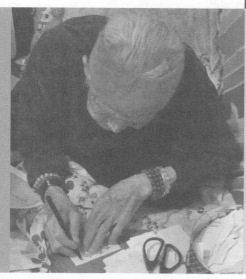

第六章
香港百歲老人定量研究 ①

劉喜寶　張筱蘭

摘要

　　本章節綜合香港百歲老人研究的成果，以多維度的成功老齡化模型為基礎，評估香港百歲老人的身體狀況、功能自理能力、心理健康和社會適應度。本研究所用數據來自 2011 年「香港百歲老人研究」，應用現有的成功老齡化的模型及不同的操作標準，估算這群特別長壽的生存者中能實現成功老齡化的比例。

前言和文獻回顧

　　老年人口規模及比例的增長在世界各地已是一個普遍的現象 [1]，其中高齡長者（80 歲及以上）的增長速度特別快。據估算，到 2100 年全世界的高齡長者數量會增加七倍，從 2013 年的 1.2 億人（佔總人口 14%）增長至 2050 年的 3.92 億人（佔總人口 19%），再增至 2100 年的 8.3 億人（佔總人口 28%）。特別是中國，高齡長者預計在 2050 年會達到 9,000 萬人，屆時將成為世界上高齡長者最多的國家。與此同時，百歲老人（100 歲及以上）的增長速度更快，預計從 2013 年的 44.1 萬人增至 2050 年的 340

①　　以英文論文原稿為準。Lau, H-P. B., & Cheung, S-L. K. (2017). Hong Kong centenarian study. In N. A. Pachana (Eds.), *Encyclopedia of geropsychology*. Singapore: Springer.

萬人,到 2100 年時預計達 2,010 萬人,為 2013 年的 45 倍。

　　香港現有約 710 萬人口。與世界其他地區的情況相似,香港高齡長者預計會從 2014 年的 318,100 人(佔總人口 4.4%)上升至 2064 年的 1,144,300 人(佔總人 14.7%)[2]。高齡長者的增長速度是較年輕長者人口(60～79 歲)增長速度的兩倍多。香港百歲老人的規模也在快速攀升,1981 年時僅為 289 人,而 2011 年時增至 1,890 人[①]。在不久的將來,長壽老人在香港會越來越常見[3]。

　　百歲老人是老年學、老年醫學、醫生和不同領域科研人員感興趣的對象,他們集中反映了長壽老人獨特的生活方式。這些獨特生存者的健康狀況和完好感(Well-being),對研究成功老齡化過程和病態老年化過程是非常寶貴的[4-5]。他們的生活狀態可以反映其身體、思想和社會交往如何適應幾乎不可避免的生理老化過程;他們早期的生活經歷和習慣如何影響其晚年的生活質量;還有他們如何在社會經濟資源和身體功能慢慢變差及虛弱的同時,重新確立關於生活滿意度、快樂、成功和健康的重要的價值觀。總體來說,關於百歲老人的研究對不同科學領域來說都是寶貴的,因為他們描述了「什麼是」和「如何(達到)」成功老齡化以及「為什麼」他們可以存活至如此高的年齡[6]。從觀察中可以看到,香港和內地的高齡長者都在快速增長。我們希望通過「香港百歲老人研究」了解,尤其對於非常長壽的人來說成功老齡化的概念。百歲老人研究在香港尚屬首次[3,7]。本章根據 2011 年調查的結果,匯報香港百歲老人在成功老齡化方面的各種表現(包括身體健康、自我照顧能力、心理完好感、活動和健康的習慣、社交完好感),簡述他們的生活情況[8]。

---

①　1981～2016 年,香港百歲及以上老年人由 289 人增加至 3,645 人。

研究方法

抽樣

　　本研究的調查對象為 153 名於 1905～1915 年出生、在香港居住的華裔準百歲和百歲老人，他們分別在 2011 年 4～9 月接受訪問。為了得到一個具有地區代表性的樣本，研究採用配額抽樣的方法，按 85 歲及以上長者人口的比例在 18 個地方選區（Geographical Constituency Areas, GCAs）抽取被訪者（圖 6-1）。這樣抽樣的原因是根據香港統處的人口調查數據，只能提供最高齡組別 85 歲及以上長者的地域分佈資料，而缺少百歲老人的相關資料。研究樣本從社區和臨床網絡兩個途徑抽取符合條件的長者。首先，在香港社會服務聯會的協助下，將 628 封邀請函寄往各區的各個長者日間護理中心、長者地區中心、長者鄰舍中心、長者活動中心、家庭支持隊伍和第三齡大學（The University of the 3rd Age, U3A）[1] 等。我們接觸到 200 位準百歲和百歲老人，其中 56 位（參與率為 28%）參與了研究。然後，以香港衛生署長者健康中心的數據庫為基礎，給符合資格的長者寄送了另外 210 封邀請函，其中 97 位參與了研究（參與率為 46%）。

調查過程

　　在被訪者表明參加意願後的兩星期內，他們會被安排進行一個面對面的訪談。在所有程序開始前，我們會先取得被訪者的書面同意。如果被訪者未能展現出足夠的認知能力來簽訂同意書，我們則會取得其代理人的同意。至少一位家庭成員或 / 和一位註冊社工在場並見證簽署同意書和訪談的過程。

---

[1]　　U3A 項目由港燈百週年紀念基金（Hong Kong Electric Centenary Trust）贊助，由香港社會服務練會（Hong Kong Council of Social Service, HKCSS）負責籌劃，旨在鼓勵積極老齡化和社會中的退休人士終身學習。此項目的網絡覆蓋香港 16 個長者服務團體。這些團體使用資助設立自我學習網絡 / 中心，邀請長者為其他長者提供課程。他們的網站是 http://www.u3a.org.hk/.

圖6-1　**香港特別行政區（18 GCAs）**

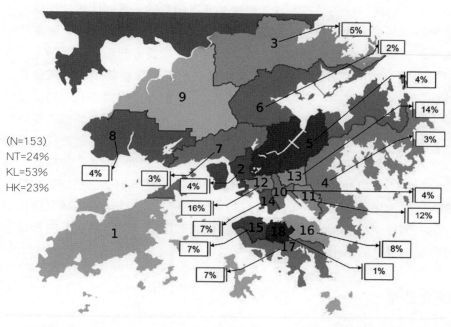

The New Territories
1. Island　　　　6. Tai Po
2. Kwai Tsing　　7. Tsuen Wan
3. Notrh　　　　8. Tuen Mun
4. Sai Kung　　　9. Yuen Long
5. Sha Tin

Kowloon(KL)
10. Kowloon
11. Kwun Tong
12. Sham Shui Po
13. Wong Tai Sin
14. Yau Tsim Mong

Hong Kong Island(HK)
15. Central and Western
16. Eastern
17. Southern
18. Wan Chai

註①：新界包括：1. 離島區、2. 葵青區、3. 北區、4. 西貢區、5. 沙田區、6. 大埔區、7. 荃
　　灣區、8. 屯門區、9. 元朗區；九龍包括：10. 九龍城區、11. 觀塘區、12. 深水埗區、
　　13. 黃大仙區、14. 油尖旺區；香港島包括：15. 中西區、16. 東區、17. 南區、18. 灣
　　仔區。

註②：N=153，其中新界 (NT) 佔 24%，九龍 (KL) 佔 53%，香港島 (HK) 佔 23%。

每位參與這項研究計劃的長者會在家中或所屬的長者服務中心／院舍
接受一次訪談。在訪談時，被訪者需要回答問卷的一系列問題並接受一次
身體評估。問卷源於兩個得到驗證的調查問卷，分別為 2008 年版本的中
國老年健康長壽影響因素調查[9]和香港衞生署的長者健康中心問卷，試點
研究已在 2010 年完成[3]。此次調查的問卷涵蓋了身體健康、主觀健康、
功能健康、心理健康、日常活動、社會交往、醫療保健需要及服務使用情
況、人口學特徵等。身體評估包括手握力測試、坐立到站立測試和其他當
場測試的體格表現測試。在進行問卷和身體評估後，被訪者會被邀請抽
血。在取得被訪者的抽血書面同意後，抽血員會抽取 20 毫升的靜脈血液
做檢驗之用，但抽血同意書不能由代理人代簽。共有 102 位被訪者接受血
液測試。血液檢驗在香港瑪麗醫院的實驗室進行，分析了 33 種生物標記
（如白蛋白、C 反應蛋白、血紅素、糖化血紅蛋白、高密度脂蛋白和低密
度脂蛋白等）的水平。

研究結果

人口學特徵

我們對被訪者的年齡進行了仔細的複核，比較至少一份記錄他們年
齡的官方文件（如香港身份證）和被訪者自己填報的農曆出生日期及年
齡。在 153 位被訪者中，有 3 位女性的自我填報年齡（Self-Reported Age,
SRA）跟身份證所列出的有明顯差異，還有 3 位被訪者的年齡因身份證遺
失和認知能力完全喪失而無法驗證，他們的年齡由代理人告知。除了這
6 位被訪者以外，有 33 位被訪者（6 位男性和 27 位女性，佔 147 位被訪
者中的 22.5%）自我填報的年齡根據農曆法的計算，比真實年齡大一歲。
平均自我填報年齡為 97.7 歲（標準偏差為 2.4）。97 位被訪者的年齡介於
95～99 歲，其餘為 100 歲及以上，最年老的被訪者 108 歲。

大部分的被訪者為女性（77.8%）。其中，95～99 歲的被訪者中女
性的比例為 78.6%（即 99 位被訪者），而在百歲老人中女性的比例則為
74.1%（即 20 位被訪者）。樣本中大部分人在中國內地（83.7%）和農村

（63.4%）出生。一半被訪者跟家人或朋友同住（50.3%），其他則為獨居（30.7%）或在護老院居住（19.0%）。人均家庭年收入中位數為 36,000 元港幣（4,643.51 美元）。42.1% 的被訪者收入為 30,000～39,000 元港幣。（人均）家庭年收入為 80,000 元港幣及以上的被訪者佔比不足 10%。85.6% 的被訪者認為他們與本地普遍家庭的社會經濟狀況「差不多」或「較為富有」或「比他人富有很多」。在受教育程度方面，55.9% 的被訪者沒有接受過教育，33.3% 接受過小學教育（約 1～6 年），只有少數人有多於六年的受教育經歷（10.5%）。

主觀健康和身體健康

即使年齡老邁，被訪者普遍對自己的整體健康有良好的評價。以主觀健康來說，39.8% 的被訪者覺得自己有「好」或「非常好」的健康狀況，而 39.2% 的被訪者則評價自己的健康狀況為「普通」。更重要的是，47.0% 的被訪者認為自己比同齡的同伴有「較好」或「非常好」的健康狀況，而 32.7% 的被訪者則認為自己與同輩的健康狀況差不多。當他們比較自己目前和一年前的健康程度時，一部分被訪者不覺得有任何變化（38.6%），有小部分甚至覺得他們的健康有所改善（10.5%）。

事實上，慢性疾病在被訪者中很常見。在三十種常見老年慢性疾病中，受訪老年人自我報告的已確診疾病數量平均為 2.9 個（標準偏差為 1.9，範圍 0～9）。

在準百歲和百歲老人中，最常見的疾病為白內障和高血壓。其他疾病如糖尿病、骨折及痛風亦很普遍。嚴重的腦或心血管疾病，如中風、充血性心力衰竭和冠心病則相對較少；同樣的，癌症（在過去五年內）和慢性阻塞性肺病在準百歲和百歲老人中也較罕見。只有分別 3.9% 和 1.3% 的被訪者被診斷患有阿爾茨海默症和其他精神病（表 6-1）。

表 6-1 被訪者自我報告的 30 種慢性疾病分佈

序號	疾病	診斷人數（n）	佔比（%）
1	腦血管疾病 / 中風	11	7.2
2	充血性心臟衰竭	11	7.2
3	冠心病	19	12.4
4	高血壓	99	64.7
5	非經常性脈搏不穩	13	8.5
6	周邊性血管疾病	0	0.0
7	阿爾茨海默症	6	3.9
8	阿爾茨海默症以外的腦退化症	0	0.0
9	頭部創傷	0	0.0
10	半身不遂	1	0.7
11	多發性硬化症	2	1.3
12	帕金森綜合症	0	0.0
13	癲癇症	0	0.0
14	關節炎	18	11.8
15	盤骨骨折	19	12.4
16	其他骨折	20	13.1
17	骨質疏鬆	19	12.4
18	白內障	115	75.2
19	青光眼	7	4.6
20	任何精神病	2	1.3
21	肺炎	8	5.2
22	肺結核病	3	2.0
23	尿道感染（過去 30 天內）	4	2.6
24	癌症（皮膚癌除外，過去五年內）	5	3.3
25	糖尿病	20	13.1
26	肺氣腫 / 慢性阻塞性肺病 / 哮喘	13	8.5
27	腎衰竭	3	2.0
28	甲狀腺疾病	4	2.6
29	痛風	20	13.1
30	胃潰瘍	9	5.9

我們隨後計算被訪者的（調整年齡後的）查爾森合併症指數（Charlson's Age-Adjusted Comorbidity Index）[10]。這是一個有關健康狀況（其他疾病，如冠心病、充血性心力衰竭、中風、認知障礙、慢性胸肺病、胃潰瘍、中度至重度腎衰竭、癌症、肝病和糖尿病）的指數。此次調查樣本的

查爾森合併症指數平均值為 6.6，標準差為 1.4。

表 6-2 提供了生物標記分析的結果。以成年人（20～79 歲）的正常範圍為基礎 [11]，超過八成的被訪者的白血球、中性粒細胞、單核細胞、嗜酸性粒細胞、嗜鹼性粒細胞、C 反應蛋白、膽固醇、鈉、氯、血清總蛋白、球蛋白、膽紅素、鹼性磷酸酶（ALP）、谷丙轉氨酶（ALT）和天冬氨酸氨基轉換酶（AST）為正常水平。有相當大比例的被訪者肌酸酐（正常範圍外的被訪者佔比 63.7%）、紅血球分佈寬度（48.0%）和血小板（48.0%）在正常範圍之外。可是，以上所謂的「正常」範圍是取自 20～79 歲的成年人平均數據，將此用於極長壽的老人身體狀況的衡量標準可能需要重新進行調整。

表 6-2 被訪者的生物標記水平 (N=102)

生物標記	單位	正常範圍 [a]	正常人數 n(%)	平均值	標準差 SD	最小值	最大值
白血球 (WBC)	mml	4.4～10.1	86(84.3)	6.1	1.9	3.2	16.2
紅血球 (RBC)	K/mm³	3.8～5.1	64(62.7)	4.0	0.6	2.0	6.0
血紅素 (HGB)	g/dL	11.7～14.8	61(59.8)	11.8	1.4	7.6	14.9
血細胞比容 (HCT)	%	0.340～0.440	72(70.6)	0.359	0.041	0.228	0.432
平均紅血球體積 (MCV)MmL	FL	82.0～96.9	73(71.6)	90.2	8.8	67.6	111.6
平均紅血球血紅素 (MCH)	pg	27.5～33.4	78(76.5)	29.8	3.3	20.8	37.6
平均紅血球血紅素濃度 (MCHC)	%	33.0～36.0	60(58.8)	33.0	1.1	29.1	34.9
紅血球分佈寬度 (RDW)	%	11.7～14.0	53(52.0)	14.2	1.3	12.6	22.1
血小板 (PLT)		179～380	53(52.0)	187.7	52.5	98.0	356.0
中性粒細胞	%	2.2～6.7	88(86.3)	3.8	1.4	1.7	9.6
淋巴球	%	1.2～3.4	80(78.4)	1.7	0.7	0.1	6.1
單核細胞	%	0.20～0.70	97(95.1)	0.4	0.17	0.13	1.20
嗜酸性粒細胞	%	0.00～0.50	92(90.2)	0.2	0.19	0.00	1.12
嗜鹼性粒細胞	%	0.00～0.10	101(99.0)	0.03	0.02	0.00	0.10
C 反應蛋白 (CRP)		<8.0	88(86.3)	5.5	8.6	1.0	58.0

健
康
長
壽
：
香
港
實
證
研
究

（續上表）

生物標記	單位	正常範圍[a]	正常人數 n(%)	平均值	標準差 SD	最小值	最大值
膽固醇	mg/dL	<5.2 為理想	82(80.4)	4.4	0.8	3.0	6.3
三酸甘油酯	mg/dL	<1.7 為理想	74(72.5)	1.4	0.9	0.5	6.3
高密度脂蛋白膽固醇 (HDLC)	mg/dL	[b]		1.4	0.4	0.7	3.2
低密度脂蛋白膽固醇 (LDLC)	mg/dL	[c]		2.4	0.6	1.1	4.2
非高密度脂蛋白膽固醇 (non~HDLC)	mg/dL	[d]		3.0	0.8	1.6	5.2
糖化血紅蛋白 (HbAlc)	%	4.0~6.0	60(58.8)	6.1	1.0	5.0	14.0
鈉	mEq/L	136~148	97(95.1)	142.4	3.0	134.0	149.0
鉀	mEq/L	3.6~5.0	66(64.7)	3.7	0.4	2.8	4.5
氯	mEq/L	100~109	89(87.3)	104.4	3.5	93.0	112.0
尿素	mmol/L	2.9~8.0	62(60.8)	8.0	2.6	3.8	17.8
肌酸酐	μmol/L	49~82	37(36.3)	95.6	29.2	47.0	200.0
血清總蛋白	g/L	67~87	93(91.2)	73.7	5.6	58.0	87.0
白蛋白	g/L	39~50	61(59.8)	39.5	3.2	31.0	47.0
球蛋白	g/L	26~40	89(87.3)	34.1	5.1	21.0	51.0
膽紅素	U/L	4~23	101(99.0)	9.0	4.4	4.0	24.0
鹼性磷酸酶 (ALP)	U/L	47~124	95(93.1)	77.9	37.1	37.0	368.0
谷丙轉氨酶 (ALT)	mU/mL	8~25	93(91.2)	18.6	26.6	6.0	265.0
天冬氨酸氨基轉移酶 (AST)	mU/mL	15~37	92(90.2)	28.5	12.0	14.0	110.0

[a] 在此採用的正常範圍是基於 National Cholesterol Education Program（NCEP）Expert Panel on Detection, Evaluation, and Treatment of High Blood Cholesterol in Adults（Adult Treatment Panel III (Expert Panel on Detection, Evaluation, and Treatment of High Blood Cholesterol in Adults, 2001) 的第三份報告執行摘要，主要用作推斷正常成年人的水平。

[b] < 3.4(2 個或更多個風險因素)；< 4.1(0~1 個風險因素)。

[c] < 2.6(患有冠心病或有同樣的冠心病風險的人)；< 3.4(2 個或更多個風險因素)；< 4.1(0~1 個風險因素)。

[d] < 3.4(患有冠心病或有同樣的冠心病風險的人)；< 4.2(2 個或更多個風險因素)；< 4.9(0~1 個風險因素)。

　　大部分的被訪者稱在過去兩星期沒有感到身體不適（73.9%），並有良好的睡眠質量（62.7%）。被訪者的平均收縮壓和舒張壓分別為 137.9mmHg（標準差為 23.0mmHg）、80.3mmHg（標準差為 13.8mmHg）。超過八成六的被訪者有正常規律的脈搏。另外，值得注意是，只有 45.8% 的被訪者在過去兩年曾發生一次或以上的疾病或意外需要住院。住院日數介於 0～365 天，中位數為 12 天。每五位被訪者中有一位（20.9%）曾經在過去六個月內跌倒過。

　　在口腔健康方面，稍多於一半的被訪者完全沒有牙齒（58.8%）。其餘人的牙齒數量範圍為 1～24 顆，平均是 3.3 顆（標準差為 5.4）。有三位被訪者（2.1%）的牙齒為 20 顆及以上；雖然如此，仍有 74.5% 的被訪者佩戴假牙以協助口腔功能。19.6% 的被訪者在過去六個月的體重下降超過三公斤。但是，大部分（61.4%）被訪者能將身高體重指數（Body Mass Index, BMI）維持在 18.5～24.9 的正常的水平。被訪者平均 BMI 為 21.7（標準差為 3.5）。左手和右手的平均手握力分別為 13.1 公斤（標準差為 5.8）和 12.7 公斤（標準差為 5.6）。

　　衰弱，是指在經歷壓力事件後（如意外摔倒）恢復體內平衡時所產生的生理系統性的虛弱，這一情況在高齡長者中是非常普遍的 [12]。根據國際營養與衰老學院（International Academy on Nutrition and Aging, IANA）的定義，衰弱是一個表型，反映綜合疲勞的感覺以及抗逆力和帶氧運動能力的下降，甚至出現五個及以上的慢性疾病和大幅度體重下降等因素。根據 IANA — 衰弱量表（表 6-3），被訪老年人中大部分被歸類為「早期衰弱」（56.2%），沒有衰弱和衰弱狀態的被訪者佔比分別為 19.6% 和 24.2%。

表 6-3 被訪者衰弱項目和表型分佈

衰弱項目	題目	缺陷，n	缺陷，%
疲勞的感覺	有沒有感覺充滿力量？	38	24.8
進行抗逆力運動能力下降	可不可以連續三次在蹲下後站起來？	47	30.7
進行有氧運動能力下降	可不可以自己連續走 400 米的路？	91	59.5
慢性疾病	有沒有五個或以上的慢性疾病？	14	9.2
大幅下降的體重	在過去六個月內體重有沒有下降三公斤？	30	19.6

（續上表）

衰弱項目	題目	缺陷，n	缺陷，%
	衰弱表型		
沒有衰弱（沒有缺陷）		30	19.6
早期衰弱（1～2 個缺陷）		86	56.2
衰弱狀態（≥3 個缺陷）		37	24.2

身體評估的結果顯示，大部分被訪者有良好的上肢活動能力（95.4%的被訪者雙手可以碰到頸後和腰後，且可以舉起雙手），可以從站立狀態拿起地上的書本（71.9%），不需儀器協助可以從穩固的椅子上站立起來（53.6%），可以七步完成 360 度轉圈（62.1%）。極少數被訪者因為感官障礙妨礙了他們參與身體評估，兩位被訪者（1.3%）有視覺障礙導致他們在接受軀體測試時遇到困難，但他們的聽覺是良好的（或矯正到正常）；六位被訪者（3.9%）有聽覺障礙導致他們在接受軀體測試時遇到阻礙，但他們的視覺是良好的（或矯正到正常）；另外有六位被訪者（3.9%）同時有視覺和聽覺障礙；9.8% 的被訪者需要在訪談時戴上助聽器。

總體來說，慢性疾病在香港華裔準百歲和百歲老人中很常見。約有一半的被訪者在過去兩年曾住院就醫。身體不適和睡眠問題並不常見。大部分被訪者有少於三個衰弱的徵兆。56.2% 的被訪者則被歸類為早期衰弱。主觀健康對死亡率和發病率有重要的影響[13]，最令人振奮的發現就是被訪者雖然年紀老邁，但他們對自己的身體健康狀況仍有良好的評價。

功能自理能力

55.9% 和 35.3% 的被訪者能分別獨立處理六個日常生活自理能力（Activities of Daily Living, ADL），包括洗澡、穿衣、上廁所、室內移動、控制大小便及進食）[14]；能夠獨立處理六個工具性日常生活能力（Instrumental Activities of Daily Living, IADL），包括購物、做飯、洗衣服、使用交通工具、打電話和財務管理）[15]（表 6-4）。日常生活自理能力和工具性日常生活能力的平均依賴度分別為 0.9（標準差為 1.4）和 2.1（標準差為 2.1）。被訪者最需要協助的項目為使用交通工具、購物和做飯。

140 位被訪者能完成簡易精神狀態測驗量表（Mini Mental State Examination, MMSE）中十個以上的題目並提供有效的答案，其平均分數為 24.0（標準差為 4.7）。在他們當中，73.6% 的被訪準百歲和百歲老人的 MMSE 分數超過 21.0 分，這表示他們有良好的認知能力[16]。

表 6-4 被訪者日常生活功能和工具性日常生活功能獨立度分佈

功能	人數	佔比（%）
日常生活功能獨立度		
洗澡	113	73.9
穿衣	130	85.0
上廁所	138	90.2
室內移動	137	89.5
控制大小便	110	71.9
進食	149	97.4
日常生活功能需要依賴的數量		
沒有	85	55.9
1～2	49	32.2
≥3	18	11.9
工具性日常生活功能獨立度		
購物	81	53.3
做飯	89	58.2
洗衣服	109	71.7
使用交通工具	54	35.8
打電話	127	83.0
財務管理	128	84.2
工具性日常生活功能需要依賴的數量		
沒有	54	35.3
1～2	35	24.9
≥3	64	41.8

心理健康

大部分被訪者心理健康狀況良好，例如抑鬱、自殺意念和負面心理特徵處於低水平，並同時擁有高水平的正面心理特徵。度量抑鬱方面，我們使用了有十五個項目的簡易版本的老年抑鬱量表（Geriatric Depression

Scale—Short Form, GDS-SF）[17]。被訪者的平均 GDS-SF 分數為 2.5（標準差為 3.6）。大部分被訪者得到 0 分（即沒有抑鬱徵兆），而 19.6% 得分超過 5.0 分，代表他們有抑鬱傾向（表 6-5）。

被訪者的自殺意念也非常少有，只有 3.3% 的被訪者在「我曾想過自殺」的問題上回答「同意」或「非常同意」。被訪者很少經歷負面的心理特徵，如感覺生活無意義（回答「同意」和「非常同意」的只有 3.3%）、焦慮（回答「經常」和「時常」的只有 5.9%）和有孤單感（回答「經常」和「時常」的只有 7.8%）。可是，有特別大比例（34.6%）的被訪者會在「您是不是覺得越老越不中用？」的問題上回答「經常」和「時常」。以上的結果反映了負面情感和無意義的感覺在樣本中並不常見，但是，準百歲和百歲老人中自我感覺無用的情況則較為常見。

比起負面的心理特徵，被訪者更傾向於呈現較多正面心理特徵。例如，81.0% 的被訪者在反映樂觀的項目上「不論遇到什麼事您是不是都能想得開？」回答「能」和「非常能」；有 79.1% 被訪者在反映自覺性的項目上「您是不是喜歡把東西弄得乾淨、整潔？」回答「喜歡」和「非常喜歡」；在「您自己的事情是不是自己可以決定？」的問題上有 73.2% 的被訪者回答經常能擁有自主性。更重要的是，66.6% 的被訪者在完好感的項目上「您是不是覺得與年輕時一樣快活？」回答「時常」和「經常」。

表 6-5　被訪者 GDS-SF 分數分佈

人數	人數	佔比（%）
0(沒有抑鬱)	60	39.2
1～4(輕微抑鬱)	57	37.3
5～9(少許抑鬱)	19	12.4
10～15(中度到嚴重抑鬱)	11	7.2
排除的案例（少於十個有效項目）	6	3.9

日常活動和健康習慣

大多數被訪者（甚至從以前開始就）是非吸煙者（72.5%）和非酒精使用者（74.5%）。分別只有 26.2% 和 23.5% 的被訪者有經常吸煙和喝酒的歷史。大部分被訪者（幾乎）每天進食水果（81.7%）、蔬菜（81.7%）、肉類（62.1%）和魚類（79.1%）。77.1% 的被訪者有經常運動的習慣。在日常活動方面，82.4% 的被訪者會收看電視或收聽電台節目，50.3% 的被訪者有獨自的室外活動（如去公園散步），39.2% 的被訪者會做家務。儘管年紀老邁，每七位被訪者中仍有一位（13.8%）在過去兩年曾到外地旅遊休閒。

社交完好感

因為高齡，只有 9.2% 的被訪者處於已婚狀態並與配偶同住，大部分被訪者已喪偶（81.0%）。此外，約三分之一（31.3%）的被訪者至少有一位在世的兄弟姐妹。而大部分（77.8%）被訪者至少有一位在世的子女。在世子女數量的中位數為 3（範圍為 1～8）。大部分被訪者（58.2%）表示在需要情感支持時，有可以依靠的配偶或子女。其他常見可依靠的包括朋友和鄰居、孫兒及其配偶、其他親戚。值得注意的是，14.4% 的被訪者並沒有可以依靠的知己。

在 77 位（佔整體的 50.3%）與家人或朋友同住的被訪者中，只有 68.8% 的跟子女或孫兒同住，與配偶同住則有 10.4%，跟子女或孫兒及其配偶一起同住的只有 5.2%。家庭傭工在香港很常見。77 位被訪者中有 26.0% 與家庭傭工同住。在有家庭傭工的家庭中，有一半的家庭只住了長者和家庭傭工兩人。在此類家庭中，家庭傭工通常承擔長者大部分的護理工作。

在社交活動方面（如探望親戚，與朋友在酒樓、餐廳、娛樂場所和宗教聚會見面，做義工），有 28.1% 的被訪者幾乎每天都參與社交活動，18.3% 的每星期有一次社交聚會。令人憂心的是，有接近一半的被訪者（44.5%）參與社交活動的頻率少於每個月一次。一些障礙（如行動和健康

問題、缺乏同伴、交通問題、缺乏廁所設施）可能阻礙被訪者參加社交活動。在十個社交活動障礙中，被訪者平均遇到的障礙在 2.2 個以上（標準差為 1.8）。

成功老齡化

如果成功老齡化的概念只等於擁有長久的壽命，百歲老人幾乎無可否認地已達到標準。可是，當 Havighurst[18] 首次提出這一概念時就指出，成功老齡化應是「在生命裏加上生活（Adding Life to the Years）」，並盡力提高長者的生活質量和快樂完好的水平。為了探討高齡長者的成功老齡化，早前的研究曾嘗試在準百歲和百歲老人中使用多維度的成功老齡化模型 [19-20]（見第八章）。

Rowe 和 Kahn[5] 的成功老齡化模型包含了三個條件，分別為：（1）不存在疾病或障礙（2）擁有良好的認知和軀體功能（3）積極參與生活。以此結構為基礎，Cho 與研究人員 [19] 發現只有 4.4% 的美國百歲老人能達到良好認知和身體功能的條件。更顯著的是，沒有任何被訪者全部達到以上三個條件。在此，我們將此模型應用於香港準百歲和百歲老人的樣本上。而成功老齡的操作條件包含：（1）不存在所述的三十種疾病（2）MMSE分數在 21 分及以上（3）能獨立處理 ADL（4）每星期有一次社交活動（5）並未「時常」和「經常」感到自己沒用。在此次研究的 153 位被訪者中，只有兩位（1.4%）能達到所有五個條件。可是，當有關慢性疾病的條件放寬至只排除患有一個或以上嚴重健康問題（根據查爾森合併症指數所含蓋的健康狀況）的被訪者時，滿足條件的老人增至 13 人（ 8.5%）。

Cho 等學者 [19] 提出另外一個包含三個條件的成功老齡化模型，分別為良好的主觀健康、自評為有足夠的經濟資源、自我報告的快樂完好感。比較 Rowe 和 Kahn[5] 重於實質體能和認知功能的模型不同，Cho 等學者的模型更強調個人的主觀評價（如健康、經濟資源和心理抗逆力）。本研究樣本中的成功老齡化者，以 Cho 等學者的成功老齡化模型進行重新評定所得，其操作條件包括：（1）「好」或「非常好」的整體主觀健康狀況（2）個人評估的社會經濟狀況為比大部分家庭富裕（3）「時常」和「經常」感

到「像年輕時一樣快樂」。以 Cho 等學者的模型進行測量，有 16 位被訪者（10.5%）達到成功老齡化。比起強調良好認知和身體功能的 Rowe 和 Kahn 的模型，Cho 與研究人員的模型讓更多樣本中的長者被視為成功老齡化者。

Nosraty 等學者 [20] 測試了一個成功老齡化的多維度模型，在未經篩選的九旬老年人中，明確地識別出生理、心理和社交方面的成功因素。他們的研究結果顯示，成功老齡化者的比例與定義此概念的條件有非常密切的關係。在他們測試的六個包含不同程度和不同類型困難的模型中，最嚴格的模型與 Rowe 和 Kahn 的相似，要求成功老齡化者不能有慢性疾病、沒有聽覺或視覺障礙、在體格表現上（如室內轉移、穿衣、使用樓梯、離開睡床和連續步行 400 米）完全獨立、沒有抑鬱徵兆、有良好的主觀健康、自我報告的快樂完好感、與子女經常見面以及跟家人和朋友電話聯絡。這些嚴苛的條件使芬蘭 94 歲及以上的被訪者中只有 0.5% 被歸類為成功老齡化者。而以最寬鬆的條件為衡量標準，包括沒有認知障礙、視覺和聽覺良好、體格表現獨立、與子女經常見面並跟家人和朋友電話聯絡，7.8% 的高齡被訪者被視為成功老齡化者。

本研究同樣測試了 Nosraty 等學者 [20] 最嚴謹和最寬鬆的模型，以展示不同條件下成功老齡化者的比例。為了盡量在最嚴謹的模型中重複相似的項目，我們以下條件量度成功老齡，包括：（1）未患有冠心病、充血性心力衰竭、腦血管疾病或中風、糖尿病、痛風、盤骨骨折、帕金森綜合症和阿爾茨海默症（2）在室內行走、穿衣、400 米步行、無協助從坐立到站立、3 次蹲下後站立的測試中沒有出現困難（3）沒有視覺和聽覺障礙（4）沒有抑鬱徵兆（GDS-SF 的分數為 5 以下）（5）「好」或「非常好」的主觀健康狀況（6）「時常」和「經常」感到「像年輕時一樣快樂」（7）參與社交活動的頻率為一星期一次或更頻繁（8）與家人或朋友同住。本調查樣本中的 153 位被訪者中只有三位（2.0%）能達到所有成功老齡化的條件。而根據 Nosraty 和其他所述的最寬鬆的條件，即只使用條件（2）（3）（7）和（8），而「沒有患上多種疾病」則被替換為「沒有患上阿爾茨海默症」。與我們原先的發現相似，香港樣本中有 11 位被訪者（7.2%）能達到所有成功老齡化的條件。

　　總體來看，對香港華裔準百歲和百歲老人而言，在各個維度均實現成功老齡化並不是常見的現象。根據不同的成功老齡化條件，成功老齡化者的比例範圍為 1.4%～10.5% 不等。相比強調滿足不同生活條件的模型，當模型較多地要求長者保持功能自理能力且沒有患上慢性疾病時，成功老齡者的比例會更低。

總結

　　雖然現有的成功老齡化和百歲老人研究已取得一些成果，但仍有多個有待深入研究的領域。第一，為了驗證現有成功老齡化的概念模型，需要更深入地了解這些長壽老人如何定義生活質量和快樂等不同的概念。Wong 等學者[7]邀請六位香港華裔百歲老人進行的定性研究發現，與鄰居和家庭成員保持正面良好的關係並擁有一系列正面美好的回憶是快樂的重要祕訣（見第七章）。可是，對未來正面的期望（即盼望），並未在百歲老人保持快樂中扮演重要的角色。事實上，很多被訪者表示「時間正一點一滴地流逝」。活在當下和「少想一點」將來，成為百歲老人實現快樂生活的重要方法。

　　第二，人口老齡化是世界性的現象，在長者的生活中，對文化生活的需要往往比年輕一輩更大。應該有更多研究去理解文化差異如何影響「什麼是成功老齡化」和「如何達到成功老齡化」。第三，跟隨不同長壽研究的步伐，將來的研究可以探討先天因素（如基因、疾病）與後天因素（如污染物、家庭準則）是如何互相作用來影響人的壽命。

　　同樣，老年學家和老年科醫生需要更深入地了解，不同的生活範疇如何編織在一起並互相影響，從而對長者產生正面的影響和結果。高齡長者的自我照顧能力和身體功能都在變弱，他們可能會感到自主感漸減和出現越來越多的抑鬱徵兆。將來的研究可以探討高齡長者如何應用不同的認知重整策略來應對這些挑戰。此外，不同的性格如何促進衰老適應，精神寄託和社會支持如何應對因主動減少日常社交活動而帶來的影響，如何加強老齡友善社區和物質環境等的研究都將是十分重要。

　　「人口老齡化」是一直縈繞在很多國家政策制定者心中的議題。與長者人口比例上升並存的是適齡勞動人口（通常為 15～60 歲）比例的下降。人口老齡化可能意味着社會和醫療衛生需求的急劇上升，但由聯合國出版的《2013 世界人口老齡化報告》表示「從正面來看……老年人越來越可以獨立地生活」[1]。世界衛生組織從公共衛生方面回應了人口老齡化，發佈了第一份世界老化與健康報告（*World Report on Aging and Health*），為「健康老齡化（Healthy Aging）」重新進行了定義。這一定義強調功能自理能力、內在能力包含生理和心理改變、相關的環境特質以及個人因素如何與以上特性互動[21]。

　　在應對人口老齡化的挑戰中，讓更多長者成為「成功老齡化者」以及調整社會和醫療衛生政策來迎合不斷上升的服務需求，是同樣重要的。從這群能夠維持不少功能性獨立和社會參與的準百歲和百歲老人中，了解他們如何健康地生活，對我們理解成功老齡化的概念有非常大的幫助。我們的團隊已經開始調查這些高齡長者的成功老齡化和衰弱的情況[22,23]（見第八章及第九章）。準百歲和百歲老人的真實生活經驗，將會讓研究人員和政策制定者知道：哪些健康狀況是合理的預期並應在晚年實現；如何幫助高齡長者利用個人資源和社會資源以應對逐漸衰退的身體及認知能力；將來如何讓長者做好準備，去擁有一個較成功和全面的成功老齡化過程。

參考文獻

1.　United Nations. (2013). *World population aging 2013*. New York: United Nations.

2.　Census and Statistics Department, HKSAR. (2015). *Hong Kong population projections 2015-2064*. Hong Kong: Census and Statistics Department, HKSAR.

3.　Cheung, S-L. K., Yip, S-F. P., Chi, I., Chui, W-T. E., Leung, Y-M. A., Chan, H-W. F., & Chan, M-Y. G. (2012). Healthy longevity and health care service needs: A pilot study of the centenarians in Hong Kong. *Asian Journal of Gerontology and Geriatrics*, 7, 26-32.

4.　Gondo, Y. (2012). Longevity and successful aging: Implications from the oldest old and centenarians. *Asian Journal of Gerontology and Geriatrics*, 7, 39-43.

5.　Rowe, J. W., & Kahn, R. L. (1997). Successful aging. *The Gerontologist*, 37 (4), 433-440.

6. Arnold, J., Dai, J., Nahapetyan, L., Arte, A., Johnson, M. A., & Hausman, D., et al. (2010). Predicting successful aging in a population-based sample of Georgia centenarians. *Current Gerontology and Geriatrics Research*, 989315, doi.org/10.1155/2010/989315.

7. Wong, W-C. P., Lau, H-P. B., Kwok, C-F. N., Leung, Y-M. A., Chan, M-Y. G., Chan, W-M., & Cheung, S-L. K. (2014). The well-being of community-dwelling near-centenarians and centenarians in Hong Kong: A qualitative study. *BMC Geriatrics*, 14, 63.

8. Bowling, A., & Dieppe, P. (2005). What is successful ageing and who should define it?. *BMJ (Clinical research ed.)*, 331 (7531), 1548-1551.

9. Zeng, Y. (2008). Introduction to Chinese Longitudinal Healthy Longevity Survey (CLHLS). In Y. Zeng (Eds.), Healthy longevity in China. *Demographic, socioeconomic, and psychological dimensions* (pp. 23-37). The United Kingdom: Springer.

10. Charlson, M. E., Pompei, P., Ales, K. L., & MacKenzie, C. R. (1987). A new method of classifying prognostic comorbidity in longitudinal studies: Development and validation. *Journal of Chronic Diseases*, 40 (5), 373-383.

11. Expert Panel on Detection, Evaluation, and Treatment of High Blood Cholesterol in Adults. (2001). Executive summary of the third report of the National Cholesterol Education Program (NCEP) (Adult Treatment Panel III). *JAMA,* 285, 2486-2496.

12. Morley, J. E., Vellas, B., van Kan, G. A., Anker, S. D., Bauer, J. M., & Bernabei, R., et al. (2013). Frailty consensus: A call to action. *Journal of the American Medical Directors Association*, 14 (6), 392-397.

13. Idler, E. L., & Benyamini, Y. (1997). Self-rated health and mortality: A review of twenty-seven community studies. *Journal of Health and Social Behavior*, 38 (1), 21-37.

14. Katz, S., Ford A. B., Moskowitz R. W., Jackson B. A., & Jaffe M. W. (1963). Studies of illness in the aged. The index of ADL: A standardized measure of biological and psychosocial function. *JAMA*, 185, 914-919.

15. Lawton, M. P., & Brody, E. M. (1969). Assessment of older people: Self-maintaining and instrumental activities of daily living. *The Gerontologist*, 9 (3), 179-186.

16. Chiu, H., Lee, H. C., Chung, W. S., & Kwong, P. K. (1994). Reliability and validity of the Cantonese version of mini-mental state examination: A preliminary study. *Hong Kong College of Psychiatrists*, 4, 25-28.

17. Sheikh, J. I., & Yesavage, J. A. (1986). Geriatric depression scale (GDS): Recent evidence and development of a shorter version. In T. L. Brink (Ed.), *Clinical gerontology: A guide to assessment and intervention* (pp. 165-173). New York: Haworth Press.

18. Havighurst, R. J. (1961). Successful aging. *Gerontologist*, 1, 8-13.

19. Cho, J., Martin, P., & Poon, L. W. (2012). The older they are, the less successful they become? Findings from the Georgia centenarian study. *Journal of Aging Research*, 1-8. https://doi.org/10.1155/2012/695854.

20. Nosraty, L., Sarkeala, T., Hervonen, A., & Jylhä, M. (2012). Is there successful aging

for nonagenarians? The vitality 90+ study. *Journal of Aging Research*, 868797, doi. org/10.1155/2012/868797.

21. Beard, J. R., Officer, A., de Carvalho, I. A., Sadana, R., Pot, A. M., & Michel, J. P., et al. (2016). The World report on ageing and health: A policy framework for healthy ageing. *Lancet*, 387 (10033), 2145-2154.

22. Cheung, S-L. K., & Lau, H-P. B. (2016). Successful aging among Chinese near-centenarians and centenarians in Hong Kong: A multidimensional and interdisciplinary approach. *Aging & Mental Health*, 20 (12), 1314-1326.

23. Kwan, S-K. J., Lau, H-P. B., & Cheung, S-L. K. (2015). Toward a comprehensive model of frailty: An emerging concept from the Hong Kong centenarian study. *Journal of the American Medical Directors Association*, 16 (6), 536.e1-7.

第七章
香港百歲老人身心健康定性研究 [①]

黃蔚澄 劉喜寶 郭春芳 梁綺雯 陳文宜 陳慧敏 張筱蘭

摘要

　　香港是世界上人口平均預期壽命排名最高的城市之一。不論是香港本地還是國際範圍內，準百歲和百歲老人的數量都在不斷增加。這個群體的增長是一個非常重要、需要社會和醫療政策制定者正視的議題。活得老（Living Long）和活得好（Living Well）是兩個有重合但截然不同的研究題目。我們之前進行了一個定量研究，訪問了 153 位準百歲和百歲老人，探討了健康與長壽關係的生理—心理—社會機制（見第六章）。本文則集中討論一個與它相關的跟進性的定性研究，旨在了解準百歲和百歲老人能夠「活得好」的潛在因素。我們特意邀請了六位曾參與早前定量研究並且認知、身體和心理健全的居家養老的被訪者，接受一個半結構式的訪談。從他們的回答中，得出四個關於活得老和活得好的主題，分別是：（1）與他人有良好的關係（2）正面的生命事件和快樂（3）對未來的希望（4）積極的生活態度。其中，我們發現擁有良好的人際關係、不同的正面生命經歷和積極的人生觀，都是影響香港準百歲和百歲老人的心理完好（Psychological Well-being）的重要因素。大部分的被訪者認為工作是他們人生

①　　以英文論文原稿為準。Wong, W-C. P., Lau, H-P. B., Kwok, C-F. N., Leung, Y-M. A., Chan, M-Y. G., Chan, W-M., & Cheung, S-L. K. (2014). The well-being of community-dwelling near-centenarians and centenarians in Hong Kong a qualitative study. *BMC Geriatrics*, 14, 63. doi:10.1186/1471-2318-14-63

中最重要的部分，並到很晚才退休。本研究的結果闡明了健康、工作和長
壽的相互關係。

研究背景

　　世界人口老化的速度前所未有[1]。有報告推算，到 2100 年世界上 80
歲及以上的人口將會是現在的七倍，由 2013 年的 1.2 億增至 2050 年的
3.92 億人，並在 2100 年達到 8.3 億人[2]。其中，百歲老人的數量將攀升 18
倍，從 2000 年的 18 萬人增至 2050 年的 320 萬人[1]。而在香港，百歲老
人的人數已增加四倍，從 1981 年的 289 人增至 2011 年的 1,890 人（大約
3/10,000）[3,①]。若以現在香港 710 萬的人口估計，高齡長者（Oldest Old，
80 歲及以上）的增幅，將會比 60～79 歲的低齡長者（Young-old）和中低
齡長者（Mid-old）的增幅（2.7%）[4]高出兩倍多，由 2010 年的 24.61 萬人
（佔總人口 3.5%）增至 2041 年的 95.68 萬人（佔總人口 12%）[3]。

　　不同的研究人員曾嘗試探究準百歲和百歲老人如何以及為何能如此長
壽，其中較為有名的是丹麥百歲老人縱貫性研究（The Longitudinal Study
of Danish Centenarians[5-7]）、沖繩百歲老人研究（The Okinawa Centenar-
ian Study[8]）、美國喬治亞州百歲老人研究（The US Georgia Centenarian
Study[9,10]）、美國新英格蘭地區百歲老人研究（The US New England Cen-
tenarian Study[11,12]）以及中國老年健康影響因素追蹤調查（The Chinese
Longitudinal Healthy Longevity Study, CLHLS[13]）。大部分研究的焦點放
在生理層面和家族歷史上，其中只有不足三分之一的研究從社會心理層面
上探討長壽的話題[10]。

　　一些研究曾強調，以社會心理角度了解長壽老年人如何在隨年齡增
大而增多的限制中維持生活質量，是非常重要的[14,15]。Jopp 和 Rott[16] 發現
外向的性格、社交網絡和自我參照的信念都是預測快樂的重要指標。von
Faber 和其他學者[17]也發現以上提及的社會心理因素能掩蓋生理健康和認

---

①　　1981～2016 年，香港百歲及以上的人數由 289 人增加至 3,645 人。

知敏銳度的預測效能。此外，Poon 及其團隊[18] 提出了四個重要的預測生活質量的社會心理因素，包括：（1）人口學特徵、正面／負面的生命事件和個人背景（2）性格（3）認知能力（4）社會和經濟資源充裕度。可是，現在有關心理因素如何影響百歲老人的生活質量及其與他們「活得好」的關係的研究仍然較少。

　　進行定性研究時，研究人員在資料收集的階段有很大的靈活度，這些資料也能反映個人的獨特性。因此，定性研究的方法能捕捉到被訪者與社會和物理環境之間多元而複雜的互動。另外，如果訪談能在被訪者的居住場所進行，研究人員還可以收集到有關被訪者的境況和環境信息，從而深入了解不同的潛在因素與促進或阻礙長壽之間的關係。從僅有的關於非常長壽定性研究的文獻中[19-23] 可以發現，職業操守、樂觀和強大的社交網絡，都是與長壽最為有關的社會心理因素。

　　本定性研究邀請了六位身體和心理上都健康的居家養老的準百歲和百歲老人參與。特意以最大變異抽樣的方式，將被訪者從六個不同的群組中（即獨居、與配偶同住、與子女同住、與孫子女同住、與親戚同住、與家庭成員和／或家庭傭工同住的百歲老人）挑選出來。他們是我們的研究團隊在 2011 年 9 月完成的定量研究中的 153 位參與者中的幾位老年人。定量研究的方法已在另一份報告中闡述[4]（見第四章）。我們向不同的日間護理中心、長者地區中心、長者鄰舍中心、長者活動中心、各區家居支持團隊以及 U3A 長者大學各個中心，寄出了定量研究的邀請信，邀請符合資格的準百歲和百歲老人參加。定量研究旨在探討不同因素和健康長壽的關係，包括生理和精神健康、功能性依賴程度［日常生活自理能力（Activities of Daily Living, ADL）和工具性日常生活自理能力（Instrumental Activities of Daily Living, IADL）］、身體和生理狀況、視力和聽力、活動能力表現、自評健康、自評的生活滿意度、人口學特徵、社會和家庭支持、社會中健康和長者護理服務的需要程度等方面的特徵。而定性研究為跟進性的研究，希望對影響香港準百歲和百歲老人「活得好」的心理因素有更深入的了解。

研究方法

　　本研究使用半結構式訪談的方式，由首席研究員（人口學家）、共同研究員（臨床心理學家）、心理學的博士生共三位訪談員，在定量研究後的一年內進行。訪談從六個層面探討被訪者的心理完好狀態，包括：人際關係、生命事件、生活態度、希望、快樂以及給他人的長壽建議。訪談希望能引起被訪者對自己生命的反思，並對以前或現在的經歷和生活做出簡單的敍述。訪談問題參閱附錄 A。訪談的主題以 Ryff 和 Keyes 的完好六因素結構模型 [24] 和其他相關文獻 [17,20,21,23] 為基礎來設定。每次訪談用時 1～1.5 小時，其中並沒有代理訪談或兩個同時進行的訪談。在訪談時，全部六位被訪者的自我健康評估都相對良好，認識能力 [簡短精神狀態測驗（Mini Mental State Examination, MMSE）的分數為 20～30 分，平均值 26.33，標準差 3.98] 和心理完好 [15 項老人抑鬱短量表（Geriatric Depression Scale, GDS）的分數為 0～2 分，平均值 0.67，標準差 0.82] 同樣良好（表 7-1）。白內障是被訪者中最常見的慢性疾病，影響着六位被訪者中的三位；還有兩位患有高血壓。被訪者也受其他慢性疾病，如痛風、甲狀腺疾病、骨折和骨質疏鬆的影響。除了兩位指出他們不能乘搭交通工具之外，所有被訪者都能進行 Katz[25] 的六個日常生活自理能力項目及大部分的 Lawton 和 Brody[26] 的工具性日常生活自理能力項目。

　　所有被訪者都清楚研究的內容、同意參與研究，並准許研究人員對訪談過程錄像。所有訪談都在被訪者的住所進行。為了保護被訪者的隱私，會在本報告用化名代替他們的名字。

表 7-1　被訪者特徵

項目	A	B	C	D	E	F
出生年份	1914 年	1911 年	1903 年	1909 年	1912 年	1914 年
性別	男	女	女	男	女	男
出生地	中國	中國	中國	中國	中國	中國
居住情況	獨居	獨居	獨居	與家人同住	與家人同住	與家人同住

健
康
長
壽
：
香
港
實
證
研
究

（續上表）

項目	A	B	C	D	E	F
簡短精神狀態測驗 MMSE（總分 30）	27	20	29	29	23	30
老人抑鬱量表 GDS（總分 15）	0	2	1	1	0	0
自我評估健康情況	非常好	普通	普通	好	普通	非常好
KATZ'S ADL 量表（六個項目）						
不能獨立日常生活自理能力	無	無	無	無	無	無
LAWTON 和 BRODY'S IADL 量表（六個項目）						
不能獨立進行工具性日常自理能力	無	無	獨自乘搭公共交通工具	獨自乘搭公共交通工具	無	無
自我報告或已診斷的慢性疾病	白內障	高血壓	骨折	高血壓	無	無
	痛風	白內障	骨質疏鬆	白內障		
		甲狀腺病				

註：Katz's ADL 日常生活自理能力量表的項目為洗澡、穿衣、上廁所、室內移動、控制大
　　小便、吃飯；Lawton 和 Brody's IADL 工具性日常自理能力量表的項目為購物、做飯、
　　洗衣服、獨自乘搭公共交通工具、打電話、財務管理。

數據分析

使用 Braun 和 Clarke 所提出的步驟[27]進行資料分析。首先，由一位
研究助理謄抄訪談內容，再由另一位訪談員以錄像片段反覆核對並驗證。
其次，兩位研究人員獨立為訪談內容作簡單的編碼，把數據濃縮成可分
析的單元。以訪談的預定問題為基礎，訪談抄本中的短句或長句被編上編
碼。再次，初步的編碼被互相比對，從編碼中獨立抽出的主題也被互相比
對。最後，若兩組編碼和主題的描述有差異，都在定期討論中解決，並完
成分配。

由於被訪者人數有限，本研究並沒有使用計算機程序做定性分析。我
們只對比和檢查了六位被訪者的定量數據，以補充本研究的分析結果。

研究結果

參加者特徵

六位被訪者的年齡為 98～108 歲（中位數 =101）。所有人都在中國內地出生，但已在香港最少居住了 50 年。表 7-1 展示了被訪者的人口學特徵和健康情況。

定性分析結果

六個研究範疇產生了四個主題，分別為：

（1）與他人有正面的關係（2）擁有紀念性的正面生命事件（3）對未來的希望（4）積極的生活態度。

（1）與他人有正面的關係

普遍來說，不論他們的居住環境如何，所有被訪者都表示自己與他人，特別是年輕一代的家人和鄰居，有正面的人際關係。他們都跟家人有頻密的聯繫。其中的三位獨居被訪者幾乎每天都有兒女或孫子女來探望。早前的定量數據顯示六位被訪者中的五位「不曾」感到寂寞；所有人都表示，他們能在需要幫忙或傾聽時，找到別人協助。

家庭成員：有三位被訪者與家人同住，而他們都跟家人特別是孫子女，有着非常好的關係。

「我所有的兒女和孫子女都尊重我。」（D 先生）

「我有很多孫子女和曾孫子女。我們（D 先生和妻子）生了幾十幾百個人，但他們的名字，我們都記不住了⋯⋯（訪談員：所以您最喜歡誰？誰又跟您最親密？）我跟他們每一個都聊。」（D 先生）

「我們（F 先生和妻子）沒有吵過架。我們不吵架⋯⋯當事情好像在升溫時，我就會回房間睡覺⋯⋯我們有一個很健康、和睦、快樂的家庭⋯⋯」（F 先生）

鄰居：在香港，大部分市民住在高樓中的單位或公寓，且工作時間都很長。因此，香港市民比其他地方的市民更缺乏鄰里意識。可是，其中一位在舊式、有為數不少長者居住的公共房屋居住的獨居被訪者，卻強調與鄰舍維持良好關係的重要性。

> 「（訪談員：在您生命中最快樂的事情是什麼？）跟人聊天呀。在飲茶時跟人聊天（吃點心和喝茶）⋯⋯坐在大樓底層的那些長椅上，跟經過的人聊天呀，那就是我生命中最快樂的事情了。」（A 先生）

（2）擁有紀念性的正面生命事件

當被訪者被邀請去憶述生命中最具紀念性的正面和負面事情時，其中四位説出與工作有關的正面事件，並稱那時是他們最快樂的時刻。有一位敍述他感到最快樂的時刻是在兒女學識淵博並在美國著名的大學當教授時。另一位則表示她沒有什麼具有紀念性的事情，但她生命中最開心和重要的事是能有孫子女來探望她。沒有任何被訪者表示有重要的負面生命事件，只有一位被訪者說第二次世界大戰是他覺得「艱苦」的時期。

所有被訪者都只回想到正面的生命事件（大部分跟工作有關），而沒有人在訪談中表示有任何的負面生命事件。值得注意的是，雖然大部分的被訪者指出工作生涯是他們最快樂的時刻，但只有四位覺得自己「跟年輕時一樣快樂」，而全部被訪者都表示他們經常感到快樂。

> 「我造豆腐直到 94 歲。每天四點鐘起床，把黃豆浸在一個很大的缸子內，浸它們四個小時，再用手把它們在石磨裏攪磨。六公斤的黃豆，我能造 200 塊豆腐。豆子攪磨均勻後，我就用一個 4.8 尺的大鍋子把它們煮熟（訪談員：有沒有人幫您呢？）我有一個搭檔，我們一起用手推車把豆腐送到市場去賣。我造豆腐造到 94 歲⋯⋯」（A 先生）
>
> 「我的酒樓開幕時，它佔了一層樓（和）大概 1 萬平方英尺（那麼大），有幾十位員工。開幕那個星期，我們請人舞龍舞獅和吹嗩吶。那些年，沒有人會這樣做。就是我發明了。嗩吶能讓整條街都熱鬧起來，吸引人注意。」（D 先生）

> 「我在五十多歲時來到香港，然後便當了 33 年家傭。我拖地、清潔廁所、煮飯，為我的老闆編織衣服。那些都是我感到快樂的時刻。如果不是因為老闆要搬到內地住，我都不想退休。」（C 女士）

（3）對未來的希望

與我們的預期相反，被訪者表示沒有什麼特別的希望。訪談員沒有明確地詢問他們對未來的計劃；反之，他們使用模擬法詢問想了解的問題，引導被訪者思考與題目相關的回答。在他們的回答中，沒有人有長期計劃，但有些被訪者覺得「明天還能活着」就是他們唯一的希望。

> 「（訪談員：如果神給你一個願望，您想祈願什麼？）（我希望）明天會來吧，或是睡得好。」（B 女士）
>
> 「（訪談員：您有沒有想過，要做一些您以前錯過的事情？）沒有。我不能想太多，因為我現在能做的事情不多了。我唯一能做的事情就是每天起床，然後去飲茶。」（A 先生）
>
> 「沒有……我現在每天都是吃午飯，然後走去小區中心，回家，然後看電視，然後睡覺……我每天都在重複做這些事情。還能想什麼？如果你活了這麼長了，你還能做什麼？你知道嗎，有些人多想活得久一點，但他們沒能做到……你知道這都是命中注定的。」（C 女士）

（4）積極的生活態度

我們詢問被訪者覺得自己的生命是怎樣的，他們最重視的是什麼。通過這些問題，希望探討他們對生活的態度。其中五位覺得自己是愛冒險的人；而全部人都認同「生命是美麗的」。被訪者給他人的長壽建議中，大部分跟他們的生活態度息息相關。以下是他們的建議：

> 「別想那麼多……有問題時想開一點……走路和餐後運動是很重要的。」（A 先生）
>
> 「生命是注定的。」（B 女士）
>
> 「要和善，永不傷害別人。」（C 女士）

「要努力勤奮、真誠、誠實、堅持。」（D 先生）

「神會祝福我們的。」（E 女士）

「和睦是生命中最重要的東西。對我來說，有一個和睦的家庭最重要。」（F 先生）

結論及討論

在研究活得老並活得好的長者的生命軌跡時，我們能更深入地了解不同年齡層在生理健康及認知能力上的潛力。本文闡述了第一個探索性的定性研究，描述在香港——世界上男女人均壽命最長的城市之一——準百歲和百歲老人的心理完好狀態。研究的結果與其他的文獻相符 [16-18,20,28,29]，六位準百歲和百歲老人指出，維持良好的人際關係、擁有不同的正面生命事件的經歷以及崇尚積極的生活態度，都是影響其幸福的重要因素。如此看來，這些因素都反映出「與合適的人活出一個充實的人生」能協助被訪者變成更有韌力，能讓他們在各個層面遇到挑戰時有更好的抗逆力。

與他人維持有意義的社區接觸交流和鼓勵性的社交網絡，是維持長者生活質量的重要因素 [30]。與「良好調適」的社交生活概念相符 [31]，跟家人、鄰居、朋友及社區服務提供接觸，能為長壽老人提供寶貴的社會資源。可是，居住環境有時會限制長者取得這些資源 [32]。舉例來說，美國喬治亞州百歲老人研究指出，居住在老人院中的百歲老人與住在私人住所或擁有個人護理設施的老人相比，社會資源明顯更少 [33]。本次的研究只集中探討居家養老準百歲和百歲老人的情況，因此不能驗證 Randall 及其團隊得出的有關居住在院舍中的長者的結論。但是，本研究的結果支持正面的人際關係和社會資源對準百歲和百歲老人的重要性。提升認知能力及促進社交的接觸，或許能為提升老人的社會資源及獨立性帶來益處。其中的良好案例包括「耆妙遊記」（Senior Odyssey）——鼓勵長者與中小學生合作解決新奇問題的計劃 [34]，還有一個在美國馬里蘭州巴爾的摩的名為「銀白智囊團」（The Experience Corps）的跨代計劃。這些計劃與公立學校合作，訓練長者幫助邊緣學生的數學和閱讀技巧。長者不但能減少花在低參與度（如看電視）活動上的時間，也能透過促進認知能力的教學活動來維持執行功能（Executive Function）和記憶力，更能跟不同年齡的人建立關係，一舉三得 [35]。

不同的研究發現，對生命和老化抱有積極的態度，與長者的生活質量有關。比如，除了常見的（如生理健康和身體性能的）預測變量（自變量）外，擁有高度自我效能感和「我做得到」的態度能預測良好的生活質量[36,37]。在本研究中，根據被訪者對自己生命歷程的回憶，推斷他們在早年的工作時期趨向於擁有高度自我效能感和「我做得到」的態度。可是，當說到現時的完好時，他們都趨向於「放下」或「少想」的心態，並用適應性的應對方式面對生命，以達思想上的安寧[38]。此文反映的有關適應生理限制對成功老齡化的重要性，正與之前文獻的研究成果相呼應[17,31]。

面對幾乎不可避免的生理功能衰退和即將發生的死亡，合適的應對方式，如採取接納態度和精神上的解脫，有助於處理恐懼和不安。值得一提的是六位被訪者對長壽的看法和建議，他們的建議包含了不同的觀點，如心靈的追求、信仰、保持認知的敏銳度、家庭和工作道德操守等。由此反映，我們要從多方面，包括生理、心理和社會層面，了解長壽的重要性，並仔細區分其中不同的因素如何在長者的日常生活和生命歷程中相互影響。能收集到不同社會環境中非常長壽的老人對長壽的提議，是非常珍貴的，因為常民理論（Lay Theories）有可能是從規範、家庭、文化思想、社會政策等不同因素之中產生的。

儘管只有很小的樣本數且採用了最大變異的抽樣方式引導六位被訪者回憶生命中佔有重要分量的事情，得到的都是正面生命事件，且這些正面的生命事件大部分跟工作有關。這跟其中一個定性研究提出的觀點相似。該研究認為家庭、朋友、工作和工作道德操守能直接或間接影響壽命長短[39]。此外，六位被訪者中有五位比較晚才退休，且都表示享受並熱愛工作。延遲退休似乎在準百歲和百歲老人的心理完好中扮演着重要的角色。除了規律的日常生活，工作環境或許能為人們提供一個表現的平台，做有建設性和有生產力的工作，並以此鞏固自我的價值。該研究結果對未來的長者和社會政策有着實際的參考和借鑒意義。前所未有的人口老化速度，預計會引致勞動力收縮，從而影響經濟發展和生產效率。如果延遲退休能給長者的晚年帶來益處，把長者保留在勞動力市場中，可以算一個合意、可行的建議。此外，我們跟 Vaupel 和 Loichinger[40] 有着同樣的觀點，認同在發達國家中擴張勞動力比例所產生的效益。他們在論文中提出，有更多

工作人口或許能帶來不同的效益，如減低人均每週工作時數、緩和年輕人失業率、增加中年家長與小孩相處的寶貴時光（因為他們能把工作時間分散在增長了的工作生涯中）、在身體狀況尚佳時增加休閒活動的機會等。

另一個合理的替代解釋是，當年輕勞動人口不足時，可容許人們在漸漸變老的同時堅持工作，而僅減少每週平均工作的時間[41]。可是，在發展中國家，此行動或許會帶來更多負面的後果，包括因減少工作時數而導致的收入減少。此外，此建議也不適用於有大量高度體力需求的工作之處。即使如此，本研究的結果仍能為香港現在有關延遲退休年齡和設立全民退休保障計劃的討論，做出一些貢獻。

本研究存在兩個主要限制，一是樣本量較少，但我們希望強調的是，尋找非常健康的準百歲和百歲老人十分困難。二是，蒐集的資料顯示，被訪者的回答多側重於正面信息。這在百歲老人研究中較為尋常，因為被訪者傾向於避免談及令人不快的生命經歷[39]。被訪者沒有跟我們分享很多負面信息，可能的原因有三：第一，我們表明想了解他們如何活得老又活得好。第二，有些被訪者不願意向研究團隊説出他們的顧慮。對此可以從文化傳統的角度來理解，中國的老年人比較保守，顧及聲譽，因此不情願公開地跟別人討論自己的弱點或憂慮。傳統文化講求和諧與面子[38,42]。面子是「中國人高度重視的社會聲譽」[42]，所以較少向外表露自己的負面感覺或情緒。早前的研究分辨了中國人與美國人不同的五種溝通特點（含蓄、聽話、客氣、自己人、面子）[43,44]，這或許能説明此次研究的限制：在訪談當中，被訪者將回答限制在可控制情緒的層面上，這反映了他們的含蓄。聽話和客氣的溝通特點令被訪者偏向以較正面的態度回答，以滿足訪談員的需要。「自己人」的概念則解釋了為什麼被訪者避免完全、自由的表達，因為訪談員並不是他們的一份子。第三，因為面子，被訪者可能會猶豫是否要跟訪談員分享一些可能影響他們聲譽的生命事件。

即使有這樣的限制，研究成功老齡化及準百歲和百歲老人的人生經歷，不僅讓我們對正面和成功老齡化的「生存方式」有了更深入的認識，更提醒了我們在社會進入急速人口老化進程時，需要預備和實行什麼。

附錄 A 半結構式訪談中的開放式提問

社交網絡接觸和家庭支持

您跟家庭成員的接觸有多頻繁（每一位家庭成員都詢問）？

請評估您從家庭成員處得到的不同幫助，包括：（1）家庭用品（2）金錢（3）情緒支持（4）信息上的協助。

無論他們在您的生命裏跟您有多少接觸，請列出五位對您來說重要的人（他們可以是朋友、親戚、鄰居、輔導工作者或其他人）。

定好名單後，針對名單上提及的每一位，詢問被訪者：（1）這段關係的性質是怎樣的（2）您們多久見一次面，以什麼方式見面（3）他／她怎樣影響您的生命？

生命事件

在（1）去年和（2）您的生命裏，有什麼（正面和負面的）事件，對您來說是最具紀念性的？它們為您帶來什麼影響？

生活態度

很多人對不同事情抱有不同的態度，像工作、愛情等。您對生命的態度是什麼？如被訪者不明白，嘗試探查下去。（如：生命對您來說是什麼？您生命中最緊張的是什麼？您是不是花很多時間在做有效率的事情？您會不會因為做了一些有意義或意味深長的事情而感到快樂？）

希望

您現在有什麼希望的事情嗎？

快樂感

您跟年輕時一樣快樂嗎？

您覺得現在的生命是最快樂的嗎？

您覺得現在是不是您生命當中最好的幾年？

可以告訴我為什麼嗎？

對生命觀點的一致性

當您回顧從前的生命時，您覺得滿足嗎？

如果您能改變生命，想改變其中的哪個部分？

性格

您怎樣形容自己的性格？

座右銘和對長壽的建議

參考文獻

1.   United Nations. Department of Economic and Social Affairs. Population Division. (2002). *World population ageing, 1950-2050*. New York: United Nations.

2.   United Nations. (2013). *World population prospects: The 2012 revision, highlights and advance tables (Working Paper No. ESA/P/WP.228)*. New York: United Nations Publications.

3.   Hong Kong Census and Statistics Department (HKCSD) (2012). *Hong Kong Population projections 2012-2041*. Hong Kong: HKCSD. http://www.statistics.gov.hk/pub/B1120015052012XXXXB0100.pdf.

4.   Cheung, S-L. K., Yip S-F. P., Chi I., Chui W-T. E., Leung Y-M. A., Chan H-W. F., & Chan M-Y. G. (2012). Healthy longevity and health care service needs: A pilot study of the centenarians in Hong Kong. *Asian Journal of Gerontology and Geriatrics*, 7, 26-32.

5.   Andersen-Ranberg, K., Christensen, K., Jeune, B., Skytthe, A., Vasegaard, L., & Vaupel, J. W. (1999). Declining physical abilities with age: A cross-sectional study of older twins and centenarians in Denmark. *Age Ageing*, 28 (4), 373-377.

6.   Andersen-Ranberg, K., Schroll, M., & Jeune, B. (2001). Healthy centenarians do not exist, but autonomous centenarians do: A population based study of morbidity among Danish centenarians. *J Am Geriatr Soc,* 49, 900-908.

7. Engberg, H., Christensen, K., Andersen-Ranberg, K., Vaupel, J. W., & Jeune, B. (2008). Improving activities of daily living in Danish centenarians—but only in women: A comparative study of two birth cohorts born in 1895 and 1905. *J Gerontol A Biol Sci Med Sci, 63*, 1186-1192.

8. Willcox, D. C., Willcox, B. J., Hsueh, W. C., & Suzuki, M. (2006). Genetic determinants of exceptional human longevity: insights from the Okinawa centenarian study. *Age (Dordr)*, 28 (4), 313-332.

9. Poon, L. W., Clayton, G. M., Martin, P., Johnson, M. A., Courtenay, B. C., & Sweaney, A. L., et al. (1992). The Georgia centenarian study. *International Journal of Aging & Human Development*, 34 (1), 1-17.

10. Poon, L. W., Jazwinski, M., Green, R. C., Woodard, J. L., Martin, P., & Rodgers, W. L., et al. (2007). Methodological considerations in studying centenarians: Lessons learned from the Georgia centenarian studies. *Annu Rev Gerontol Geriatr*, 27 (1), 231-264.

11. Perls, T. T., Bochen, K., Freeman, M., Alpert, L., & Silver, M. H. (1999). Validity of reported age and centenarian prevalence in New England. *Age Ageing*, 28, 193-197.

12. Perls, T. T., & Terry D. (2003). Understanding the determinants of exceptional longevity. *Ann Intern Med*, 139, 445-449.

13. Zeng, Y., Poston Jr D. L., Vlosky D. A., & Gu D. N. (2008). *Healthy longevity in China. Demographic, socioeconomic, and psychological dimensions*. The United Kingdom: Springer.

14. Maddox, G. L. (1985). Intervention strategies to enhance well-being in later life: The status and prospect of guided change. *Health Serv Res*, 19, 1007-1032.

15. Cho, J., Martin, P., & Poon, L. W. (2012). The older they are, the less successful they become? Findings from the Georgia centenarian study. *Journal of aging research*, Article ID 695854, doi.org/10.1155/2012/695854.

16. Jopp, D., & Rott, C. (2006). Adaptation in very old age: Exploring the role of resources, beliefs, and attitudes for centenarians' happiness. *Psychol Ageing*, 21, 266-280.

17. von Faber, M., Bootsma-van der Wiel, A., van Exel, E., Gussekloo, J., Lagaay, A. M., & van Dongen, E., et al. (2001). Successful aging in the oldest old: Who can be characterized as successfully aged?. *Archives of internal medicine*, 161 (22), 2694-2700.

18. Poon, L. W., Martin P., Bishop A., Cho J., Da Rosa G., & Deshpande N., et al. (2010). Understanding centenarians' psychosocial dynamics and their contributions to health and quality of life. *Current Gerontology and Geriatrics Research*, 680657, doi.org/10.1155/2010/680657.

19. Darviri, C., Demakakos, P., Tigani, X., Charizani, F., Tsiou, C., & Tsagkari, C., et al. (2009). Psychosocial dimensions of exceptional longevity: A qualitative exploration of centenarians' experiences, personality, and life strategies. *International Journal of Aging and Human Development*, 69, 101-118.

20. Dello Buono, M., Urciuoli, O., & De Leo, D. (1998). Quality of life and longevity: A

study of centenarians. *Age Ageing,* 27, 207-216.

21.   Hinck, S. (2004). The lived experience of oldest-old rural adults. *Qual Health Res,* 14, 779-791.

22.   Pascucci, M. A., & Loving, G. L. (1997). Ingredients of an old and healthy life: A centenarian perspective. *J Holistic Nurse,* 15, 199-213.

23.   Reichstadt, J., Sengupta, G., Depp, C. A., Palinkas, L. A., & Jeste, D. V. (2010). Older adults' perspectives on successful aging: Qualitative interviews. *Am J Geriatr Psychiatry,* 18, 567-575.

24.   Ryff, C. D., & Keyes, C. L. (1995). The structure of psychological well-being revisited. *J Pers Soc Psychol,* 69, 719-727.

25.   Katz, S., Downs, T. D., Cash, H. R., & Grotz, R. C. (1970). Progress in development of the index of ADL. *Gerontologist,* 10 (1), 20-30.

26.   Lawton, M. P., & Brody, E. M. (1969). Assessment of older people: Self-maintaining and instrumental activities of daily living. *Gerontologist,* 9, 179-186.

27.   Braun, V., & Clarke, V. (2006). Using thematic analysis in psychology. *Qual Res Psychol,* 3, 77-101.

28.   Chen, F. N., & Short, S. E. (2008). Household context and subjective well-being among the oldest old in China. *Journal of Family Issues,* 29 (10), 1379-1403.

29.   Liu, G., Dupre, M. E., Gu, D., Mair, C. A., & Chen, F. (2012). Psychological well-being of the institutionalized and community-residing oldest old in China: The role of children. *Soc Sci Med,* 75, 1874-1882.

30.   Bishop, A. J., Martin, P., & Poon, L. (2006). Happiness and congruence in older adulthood: A structural model of life satisfaction. *Aging Ment Health,* 10, 445-453.

31.   Ryff, C. D. (1989). Happiness is everything, or is it? Explorations on the meaning of psychological well-being. J *Pers Soc Psychol,* 57, 1069-1081.

32.   Keller-Cohen, D., Fiori, K., Toler, A., & Bybee, D. (2006). Social relations, language and cognition in the 'oldest old'. *Ageing Soc,* 26, 585-605.

33.   Randall, G. K., Martin, P., McDonald, M., Poon, L. W., Georgia Centenarian, S., & Jazwinski, S. M., et al. (2010). Social resources and longevity: Findings from the Georgia centenarian study. *Gerontology,* 56 (1), 106-111.

34.   Stine-Morrow, E. A., Parisi, J. M., Morrow, D. G., Greene, J., & Park, D. C. (2007). An engagement model of cognitive optimization through adulthood. *The Journals of Gerontology. Series B, Psychological Sciences and Social Sciences,* 62, 62-69.

35.   Studenski, S., Carlson, M. C., Fillit, H., Greenough, W. T., Kramer, A., & Rebok, G. W. (2006). From bedside to bench: Does mental and physical activity promote cognitive vitality in late life?. *Science of Aging Knowledge Environment,* (10), pe21.

36.   Bowling, A., Banister, D., Sutton, S., Evans, O., & Windsor, J. (2002). A multidimen-

sional model of the quality of life in older age. *Aging Ment Health*, 6 (4), 355-371.

37. Bowling, A., & Stenner, P. (2011). Which measure of quality of life performs best in older age? A comparison of the OPQOL, CASP-19 and WHOQOL-OLD. *Journal of Epidemiology and Community Health*, 65 (3), 273-280.

38. Lin, Y. N. (2001). The application of cognitive-behavioral therapy to counseling Chinese. *Am J Psychother,* 55, 46-58.

39. Chun, K. S. (2008). Living past 100 years: Perspectives from anthropology of longevity. In L. W. Poon (Eds.), *Annual review of gerontology and geriatrics: Biopsychosocial approaches to longevity* (pp. 173-204). New York: Springer Publishing Company.

40. Vaupel, J. W., & Loichinger, E. (2006). Redistributing work in aging Europe. *Science,* 312, 1911-1913.

41. Vaupel, J. W. (2010). Biodemography of human ageing. *Nature,* 464, 536-542.

42. Kwang, K. K., & Han K. H. (2010). Face and morality in Confucian society. In M. H. Bond (Ed.), *The Oxford handbook of Chinese psychology*. USA: Oxford University Press.

43. Gao, G., & Ting-Toomey, S. (1998). *Communicating effectively with the Chinese.* Thousand Oaks: Sage.

44. Fang, T., & Faure, G. O. (2011). Chinese communication characteristics: A Yin Yan Perspective. *International Journal of Intercultural Relations*, 35, 320-333.

第八章
多角度及跨學科界定成功老齡化 [①]

張筱蘭　劉喜寶

摘要

　　本研究採用一個累積性及多維度的模型來探討成功老齡化（Successful Aging, SA），並勘查在準百歲和百歲老人的成功老齡化是否與生物醫學和社會心理／人口學特徵有關。本研究基於一個有地區代表性、包含 120 位 95～108 歲準百歲和百歲老人的橫向調查樣本，編製了一個綜合的成功老齡化指數（Successful Aging Index, SAI）。該指數包括被訪者四個維度的表現：（1）身體及功能健康（Physical and Functional Health, PF）、（2）心理及認知健康（Psychological Well-being and Cognition, PC）、（3）社交參與及家庭支持（Social Engagement and Family Support, SF）、（4）經濟資源及財務保障（Economic Resources and Financial Security, EF）。

　　為了探討成功老齡化指數的效標效度，我們對訪問員評定的健康程度進行了邏輯斯蒂回歸分析。另外，還使用多元回歸模型分析成功老齡化指數分別與相關的生物醫學和社會心理／人口學的特徵因素的關係。研究結果顯示，只有 5.8% 的被訪者在全部四個維度實現了成功老齡化。其中，

---

①　　以英文論文原稿為準。Cheung, S-L. K., & Lau, H-P. B. (2015). Successful aging among Chinese near-centenarians and centenarians in Hong Kong: A multidimensional and interdisciplinary approach. *Aging and Mental Health*, 1-13. doi:10.1080/13607863.2015. 1078281.

在 PF 上實現成功老齡化的老人最少，而在 PC 上實現成功老齡化的老人最多。成功老齡化指數與訪問員評定的健康程度和高水平的高密度脂蛋白膽固醇顯著相關。與家人同住、較高的樂觀水平、較少疾病及社交活動障礙都能獨立預測成功老齡化指數。雖然現有的研究還沒有對高齡長者成功老齡化的構成部分和評估達成共識，但本研究的發現強調在了解準百歲和百歲老人的成功老齡化時應使用包含多維度的、綜合的、累積性的評估工具。

前言和文獻回顧

在最近幾十年，研究人員注意到老年死亡率減緩和百歲老人增多的現象 [1]。根據聯合國的預測，全世界的 80 歲及以上人口將會從 2013 年的 1.2 億人增至 2015 年的 3.92 億人，再增至 2100 年的 8.3 億人，增加七倍 [2]。無獨有偶，香港高齡長者人口在 1980～2020 年以每年約 6% 的速度增長 [3]，據預測會由 2010 年的 246,100 人（佔總人口的 3.5%）增至 2041 年的 956,800 人（佔總人口的 11.3%）。香港百歲老人從 1981 年的 289 人增至 2011 年的 1,890 人，增加了四倍 [4,①]。百歲老人的湧現，不僅引起了早期香港學者對高齡長者社交和健康的研究興趣 [5]，也引發了有關人類壽命極限的國際性研究 [6-9]。可是，在香港這樣一個人口老齡化速度最快和人口平均壽命最高的城市，卻還沒有任何相關的百歲老人研究。

不論在遺傳學領域還是在社會科學領域中，百歲老人常被視為病得最嚴重、身體最衰弱的群體 [10]，這可能與以往研究多側重生物醫學維度有關。但是，百歲老人也可被視為成功老齡化（Successful Aging, SA）的理想原型 [11]。在考察百歲老人的健康史後，有些學者發現這些健康的生存者，一生都能成功地適應身體老化 [12]。甚至有很多百歲老人並沒有罹患或很晚才患有致命性的疾病 [13-14]；他們的認知缺失也較晚出現 [10,15]，只有輕度的功能衰退 [16-18]。

---

① 根據香港統計處 2016 年中期人口普查，香港百歲老人已增至 3,645 人。

在社會心理健康維度方面，很多高齡長者擁有不同的應對方式和健康的生活習慣[19-21]，他們有選擇地參與社交活動並避免衝突[22]。即使在生活中面對越來越多身體上的限制，他們也傾向於有較穩定的情緒、自我安全感[23-25]和堅忍克己的精神[26]。比起其他較年輕的長者，這樣的生活態度給高齡長者帶來相對較佳的生活滿意程度、心理恢復力、樂觀和快樂感[27-30]。雖然社會支持對高齡長者的心理調整很重要[31-32]，但與較年輕的長者相比，他們趨向於報告擁有更少的社會提供的服務和社會資源等社會支持[33]。

與西方老人相比，亞洲長者更可能將家庭支持和經濟保障視為成功老齡化的重要因素[34]。因此，家庭支持對華裔百歲老人和高齡長者的幸福感和主觀健康程度來說是很重要的[35-36]。這些長壽的家庭成員也常常被認為是家庭和文化傳統的象徵[37]。對很多長者來說，經濟得不到保障是一個長期令人憂心的因素，可能會對長者的生活滿意程度和心理健康產生負面的影響[38-40]。經濟保障，即有足夠的金錢支付日常生活開支和擁有經濟上較滿意的狀況，尤其是當需要面對越來越高昂的醫療費用時，可以給長者一份持久的安全感。

成功老齡化的多維度模型

成功老齡化有不同的定義[41-47]。Havighurst 於 1961 年首次提出了「在生命裏加上生活（Adding Life to The Years）」這一說法[48]。隨後，Rowe 和 Kahn 鼓勵在研究中描述更多不同種族人口如何成功地避免病理性的衰老[49]。Baltes 和 Baltes 強調心理和行為上調整策略的重要性，並提出成功老齡化是一個包含選擇（Selection）、優化（Optimization）和補償策略（Compensation Strategies）的適應過程[19]。

根據 Rowe 和 Kahn 的模型，成功老齡化的操作定義是不存在疾病或障礙並能維持高度的身體和認知功能以及締造富有意義的生活[50]。這一定義使成功老齡化看起來幾乎只是年輕長者的專利。而身體健康和生活能力變差多與年齡有關，因為較年輕的長者普遍比較年老的長者有更少的身體障礙和較高的獨立能力[23,30]。因此，有很多研究指出年齡是預測成功老齡化的最重要指標[43,51-52]，因為在不同的測量成功老齡化的研究中，較年邁

的長者比較年輕的長者有更差的表現。

　　一些研究者建議在不同年齡組別的長者中採用不同的成功老齡化模型 [53-55]。強調健全的身體功能和不存在疾病的模型可能不太適用於高齡長者，因為只有極少數的高領長者能符合這些條件 [51,56-57]。而那些考慮對身體變差的心理調整和正面心理特質的模型可能更適合他們 [54]，原因是假若個人的心理和社會性的補償機制都被考慮在內，成功老齡化其實是可以與疾病和功能限制並存的 [47]。客觀指標（如缺乏家人和朋友、日常生活自理能力的障礙）與主觀指標（如自評的生活質量、幸福感）間的差異加強了這群長壽老人成為抗逆生存者的能力 [58]。而早前的研究發現，用客觀和主觀變量去評估較年輕的長者的成功老齡化時會出現差異 [52,59-60]，但這一方法很少應用於高齡長者（除 Cho 等人 [56]）。準確來說，基於客觀與主觀的變量，在評估成功老齡化條件的同時，除了度量身體健康和健全的生活功能外，也應該包括心理健康、家庭支持和經濟保障。

　　學術界趨向於贊同應採用多維度的成功老齡化的定義 [42-43,61-62]。「Multidisciplinary（多學科的）」和「Interdisciplinary（跨學科的）」是兩個常被互用的詞語 [63]。前者是旨在不同的學術領域探索中，各學科的界限得以維持並側重其各自獨特的貢獻；而後者則着重於老年化的多維度性，超越不同學科的界限，整合它們的貢獻 [64-65]。不少研究曾探討中國老人中的多維度成功老齡化 [38,66-68]，其中有幾項研究集中於高齡長者 [38,67]。Chou 和 Chi 使用四個維度評估年輕長者、長者和高齡長者三組香港華裔長者的成功老齡化 [38]，但三組長者都以同樣的模型進行評估，而且 80 歲及以上的長者被分配到同一組，並沒有考慮高齡長者與百歲老人的差異。Ng 等人開發了一個綜合的成功老齡化指數，使用二分類變量度量新加坡 65 歲及以上華裔長者的身體健康、社交能力、參與程度及生活滿意度 [67]。兩項研究都強調在華裔高齡長者中使用多維度的成功老齡化定義比只局限於生物醫學更合適。

　　雖然多維度的成功老齡化模型曾應用在長壽老人和百歲老人中，但應用有限。Nosraty 等人使用六個不同的模型，圍繞三個部分（身體上、社會上和心理上）對成功老齡化進行研究 [55]。他們發現使用不同的條件

來測量成功老齡化會得出不同的成功老齡化發生率。相比於心理（20%）和社會部分的成功老齡化（75%），身體的成功老齡化更難實現（5.3%～25.2%）。其中，不存在疾病是最難實現的條件。

Cho 等學者使用了 Rowe 和 Kahn 的成功老齡化模型進行研究，包含發生疾病的機率、身體或認知能力、對生活的參與。發現沒有任何長者能滿足 Rowe 和 Kahn 的苛刻的條件 [56]。而 Cho 等人提出的另一個模型，着眼於三個不同的部分，包括主觀健康評價、自評的經濟狀況及幸福感。結果發現，按照他們的條件進行評估，62.3% 的八旬長者和 47.5% 的百歲老人都是成功老齡化者（即他們有良好的主觀健康評價、良好的自評經濟狀況及高水平的快樂感）。該研究顯示了在生物醫學和功能維度以外，描繪成功老齡化的有效方法。可是，目前還沒有任何模型應用在不斷增多的亞洲百歲老人的研究之中。

本研究的理念

即使身體狀況和功能都在衰退，很多百歲老人仍對生命存有正面的盼望和過着有意義的社交生活 [22,27-28,30,36-37]。尤其在亞洲，除了良好的身體、功能性和心理健康以外，長者傾向於相信家庭支持和經濟保障是成功老齡化不可缺少的部分 [34]。這說明我們需要重新考慮成功老齡化模型，使其更加側重於身體健康與功能健全，是否仍然能反映百歲老人對「良好生活」這一重要因素的看法 [69]。早前的研究也贊成應使用累積的方式評估成功老齡化，並區分成功老齡化的組成部分和它的預測變量 [41,70]。基於客觀和主觀的度量工具（除 Nosraty 等 [55]），測試長壽老人和百歲老人多維度成功老齡化的研究模型（除 Cho 等）仍然很少。鑒於這種情況，本研究希望測試一個含蓋主觀和客觀指標、多維度、累積性及綜合性的成功老齡化模型，同時希望探討與準百歲和百歲老人的成功老齡化相關的因素。

研究方法

抽樣和程序

香港百歲老人研究（Hong Kong Centenarians Study, HKCS）首先在 2010 年進行試點[3]。準百歲和百歲老人在 2011 年 4～9 月接受正式訪問，整個研究包括 153 名出生於 1905～1915 年的華裔老人。根據 18 個地方選區（Geographical Constituency Areas, GCAs）中 85 歲及以上長者的比例，採用配額抽樣方法抽取一個有地區代表性的樣本。最終符合條件的長者來自兩個途徑，即社區和臨床網絡。有關抽樣和調查的過程已經在其他相關文獻中有詳細説明[71]。在 153 名被訪者中，有 102 位參與了血液測試。所有血液測試的記錄由化學病理學家和一位老年醫生授權和校驗。本次研究已在 2011 年 1 月、5 月分別被香港大學非臨床研究倫理委員會（參考編號：EA200111）及香港衛生署研究倫理委員會（參考編號：DHHQ/5030/5/5 中的 L/M 48/2011）批准進行。

測量成功老齡化

以之前的研究為基礎[38,56,68]，我們採用一個多維度、包含主觀和客觀度量工具的模型來評估香港準百歲和百歲老人的成功老齡化。成功老齡化將會從以下四維度被評估：（1）身體及功能健康（Physical and Functional Health, PF）（2）心理及認知健康（Psychological Well-being and Cognition, PC）（3）社交參與及家庭支持（Social Engagement and Family Support, SF）（4）經濟資源及財務保障（Economic Resources and Financial Security, EF）。每個維度由兩個同樣權重的指標所代表。其中，主觀指標包括自評健康、抑鬱的徵兆、自評經濟狀況以及足夠支付日常開支的收入；而客觀指標則包括日常生活自理能力獨立度、認知能力、參與社交活動的頻率以及是否有可依靠的配偶／子女。

我們採用一個新的數值型的指數——成功老齡化指數（Successful Aging Index, SAI），來評估被訪者累積性的成功老齡化。如果被訪者在

某個成功老齡化指標中表明身體、社會心理或經濟層面上的幸福感（如有良好的主觀健康評價、擁有可依靠的配偶／子女或經濟上較富裕），會賦值該項目 1 分；如果被訪者的回答反映出在身體、社會心理或經濟層面上出現不良狀況，他們會在該項目被賦值 0 分。在四個維度中，共有八個指標，因此成功老齡化指數的範圍為 0～8 分。8 分表示全面的成功老齡化，而 0 分則表示未能在任何一個指標中實現成功老齡化。此外，如果要被認為已實現某個維度（如 PF）的成功老齡化，被訪者需要滿足該維度中的全部兩個指標（即有良好的自評健康和日常生活自理能力獨立度）。

身體及功能健康（PF）

準百歲和百歲老人的可能患有不同的慢性疾病[16,18,72]，為此我們使用主觀健康評價作為被訪者身體健康的指標。大量研究顯示自評健康是疾病和死亡的有力預測工具[73-74]。詢問被訪者「你會怎樣為自己現時的健康狀態評分？」以評估被訪者對自己健康程度的看法。他們根據從 1（非常差）到 5（非常好）共五個等級的量表回答。

在量度被訪者的功能性獨立度時，會評估他們能否獨立和順利地處理六個日常生活自理能力項目（包括洗澡、穿衣、上廁所、室內行走、控制大小便及進食，$\alpha=0.77$）[74]。比如上廁所，獨立是指被訪者能自己去洗手間，並在不需別人協助下可自行清理（可能需要使用到工具協助，如拐杖、助步車或輪椅）。對所有需要協助的項目進行加總，構成依賴度總分。

被訪者如果有好或非常好的主觀健康評分，能獨立處理所有六個日常生活自理能力項目，他們會被視為成功老化者。

心理及認知健康（PC）

心理健康和認知能力之所以被分類在同一個維度裏，是因為在高齡長者中抑鬱和老年癡呆症通常會同時出現[76-77]。害怕失憶是構成百歲老人抑鬱的一部分[29]，而抑鬱和焦慮也是認知障礙症的常見情緒症狀[78]。

我們使用一份擁有 15 個二分類項目的簡易版本的老年抑鬱量表（the Geriatric Depression Scale, GDS）來度量心理健康[78-80]。此量表含兩部分：正面情感和負面情感。關於被訪者的正面情感，提問的問題包括：在過去兩個星期中，（1）您對生活基本感到滿意嗎（2）您大部分時間心情都是好的嗎（3）您大部分時間都是開心和快樂的嗎（4）您生存到現在覺得是美好的嗎（5）您是否感到精力充沛？

在負面情感維度，用以下問題進行評估，分別為：（1）您有放棄很多過往常常參與的活動和興趣嗎（2）您感到自己的生活空虛嗎（3）您常常感到生活沉悶嗎（4）您擔心有不幸的事將會在你身上發生嗎？（5）您時常感到缺乏幫助嗎（6）您是否寧願留在家中，也不願出外做些新的事（7）您是否覺得您比一般長者有更多的記憶力問題（8）您是否覺得自己現在毫無價值（9）您是否覺得您現在的處境沒有希望（10）您是否覺得大部分人的境況比您好？

該量表在此樣本中有令人滿意的信度（α=0.88）。較低的分數代表較好的幸福感和較少的抑鬱徵兆，而較高的分數則表示較差的幸福感和較高水平的抑鬱徵兆。

認知能力方面，使用中文版本的簡短精神狀態測驗（The Mini Mental State Examination, MMSE）進行量度[30,81]。被訪者的正確答案會被賦值 1 分，錯誤答案則賦值 0 分，最高分數為 30。被訪者若在 GDS 中取得 5 分或以下[82]並在 MMSE 中得到 21 分或以上[83]，則表示他們是成功老齡化者。

社交參與及家庭支持（SF）

社交參與是成功老齡化重要的部分之一[50]，它趨向於預測較低水平的壓力、較少的抑鬱徵兆及較好的生活滿意度[84]。我們詢問被訪者參加教會活動、家庭聚會和俱樂部聚會等不同社交活動的頻率。假如他們一星期參與一次或更多不同聚會，便歸類為社交活躍的老人。

在家庭支持維度，參加者以二分類（有／沒有）回答，即他們在需要情感支持時有沒有配偶或子女可以依靠。

實現成功老齡化表示被訪者有每星期一次的社交活動和有可依靠的配偶或子女。

經濟資源及財務保障（EF）

留意到經濟保障對香港老人幸福感的重要性 [34,39-40,85]，我們在模型中加入經濟資源和財務保障維度。被訪者要比較自己與香港家庭的平均經濟狀況。在財務保障部分，被訪者以「是」或「否」回答他們是否有足夠的金錢支付生活開支（如食物的需求、醫療服務及日常開銷）。實現成功老齡化的被訪者認為自己的家庭比其他人更好，有足夠的金錢支付生活開支。

為了證明成功老齡化指數的建構效度，我們評估了它與訪問員評定的健康程度的關係。訪問員評定的健康程度與被訪者的主觀健康評價相似，它能提供健康狀況的資料，並在主觀健康評價以外獨立和有力地預測死亡。因此，訪問員評定的健康程度是一個良好的輔助工具，有助於評定一直被廣泛使用的主觀健康評價 [86]。我們還探討了與準百歲和百歲老人成功老齡化有關的因素並研究成功老齡化指數與生物醫學及社會心理／人口學特徵因素之間的關係。我們預期成功老齡化指數會與訪問員評定的健康程度有正相關。我們也會研究生物標記、身體健康程度（疾病的數量）、功能性健康程度（手握力）、性格（樂觀）、社會環境（社交活動障礙）和人口學特徵（居住安排和教育程度）與成功老齡化指數的關係。成功老齡化指數原本被視為量度成功適應老年化的指標，因此我們預期它與較好的身體和功能性健康（較少的疾病和較強的手握力）以及有益的社會心理特質（較樂觀、較少社交活動障礙、與家人同住及較高學歷）呈正相關。由於只有很少的研究聚焦在特定的生物標記與準百歲和百歲老人成功老齡化的關係上，我們並沒有為任何生物標記作任何預先假設。本研究包括了 120 位被訪者，他們在所有八個成功老齡化指數的指標中都給出了有效的回

答，其中 83 位還參加了血液測試 ①。

訪問員評定的健康程度

　　訪問員需要評估被訪者的身體狀況，有四個選項，包括：非常衰弱、相對衰弱、相對健康及非常健康[90]。在本研究中，我們將訪問員評定的健康程度作為因變量進行邏輯斯蒂回歸分析，將非常衰弱、相對衰弱和相對健康的被訪者歸納為一組並編碼為「0」（58.3%），將非常健康的被訪者編碼為「1」（36.7%）。

與成功老齡化指數有關的生物醫學和社會心理／人口學特徵相關因素

（1）生物醫學相關因素

　　血液樣本檢驗包括了全血細胞計數、腎和肝功能、C 反應蛋白、HbAlc（糖化血紅蛋白）、膽固醇、三酸甘油酯和白蛋白在內的 33 個生物標記，也計算了被訪者已被診斷的疾病。他們需要回答有沒有被醫院診斷罹患所列出的 30 種疾病，包括中風、充血性心臟衰竭、冠心病、高血壓、心律不整、阿爾茨海默症、肺炎、泌尿道感染（在過去 30 日內）、癌症（在過去五年內，不包括皮膚癌）和糖尿病等。其中最常見的疾病是白內障（79.2%）和高血壓（62.5%）。只有三位被訪者（2.5%）在五年內曾患上癌症，而 23 位被訪者（19.2%）則患有充血性心臟衰竭或冠心病。

　　手握力是預測老人障礙、認知功能、衰弱和死亡的重要工具[87-88]，由專業的臨床運動專家（ACSM-CES 認證）以握力測定器進行評估（Takei Kiki Kogyo TK-1201）。我們排除了一些不能理解或不能進行測試的被訪

---

①　　153 位被訪者包括了能在任何成功老齡化指數指標上提供有效回答的 120 位被訪者和因未能提供有效數據而未被納分析的 33 位被訪者。分析中的缺失值來自多個方面，有 4 位在主觀健康評價項目上、1 位在日常生活自理能力依賴度項目上、6 位在老年抑鬱量表項目上、13 位在簡短精神狀態測驗項目上、2 位在參與社交活動的頻率項目上、10 位在可依靠的配偶或子女的存在項目上、14 位在自評經濟狀況項目上、9 位在收入充足度項目上提供無效回答的被訪者。其中幾位被訪者的缺失值有重疊。

者（如臥床不起的老人）。在測試中，記錄被訪者左右手三次獲取的重量（以公斤計算）並取其最高值作為分析。

（2）社會心理／人口學特徵相關因素

有研究發現樂觀可以使丹麥長壽老人最多延長 12 年的壽命[89]。該性格項目以詢問被訪者在多少程度上「能看見事情美好的一面」進行度量。被訪者根據從 1（非常不能）到 5（非常能）共五個等級的量表回答[90]。

在社會環境部分，被訪者需回答他們在多大程度上同意以下十個障礙會阻礙他們的社交活動，分別是：行動及健康問題、缺乏洗手間設施、缺乏同伴、活動安排問題、交通困難、（活動場地）過於嘈雜、難以安排活動時間、經濟負擔、活動缺乏吸引力和缺乏不同種類合適的活動。被訪者根據從「同意」到「非常同意」的等級量表回答。

在人口學特徵部分，記錄被訪者的性別（女 =「0」，男 =「1」）、年齡、居住安排和受教育程度，以此作為成功老齡化的獨立預測變量（自變量）。其中，居住安排分為三類：與家人或朋友居住、獨居、在院舍居住。構建了兩個虛擬變量，以與家人或朋友同住為參照類別。在受教育程度方面，詢問被訪者曾接受過多少年的正式教育，他們的回答被重新編碼（「0」= 沒有，「1」=1～6 年，「2」=7 年及以上）。

本研究以 SPSS19 統計軟件進行數據分析。

研究結果

樣本特徵

被訪者年齡為 95～108 歲，大多為女性（74.2%）。大部分被訪者在中國內地（84.2%）和農村（60.8%）出生。平均受教育年限為 2.88 年（標準差為 4.25），一半老人沒有接受過任何教育（50.8%）。大部分被訪者的配偶已經去世（80.8%）。一半被訪者與家人或朋友同住（53.3%）。除了

被訪者外，平均家庭成員數為 1.93 人（標準差為 1.43）。31.7% 被訪者獨居，15.0% 在院舍居住。

比較因未能提供有效的成功老齡化指標數據而未被納入本次分析的 33 位被訪者與納入本次分析的 120 位被訪者樣本，後者大多為男性 [$\chi^2(1)$=4.20，p=0.040]、接受過一些教育 [$\chi^2(1)$=5.99，p=0.014]、較樂觀 [$t(33)$=2.44，p=0.020]，較常被訪問員評定為健康 [$\chi^2(1)$=6.82，p=0.009]。但這兩組被訪者在年齡、居住安排、疾病的數量、手握力及社交活動障礙數量上並沒有差異。

成功老齡化指數（SAI）

表 8-1 列出了成功老齡化指數及其相關因素的描述性統計。八個指標都適度、顯著地與成功老齡化指數量表分數有關 [rs=0.25（金錢充足）至 0.58（社交活動）]。四個成功老齡化的維度都較為獨立。在六個相關關係中，只有 PF 和 EF 的關係在統計學意義上顯著（表 8-2）。

表 8-3 列出在每個維度中，成功老齡化的被訪者比例（即成功老齡化者）。PC 成功老齡化的比例最高，隨後為 SF、EF 和 PF。

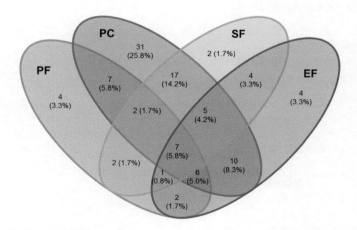

圖 8-1　每個組合在四個維度中完成 SA 的被訪者人數及百分比 (N=120)

PF = 身體及功能健康；PC = 心理及認知健康；SF = 社交參與及家庭支持；EF = 經濟資源及財務保障

　　圖 8-1 顯示了在所有成功老齡化多維度的組合中，每個組合的被訪者人數。在 120 位被訪者中，只有少數（5.8%）在所有維度上實現成功老齡化。大部分被訪者能在一至兩個維度上實現成功老齡化［一維度總和：n=41（34.2%），包括 PF（n=4，3.3%），PC（n=31，25.8%），SF（n=2，1.7%）和 EF（n=4，3.3%）；兩維度總和：n=42（35.0%），包括 PF+PC（n=7，5.8%），PF+EF（n＝2，1.7%），PC+SF（n=17，14.2%），SF+EF（n=4，3.3%），PF+SF（n=2，1.7%），PC+EF（n＝10，8.3%）］。在實現三維度成功老齡化的被訪者中（n=14，11.7%），大部分在 PF、PC 和 EF 維度上達標（n=6，5.0%）。有 16 位被訪者（13.3%）未能在任何維度達到標準。成功老齡化指數的平均分數為 5.06（標準差為 1.56）。

表 8-1　SA 的指標、SAI 及其相關因素的描述性統計（N=120）

SA 指標	人數（佔比） *n*（%）
（1）PF 維度（身體和功能上的健康水平）	
好／非常好的主觀健康狀況	48（40.0）
ADL 獨立度	73（60.8）
（2）PC 維度（心理幸福感和認知能力）	
GDS≤5.00	101（84.2）
MMSE≥21.00	97（80.8）
（3）SF 維度（社交參與和家庭支持）	
每星期一次的社交活動	64（53.3）
有可依靠的配偶或子女	75（62.5）
（4）EF 維度（經濟支持和財政安穩）	
自己的家庭比其他的富裕／稍微富裕	43（35.8）
收入足夠支付生活開支	106（88.3）
SA 的相關因素	**人數（佔比）／均值（標準差）** *n*（%）/*M*（*SD*）
性別：女性	89（74.2）
年齡	97.66（2.26）
居住安排	
獨居	38（31.7）
與家人同住	64（53.3）
院舍居住	18（15.0）
教育程度	
沒接受過教育	61（50.8）

（續上表）

1～6 年教育程度	44（36.7）
7 年或以上教育程度	15（12.5）
自我報告的已診斷疾病的數量	2.98（1.87）
手握力（公斤）[a]	15.42（6.03）
社交活動障礙數量 [b]	2.13（1.90）
樂觀	4.52（0.78）
SAI	5.06（1.56）
訪問員評定的健康程度	3.27（0.66）

註：N=120，除非另外標明；SA= 成功老齡化；ADL= 日常生活自理能力；GDS= 老年抑鬱
　　量表（簡易版本）（The Geriatric Depression Scale-Short Form）；MMSE= 簡短精神狀
　　態測驗（The Mini Mental State Examination）；SAI= 成功老齡化指數。

[a]　兩位參與者沒有提供手握力數據。

[b]　一位參與者沒有提供社交活動障礙數據。

表 8-2　四個 SA 維度的斯皮爾曼等級相關係數（Spearman's ρ correlations）（N=120）

	PF	PC	SF
PC	0.02		
SF	0.07	0.10	
EF	0.24[**]	0.02	0.15

註：PF= 身體和功能上的健康水平；PC= 心理健康和認知能力；SF= 社交參與和家庭支持；
　　EF= 經濟支持和經濟保障。

** *p* < .01.

表 8-3　在 SA 不同維度上實現成功老齡化的老人比例（N=120）

SA 維度	人數（佔比） *n*（%）
身體和功能上的健康水平（PF）	31（25.8）
心理健康認知能力（PC）	85（70.8）
社交參與和家庭支持（SF）	40（33.3）
經濟支持和經濟保障（EF）	39（32.5）

與訪問員評定的健康程度的關係

　　為了探討成功老齡化指數與訪問員評定的健康程度的關係，進行了

邏輯斯蒂回歸分析，以訪問員評定的健康程度為因變量，成功老齡化指數
為預測變量，控制年齡、性別和居住安排。回歸分析結果顯示，成功老齡
化指數在控制人口學特徵的影響後顯著地與訪問員評定的健康程度有關
（OR=2.40，95%CI=1.62～3.56；表 8-4）。沒有人口學特徵與訪問員評定
的健康程度顯著地相關。

表 8-4 **訪問員評定的健康程度的二分類 logistic 回歸分析結果（N=114）**

	Wald 檢驗	OR（95%CI）	P
截距（constant）	0.67	0.00	0.413
性別	0.19	1.23（0.46～3.41）	0.664
年齡	0.10	1.03（0.86～1.24）	0.755
獨居（參照類別 = 與家人同住）	1.64	0.52（0.19～1.41）	0.201
院舍居住（參照類別 = 與家人同住）	0.05	0.85（0.20～3.57）	0.826
SAI	18.77	2.40（1.62～3.56）	0.000
模型概要：χ^2（5）=30.74, p=0.000；-2log 似然函數 =121.32			

註：SAI= 成功老齡化指數；有六位參與者沒有訪問員評定的健康程度相關數據。

與生物標記的關係

　　首先使用雙變量相關分析，研究成功老齡化指數與 33 個生物標記的
關係[①]。結果顯示，沒有任何生物標記與 SAI 的關係是顯著的（rs < 0.14，
ps > 0.20）。隨後，在排除年齡和性別的影響後，重新進行分析。結果顯
示，成功老齡化指數與高密度脂蛋白膽固醇顯著有關［樣本均值（mg/dL）
=1.43，標準差為 0.43，r=0.24，p=0.026］。較高水平的成功老齡化指數與

---

① 我們也探討了 33 個生物標記與身體和功能健康水平（PF）的兩個指標（即良好的主觀
健康評價和日常生活自理能力依賴度）的關聯。控制年齡和性別影響後，主觀健康評價
與任何生物標記均沒有顯著的關係；但是日常生活自理能力依賴度與較低的血小板水平
（r=-0.26，p=0.018）和較高的白蛋白水平（r=0.27，p=0.014）有關。早前有關百歲老人的
研究表明，較高的白蛋白水平與較佳的功能性健康有關[18]；而較高水平的血紅素、白蛋白
對主觀健康評價有顯著的影響[72]；較低的血小板水平則與較低的心血管疾病風險有關[91]。
由於本研究聚焦在與多維度的成功老齡化構造有關的因素上，因此，在模型中並未對生
物標記中的白蛋白和血小板在身體和功能健康水平中的表現等做深入的探討。

表 8-5　SAI 與相關因素的皮爾遜相關係數（Pearson's correlations）

	SAI	SH	ADL	GDS	MMSE	SA	CF	SES	FS	AGE	EDU	DIS	HGS[a]	SB[b]
SH	0.48**													
ADL	0.44**	0.06												
GDS	0.43**	0.12	-0.02											
MMS	0.37**	-0.12	0.04	0.19*										
E														
SA	0.58**	0.18*	0.28**	0.19*	0.22*									
CF	0.39**	0.00	0.01	0.09	0.02	0.00								
SES	0.51**	0.31**	0.07	0.04	-0.08	0.11	0.15							
FS	0.25**	-0.02	-0.08	0.06	0.22*	-0.08	0.04	0.06						
AGE	0.18	0.13	0.12	0.11	-0.06	0.04	0.02	0.21*	0.01					
EDU	0.19**	0.06	-0.05	-0.01	0.22*	0.01	0.17	0.21*	0.06	0.07				
DIS	-0.26**	-0.20*	-0.20*	-0.11	0.05	-0.10	0.01	-0.25*	-0.10	-0.24*	0.05			
HGS	0.34**	0.14	0.25**	0.17	0.20*	0.18*	0.17	0.15	-0.14	0.00	0.16	-0.04		
SB	-0.23**	-0.13	-0.11	-0.21*	-0.03	-0.25*	0.00	-0.08	0.03	0.00	-0.05	0.00	-0.20*	
OP	0.29**	0.20**	0.27**	0.29**	0.13	0.15	0.05	0.02	-0.13	0.10	0.00	-0.12	0.28*	-0.04

註：rN=120，除非另外標明。SAI= 成功老齡化指標；SH= 主觀健康狀況（0= 一般／差／非常差，1= 好／非常好）；ADL= 日常生活自理能力獨立度（0=6 個 ADL 全部獨立完成，1= 最少一個 ADL 需要依賴）；GDS= 老年抑鬱量表（簡易版本）（0= 分數 > 5.00，1= 分數 ≥5.00）；MMSE= 簡短精神狀態測驗（0= 分數 < 21.00，1= 分數 ≥21.00）；SA= 社交活動（0= 比每星期一次少，1= 每星期一次或更頻繁）；CF= 有可依靠的配偶或子女（0= 沒有信靠者，1= 有信靠者）；SES= 經濟資源（0= 比平均差／差不多，1= 比平均好）；FS= 金錢充足（0= 不充足，1= 充足）；EDU= 教育程度（0= 沒接受過教育，1=1～6 年教育程度，2= 七年或以上教育程度）；DIS= 疾病數量；HGS= 手握力（公斤），SB= 社交活動障礙，OP= 樂觀。

a　*r* 兩位參與者沒有提供手握力數據。

b　*r* 一位參與者沒有提供社交活動障礙數據。

*p < 0.05；**p < 0.01

較高水平的高密度脂蛋白膽固醇有關。

與人口學特徵、身體健康、功能性健康和社會心理特質的關係

女性的成功老齡化指數（M=4.80，SD=1.55）顯著地低於男性 [M=5.81，SD=1.38，t（119）=3.21，p=0.002]。在不同環境居住的被訪者成功老齡化指數存在顯著差異 [F（2117）=6.65，p=0.002]。進行邦費羅尼校正（Bonferroni Adjustment）後，事後比較檢驗（Post Hoc Tests）顯示，與家人或朋友同住的被訪者（M=5.50，SD=1.38）的成功老齡化指數顯著高於院舍居住 [M=4.22，SD=1.22，平均差（SE）=1.28（0.40），p=0.005] 或獨居的被訪者 [M=4.71，SD=1.77，平均差（SE）=0.79（0.31），p=0.033]；而院舍居住和獨居的被訪者之間並沒有顯著的差異（p=0.766）。較高受教育水平的被訪者成功老齡化指數也更高（β=0.19，t=2.10，p=0.038）。表 8-5 整理了成功老齡化指數與年齡、受教育程度、疾病數量、手握力、社交活動障礙數量、樂觀之間的皮爾遜相關係數。較高年齡、較少疾病、較強的手握力、較少的社交活動障礙、較樂觀，都顯著地與成功老齡化指數相關。

我們進行一個多元回歸模型分析，探討以上所述的哪個因素能獨立地與成功老齡化指數相關。年齡、性別、居住安排、受教育程度、疾病數量、手握力、社交活動障礙數量和樂觀都作為預測變量納入回歸模型中。成功老齡化指數為因變量。模型顯著性檢驗顯著，F（9108）=6.06，p=0.000，解釋了成功老齡化指數中 33.6% 的方差 [調整後的 r^2（adjusted r^2）=0.28]。兩個居住安排的虛擬變量、已診斷的疾病、社交活動障礙和樂觀的回歸係數都對因變量有顯著的影響。跟與家人或朋友居住的被訪者比較院舍居住的被訪者更容易有較低的成功老齡化指數。此外，有較少的疾病、經歷較少的社交活動障礙和有較高的樂觀水平，跟較高的成功老齡化指數有關（表 8-6）。

表 8-6 以 SAI 為因變量的多元回歸分析結果

變量	B	$SE(B)$	β
截距（constant）	-1.48	5.65	
性別	0.06	0.41	0.02
年齡	0.05	0.06	0.07
獨居	-0.67	0.28	-0.20[*]
院舍居住	-0.83	0.38	-0.19[*]
教育程度	0.36	0.20	0.16
疾病的數量	-0.15	0.07	-0.18[*]
手握力 [a]	0.05	0.03	0.18
社交活動的障礙 [b]	-0.14	0.07	-0.17[*]
樂觀	0.44	0.18	0.22[*]
模型概要			
r^2			0.35
調整的 r^2			0.30
ΔF			6.79[**]

註：N=118。SAI= 成功老齡化指標。此時用了列表刪除法。在控制年齡和性別因素後，只有一個生物標記（高密度脂蛋白膽固醇，HDLC）顯著地跟 SAI 有關。我們進行了一個在已有的預測變量（如年齡、性別、教育程度等）以外、以高密度脂蛋白膽固醇作為預測變量的多元回歸模型。最後的模型是顯著的，$F(10,76)=4.51$，$p=0.000$，$r^2=0.36$，修正 $r^2=0.29$。可是，由於血液測試的樣本較少，樣本熱量由 118 減至 87，顯著的預測變量只剩下疾病的數量（$\beta=-0.22$，$p=0.30$）。鑒於樣本量變少，從回歸模型中排除了高密度脂蛋白膽固醇。

[a]　兩位參與者沒有提供手握力數據。

[b]　一位參與者沒有提供社交活動障礙數據。

[*]$p < 0.05$；[**]$p < 0.01$

討論

本研究使用具有累積性及多維度的模型，來探討香港華裔準百歲和百歲老人的成功老齡化。採用跨學科的途徑，以成功老齡化指數的不同維度（包括 PF、PC、SF 和 EF）評估成功老齡化。結果顯示這四個維度是較為獨立的項目，這支持了成功老齡化為一個多維度現象的主張。與之前有關百歲老人的研究相符[18,56]，我們的被訪者也最難實現 PF 維度的成功老齡

化條件。而 PC 卻是最容易達到的目標維度。分析結果證明，長壽的老人都有着心理抗逆力和認知儲備，這反映出他們在面對現今和將來的身體衰退和功能限制時，擁有更強大的應對資源 [22,27]。

　　雖然只有很少的被訪者能在全部四個成功老齡化指數維度上實現成功老齡化（5.8%），但有 86.7% 的被訪者最少實現了一個維度的成功老齡化。這與 Cosco 等的研究互相呼應 [70]，Cosco 等主張使用累積性的測量去捕捉這些複雜但重要的條件來滿足成功老齡化中的個人差異。成功老齡化指數顯著但適度地與訪問員評定的健康程度相關，這說明了成功老齡化指數具有效標效度。在生物標記相關因素中，成功老齡化指數與較高水平的高密度脂蛋白膽固醇相關，該膽固醇水平傾向於與較良好的認知能力 [92] 及較低患上冠心病的風險有關 [93]。這一鏈接模式反映出成功老齡化指數是一個良好健康的指標。但是，我們也認同 Hausman 等學者所說的有關生物標誌的結果一定要小心詮釋，因為它們可以被不同的干擾因素（如遺傳特徵、疾病和目前服用的藥物治療）影響 [94]。

　　成功老齡化指數還受到生活中其他因素影響。它與人口學特徵（性別、居住安排、教育程度）、身體健康（疾病數量）、功能性健康（手握力）、性格（樂觀）和社會環境（社交活動障礙）等因素有很強的關係。多元回歸模型的結果顯示與家人或朋友居住、患有較少的疾病、經歷較少的社交活動障礙和有較高的樂觀水平，都是獨立預測成功老齡化的項目。這與 Moreno 等人 [95] 有關實現成功老齡化的老人傾向於擁有更多（尤其與居住環境有關的）心理資源的分析結果呼應。我們的發現強調了生物／社會心理／人口學特徵在香港華裔準百歲和百歲老人實現成功老齡化時的作用；這一發現或許能對有關醫療保健的研究、訓練護理人員及健康老齡化的政策規劃起引導作用。比如，為促進高齡長者的成功老齡化，老年服務中心和社區中的醫療人員可以鼓勵老年人和即將步入老年的人，多參與刺激認知能力的活動，經常做運動以減少非傳染性疾病（如心血管疾病）和衰弱的風險。有關鼓勵跨代共融及居家安老的政策方面，考慮保留老人的社會資源和增強他們的心理健康。這些範疇對於促進成功老齡化都是非常重要的。

本研究有幾個不足之處，主要的不足是有限的樣本量和使用橫向數據。與被排除一批的被訪者相比，本次分析裏的被訪者傾向於比較樂觀、有較高的受教育水平和有較佳的訪問員評定的健康程度。我們建議未來的研究可以在較大的樣本中複製此模型，在較大的樣本中實現性別比例的更加均衡、涵蓋不同身體和心理健康狀況的個體等。成功老齡化被視為一個終身、動態的過程，其中包括了在不同人生階段的準備和選擇（如成人階段、中年階段和老年早期階段）。

本研究採用的是橫向的截面研究，在以下四個方面尚有提升和改進的空間。一是，錯失了縱向長期研究成功老齡化過程的機會。而如果得到縱貫性的數據，可以推斷因果關係。二是，若使用混合研究方法（Mixed-Method Approach），可以更全面地捕捉成功老齡化的意義、條件及過程，從而驗證目前的模型和測量工具，三是，本次研究中假設所有的指標和維度在成功老齡化中都是同樣重要的。若專注於個人成功老齡化評估過程的定性研究，將更有助於釐清不同部分的優先次序。四是，若使用定性研究探討外行人對成功老齡化的看法 [46,60,96-99]，可以幫助研究人員明白高齡長者對成功老齡化看法 [100]。

在高齡長者和百歲老人日益增多的背景下，我們需要有一個包含不同維度，如有生命意義、能達成目標和擁有應對能力的成功老齡化模型 [101]。鑒於生命意義、個人目標和應對衰老方法各自獨特、特殊的性質，定性研究對個人和社會背景、生命事件和生命歷程的結論是目前成功老齡化定量研究的重要補充。未來的研究可以在不同的社會環境和隊列中進行，比較成功老齡化的不同定義和相關因素，因為成功老齡化可能受到獨特的文化和時代因素的影響 [34,45,102-103]。

根據 Hung 等人的發現 [34]，我們在成功老齡化模型中加入了親密可靠的家庭成員的存在（配偶和子女）和經濟福祉這兩個因素。三個有關的指標，即家庭知己、自評的經濟狀況和金錢充裕度，都與成功老齡化指數顯著相關 [42,44]。未來的研究可以探討不同文化背景和時代的群體中不同成功老齡化類型的重要性。國際合作以及在不同的百歲老人研究中使用標準化的測量工具將有助於促進此類探討。此外，未來的研究可以着眼於基因與

環境的相互作用對健康長壽的重要性，以及如何把研究成果應用在以證據為基礎的成功老齡化的介入治療和健康推廣活動上，從而幫助中年和較年輕的長者積極準備和應對 [104]。

儘管有以上的不足，我們的結果依然反映了有可能實現成功老齡化的百歲老人原型，或是「成功者的成功要素」[105]。致力把晚年致命性疾病和功能性依賴降到最低，並維持完整的認知能力和心理健康，保持社會及家庭支持和經濟保障，這些都非常重要。成功老齡化並非不變的結果，而是動態的過程 [106]；它包含了參與有意義的活動、維持關愛的關係和積極面對生命中的挑戰 [107-110]。當高齡長者快速地增長時，以跨學科的方式了解他們功能上的差異、健康長壽的機制 [111] 和對老化的看法 [112]，有助於建立一個有效共享溝通的老年醫療保健服務平台，供政策制定者、從業者和服務需求者實現合作，還可以幫助釐定合適的介入治療以用作改善老年人的生活質量。

參考文獻

1. Vaupel, J. W. (2010). Biodemography of human ageing. *Nature,* 464, 536-542. Vaupel, J. W., & Jeune, B. (1995). The emergence and proliferation of centenarians. In B. Jeune (Eds.), *Exceptional longevity: From prehistory to the present* (pp. 109-116). Denmark: Odense University Press.

2. United Nations. (2013). World population ageing 2013. New York: United Nations.

3. Cheung, S-L. K., Yip, S-F. P., Chi, I., Chui, W-T. E., Leung, Y-M. A., Chan, H-W. F., & Chan, M-Y. G. (2012). Healthy longevity and health care service needs: A pilot study of the centenarians in Hong Kong. *Asian Journal of Gerontology and Geriatrics*, 7, 26-32.

4. Census and Statistics Department, HKSAR. (2012). *Hong Kong population projections 2012-2041.* Retrieved from http://www.statistics.gov.hk/pub/B1120015052012XXXXB0100.pdf.

5. Ho, S. C., & Woo, J. (1994). *Social and health profile of the Hong Kong old-old population.* Hong Kong: The Chinese University of Hong Kong.

6. Kannisto, V. (1988). On the survival of centenarians and the span of life. *Population Studies,* 42, 389-406. Du, P. (2008). Successful ageing of the oldest-old in China. In Y. Zeng (Eds.), *Healthy longevity in China. Demographic, socioeconomic, and psychological dimensions* (pp. 293-303). The United Kingdom: Springer.

7.   Robine, J-M., Saito, Y., & Jagger, C. (2003). The emergence of extremely old people: The case of Japan. *Experimental Gerontology, 38*, 735-739. Rajpathak, S. N., Liu, Y., Ben-David, O., Reddy, S., Atzmon, G., Crandall, J., & Barzilai, N. (2011). Lifestyle factors of people with exceptional longevity. *Journal of the American Geriatrics Society*, 59 (8), 1509-1512.

8.   Thatcher, A. R. (2001). The demography of centenarians in England and Wales. *Population: An English selection,* 13 (1), 139-156.

9.   Vaupel, J. W., & Jeune, B. (1995). The emergence and proliferation of centenarians. In B. Jeune (Eds.), *Exceptional longevity: From prehistory to the present* (pp. 109-116). Denmark: Odense University Press.

10. Perls, T. (2004). Centenarians who avoid dementia. *Trends in Neurosciences, 27*, 633-636. Dello Buono, M., Urciuoli, O., & De Leo, D. (1998). Quality of life and longevity: A study of centenarians. *Age Ageing*, 27 (2), 207-216.

11. Jeste, D. V. (2005). Feeling fine at a hundred and three: Secrets of successful aging. *American Journal of Preventive Medicine, 28*, 323-324.

12. Hitt, R., Young-Xu, Y., Silver, M., & Perls, T. (1999). Centenarians: The older you get, the healthier you have been. *Lancet, 354*, 652.

13. Evert, J., Lawler, E., Bogan, H., & Perls, T. (2003). Morbidity profiles of centenarians: Survivors, delayers, and escapers. *Journals of Gerontology: Medical Sciences, 58A*, M232-M237.

14. Jeune, B. (2002). Living longer--but better?. *Aging Clin Exp Res, 14* (2), 72-93.

15. Poon, L. W., Woodard, J. L., Miller, L. S., Green, R., Gearing, M., & Davey, A., et al. (2012). Understanding dementia prevalence among centenarians. *Journals of Gerontology Series a-Biological Sciences and Medical Sciences*, 67 (4), 358-365.

16. Andersen-Ranberg, K., Schroll, M., & Jeune, B. (2001). Healthy centenarians do not exist, but autonomous centenarians do: A population-based study of morbidity among Danish centenarians. *Journal of the American Geriatrics Society*, 9, 900-908.

17. Christensen, K., McGue, M., Petersen, I., Jeune, B., & Vaupel, J. W. (2008). Exceptional longevity does not result in excessive levels of disability. *Proceedings of the National Academy of Sciences of the United States of America*, 105, 13274-13279.

18. Gondo, Y., Hirose, N., Arai, Y., Inagaki, H., Masui, Y., & Yamamura, K., et al. (2006). Functional status of centenarians in Tokyo, Japan: Developing better phenotypes of exceptional longevity. *The Journals of Gerontology. Series A, Biological Sciences and Medical Sciences*, 61 (3), 305-310.

19. Baltes, P. B. (1997). On the incomplete architecture of human ontogeny: Selection, optimization, and compensation as foundation of developmental theory. *American Psychologist*, 52, 366-380.

20. Du, P. (2008). Successful ageing of the oldest-old in China. In Y. Zeng (Eds.), *Healthy longevity in China. Demographic, socioeconomic, and psychological dimensions* (pp.

第
八
章

多
角
度
及
跨
學
科
界
定
成
功
老
齡
化

293-303). The United Kingdom: Springer.

21. Rajpathak, S. N., Liu, Y., Ben-David, O., Reddy, S., Atzmon, G., Crandall, J., & Barzilai, N. (2011). Lifestyle factors of people with exceptional longevity. *Journal of the American Geriatrics Society*, 59 (8), 1509-1512.

22. Jopp, D. & Rott, C. (2006). Adaptation in very old age: Exploring the role of resources, beliefs, and attitudes for centenarians happiness. *Psychology and Aging*, 21, 266-280.

23. Dello Buono, M., Urciuoli, O., & De Leo, D. (1998). Quality of life and longevity: A study of centenarians. *Age Ageing*, 27 (2), 207-216.

24. Martin, P. (2008). Personality and coping among centenarians. In L. W. Poon (Eds.), *Annual review of gerontology and geriatrics: Biopsychosocial approaches to longevity* (pp. 89-106). New York: Springer Publishing Company.

25. von Faber, M., Bootsma-van der Wiel, A., van Exel, E., Gussekloo, J., Lagaay, A. M., & van Dongen, E., et al. (2001). Successful aging in the oldest old: Who can be characterized as successfully aged?. *Archives of Internal Medicine*, 161 (22), 2694-2700.

26. Hutnik, N., Smith, P., & Koch, T. (2012). What does it feel like to be 100? Socio-emotional aspects of well-being in the stories of 16 centenarians living in the United Kingdom. *Aging and Mental Health*, 16, 811-818.

27. Darviri, C., Demakakos, P., Tigani, X., Charizani, F., Tsiou, C., & Tsagkari, C., et al. (2009). Psychosocial dimensions of exceptional longevity: A qualitative exploration of centenarians' experiences, personality, and life strategies. *International Journal of Aging and Human Development*, 69 (2), 101-118.

28. Jeste, D. V., Savla, G. N., Thompson, W. K., Vahia, I. V., Glorioso, D. K., & Martin, A. S., et al. (2013). Association between older age and more successful aging: Critical role of resilience and depression. *American Journal of Psychiatry*, 170 (2), 188-196.

29. Scheetz, L. T., Martin, P., & Poon, L. W. (2012). Do centenarians show higher levels of depression? Findings from the Georgia Centenarian Study. *Journal of the American Geriatric Society*, 60, 238-242.

30. Zeng, Y., & Vaupel, J. W. (2002). Functional capacity and self-evaluation of health and life of oldest-old in China. *Journal of Social Issues*, 58, 733-748.

31. Bishop, A. J., Martin, P., MacDonald, M., & Poon, L.W. (2010). Predicting happiness among centenarians. *Gerontology*, 56, 88-92.

32. Tafaro, L., Cicconetti, P., Zannino, G., Tedeschi, G., Tombolillo, M.T., Ettore, E., & Marigliano, V. (2002). Depression and aging: A survival study on centenarians. *Archives of Gerontology and Geriatrics*, 35, 371-376.

33. Randall, G. K., Martin, P., McDonald, M., Poon, L. W., Georgia Centenarian, S., & Jazwinski, S. M., et al. (2010). Social resources and longevity: Findings from the Georgia Centenarian Study. *Gerontology*, 56, 106-111.

34. Hung, L. W., Kempen, G. I. J. M., & De Vries, N. K. (2010). Cross-cultural comparison between academic and lay views of healthy ageing: A literature review. *Ageing & Society*, 30, 1373-1391.

35. Deng, J., Hu, H., Wu, W., Dong, B., & Wu, H. (2010). Subjective well-being, social support, and age-related functioning among the very old in China. *International Journal of Geriatric Psychiatry*, 25, 697-703.

36. Wong, W-C. P., Lau, H-P. B., Kwok, C-F. N., Leung, Y-M. A., Chan, M-Y. G., Chan, W-M., & Cheung, S-L. K. (2014). The well-being of community-dwelling near-centenarians and centenarians in Hong Kong: A qualitative study. *BMC Geriatrics*, 14, 63.

37. Yang, P. (2010). What is productive in Taiwanese centenarians' lives? A challenge for the definition of productive aging. *China Journal of Social Work*, 3, 125-137.

38. Chou, K-L., & Chi, I. (2002a). Successful aging among the young-old, old-old, and oldest-old Chinese. *International Journal of Aging and Human Development*, 54, 1-14.

39. Chou, K-L., & Chi, I. (2002b). Financial strain and life satisfaction in Hong Kong elderly Chinese: Moderating effect of life management strategies including selection, optimization, and compensation. *Aging & Mental Health*, 6, 172-177.

40. Chou, K. L., Chi, I., & Chow, N. W. S. (2004). Sources of income and depression in elderly Hong Kong Chinese: Mediating and moderating effects of social support and financial strain. *Aging & Mental Health*, 8 (3), 212-221.

41. Bowling, A. (2007). Aspirations for older age in the 21st century: What is successful aging? *International Journal of Aging and Human Development*, 64, 263-297.

42. Bowling, A., & Dieppe, P. (2005). What is successful ageing and who should define it?. *BMJ (Clinical research ed.)*, 331 (7531), 1548-1551.

43. Depp, C. A., & Jeste, D. V. (2006). Definitions and predictors of successful aging: A comprehensive review of larger quantitative studies. *American Journal of Geriatric Psychiatry*, 14, 6-20.

44. Glass, T. A. (2003). Assessing the success of successful aging. *Annals of Internal Medicine*, 139, 382-383.

45. Ji, H., Ling, J., & McCarthy, V. L. (2015). Successful aging in the United States and China: A theoretical basis to guide nursing research, practice, and policy. *Journal of Transcultural Nursing*, 26 (2), 129-136.

46. Phelan, E. A., & Larson, E. B. (2002). "Successful aging"–where next?. *Journal of the American Geriatrics Society*, 50 (7), 1306-1308.

47. Young, Y., Frick, K. D., & Phelan, E. A. (2009). Can successful aging and chronic illness coexist in the same individual? A multidimensional concept of successful aging. *Journal of the American Medical Directors Association*, 10 (2), 87-92.

48. Havighurst, R. J. (1961). Successful aging. Gerontologist, 1, 8-13.

49.   Rowe, J. W., & Kahn, R. L. (1987). Human aging: Usual and successful. *Science,* 237, 143-149.

50.   Rowe, J. W., & Kahn, R. L. (1997). Successful aging. *The Gerontologist,* 37, 433-400.

51.   McLaughlin, S. J., Connell, C. M., Heeringa, S. G., Li, L. W., & Roberts, J. S. (2010). Successful aging in the United States: Prevalence estimates from a national sample of older adults. *Journals of Gerontology: Social Sciences,* 65B (2), 216-226.

52.   Pruchno, R. A., Wilson-Genderson, M., & Cartwright, F. (2010). A two-factor model of successful aging. *Journal of Gerontology: Psychological Sciences,* 65B, 671-679.

53.   Grundy, E., & Bowling, A. (1999). Enhancing the quality of extended life years: Identification of the oldest old with a very good and very poor quality of life. *Aging & Mental Health,* 3 (3), 199 - 212.

54.   Jeste, D. V., Savla, G. N., Thompson, W. K., Vahia, I. V., Glorioso, D. K., & Martin, A. S., et al. (2013). Association between older age and more successful aging: Critical role of resilience and depression. *American Journal of Psychiatry,* 170 (2), 188-196.

55.   Nosraty, L., Sarkeala, T., Hervonen, A., & Jylhä, M. (2012). Is there successful aging for nonagenarians? The Vitality 90+ study. *Journal of Aging Research,* Article ID 868797, doi:10.1155/2012/868797.

56.   Cho, J., Martin, P., & Poon, L. W. (2012). The Older They Are, the Less Successful They Become? Findings from the Georgia Centenarian Study. *Journal of Aging Research,* Article ID 695854, http://dx.doi.org/10.1155/2012/695854

57.   Motta, M., Bennati, E., Ferlito, L., Malaguarnera, M., Motta, L., & Imusce. (2005). Successful aging in centenarians: Myths and reality. *Archives of Gerontology and Geriatrics,* 40 (3), 241-251.

58.   Martin, P., MacDonald, M., Margrett, J., & Poon L. W. (2010). Resilience and Longevity: Expert survivorship of centenarians. In P. Fry (Eds.), *New frontiers in resilient aging: Life strengths and well-being in later life* (pp. 213-238). New York: Cambridge University Press.

59.   Cernin, P. A., Lysack, C., & Lichtenberg, P. A. (2011). A comparison of self-rated and objectively measured successful aging constructs in an urban sample of African American older adults. *Clinical Gerontologist,* 34 (2), 89-102.

60.   Strawbridge, W. J., Wallhagen, M. I., & Cohen, R. D. (2002). Successful aging and well-being: Self-rated compared with Rowe and Kahn. *Gerontologist,* 42 (6), 727-733.

61.   Cosco, T. D., Prina, A. M., Perales, J., Stephan, B. C. M., & Brayne, C. (2013). Lay perspectives of successful ageing: A systematic review and meta-ethnography. *BMJ Open,* 3 (6).

62.   Vaillant, G. E., & Mukamal, K. (2001). Successful aging. *American Journal of Psychiatry,* 158, 839-47.

63.   Ferraro, K. F. (2007). Is Gerontology Interdisciplinary? *Journal of Gerontology: Psy-*

chological Sciences and Social Sciences, 62 (1), S2.

64. Ferraro, K. F. & Chan, S. (1997). Is gerontology a multidisciplinary or interdisciplinary field of study? Evidence from scholarly affiliations and educational programming. In K. F. Ferraro (Ed.), *Gerontology: Perspectives and issues* (2nd ed., pp. 373—387). New York: Springer Publishing.

65. Wilmoth, J. M. & Ferraro, K. F. (2007). The Fountain of Gerontological Discovery. In J. M. Wilmoth (Eds.), *Gerontology: Perspectives and issues* (3rd ed., pp. 3-12). New York: Springer Publishing.

66. Feng, Q., Son, J., & Zeng, Y. (2015). Prevalence and correlates of successful aging: A comparative study between China and South Korea. *European Journal of Ageing,* 12, 83-94.

67. Ng, S. H., Cheung, C. K., Chong, A. M. L., Woo, J., Kwan, A. Y. H., & Lai, S. (2011). Aging well socially through engagement with life: Adapting Rowe and Kahn′s model of successful aging to Chinese cultural context. *International Journal of Aging & Human Development,* 73 (4), 313-330.

68. Ng, T. P., Broekman, B. F. P., Niti, M., Gwee, X., & Kua, E. H. (2009). Determinants of successful aging using a multidimensional definition among Chinese elderly in Singapore. *American Journal of Geriatric Psychiatry,* 17 (5), 407-416.

69. Freund, A. M., Nikitin, J., & Riediger, M. (2012). Successful aging. In I. B. Weiner (Eds.), Handbook of psychology. *Developmental psychology* (Vol. 6 pp. 615-637). London, UK: Wiley.

70. Cosco, T. D., Stephan, B. C. M., & Brayne, C. (2014). (Unsuccessful) Binary modeling of successful aging in the oldest-old adults: A call for continuum-based measures. *Journal of the American Geriatrics Society,* 62 (8), 1597-1598.

71. Kwan, S-K. J., Lau, B. H-P. B., & Cheung, S-L. K. (2015). Toward a comprehensive model of frailty: An emerging concept from the Hong Kong centenarian study. *Journal of the American Medical Directors Association,* 16 (6), 536-U135.

72. Cho, J., Martin, P., Margrett, J., MacDonald, M., & Poon, L. W. (2011). The relationship between physical health and psychological well-being among oldest-old adults. *Journal of Aging Research,* Article ID 605041, doi: 10.4061/2011/605041.

73. Idler, E. L., & Benyamini, Y. (1997). Self-rated health and mortality: A review of twenty-seven community studies. *Journal of Health and Social Behavior,* 38 (1), 21-37.

74. Jylhä, M. (2009). What is self-rated health and why does it predict mortality? Towards a unified conceptual model. *Social Science & Medicine,* 69, 307-316.

75. Katz, S., Ford, A. B., Moskowitz, R. W., Jackson, B. A., & Jaffe, M. W. (1963). Studies of illness in the aged: The index of ADL: A standardized measure of biological and psychosocial function. *Journal of the American Medical Association,* 185, 914-919.

76. Fichter, M. M., Meller, I., Schroppel, H., & Steinkirchner, R. (1995). Dementia and cognitive impairment in the oldest-old in the community: Prevalence and comorbidi-

ty. *British Journal of Psychiatry*, 166, 621-629.

77. Krishnan, K. R., Delong, M., Kraemer, H., Carney, R., Spiegel, D., & Gordon, C., et al. (2002). Comorbidity of depression with other medical diseases in the elderly. *Biological Psychiatry*, 52 (6), 559-588.

78. Roth, D. L., Burgio, L. D., Gitlin, L. N., Gallagher-Thompson, D., Coon, D. W., & Belle, S. H., et al. (2003). Psychometric analysis of the Revised Memory and Behavior Problems Checklist: Factor structure of occurrence and reaction ratings. *Psychology and Aging*, 18 (4), 906-915.

79. Nyunt, M. S., Fones, C., Niti, M., & Ng, T. P. (2009). Criterion-based validity and reliability of the Geriatric Depression Screening Scale (GDS-15) in a large validation sample of community-living Asian older adults. *Aging & Mental Health*, 13 (3), 376-382.

80. Sheikh, J. I., & Yesavage, J. A. (1986). Geriatric Depression Scale (GDS): Recent evidence and development of a shorter version. *Clinical Gerontologist*, 5, 165-172.

81. Folstein, M. F., Folstein, S. E., & McHugh, P. R. (1975). "Mini-mental state". A practical method for grading the cognitive state of patients for the clinician. *Journal of psychiatric research*, 12 (3), 189-198.

82. Lim, P. P., Ng, L. L., Chiam, P. C., Ong, P. S., Ngui, F. T., & Sahadevan, S. (2000). Validation and comparison of three brief depression scales in an elderly Chinese population. *International Journal of Geriatric Psychiatry*, 15 (9), 824-830.

83. Chiu, H., Lee, H. C., Chung, W. S., & Kwong, P. K. (1994). Reliability and validity of the Cantonese version of mini-mental state examination: A preliminary study. *The Hong Kong College of Psychiatrists*, 4 (SP2), 25-28.

84. Fuller-Iglesias, H. R. (2015). Social ties and psychological well-being in late life: The mediating role of relationship satisfaction. *Aging & Mental Health*, 19 (12), 1103-1112.

85. Cheng, Y. H., Chi, I., Boey, K. W., Ko, L. S., & Chou, K. L. (2002). Self-rated economic condition and the health of elderly persons in Hong Kong. *Social Science & Medicine*, 55 (8), 1415-1424.

86. Feng, Q. S., Zhu, H. Y., Zhen, Z. H., & Gu, D. N. (2016). Self-rated health, interviewer-rated health, and their predictive powers on mortality in old age. *Journals of Gerontology Series B-Psychological Sciences and Social Sciences*, 71 (3), 538-550.

87. Franke, W., Margrett, J., Heinz, M., & Martin, P. (2012). Handgrip strength, positive affect, and perceived health are prospectively associated with fewer functional limitations among centenarians. *International Journal of Aging and Human Development*, 75, 351-363.

88. Jeune, B., Skythe, A., Cournil, A., Greco, V., Gampe, J., & Berardelli, M., et al. (2006). Handgrip strength among nonagenarians and centenarians in three European regions. *The Journals of Gerontology: Biological Science and Medical Science*, 61 (7), 707-712.

89. Engberg, H., Jeune, B., Andersen-Ranberg, K., Martinussen, T., Vaupel, J. W., & Christensen, K. (2013). Optimism and survival: Does an optimistic outlook predict better survival at advanced aged? A twelve-year follow-up of Danish nonagenarians. *Aging Clinical and Experimental Research*, 25, 517-525.

90. Zeng, Y. (2008). Introduction to Chinese Longitudinal Healthy Longevity Survey (CLHLS). In Y. Zeng (Eds.), *Healthy longevity in China. Demographic, socioeconomic, and psychological dimensions* (pp. 23-37). The United Kingdom: Springer.

91. Gangemi, S., Baile, G., Merendion, R. A., Balbo, C. L., Mento, A., Nicita-Mauro V., Franceschi, C., & Romano, M. (2004). Lower platelet count in healthy centenarians correlates with dispersion of the QT interval. *Aging Clinical and Experimental Research*, 16, 169-171.

92. Atzmon, G., Gabriely, I., Greiner, W., Davidson, D., Schechter, C., & Barzilai, N. (2002). Plasma HDL levels highly correlate with cognitive function in exceptional longevity. *Journals of Gerontology: Medical Science*, 57 (11), M712-715.

93. Barbagallo, C. M., Averna, M. R., Frada, G., Noto, D., Cavera, G., & Notarbartolo, A. (1998). Lipoprotein profile and high-density lipoproteins: Subfractions distribution in centenarians. *Gerontology*, 44 (2), 106-110.

94. Hausman, D. B., Fischer, J. G., & Johnson, M. A. (2012). Protein, lipid, and hematological biomarkers in centenarians: Definitions, interpretation and relationships with health. *Maturitas*, 71, 205-212.

95. Moreno, R. L., Godoy-Izquierdo, D., Perez, M. L. V., Garcia, A. P., Serrano, F. A., & Garcia, J. F. G. (2014). Multidimensional psychosocial profiles in the elderly and happiness: A cluster-based identification. *Aging & Mental Health*, 18 (4), 489-503.

96. Bowling, A., & Iliffe, S. (2006). Which model of successful ageing should be used? Baseline findings from a British longitudinal survey of ageing. *Age and Ageing*, 35, 607-614.

97. Foster, L., & Walker, A. (2015). Active and successful aging: A European policy perspective. *The Gerontologist*, 55, 83-90.

98. Jopp, D. S., Wozniak, D., Damarin, A. K., De Feo, M., Jung, S., & Jeswani, S. (2015). How could lay perspectives on successful aging complement scientific theory? Findings from a U.S. and a German life-span sample. *Gerontologist*, 55 (1), 91-106.

99. Phelan, E. A., Anderson, L. A., LaCroix, A. Z., & Larson, E. B. (2004). Older adults' views of "successful aging"–how do they compare with researchers' definitions?. *Journal of the American Geriatrics Society*, 52 (2), 211-216.

100. Martin, P., Kelly, N., Kahana, B., Kahana, E., Willcox, B. J., Willcox, D. C., & Poon, L. W. (2015). Defining successful aging: A tangible or elusive concept?. *Gerontologist*, 55 (1), 14-25.

101. Flood, M. (2005). A mid-range nursing theory of successful aging. *Journal of Theory Construction & Testing*, 9 (2), 35-39.

102. Liang, J., & Luo, B. (2012). Toward a discourse shift in social gerontology: From successful aging to harmonious aging. *Journal of Aging Studies, 26,* 327-334.

103. Romo, R. D., Wallhagen, M. I., Yourman, L., Yeung, C. C., Eng, C., & Micco, G., et al. (2013). Perceptions of successful aging among diverse elders with late-life disability. *Gerontologist,* 53 (6), 939-949.

104. Willcox, B. J., Willcox, D. C., & Ferrucci, L. (2008). Secrets of healthy aging and longevity from exceptional survivors around the globe: Lessons from octogenarians to supercentenarians. *Journals of Gerontology Series A-Biological Sciences and Medical Sciences,* 63 (11), 1181-1185.

105. Christensen, K., Doblhammer, G., Rau, R., & Vaupel, J. W. (2009). Ageing populations: The challenges ahead. *Lancet,* 374, 1196-1208.

106. Fagerström, J., & Aartsen, M. (2013). Successful ageing and its relationship to contemporary norms: A critical look at the call to "age well". *Recherches sociologiques et anthropologiques,* 44 (1), 51-73.

107. Cho, J., Martin, P., Poon, L. W., & Study, G. C. (2015). Successful aging and subjective well-being among oldest-old adults. *Gerontologist,* 55 (1), 132-143.

108. Crosnoe, R., & Elder, G. H. (2002). Successful adaptation in the later years: A life course approach to aging. *Social Psychology Quarterly,* 65, 309-328.

109. Schulz, R., & Heckhausen, J. (1996). A life span model of successful aging. *American Psychologist,* 51, 702-14.

110. Stowe, J. D., & Cooney, T. M. (2015). Examining Rowe and Kahn's concept of successful aging: Importance of taking a life course perspective. *Gerontologist,* 55 (1), 43-50.

111. Katz, S., & Calasanti, T. (2015). Critical perspectives on successful aging: Does it "appeal more than it illuminates"? *The Gerontologist,* 55 (1), 26-33.

112. Kane, R. L. (2003). The contribution of geriatric health services research to successful aging. *Annals of Internal Medicine,* 139 (5), 460-462.

第九章
香港百歲老人和衰弱研究 [①]

關兆洸　劉喜寶　張筱蘭

摘要

　　為了發展未來的管理方式，人們需要對老年衰弱包含的要素有更深入的理解。本章通過在準百歲和百歲老人樣本中評估衰弱綜合模型（Comprehensive Model of Frailty, CMF）及對比衰弱指數（Frailty Index, FI）的遞增效度來預測自評健康狀況和日常生活的依賴程度。香港百歲老人研究項目在 2011 年通過兩個途徑（社區和臨床網絡）調查了 153 位於 1905～1915 年出生的準百歲和百歲老人。本研究的結果是基於其中 124 位居家養老的樣本。首先用 FI-32 衰弱指數對衰弱進行測量；其次，在 FI-32 的基礎上，增加 12 項量度心理、社會／家庭、環境和經濟範疇的項目，建構新的衰弱綜合模型指數 CMF。用多元序列回歸分析探討衰弱綜合模型指數能否額外及顯著地預測自評健康狀況和工具性日常生活能力（Instrumental Activities of Daily Life, IADL）的依賴程度。

　　研究結果顯示被訪者的年齡介於 95～108 歲，平均年齡為 97.7 歲（標準差為 2.3）。其中，74.2% 的被訪者為女性。總體來説，16% 的被訪者沒有衰弱、59% 為早期衰弱、25% 處於衰弱狀態。在排除年齡及性別的影響

① 以英文論文原稿為準。Kwan, S-K. J., Lau, H-P. B., & Cheung, S-L. K. (2015). Towards a comprehensive model of frailty: an emerging concept from the Hong Kong Centenarian Study. *Journal of the American Medical Directors Association,16* (6), 536.e1-536.e7.

後，FI-32 衰弱指數在評定衰弱時能顯著地預測自評健康狀況和工具性日常生活能力的依賴程度。而相比於 FI-32，在多元回歸模型中加入新的衰弱綜合模型指數項目後，模型能額外並顯著地預測自評健康狀況，但在工具性日常生活能力上不能增加預測能力。衰弱綜合模型為一個多維、跨學科的理想模型，從軀體、認知、功能、社會心理／家庭、環境和經濟的視角上量度個人的衰弱程度。

前言和文獻回顧

隨着年齡的增長，人們的體力、耐力和生理儲存逐漸減少，抵禦外在環境影響的能力也相應減弱[1]，因而增加了患病的風險。衰弱除了影響老年健康及對無殘障預期壽命構成重大威脅外，它還消耗了不少社會資源。

釐清衰弱的操作定義及其包含的因素，對臨床護理、研究和政策規劃尤其重要。很多系統性回顧的文獻綜述表明，在不同的評估衰弱的工具中[2-4]，有兩個常用且已被驗證有效的工具為：（1）衰弱表型工具[5]（The Frailty Phenotype）（2）累計虧損指數［也稱衰弱指數[6]（The Deficit Accumulation Model, Frailty Index, FI]。衰弱表型工具在臨床檢測基準上有五個反映生理衰老的軀體特徵，包括體質量下降、疲乏、步速緩慢、手握力減弱、久坐的行為[5]。衰弱指數原有七十多個項目，反映着軀體和認知上的累計合併症狀[6]。近期，一些較短的量度 30～40 個項目的量表也被驗證是有效的，如 Song 等的 36 項量表[7]、Gu 等的 39 項量表[8]，它們的預測效能並未因項目減少而變弱。

構成衰弱的基本要素以及這些要素如何互相影響，從而加劇功能殘障、合併病症和影響自評健康，這方面的研究尚不完全清楚。越來越多的研究人員和一線醫護人員提倡，研究衰弱的焦點應從過往只基於器官或疾病的觀點中，轉移至個人的整體完好（Well-being）上[9-11]。表 9-1 總結了常用的衰弱評估工具以及它們所包含的基本要素，如軀體、功能、認知、心理、社會／家庭、環境和經濟等。表 9-1 並非羅列了所有的衰弱工具，有些衰弱工具雖然包括了表中提及的幾個或所有要素，但沒有在此全部列出。

表 9-1　一些常見的衰弱評估工具比較

衰弱評估量表	身體因素（如體質下降、疲乏、步速緩慢、虛弱、活動量低、患有合併病症）	功能性因素（如活動或自理有困難、虛弱、ADL 和 IADL 上的依賴）	認知因素（如記憶力減退、腦退化）	心理因素（如抑鬱、焦慮、困擾）	社會／家庭因素（如獨居、社交活動、可依靠的配偶或子女）	環境因素（如參與社交活動障礙和社會參與）	經濟因素（如主觀經濟狀況）
CHS-FSS[5]	是	是					
SOF[52]	是	是					
FRAIL-IANA[53]	是	是					
SHARE-FI[54]	是	是					
VES-13[55]	是	是					
CSHA-CFS[6]	是	是	是				
CSHA-FI[56]	是	是	是	是			
GFST[57]	是	是	是		是		
GU[8]	是	是	是	是			
TFI[30]	是	是	是	是	是		
EFS[58]	是	是	是	是	是		
CFAI[19]	是	是		是	是	是	
GFI[59]	是	是	是	是	是		
CMF（HKCS）	是	是	是	是	是	是	是

註：ADL，日常生活自理能力（Activities of Daily Living）；CHS-FSS，心血管健康研究—衰弱評選量表（Cardiovascular Health Study-Frailty Screening Scale）[5]；SOF，骨質疏鬆性骨折研究（Study of Osteoporotic Fractures）[52]；FRAIL-IANA，國際營養與老化學會 FRAIL 問卷（FRAIL Questionnaire by the International Academy of Nutrition and Aging）[53]；SHARE-FI，歐洲健康、老化和退休調查問卷中的衰弱量度工具（Frailty Instrument of the Survey of Health, Aging and Retirement in Europe）[54]；VES-13，13 項衰弱老人調查問卷（Vulnerable Elder Survey-13）[55]；CSHA-CFS，加拿大健康與老化研究—臨床衰弱量表（Canadian Study of Health and Aging-Clinical Frailty Scale）[6]；CSHA-FI，加拿大健康與老化研究—FI（Canadian Study of Health and Aging-FI）[57]；GFST，Gérontopôle 的衰弱篩查工具（Gérontopôle Frailty Screening Tool）[56]；GU，Gu 等 2009 [8]；TFI，Tilburg 的衰弱指標（Tilburg Frailty Indicator）[30]；EFS，埃德蒙頓衰弱量表（Edmonton Frail Scale）[58]；CFAI，全面衰弱評估工具（Comprehensive Frailty Assessment Instrument）[19]；GFI，Groningen 的衰弱指標（Groningen Frailty Indicator）[59]；CMF（HKCS），衰弱綜合模型指數（香港百歲老人研究）（Comprehensive Model of Frailty, Hong Kong Centenarian Study）。

百歲老人普遍被視為人口中健康狀況最差、最衰弱的群體，但只有很少百歲老人研究探討衰弱的概念、構成要素及衰弱的後果[12-15]。Duarte 等[12]注意到百歲老人通常被視為特別衰弱的人，但是他們並未包括在大多數現有老齡研究的文獻中。「據我們所知，沒有任何研究專注地探討過百歲老人中衰弱的狀況或與之有關的因素。」[①] 我們的研究希望探討軀體、認知、功能、心理、社會／家庭、環境和經濟因素是否為衰弱的必要部分，同時考證在 FI 以外，衰弱綜合模型指數（Comprehensive Model of Frailty, CMF）是否增加統計效度並能預測自評健康狀況及日常生活的依賴程度。

研究方法

研究數據

香港百歲老人研究項目在 2011 年調查了 153 位於 1905～1915 年出生的準百歲和百歲老人。按 85 歲及以上長者人口在 18 個地方選區（Geographical Constituency Areas, GCAs）中的分佈比例採用配額抽樣。抽中的樣本有地區代表性。研究樣本從兩個途徑（包括社區和臨床網絡）抽取符合條件的長者。首先，通過香港社會服務聯會向各區各個長者日間護理中心、長者地區中心、長者鄰舍中心、長者活動中心、各區家庭支持隊伍、第三齡大學等寄出 628 封邀請函。其中，有 200 位即將成為或已經是百歲老人。他們中有 56 位同意接受訪問（參與比例為 28%）。其次，以香港衛生署長者健康中心的數據庫為基礎，給符合條件的 210 位長者直接寄發了邀請函，其中 97 位同意參與研究（參與比例為 46%）。本研究的結果是基於其中 124 位居家養老的樣本。另外 29 位在蒐集數據期間搬至養老機構中居住，因此不包括在內。香港百歲老人研究旨在對居家養老的準百歲或百歲老人進行評估。根據社區服務和臨床數據庫，首次接觸這 29 位被訪者時他們是在居家養老，但在抽樣和蒐集數據時，他們已入

---

① Durate 等人的論斷有誤，Gu 等人（2009）在他們的論文中也曾探討了衰弱在百歲老人中的情況以及影響百歲老人衰弱的因素。

住養老機構。考慮到他們的特別情況，本研究只包括 124 位居家養老的樣本。

被訪者在家訪或在各個中心進行面對面訪談之前，會先簽署一份書面的知情同意書。在簽署同意書和進行評估時，至少有一位家庭成員或 / 和註冊社工在場。由於很多長者對結構式訪談和軀體評估不太熟悉，家人或 / 和社工在場有助於建立起友善和安心的評估環境。我們基於 2008 年版本的《中國高齡老人健康長壽調查》和香港衛生署的《老人健康中心問卷》兩個已驗證的量表來編寫評估規則和流程 [16-17]。本次研究分別在 2011 年 1 月、5 月得到了香港大學非臨床研究倫理委員會（the Human Research Ethics Committee for Non-Clinical Faculties of the University of Hong Kong）（參考編號：EA200111）及香港衛生署研究倫理委員會（the Ethics Committee of the Department of Health）（參考編號：DHHQ/5030/5/5 中的 L/M 48/2011）的批准。

32 項衰弱指數

Searle 等人 [18] 建議老年衰弱指標應包含 30～40 個分項來反映不同健康層面的缺陷或虧損（Deficits）。根據 Song 等人 [7] 的研究，我們構建了一個新的、有 32 個項目的衰弱指數 FI-32（表 9-2）。該指數含蓋了不同健康層面的缺陷或虧損，包括慢性患病狀況、疲乏、行動困難、感官缺失、日常生活能力、記憶問題以及負向性格等。與 Searle 等人 [18] 及 Song 等人 [7] 的方法一樣，若被訪者出現某個項目的缺陷，則賦值為 1 分；若沒有，則賦值為 0 分。FI-32 的計算方式為：把 32 項的總分加起來，除以有效項目的數量。如果一個人在八個項目上有缺陷，而 32 項回答也是有效的話，他的 FI-32 得分將是 0.25(8/32)。FI-32 的可信度係數（Cronbach α）為 0.67，反映該指數具有一定的可信度 [①]。

[①]　根據曾等人（2004）的解釋，「健康長壽影響因素分析」進行組間分析比較時，內部一致性程度至少應大於 0.7，而要進行個體間比較時，內部一致性程度應大於 0.9。

表 9-2　包含在 FI 中的 32 個項目

序號	項目
	軀體健康
1	患有高血壓
2	患有糖尿病
3	過去五年內患有或曾患有癌症
4	患有偏頭痛或頭疼
5	患有青光眼
6	聽力問題
7	語言表達問題
8	體重下降（六個月內減重三公斤或以上）
9	經常感到疲倦
10	需要協助洗澡
11	需要協助上廁所
12	需要協助控制大小便失禁
13	活動數量或類別受限制
14	缺乏有規律的運動
15	行動敏捷度
16	患有關節炎或風濕病
17	患有慢性支氣管炎、肺氣腫、哮喘、或肺炎

序號	項目
18	患有心臟疾病
19	患有胃或腸潰瘍
20	患有白內障
21	有中風後遺症
22	視覺問題
23	有身體疼痛
24	需要服用五種或以上的藥物
	功能性健康
25	需要協助穿衣
26	需要協助作室內活動
27	需要協助進食
28	難以舉起輕的物品（五公斤）
29	活動問題
	認知心理健康
30	患有精神病（如抑鬱）
31	患有腦退化症
32	感到絕望

衰弱綜合模型指數 CMF

接着我們建構了一個新的衰弱綜合模型指數 CMF。根據香港百歲老人研究的評估系統和 De Witte 等人 [19] 的模型，在 FI-32 中增加了新的項目來測量心理、社會／家庭、環境和經濟層面上的缺陷（表 9-3），構成了衰弱綜合模型指數 CMF（該指數共有 44 個項目）。De Witte 等人（2013）[19] 的研究顯示，加入心理、社會／家庭和環境因素方面的變量對於評估完整的衰弱具有增量效度。而評估經濟層面的財務穩定性，也常被長者尤其香港華裔長者視為成功老齡化的重要依據 [20-22]。因此，在 De Witte 等人 [19] 提及的層面之外，加入經濟層面的變量去完整地詮釋香港華裔準百歲和百歲老人在面對壓力時的主要虧損。全部 12 個項目具有同樣的權重。跟 FI-32 相似，1 分代表被訪者有該項目所描述的缺陷，0 分代表沒有。衰弱綜合

模型指數 CMF 的可信度係數（Cronbach α）為 0.70，反映該指數具有較好的可信度。

表 9-3 **綜合虛弱模型指數 CMF：FI-32 以外加入 12 個項目**

序號	項目	序號	項目
	心理因素		社會和家庭因素
	（A）正向心理完好	8	獨居或與家人同住
1	可以看到事情美好的一面	9	參與社交活動的頻率
2	比較喜歡保持整潔	10	需要情感支持時能否依靠配偶或子女
3	可以自己下決定		**環境因素**
4	像自己年輕時一樣快樂	11	社交活動的障礙
	（B）負向心理完好		**經濟因素**
5	常感到焦慮和害怕	12	自評經濟狀況
6	常感到孤獨		
7	感覺人越老就越沒用		

衰弱綜合模型指數 CMF 中的心理狀況變量

根據 Bradburn[23] 的觀點，心理完好（Psychological Well-being）包含正向和負向兩方面的情感體驗。因此，本研究將評估百歲老人在這兩種層面上的心理狀況，並將其加入衰弱綜合模型指數 CMF。

（1）正向心理完好

這一層面量度被訪者是否會在四個正向心理完好的項目中得到最高分（即 5=「很想得開」/「很喜歡」/「總是」）。四個正向心理完好項目包括：「不論遇到什麼事都能想得開，即樂觀情緒（Optimism）」「喜歡把東西弄得乾淨和整潔，即生活習慣的自覺（Consciousness）」「自己的事情自己可以決定，即對個人事情的決策能力（Personal Control）」和「覺得與年輕時一樣快活，即對老齡化的滿意度（Satisfying with Aging）」。四個項目的可信度係數為 0.53。

（2）負向心理完好

這一層面量度被訪者是否會在三個負向心理完好的項目中得到最低分（即 1=「從不」）。三個負向心理完好項目包括：「經常感到緊張和害怕（Anxiety）」「經常感到孤獨（Loneliness）」和「經常感到越老越不中用（Low Self-Worth and Meaning of Life」。）三個項目的可信度係數為 0.67。

若在正向心理完好中沒有得到最高分（即有正向心理完好缺陷）和負向心理完好中得到最低分（即有負向心理完好徵兆），即反映心理完好狀態存在缺陷。

衰弱綜合模型指數 CMF 中的社會／家庭變量

鑒於與家人同住、頻繁的社交活動和家庭情感的支持對於身體健康和心態調整的重要性 [22,24-26]，在社會和家庭層面上考證以下三個項目，分別為：（1）被訪者是否與家人同住（2）被訪者是否每星期參與一次或更多的社交活動（3）當被訪者需要情感支持時能否依靠配偶或子女。

若長者獨居、社交活動每星期少於一次、沒有配偶或子女可以依靠傾訴，即表明在社會和家庭層面的支持中存在缺陷。

衰弱綜合模型指數 CMF 中的環境變量

被訪者在城市居住所遇到的挑戰主要包括「長者友善城市」概念中所涵蓋的一些要素 [27]。基於「長者友善城市」的概念，在環境層面詢問被訪者的社交活動是否曾經因為行動不便、缺乏洗手間、缺乏同伴、活動通知延遲、交通困難、嘈雜、活動時間不合宜、費用太高昂、活動不吸引人和缺乏合適的活動而被影響（即社交活動的障礙）。

被訪者根據從 1（非常不同意）到 5（非常同意）共五個等級的選項對每一個要素作答。其中三個最普遍的因素為：行動不便（平均值 ± 標準差 =3.6±1.5）、缺乏同伴（平均值 ± 標準差 =2.6±1.5）和缺乏合適的

活動可供選擇（平均值 ± 標準差 =2.2±0.1）。若長者在任何選項上回答 4
（同意）或 5（非常同意），則表示在這層面存在缺陷。

衰弱綜合模型指數 CMF 中的經濟變量

在經濟層面，被訪者通過比較自己的家庭與香港大多數其他家庭的社
會經濟狀況，來自評家庭的社會經濟狀況。若長者認為自己家庭的經濟狀
況比一般家庭差，則反映出在經濟層面存在缺陷。

因變量的測量

（1）自評健康

詢問被訪者「您覺得現在您自己的健康狀況怎麼樣？」評估他們的整
體健康自評狀況。被訪者根據從 1（非常差）到 5（非常好）共五個等級
的選項作答。

（2）工具性日常生活能力依賴度

被訪者評估自己在購物、做飯、洗衣服、乘坐交通工具、打電話和財
務管理六個工具性日常生活能力（Instrumental Activities of Daily Living,
IADL）項目上的困難狀況（可信度係數 α=0.86）[28]。若被訪者在該項活動
上需要協助，賦值該項目 1 分；若他們可以獨立進行該活動，則賦值為 0
分。將所有需要協助的工具性日常生活能力的數量進行加總，得到總的工
具性日常生活能力依賴度。

統計模型

為了估計各種衰弱指標項目與因變量的關係強度，在控制年齡和性
別後，計算 FI-32、衰弱綜合模型指數 CMF 及其與自評健康和工具性日
常生活能力依賴度之間的偏相關。然後，進行多元回歸分析，探討在控制
FI-32 和人口統計特徵的影響後，衰弱綜合模型指數 CMF 能否對自評健

康和工具性日常生活能力依賴度之間的方差提供額外的解釋力。在模型 I 中，把年齡和性別納入第一層的回歸模型中，控制它們對因變量的影響。在模型 II 中，納入 FI-32。在模型 III 中，在模型 II 的基礎上加入衰弱綜合模型指數 CMF。除了「擁有可以依靠的配偶／子女傾訴」（7.3%）和「自評社會經濟狀況」（5.6%）兩個變量外，FI-32 的缺失值非常低（< 4%）。

研究結果

基礎人口統計特徵

124 位被訪者中，74.2% 為女性。他（她）們的平均年齡為 97.7 歲（標準差為 2.3），範圍為 95～108 歲。有 77 位（62.1%）與家人同住，47 位（27.9%）獨居。平均查爾森合併症指數（Charlson Comorbidity Index）為 6.53（標準差為 1.33）。40.4% 的被訪者有認知損傷（Cognitively Impaired），他們的簡易認知能力應用量表（Mini Mental State Examination, MMSE）分數低於 24 分（表 9-4）。

表 9-4 **被訪者基礎人口統計特徵**

特徵	單位	全範圍	數值
年齡	均值（標準差）	95～108	97.7（2.3）
女性	人數（佔比）		92（74.2）
查爾森合併症指數（調整年齡後）	均值（標準差）	0～39	6.53（1.33）
MMSE 分數 *	均值（標準差）	0～39	24.7（4.3）
MMSE 分數小於 24*	人數（佔比）	-	46（40.4）
正向心理完好缺陷			
不可以看到事情美好的一面	人數（佔比）		38（31.9）
不比較喜歡保持整潔	人數（佔比）		44（37.0）
不可以自己做決定	人數（佔比）		33（28.2）
不像年輕時一樣快樂	人數（佔比）		49（41.9）
出現負向心理完好徵兆		-	
常感到焦慮和害怕	人數（佔比）		52（44.1）
常感到孤獨	人數（佔比）		52（43.7）
感覺人越老就越沒用	人數（佔比）		84（70.6）
獨居	人數（佔比）	-	47（37.9）

特徵	單位	全範圍	數值
沒有每星期一次的社交活動	人數（佔比）	-	57（46.7）
沒有可依靠的配偶或子女	人數（佔比）		35（50.4）
有社交活動的障礙	人數（佔比）	-	106（87.6）
差或一般的經濟狀況	人數（佔比）	-	78（62.9）
工具性日常生活能力依賴度 [†]	平均值（標準差）	0～6	1.81（2.05）
自評健康程度 [‡]	平均值（標準差）	1～5	3.20（0.95）

註：*MMSE 分數只從 114 位能提供一半以上有效 MMSE 項目的被訪者中取得，分數越高代表認知能力越好。† 分數越高代表工具性日常生活能力依賴度越高，‡ 分數越高代表自評健康程度越好。

衰弱狀態的分佈

FI-32 的平均值為 0.19（標準差為 0.13）。根據 FI 衰弱狀態臨界閾值 [6]，16% 的被訪者沒有衰弱（FI≤0.08）、59% 為早期衰弱（0.08 < FI < 0.25）、25% 處於衰弱狀態（FI≥0.25）。男性和女性老人在三個衰弱狀態中並沒有顯著差異 [女性 =0.20±0.14，男性 =0.16±0.10，t（122）=-1.53，P=0.129]。準百歲老人（95～99 歲）與百歲老人（100 歲及以上）的 FI-32 值相似 [前者 FI-32 值 =0.19±0.13，後者 FI-32 值 =0.17±0.17，t（122）=0.718，P=0.474]。

衰弱綜合模型指數 CMF 的平均值為 0.27（標準差為 0.13，範圍為 0.02～0.75）。衰弱綜合模型指數 CMF 的第 25 百分位數、50 百分位數和 75 百分位數分別為 0.18、0.25 和 0.34。與 FI-32 衰弱指數不同，衰弱綜合模型指數 CMF 揭示女性比男性更衰弱 [女性 =0.28±0.14，男性 =0.23±0.11，t（122）=-2.01，P=0.046]，而準百歲老人與百歲老人的衰弱綜合模型指數 CMF 值相似 [t（122）=0.837，P=0.404]。

偏相關及回歸模型

（1）以自評健康狀況為因變量

在控制年齡和性別的影響後，自評健康狀況與 FI-32 和 CMF 的偏相關係數分別為 -0.45 和 -0.51（$Ps < 0.000$）。換言之，FI-32 和衰弱綜合模型指數 CMF 都顯著地與自評健康狀況有關。但是，上述兩個偏相關值之間的差異不太顯著（$Z=1.90$，$P=0.057$）。即自評健康狀況與衰弱綜合模型指數 CMF 的關聯比其與 FI-32 的關係稍強。表 9-5 總結了以自評健康狀況為因變量（鑒別變量）的嵌套式回歸分析結果。自評健康在模型 I 中未被年齡或性別預測。在模型 II 中，在控制了年齡和性別的影響後，FI-32 可以顯著地預測自評健康狀況。FI-32 值越高，意味着自評健康越差。在模型 III 中，加入了衰弱綜合模型指數 CMF 的回歸分析模型在預測自評健康狀況時能提供額外、顯著的增量效度。衰弱綜合模型指數 CMF 的回歸係數也是顯著的，反映了在控制了 FI-32 的影響後，衰弱綜合模型指數 CMF 和自評健康狀況之間存在負向關係。即使在衰弱綜合模型指數 CMF 加入模型 III 後 FI-32 的回歸係數仍然顯著。總體來說，從比較偏相關及嵌套式多元回歸分析模型的結果中可以看出，衰弱綜合模型指數 CMF 能在 FI-32 的基礎上增加預測自評健康狀況的效度。

（2）以工具性日常生活能力依賴度為因變量

在控制年齡和性別的影響後，工具性日常生活能力依賴度與 FI-32 和衰弱綜合模型指數 CMF 的偏相關係數分別為 0.52 和 0.48（$Ps < 0.000$）。同樣，FI-32 和衰弱綜合模型指數 CMF 都顯著地與工具性日常生活能力依賴度有關。但是，兩個偏相關值之間並沒有顯著差異（$Z=1.28$，$P=0.20$）。也就是説，工具性日常生活能力依賴度跟 FI-32 的關聯與其跟衰弱綜合模型指數 CMF 的關係沒有顯著不同。表 9-5 同時總結了以工具性日常生活能力依賴度為因變量（鑒別變量）的嵌套式回歸分析結果。雖然被訪者的年齡範圍較窄，但模型 I 仍發現年齡能夠顯著地預測工具性日常生活能力依賴度。年齡越大，工具性日常生活能力依賴度越高。在模型 II 中，FI-32 和年齡都能顯著地預測工具性日常生活能力依賴度。FI-32 值

和年齡越高，意味着工具性日常生活能力依賴度越高。但在模型Ⅲ回歸分析模型中並不顯著；FI-32 和年齡在模型Ⅲ中仍然可以顯著地預測工具性日常生活能力依賴度，但衰弱綜合模型指數 CMF 的預測效度並不顯著。換言之，在控制了 FI-32 的影響後，加入衰弱綜合模型指數 CMF 並不能增加對工具性日常生活能力依賴度變異的解釋。該結果與比較工具性日常生活能力依賴度的偏相關結果相符。

表 9-5 回歸模型

變量	標準化回歸係數					
	以 IADL 依賴度為因變量			以自評健康程度為因變量		
	模型 I	模型 II	模型 III	模型 I	模型 II	模型 III
性別 [+]	-0.17	-0.09	-0.09	0.06	0.02	-0.01
年齡	0.23[**]	0.25[**]	0.25[**]	0.13	0.06	0.05
衰弱程度（FI-32）		0.54[**]	0.42[*]		-0.45[**]	0.03
綜合衰弱模型指數			0.13			-0.54[**]
R^2	0.07	0.36	0.36	0.02	0.22	0.28
調整的 R^2	0.06	0.35	0.34	0.00	0.20	0.26
估算的 SE	1.98	1.65	1.66	0.94	0.85	0.82
F 改變量（ΔF）	4.86[**]	53.99[**]	0.49	1.25	29.95[**]	9.54[**]

註：*$P < 0.01$；**$P < 0.001$。「+」性別 1 為男性，0 為女性。

研究分析討論

衰弱預測工具性日常生活能力障礙及自評健康狀況

此項研究發現 FI-32 衰弱指數及衰弱綜合模型指數 CMF 能顯著地預測工具性日常生活能力障礙和自評健康狀況。該發現與早前的研究結果相符 [29-33]。而過往也曾有一篇論文系統性地分析了 28 份研究項目，並顯示衰弱能預測在社區居住長者的工具性日常生活能力障礙 [34]。繼體質下降、四肢功能變弱、平衡及肌肉力量低以外，步速緩慢及運動量低是預測效度最大的項目 [34]。Lucicesare 等人 [31] 也發現自評健康狀況與衰弱輕度相關，這兩者都可以預測死亡。

衰弱綜合模型指數 CMF

　　我們的研究表明，在預測華裔、居家養老的準百歲和百歲老人的自評健康狀況時，若加入心理、社會和家庭、環境及經濟因素，能顯著地提供額外的預測效度，但不能提升工具性日常生活能力依賴度的預測效度。這種額外的預測效度在控制了衰弱和基本的人口統計特徵之後，仍然顯著。雖然自評健康狀況與衰弱綜合模型指數 CMF 之間有很大的關聯，但我們認為它們是兩個不同的概念，不應被對方取代。自評健康狀況是主觀的判斷，本質上與自己選擇的參照有關（如同輩、自己之前的狀態）[35]。雖然它是個很強的能預測死亡和發病率的預測工具[36]，但它與客觀健康指標（如軀體機能及疾病）的關係，隨年齡增加而減弱[35]。自評完好（Subjective Well-being）也受到對認知評估及對正向和負向性格的影響[37,38]。軀體上的衰弱和衰弱綜合模型指數 CMF 中新加入的部分（如心理完好及社交活動）可以被視為自評健康的一部分[39-41]。但是，其他包含在衰弱綜合模型指數 CMF 中的各衰弱變量，如自評經濟狀況和社交活動的障礙，只是自評健康狀況的相關因素，而非健康程度本身[42,43]。當整個研究領域開始採用多維度來理解健康和完好有關的概念時，學術界需要區分各概念的核心構成和它的相關因素，以保持它們的建構效度[44]。

　　因此，我們的發現支持建構一個全面的衰弱模型指數的需要性，該模型指數應是一個多維、跨學科的，包括身體、認知、功能、心理、社會／家庭、環境和經濟因素在內的概念；而這些眾多因素都與衰弱有關，並互相影響。現在，學術界呼籲對衰弱的概念進行擴展，從身體健康方面的變量拓展至多維度及影響整個人健康的各種要素[9-11,19]，而本研究與這種觀點恰好相呼應。Markle-Reid 和 Browne 主張衰弱應是一個多維概念，它應包括：（1）身體、心理、社會和環境之間複雜的相互作用（2）個人的生活環境因素及其個人的主觀感受（3）個人和環境因素的共同影響[45]。他們的主張也與其他近期的研究一致，都反映衰弱為一個動態的過程，而對多維度衰弱各個部分的量度，可以在預防保健中用於評估老人各項指標的不同風險等級。這樣，老人就可以得到個性化的治療和生活質量的改善[46-49]。

預防和治療衰弱的全方位途徑

未來有關防治衰弱的方法，人們可採用多因素、多要素、針對可塑性衰弱因素的介入和治療。此類介入治療可以以衰弱的軀體、認知、功能、心理、社會／家庭、環境和經濟因素為目標。健康不純粹代表沒有患病或日常生活的障礙。所以，改善個人心理狀況、居住和經濟環境的不同方法，可能有助於旨在加強改善身體（如運動和營養）或認知健康（如促進認知）的介入治療[50]。我們認為這種全面預防和治療衰弱的途徑能有效地逆轉衰弱的狀態[51]。

居家養老的百歲老人可能反映着成功老齡化的奧祕

居家養老百歲老人是衰弱研究的一個興趣點，因為他們提供了一個獨特的視角去探討衰弱在高齡長者中的表現，探討最高齡和較年輕的長者如何不同地看待「成功老齡化」的概念。我們的研究挑戰了有關「已經很老的百歲老人都是衰弱」的看法。其實，很多百歲老人住在家裏，而他們都是健康的，只是被忽略了。對於居家養老百歲老人的衰弱狀況研究能讓我們摒除固有的老年和衰弱的觀念，並探討為什麼有些百歲老人能預防衰弱，而有些較年輕的長者卻有衰弱的表現。弄清這些問題有助於我們設計並實施可行的介入治療方案，以盡早預防各年齡組長者過早步入退化至衰弱的階段。

研究的局限性

本次研究採用的是橫截面數據，因此未能做因果推斷。本研究另外一個不足是應答率低。同意社工或家人之邀請參與我們研究的百歲老人可能是身體和精神上比較健康的一群。樣本可能未能充分地代表非常衰弱或認知能力較低的長者，因為他們的家人可能不願意參與由不熟悉的團隊所進行的研究。在被訪者當中，40.4% 的人在簡易認知能力應用量表中得分低於 24 分，7.9% 的人得分低於 18 分。換言之，樣本中有相當大比例的長者出現了輕微的認知缺失，而本研究中的缺失值卻非常低，雖然如此，因

為全方位的衰弱評估傾向於蒐集長者的生活經驗[19]，所以將來的研究可以研發其他較少受認知缺失影響的評估工具。它們可以使用二分類「對／錯」和視覺模擬的方法或簡化項目內容。我們的發現還需要進一步在更大的樣本中驗證，包括更多來自不同生活環境、不同國家的百歲老人群體，並需要與其他年齡組長者進行比較。比較百歲老人和較年輕長者的不同特點，可以讓研究者確定衰弱綜合模型指數 CMF 的不同部分的年齡發展軌跡。此外，我們的發現應與其他的衰弱定義（如衰弱表型工具，Frailty Phenotype）和性別分佈進行交叉驗證。最後，限於男性百歲老人被訪者人數有限，所以並未研究性別模式。

總結

研究結果發現，一個理想的、全面的衰弱模型應是一個多維的、跨學科的，包括身體、認知、功能、心理、社會／家庭、環境和經濟因素在內的概念。建議將來探討以衰弱預測不同因變量的研究時可以考慮使用衰弱綜合模型指數 CMF，從而促進有關衰弱綜合模型指數 CMF 的統計學評估的穩健性及完整性。

參考文獻

1. Hogan, D. B., MacKnight, C., Bergman, H., Steering Committee, C. I. o. F., & Aging. (2003). Models, definitions, and criteria of frailty. *Aging Clin Exp Res,* 15, 1-29.

2. Collard, R. M., Boter, H., Schoevers, R. A., & Oude Voshaar, R. C. (2012). Prevalence of frailty in community-dwelling older persons: A systematic review. *J Am Geriatr Soc*, 60 (8), 1487-1492.

3. Drubbel, I., Numans, M. E., Kranenburg, G., Bleijenberg, N., de Wit, N. J., & Schuurmans, M. J. (2014). Screening for frailty in primary care: A systematic review of the psychometric properties of the frailty index in community-dwelling older people. *BMC Geriatr,* 14, 27.

4. Sternberg, S. A., Wershof Schwartz, A., Karunananthan, S., Bergman, H., & Mark Clarfield, A. (2011). The identification of frailty: A systematic literature review. *J Am Geriatr Soc*, 59 (11), 2129-2138.

5. Fried, L. P., Tangen, C. M., Walston, J., Newman, A. B., Hirsch, C., & Gottdiener, J., et al. (2001). Frailty in older adults: Evidence for a phenotype. *J Gerontol A Biol Sci*

Med Sci, 56 (3), M146-156.

6. Rockwood, K., Song, X., MacKnight, C., Bergman, H., Hogan, D. B., McDowell, I., & Mitnitski, A. (2005). A global clinical measure of fitness and frailty in elderly people. *CMAJ*, 173 (5), 489-495.

7. Song, X., Mitnitski, A., & Rockwood, K. (2010). Prevalence and 10-year outcomes of frailty in older adults in relation to deficit accumulation. *J Am Geriatr Soc*, 58 (4), 681-687.

8. Gu, D., Dupre, M. E., Sautter, J., Zhu, H., Liu, Y., & Zeng, Y. (2009). Frailty and mortality among Chinese at advanced ages. *The Journals of Gerontology. Series B, Psychological Sciences and Social Sciences*, 64 (2), 279-289.

9. Bergman, H., Ferrucci, L., Guralnik, J., Hogan, D. B., Hummel, S., Karunananthan, S., & Wolfson, C. (2007). Frailty: An emerging research and clinical paradigm--issues and controversies. *J Gerontol A Biol Sci Med Sci*, 62 (7), 731-737.

10. Gobbens, R. J., Luijkx, K. G., Wijnen-Sponselee, M. T., & Schols, J. M. (2010). In search of an integral conceptual definition of frailty: Opinions of experts. *J Am Med Dir Assoc*, 11 (5), 338-343.

11. Mitnitski, A. B., Mogilner, A. J., & Rockwood, K. (2001). Accumulation of deficits as a proxy measure of aging. *Scientific World Journal*, 1, 323-36.

12. Duarte, N., Teixeira, L., Ribeiro, O., & Paul, C. (2014). Frailty phenotype criteria in centenarians: findings from the Oporto Centenarian Study. *Eur Geriatr Med*, 5, 371-76.

13. Cress, M. E., Gondo, Y., Davey, A., Anderson, S., Kim, S. H., & Poon, L. W. (2010). Assessing physical performance in centenarians: Norms and an extended scale from the Georgia centenarian study. *Curr Gerontol Geriatr Res*, Article ID 310610, doi:10.1155/2010/310610.

14. Gondo, Y., Hirose, N., Arai, Y., Inagaki, H., Masui, Y., & Yamamura, K., et al. (2006). Functional status of centenarians in Tokyo, Japan: Developing better phenotypes of exceptional longevity. *J Gerontol A Biol Sci Med Sci*, 61 (3), 305-310.

15. Ravaglia, G., Forti, P., Maioli, F., Boschi, F., Cicognani, A., & Bernardi, M., et al. (1997). Determinants of functional status in healthy Italian nonagenarians and centenarians: A comprehensive functional assessment by the instruments of geriatric practice. *J Am Geriatr Soc*, 45 (10), 1196-1202.

16. Cheung, S-L. K., Yip, S-F. P., Chi, I., Chui, W-T. E., Leung, Y-M. A., Chan, H-W. F., & Chan, M-Y. G. (2012). Healthy longevity and health care service needs: A pilot study of the centenarians in Hong Kong. *Asian Journal of Gerontology and Geriatrics*, 7, 26-32.

17. Zeng, Y. (2012). Towards deeper research and better policy for healthy aging--using the unique data of Chinese longitudinal healthy longevity survey. *China Economic J*, 5 (2-3), 131-149.

18. Searle, S. D., Mitnitski, A., Gahbauer, E. A., Gill, T. M., & Rockwood, K. (2008). A

standard procedure for creating a frailty index. *BMC Geriatr,* 8, 24.

19.   De Witte, N., Gobbens, R., De Donder, L., Dury, S., Buffel, T., Schols, J., & Verte, D. (2013). The comprehensive frailty assessment instrument: Development, validity and reliability. *Geriatr Nurs,* 34 (4), 274-281.

20.   Cho, J., Martin, P., & Poon, L. W. (2012). The older they are, the less successful they become? Findings from the Georgia centenarian study. *Journal of Aging Research,* Article ID 695854, doi.org/10.1155/2012/695854.

21.   Chong, M. S., Ayalon, L., Marler, M., Loredo, J. S., Corey-Bloom, J., & Palmer, B. W., et al. (2006). Continuous positive airway pressure reduces subjective daytime sleepiness in patients with mild to moderate Alzheimer's disease with sleep disordered breathing. *J Am Geriatr Soc,* 54, 777-81.

22.   Chou, K-L., & Chi, I. (1999). Determinants of life satisfaction in Hong Kong Chinese elderly: alongitudinal study. *Aging Ment Health,* 3, 328-35.

23.   Bradburn, N. M. (1969). *The Structure of Psychological Well-being.* Chicago, USA: Aldine Publishing.

24.   Ng, T. P., Broekman, B. F., Niti, M., Gwee, X., & Kua, E. H. (2009). Determinants of successful aging using a multidimensional definition among Chinese elderly in Singapore. *Am J Geriatr Psychiatry,* 17, 407-16.

25.   Nosraty, L., Sarkeala, T., Hervonen, A., & Jylhä, M. (2012). Is there successful aging for nonagenarians? The vitality 90+ study. *J Aging Res,* 868797, doi:10.1155/2012/868797.

26.   Wu, Z. S., & Schimmele, C. M. (2008). Living arrangements and psychological disposition of the oldest old population in China. In Y. Zeng (Eds.), *Healthy longevity in China. Demographic, socioeconomic, and psychological dimensions* (pp. 197-213). The United Kingdom: Springer.

27.   Plouffe, L., & Kalache, A. (2010). Towards global age-friendly cities: Determining urban features that promote active aging. *Journal of Urban Health: Bulletin of the New York Academy of Medicine,* 87 (5), 733-739.

28.   Lawton, M. P., & Brody, E. M. (1969). Assessment of older people: Self-maintaining and instrumental activities of daily living. *Gerontologist,* 9 (3), 179-186.

29.   Gobbens, R. J., & van Assen, M. A. (2014). The prediction of ADL and IADL disability using six physical indicators of frailty: A longitudinal study in the Netherlands. *Curr Gerontol Geriatr Res,* 358137. doi:10.1155/2014/358137.

30.   Gobbens, R. J., van Assen, M. A., & Schalk, M. J. (2014). The prediction of disability by self-reported physical frailty components of the Tilburg Frailty Indicator (TFI). *Arch Gerontol Geriatr,* 59 (2), 280-287.

31.   Lucicesare, A., Hubbard, R. E., Searle, S. D., & Rockwood, K. (2010). An index of self-rated health deficits in relation to frailty and adverse outcomes in older adults. *Aging Clin Exp Res,* 22 (3), 255-260.

32. Morley, J. E., Malmstrom, T. K., & Miller, D. K. (2012). A simple frailty questionnaire (FRAIL) predicts outcomes in middle aged African Americans. *J Nutr Health Aging*, 16 (7), 601-608.

33. Subra, J., Gillette-Guyonnet, S., Cesari, M., Oustric, S., Vellas, B., & Platform Team (2012). The integration of frailty into clinical practice: Preliminary results from the Gérontopôle. *The Journal of Nutrition, Health & Aging*, 16 (8), 714-720.

34. Vermeulen, J., Neyens, J. C., van Rossum, E., Spreeuwenberg, M. D., & de Witte, L. P. (2011). Predicting ADL disability in community-dwelling elderly people using physical frailty indicators: A systematic review. *BMC Geriatrics*, 11, 33.

35. Henchoz, K., Cavalli, S., & Girardin, M. (2008). Health perception and health status in advanced old age: A paradox of association. *Journal of Aging Studies*, 22, 282-90.

36. Maddox, G. L., & Douglass, E. B. (1973). Self-assessment of health: A longitudinal study of elderly subjects. *J Health Soc Behav*, 14 (1), 87-93.

37. Kato, K., Zweig, R., Schechter, C. B., Verghese, J., Barzilai, N., & Atzmon, G. (2013). Personality, self-rated health, and cognition in centenarians: Do personality and self-rated health relate to cognitive function in advanced age?. *Aging*, 5 (3), 183-191.

38. Diener, E., Suh, E. M., Lucas, R. E., & Smith, H. L. (1999). Subjective well-being: Three decades of progress. *Psychological Bulletin*, 125 (2), 276-302.

39. Feng, Q., Zhu, H., Zhen, Z., & Gu, D. (2016). Self-rated health, interviewer-rated health, and their predictive powers on mortality in old age. *The Journals of Gerontology. Series B, Psychological Sciences and Social Sciences*, 71 (3), 538-550.

40. Idler, E. L., & Benyamini, Y. (1997). Self-rated health and mortality: A review of twenty-seven community studies. *J Health Soc Behav*, 38 (1), 21-37.

41. Krause, N. M., & Jay, G. M. (1994). What do global self-rated health items measure?. *Medical Care*, 32 (9), 930-942.

42. Kawachi, I., Kennedy, B. P., & Glass, R. (1999). Social capital and self-rated health: A contextual analysis. *Am J Public Health*, 89 (8), 1187-1193.

43. Liu, G., & Zhang, Z. (2004) Sociodemographic differentials of the self-rated health of the oldest-old Chinese. *Population Research and Policy Review*, 23, 117-133.

44. Bowling, A., & Dieppe, P. (2005). What is successful ageing and who should define it? *BMJ*, 331, 1548-51.

45. Markle-Reid, M., & Browne, G. (2003). Conceptualizations of frailty in relation to older adults. *J Adv Nurs*, 44, 58-68.

46. Clegg, A., Young, J., Iliffe, S., Rikkert, M. O., & Rockwood, K. (2013). Frailty in elderly people. *Lancet*, 381 (9868), 752-762.

47. De Lepeleire, J., Iliffe, S., Mann, E., & Degryse, J. M. (2009). Frailty: an emerging concept for general practice. *Br J Gen Pract*, 59 (562), e177-182.

第九章

香港百歲老人和衰弱研究

48. Iqbal, J., Denvir, M., & Gunn, J. (2013). Frailty assessment in elderly people. *Lancet*, 381, 1985-6.

49. Strandberg, T. E., & Pitkala, K. H. (2007). Frailty in elderly people. *Lancet*, 369 (9570), 1328-1329.

50. Ostir, G. V., Ottenbacher, K. J., & Markides, K. S. (2004). Onset of frailty in older adults and the protective role of positive affect. *Psychol Aging*, 19 (3), 402-408.

51. Cameron, I. D., Fairhall, N., Langron, C., Lockwood, K., Monaghan, N., & Aggar, C., et al. (2013). A multifactorial interdisciplinary intervention reduces frailty in older people: Randomized trial. *BMC Med*, 11, 65.

52. Ensrud, K. E., Ewing, S. K., Taylor, B. C., Fink, H. A., Stone, K. L., & Cauley, J. A., et al. (2007). Frailty and risk of falls, fracture, and mortality in older women: The study of osteoporotic fractures. *J Gerontol A Biol Sci Med Sci*, 62 (7), 744-751.

53. Abellan van Kan, G., Rolland, Y., Bergman, H., Morley, J. E., Kritchevsky, S. B., & Vellas, B. (2008). The I.A.N.A Task Force on frailty assessment of older people in clinical practice. *J Nutr Health Aging*, 12 (1), 29-37.

54. Romero-Ortuno, R., Walsh, C. D., Lawlor, B. A., & Kenny, R. A. (2010). A frailty instrument for primary care: Findings from the Survey of Health, Ageing and Retirement in Europe (SHARE). *BMC Geriatr*, 10, 57.

55. Saliba, D., Elliott, M., Rubenstein, L. Z., Solomon, D. H., Young, R. T., & Kamberg, C. J., et al. (2001). The vulnerable elders survey: A tool for identifying vulnerable older people in the community. *J Am Geriatr Soc*, 49 (12), 1691-1699.

56. Rockwood, K., & Mitnitski, A. (2007). Frailty in relation to the accumulation of deficits. *J Gerontol A Biol Sci Med Sci*, 62, 722-7.

57. Vellas, B., Balardy, L., Gillette-Guyonnet, S., Abellan Van Kan, G., Ghisolfi-Marque, A., & Subra, J., et al. (2013). Looking for frailty in community-dwelling older persons: The Gerontopole Frailty Screening Tool (GFST). *J Nutr Health Aging*, 17 (7), 629-631.

58. Rolfson, D. B., Majumdar, S. R., Tsuyuki, R. T., Tahir, A., & Rockwood, K. (2006). Validity and reliability of the Edmonton Frail Scale. *Age Ageing*, 35 (5), 526-529.

59. Bielderman, A., van der Schans, C. P., van Lieshout, M. R., de Greef, M. H., Boersma, F., Krijnen, W. P., & Steverink, N. (2013). Multidimensional structure of the Groningen Frailty Indicator in community-dwelling older people. *BMC Geriatr*, 13, 86.

第三部分

第十章
健康長壽萬靈丹藥：基因與環境 [①]

張筱蘭

摘要

　　長壽是人類的複雜表型。它與遺傳和環境因素有莫大關係，每個因素對長壽有不同程度的影響。哪些個人、家庭和社會因素對於遺傳基因有利或不利於健康長壽？ 如果每個人的基因適應度和戰勝困難環境存活下來的能力不同，那麼不那麼強壯的人很可能會先離世。而擁有良好基因及適應環境的人，解釋了他們為何能夠在超高齡群體中有出奇低的死亡率。過往研究顯示基因對健康長壽的影響只佔四分之一，其餘是受微觀和宏觀環境因素及環境與基因互動所影響。記錄更多百歲老人和超級百歲老人的資料，這些研究不但幫助我們學習如何能健康和舒適地生活，以及將健康狀態發揮到最大的峰值；甚至在未來，我們也許能夠更準確、更全面地控制自身的衰老、預防疾病及減低認知能力下降，能對揭示人類壽命的自然極限提供新視角。

[①]　　有關「香港百歲老人」的基因研究結果內容，本人聯同香港大學社會工作及社會行政學系劉喜寶博士，以及香港大學李嘉誠醫學院基因研究所 (Centre for Genomic Sciences, CGS) 學者及科學家包括 Dr. Gui Hongsheng, Dr. Stacey S. Cherny 及 Sham Pak-Chung 教授共同合作。我們於 2016 年 12 月 7～9 日在新加坡國立大學醫學院（The Duke-NUS Medical School, Duke）舉辦「百歲老人是否成功老齡化的體認：國際研究的經驗」（Are Centenarians the Realization of Successful Ageing: Insights from a Global Study），發表了一篇有關香港長壽候選基因與準百歲和百歲老人與成功老齡化之間的關係，該英文論文題目為 "The association between longevity candidate genes and successful ageing among near- and centenarians in HKSAR"。

前言和文獻回顧

　　長久以來，我們通常會認為人們以相同的節奏和速度衰老，甚至在腦海中浮現一些年逾 90 或百歲老人常年躺在護老院病床上孤獨衰老、悲涼凄慘的場景。事實上，這樣的觀點並不正確。過往一些研究曾報告，極長壽的老人幾乎沒有或沒有年齡相關疾病的跡象[1]。研究超級百歲老人（110～119 歲）、半超級百歲老人（105～109 歲）、百歲老人（100～104 歲）及比較年輕老年人對照組的健康報告顯示，年齡越大，罹患主要疾病例如癌症、心血管疾病、認知障礙和中風，以及認知和功能下降的發病年齡越遲[2]。這樣的發現對我們了解健康長壽提供了一個新拐點。

　　隨着年齡增長，人類生理上各個層面如分子、細胞和解剖結構都會發生變化。老齡化是一個高度個人化的過程，由遺傳因素驅動的只僅屬部分[3]。而衰老過程的定量生物標誌物（Biomarkers），包括血清蛋白和代謝產物，遺傳標記［例如體細胞突變（Somatic Mutations）的積累和端粒長度（Telomere Length）的變化］，表觀遺傳標記［例如脱氧核糖核酸（Deoxyribonucleic Acid, DNA）甲基化（Methylation）和信使（Messenger）及微（Micro）—核糖核酸（Ribonucleic Acid, RNA）的變化］和生理功能標記（例如認知和手握力測試）等[3]。而大多數的衰老研究顯示，人們的衰老速度和節奏存在着很大的個體差異，甚至具體地對一個人來説，在生命不同階段，衰老的速度也不是一樣的。哈佛大學醫學院遺傳學家普雷斯頓·埃斯特普[4]更認為，人的一生是動態發展變化，一些對年輕時有利的因素往往會給人到中年或老年時帶來實際性傷害。

　　人類獨特的個體差異和複雜性在於每個人都是環境和遺傳因素共同作用的產物。有些研究表明，良好的健康習慣及避免健康風險是預期壽命增加的原因[5-9]，甚至在總體預期壽命中可延長沒有患病的時間[10]。但另一方面，其他研究卻報告，即使面對一些不良的健康習慣，具有超常壽命遺傳傾向的人也可以活得健康長壽及擁有良好的身體機能，這表明他們的遺傳因素仍然發揮相當的優勢，比較起其他人，他們的遺傳與環境因素的相互作用有顯著的不同[11]。

　　而遺傳因素是十分複雜多變，通常通過 DNA① 表達出來。遺傳因素對人類健康長壽有着重要的影響 ⁴。根據最早丹麥流行病學的雙胞胎研究，遺傳因素對長壽的貢獻估計為 20～30％ ¹²⁻¹⁴。而最近綜合雙胞胎研究指出，人類的壽命約 25％ 是受遺傳因素影響 ¹⁵，甚至最新一項針對數百萬人口的研究，使用人口譜系顯示遺傳率對長壽的影響僅為 16％ ¹⁶。而其餘部分則取決於環境因素，這意味着基因不是我們唯一的宿命，人們有能力來控制自己的健康走向。

　　而全基因組關聯研究（Genome-Wide Association Studies, GWAS）已開展多中心、大樣本、反覆驗證的基因與疾病的關聯研究及進行過長壽與基因的分析 ¹⁷⁻²³，並顯示在不同的獨立研究裏，遺傳基因座（Genetic Locus）中只有載脂蛋白 E（Apolipoprotein E, APOE）有全基因組的顯著性（Genome-Wide Significance）²⁴⁻²⁶。APOE 是外周組織和大腦中的膽固醇載體 ²¹，與心血管和阿爾茨海默病的易感性有關 ²⁷。Schächter 及其他人於 1994 已發表過 ²⁸，APOE4 等位基因能促進過早出現的動脈粥樣硬化，但在百歲老人身上的發生率明顯低於對照組中的年輕長者。

　　另一方面，基於模型生物出現的候選基因複製研究也可以提供額外的信息 ²⁹。在實驗生物中，從秀麗隱桿線蟲（Caenorhabditis Elegans）到果蠅（Drosophila）和老鼠，FOXO3 已被候選為同源性相對的基因，能影響壽命的長短 ³⁰⁻³¹。Willcox 和其他人（2008）³¹ 更發現，在 FOXO3A 基因中常見的自然遺傳變異與人類壽命及健康老齡化的多種表型密切相關；甚至在不同的長壽人口中，FOXO3 早已被考慮在長壽的分子基礎上起關鍵的作

---

① 　　DNA 是一種極細的線狀及長鏈分子聚合物，整段都具有信息編碼。所組成單位稱為核苷酸（Nucleotide），而糖類（Carbohydrate）與磷酸（Phosphoric Acid）藉由酯鍵相連，組成其長鏈骨架。每個糖單位都與四種鹼基（Nucleobase）裏的其中一種相接，這些鹼基沿着 DNA 長鏈所排列而成的序列，可組成遺傳密碼，是蛋白質氨基酸序列合成的依據。讀取密碼的過程稱為轉錄，是根據 DNA 序列複製出一段稱為核糖核酸（Ribonucleic acid, RNA）的核酸分子。常見的核鹼基共有五種：胞嘧啶 Cytosine（縮寫 C）、鳥嘌呤 Guanine（G）、腺嘌呤 Adenine（A）、胸腺嘧啶 Thymine（T，通常為 DNA 專有）和尿嘧啶 Uracil（U，通常為 RNA 專有），它們一個接着一個聯結一起，構成了細長的鏈狀分子——染色體。人體大約有 40 萬億個細胞，23 對染色體，人體的染色體對一半來自父親，一半來自母親。整組染色體則統稱為基因組 ⁴。

用 [31-32]。比較 90 歲老人，FOXO3A 變體在百歲老人中更為常見，這表示該變體能延長壽命。FOXO3A 的變體與七個百歲老人隊列有關，包括日裔夏威夷人、意大利人、阿什肯納茲猶太人、美國加利福尼亞人、新英格蘭人、德國人和中國人 [33]。

過去研究更觀察到長壽能聚集在家庭裏，因此百歲老人的父母和兄弟姐妹更可能達到高齡 [34-38]，高齡人群的生存者有 10％來自最長壽命的家庭 [15, 39]。而百歲老人的後代亦似乎更可能延遲與年齡有關的疾病 [40]，他們表現出終生的生存優勢，對冠心病、癌症和 2 型糖尿病有較低的風險 [41-43]，以及在中老年人中，他們的免疫力和代謝健康狀況亦較好 [43-45]。這些研究包括兄弟姐妹和百歲老人的孩子。兄弟姐妹更有顯著的傾向實現極端長壽，並且從年輕至成年，再到極端老年，他們出生隊列的死亡風險能降低一半 [46]。

Govindaraju（2015）亦認為壽命是生命歷程（Life History）不可分割的一部分。他採用「達爾文主義及人口」的綜合方法，去描述遺傳進化基礎中的長壽和衰老。這種方法很有用，原因是它跨越馬爾薩斯（人口統計—年齡和階段特定的死亡率）、孟德爾（繼承和變異）和達爾文的健全（生存和繁殖）方面潛在生命的多樣性 [47]。

人口學裏，通常一些熟悉的數學方程，如 Gompertz、Logistic 和 Weibull 模型，會廣泛應用於死亡率研究中，而這些數學方程亦相當適合於年齡變化中實際的成人死亡率，甚至用作人口預測和模擬研究。另一方面，從發展和進化的角度來看，從受精卵形成開始，再經過中間階段，直到死亡，透過期間出現的連續事件，去分析壽命和衰老也是相當有用的，因為在人生歷程裏，選擇（Selection）的力度會因人而異。而選擇是在整個個人生命史中，受遺傳、發展、人口特徵和環境生態的因素相互影響運作和依賴的 [47]。

Govindaraju（2015）利用基因型—表型（G-P 或基因組—表型）地圖透視 [Genotype-Phenotype（G-P or Genome-Phenome）Map Perspective] 作為一個框架，去研究人類生命多樣性和衰老過程的進化遺傳基礎。個體於

人口中的環境敏感程度表達在遺傳上有相當大的變異，以及所體驗「共同環境的影響」也有別。G-P 表型由三個空間或平面組成：基因型（Genotypic）、表觀遺傳（Epigenetic）和表型（Phenotypic）[47]。

　　簡而言之，基因型空間包括基因和基因組特異性過程，例如突變、重組、缺失、重複、易位和倒置等。另一方面，表觀遺傳空間是基因、基因產物、生物化學網絡和生理過程的嵌入式系統，與發展、分化和增長有關。表型是基因與發展過程之間相互作用的最終產物，與環境有關。然而，從系統的角度來看，基因型和表觀遺傳空間可以被視為表型空間內的嵌入系統，與環境因素接口和互動。表型空間包括年齡、階段、性別、營養、醫學、微生物和物理環境[47]。環境因素更會觸發一系列生理和發育模式的協調變化，並在個體的整個生命過程中產生其他表型，這一過程通常稱為發展可塑性（Developmental Plasticity）。這些變化對健康長壽有決定性的影響[47]。

　　如上述所說，長壽是一種綜合的生活歷程特質，受其他生活歷程特質所影響，例如體重、成年年齡和後代數量等[48]以及每個特質的隸屬成分。因此，在生長和發育過程中[49-50]以及與環境互動之下[51]，這些特徵與所有或大多數特徵產生變化。從受孕到死亡，人類對微觀環境（Micro-environment）和宏觀環境（Macro-environment）因素的利用和反應不同。微觀環境是指個體及其附近的環境，涵蓋生物（家庭）和物理實體。另一方面，宏觀環境是指人類要適應許多較寬闊的環境類別，例如氣候、地域、社會和文化條件等[52]。

　　而人類本身是自然界的產物，也是自然界的組成部分，並生存在自然中。這裏的自然界是指氣候、地形、空氣、陽光、淡水、海洋、濕度、土壤、岩石、地下和地表資源等整個生態系統而言。人類生存空間的自然環境質量，對人的健康和壽命不但有重大影響，而且還具有持久性的特點。空氣中的雜質多少，氧氣和二氧化碳所佔比重以及是否被工業、城市或汽車廢氣、毒氣污染，還有顆粒物，對人的身體及其機能有着決然不同的影響。水質及其成分及其是否被污染、飲用水的安全達標度，對人的身體及其機能也有極大不同的影響[53]。又或者氣候變化是否正常及自然界是否

醞釀各種不可抗拒的災害，如風災、水災、旱災、雨災、雪災、地震、海嘯、沙塵暴、冰暴、熱浪等的侵襲。氣候變化在全球範圍內造成了規模空前的影響，天氣模式改變導致糧食生產面臨威脅，海平面上升造成發生災難性洪災的風險也在增加 [54]。這些環境的因素時刻都伴隨着人的活動，如影隨形，給人身體以不同的影響，既制約人的健康又影響人的壽命。

人類與其他動物不同，我們是存在特定的生活方式、教育文化和社會制度之中的，其構成要素都在影響和制約着人的活動。例如政治及社會經濟環境穩定、生活富裕、心情舒暢，有利於人們的身體健康。同樣地，家庭環境是否舒適及安全，例如區位、住宅大小、通風、光線、坐向、溫度、聲浪，對居住者身心有着不同影響 [53]。

工作及職業選擇是環境因素其中一類的重要條件，對生活的眾多環節都有深刻的影響。而教育程度與選擇什麼職業緊密相連，同時亦影響很大的就是長者的經濟來源問題 [53]。在第八章《多角度及跨學科界定成功老齡化》裏，我們了解到準百歲和百歲老人對成功老齡化的定義及評估方向，並知道經濟資源及財務保障（Economic Resources and Financial Security, EF）是其中一個不可少的維度，決定長者視自己能否達到成功老齡化。

與此同時，教育程度不僅影響人們的職業和經濟生活，也影響到人們的家庭生活。而家庭環境中亦包括代際關係是疼愛關懷還是仇視嫉妒，夫妻之間是互相恩愛理解還是同床異夢，子女之間是相親相愛還是彼此針鋒相對，鄰里之間是和睦相處還是抗爭不休，都對一個人身心健康有着重大的影響。親戚、朋友雖然不是家庭環境的固定因素，但它經常涉足家庭與個人行為，其關係好壞和交往頻率對家庭居住者有着一定程度的影響 [53]。

以上的自然、社會、工作和家庭環境共同構成了我們生活的環境，而生活方式及飲食結構和習慣往往是從個人和家庭中日積月累相互影響下建立起來。生活環境既是每個人都需要又是無法避開的，它對每個人的影響是每日每時發生的，帶有持久性，它們交織在一起錯綜複雜地總體作用於一個人身上，隨着生物和實際年齡的增長，決定其健康狀況、變化歷程和變化速率以及生命週期的長短。

在個人層面，個人特質及調適能力的強弱也是決定性的，凡是有節制、毅力和保持穩定而樂觀正向的情緒，喜歡把自己的東西弄得干淨、整潔、作息定時、陰陽有序、器官功能協調及避免受慢性疾病侵害的人，都較大機率健康長壽。這方面的個人因素在第二部分第七章已闡述及引證。

以上的環境因素與遺傳因素互相影響。某些遺傳因素能夠讓人們活得健康長壽，而某些遺傳變異和良好環境因素的共同作用，也能產生令人意想不到的積極效果。可是到目前為止，我們仍沒有辦法改變基因，而DNA 是人類的遺傳因素唯一且最重要的表達方式，DNA 是基因和基因組的物質形式，是構築生命根基的基本單位[4]。

在研究極端長壽的個體中，遺傳對高齡長者影響最大。而在極端長壽家庭的聯繫研究中，亦支持長壽基因座（Longevity Locus）在 3 號染色體內；但其他假定的長壽定位在不同研究之間則出現差異。在候選基因研究上，APOE 和 FOXO3A 的變種與長壽相關已經確定；但其他基因則顯示不一致的結果[55]。

載脂蛋白 E（APOE）有三個變體：ε2，ε3 和 ε4。每個人都會攜帶兩個 APOE 副本，每一個副本都有可能是上述三個變體中的任意一種形式（人體攜帶 APOE 副本的可能形式有六種：ε2/ε2，ε2/ε3，ε3/ε3，ε2 /ε4，ε3/ε4，ε4/ε4）。在世界人口中，攜帶 ε3 變體的人群是最普遍的，攜帶 ε3 變體的人群大約佔世界人口的 60%～90%[4]。

早於上世紀 90 年代中葉，為了剖析長壽的遺傳成分，法國、加拿大和芬蘭的研究團隊為 338 位法籍百歲老人和 160 位 20～70 歲成人進行了幾個多態性（Polymorphism）候選基因位點的病例對照研究。在這裏，他們發現百歲老人中載脂蛋白 E-ε4（APOE4）的比例明顯低於對照組（5.2% 對 11.2%，$p < 0.001$），而 APOE4 促進早發動脈粥樣硬化，已被證明是有害的遺傳變異。另一方面，載脂蛋白 E-ε2（APOE2）的比例在百歲老人中明顯高於對照組（12.8% 對 6.8%，$p < 0.01$），APOE2 已被證明具有保護作用[28]。ε4 變體還與其他健康問題相關，如阿爾茨海默病、端粒縮短及中風等[4]。

第一個薈萃分析（Meta-Analysis）全基因組關聯研究（Genome-Wide Association Studies, GWAS）調查長壽表型由 Newman 及其他學者提出 [56]。這項研究由 1,836 名個人組成，長壽定義為 90 年及以上，對照 1,955 名年齡介乎 55 至 80 歲之間死亡的人。在第二個發現階段，他們在萊頓長壽研究隊列和丹麥 1905 隊列中進行額外的基因分型。結果顯示，有 273 個單核苷酸多態性（Single-Nucleotide Polymorphism, SNP）與 p <0.0001 相關，但沒有達到預定的全基因組的顯著性（Genome-wide Significance）水平（p 值 < $5 * 10^{-8}$）。在最重要的 SNP 中，有 24 個是獨立信號（p 值 < $1 * 10^{-4}$）；在第二階段，包括多兩個獨立隊列裏，其中 16 個 SNP 在第二個發現階段成功進行了基因分型，其中一個與 rs9664222 相關，達到（p 值 = $6.77 * 10^{-7}$）[56]。

2011 年，不同的學者利用 GWAS 及其他研究分別發表四份有關遺傳與長壽的科學文章，其中 Deelen 等人 [20] 利用薈萃分析與 GWAS 中最強的候選 SNP 及鹿特丹研究的案例、萊頓 85+ 研究，以及丹麥 1905 年的隊列進行分析。4,149 名年齡超過 85 歲長者對照 7,582 名年輕組的長者。在第一輪裏僅包括一項研究（403 名長壽老人和 1,670 名對照），但可惜沒有 SNPs 有全基因組的顯著性。及後，在其他隊列中 62 個 SNP 有 58 個獲得了成功的基因分型（p 值 < $1 * 10^{-4}$）。一個 SNP 上的 19 號染色體，rs2075650 與全基因組顯著性的長壽有關水平（p 值 = $3.39 * 10^{-17}$），比值比（Odd Ratio, OR）為 0.71。這個 SNP、rs2075650，位於染色體 19q13.32 的 TOMM40 接近載脂蛋白 E（APOE）基因 [20]。

另外，Nebel 等人 [21] 也利用 GWAS 中 763 名長壽老人（年齡介乎 94～110；平均年齡為 99.7）和 1,085 名德國籍對照組（年齡介乎 45～77 歲；平均年齡為 60.2 歲）進行研究。他們驗證樣本後，有 754 名老人和 860 名對照。選擇 16 個 SNP 用於 p 值的隨訪範圍從 $3.7 * 10^{-10}$ 到 $9.1 * 10^{-6}$。在複製階段中 Bonferroni 校正的顯著性後，只有 rs4420638 出現重要的全基因組的顯著性（OR = 0.55；p 值 = $1.9 * 10^{-8}$）[21]。

Malovini 與其他意大利學者 [57] 亦對 410 名長壽老人（年齡範圍 90～109 歲）進行了全基因組關聯研究和 553 名（年齡範圍 18～45 歲）年輕

及成年人對照，利用 317K 單核苷酸多態性（SNP）芯片鑒定與衰老相關的特徵。在最頂部（p 值 <1*10^{-4}）SNPs 初步鑒定，他們發現 rs10491334 [鈣 / 鈣調蛋白依賴性蛋白激酶 IV（Calcium/ Calmodulindependent Protein Kinase IV, CAMKIV）]（OR = 0.55；p 值 =2.88*10^{-5}），而這變數在之前不同的報告中也指出與舒張壓相關。也與 116 名長壽老人和 160 名對照的複製組相關（OR = 0.54；p 值 =9*10^{-3}）。功能分析顯示與攜帶野生型基因 (Wild-Type Gene) 的個體相比，個體多態性的純合子（Homozygote）具有顯著較低的 CAMKIV 水平，激活生存蛋白 AKT、SIRT1 和 FOXO3A。他們觀察到在百歲老人中次等位基因攜帶者 (Minor-Allele Carriers) 有減少的傾向，而這個是對 SNP 不利的。總括而言，長壽基因會被 CAMKIV 激活，其水平受人類壽命有關的 SNP、rs10491334 所影響 [57]。

同年，Walter 等學者 [58] 採用了另一種研究長壽的方法。他們利用了一種前瞻性的隨訪設計來研究死亡時間，使用 Cox 比例風險模型得出結果（全因死亡率）。該 GWAS 研究包括 25,007 名參與者，其中 8,444 人死亡。平均隨訪時間是 10.6 年。平均死亡年齡為 81.1 歲。最強的關聯是 rs4936894（染色體 11，VWA5A 附近）與 p 值為 3.4 * 10^{-7}。他們發現了 14 個預測死亡風險的獨立 SNP，以及八個 SNP 預測無事件生存 (Event-free Survival)（p 值 <1 * 10^{-5}）。這些 SNP 位於或接近在腦中高表達的基因（HECW2、HIP1、BIN2、GRIA1），基因參與神經發展和功能 (KCNQ4、LMO4、GRIA1、NETO1) 和自噬 (Autophagy)（ATG4C），以及與之相關的基因各種疾病的風險，包括癌症和阿爾茨海默病。在合併的薈萃分析中，只有 OTOL1 附近的 rs1425609 顯示出一個與發現相比更強的關聯（p 值 =1.61 * 10^{-6}）。他們認為這些發現表明，參與神經過程的基因變異可能是一個調節長者免於重大疾病和實現長壽的重要因素 [58]。

像大多數複雜的表型一樣，極端長壽被認為反映了環境的綜合影響（例如生活方式的選擇和生活的地方）和遺傳因素。為了探索遺傳貢獻，Sebastiani 等人 [59] 進行了全基因組研究 801 名百歲老人（死亡中位年齡 104 歲）和 914 名遺傳匹配的極端長壽的關聯研究。與假設一致，遺傳對最老年齡的隊列有最大貢獻。為了進一步驗證，他們將模型應用於另外 60 名無相關的百歲老人（中位年齡 107 歲），敏感度為 78%，2,863 名無相關的對照

組，具有 61% 的特異性。在 281 個 SNP 中包括 TOMM40 ／ APOE 的 SNP rs2075650，其達到無可辯駁的基因組範圍顯著性（後關聯概率 = 1）[59]。這發現支持了他們的假設，遺傳對極端長壽的影響隨着年齡增加。另外，來自薈萃分析包括美國、歐洲和日本百歲老人五項研究相似基因標記數據的結果也顯示，許多這些變異與極端年齡的生存呈正相關 [60]。

迄今為止，GWAS 分析了已確定的幾種遺傳變異，例如長壽相關變種（Longevity-associated Variants, LAV）APOE [17-21,23,59,61-65]、染色體 7 號基因座 USP4261 及染色體 12 號基因座 TMTC2 [61]、FOXO3A [31,61,63,66-72]、TOMM40 [23,65,72]、APOC1 [23,62,65,72]、OTOL1 [58]、LPA [62-63]、CHRNA3 及 CHRNA5 [62-63]、CDKN2A 及 CDKN2B [62-63]、MC2R [62]、USP2-AS1 [62]、HLA-DQA1 及 HLA-DRB1 [62-63]、ATXN2 [62]、FURIN [62]、EPHX2 [62]、PROX2 [62]、CELSR2 及 PSRC1 [62]、IL6 [64]、ANKRD20A9P [64]、RAD50 及 IL13 [73]、GUCY1A3—GUCY1B3 [74]、NPR3—C5orf23 [74]、ADM [74]、FURIN—FES [74]、GOSR2 [74]、GNAS—EDN3 [74]、CYP26A1 及 MYOF [65]、ADRB2 [75] 等。

Druley 及其他人 [76] 假設與壽命相關的血統特定的罕見變異基因也可能對健康表型具有類似的功能影響。他們發現與三個基因和九個單一變異有顯著的關聯。他們發現了一個新變體 3'UTR OBFC1 與在六個家族裏 13 個人的極端長壽呈正相關。而「長壽家庭研究」（The Long Life Family Study, LLFS）最近報導，從家庭中端粒長度的分析得出，OBFC1（10 號染色體）有涉及維持端粒的長短。利用兩種不同的算法在單基因關聯中確定了三個具有豐富變異的基因與三個表型有關聯，包括 GSK3B 與健康老齡指數，NOTCH1 與舒張壓，TP53 與血清高密度脂蛋白 [76]。雖然這些長壽相關變種對人類生命週期中個體差異的遺傳分析提供更廣泛的視角，甚至可以幫助確定潛在的干預目標，但值得注意的是，在過往的候選基因研究中，只有兩個一直被複製的基因座（APOE 及 FOXO3A）出現在其他的獨立研究 [55,77-78]。

在非遺傳因素中，特別是生活方式明顯影響與年齡有關的疾病發展 [55]。過往研究亦曾經表明人類的壽命，不僅受到長壽的保證機制和疾病感受性的基因座影響，也受環境和基因環境的互動影響和機會 [79]。了解環境的影

響［特別是生活方式（見第十一章）］和遺傳學，以及它們如何相互作用影響健康和壽命是非常重要的。

　　雖然有些生活方式被視為風險因素，但環境因素可能會受到基因影響。從過往雙胞胎研究顯示，生活方式和健康行為的變化可能本身就是可遺傳的，甚至由於擁有共有的基因及共享環境，引至家庭中聚集了「生活方式」的風險因素。例如，飲食方面存在差異模式，飲酒、吸煙和體育參與；甚至宗教信仰都可能受到遺傳變異的影響[80]。

　　長壽研究的進展仍然受到阻礙，原因是長壽依賴於多種基因組合與環境因素之間的相互作用[19,24,82-84]，這樣很難將環境與遺傳影響分開。事實上，環境因素可能會影響長壽的遺傳效應[85-86]。

　　在沖繩百歲老人的兄弟姐妹研究中顯示，成年人的生存概率從 55 歲開始隨着年齡的增長而增加[8]；有些學者更推測部分原因是沖繩百歲老人或其他地域的百歲老人沒有罹患許多與年齡有關的慢性疾病，他們擁有遺傳因子，可抵禦這些疾病及增加活存到相當高齡的機率[87-88]。而過往亦有研究顯示，百歲老人的父母假若出生於大約 1870 年，比現代人多七倍機率生存到 90～99 歲；甚至，百歲老人父母的後代與年齡相匹配的對照組比較，亦有較低的年齡相關疾病患病率[40]。

　　另一方面，由於隊列（Cohorts）中生存概率的差異，壽命相關的遺傳變異會出現不同等位基因頻率（Allele Frequencies）[89]。在 GWAS 和全基因組測序數據中顯示常見複雜疾病的風險等位基因（Risk Alleles）或許亦能在極端長壽老人中發現。他們能容忍疾病，可能是由於保護性遺傳因素。而這些保護性遺傳因素可能「緩衝」掉特定風險等位基因的影響。罕見的等位基因也可能有助於健康長壽和延遲衰老[55]。

　　歐洲健康老齡遺傳學（European Genetics of Healthy Aging, GEHA）也是其中一個最大型的連鎖研究，並在歐洲多個不同國家進行，有2,118 名超過 90 歲完整的兄弟或姐妹組合參加[22]。在聯合鏈接分析（Joint Linkage Analyses）中，他們找到四點聯繫區域：14q11.2、17q12-q22、

19p13.3-p13.11 和 19q13.11-q13.32，並使用 GWAS 數據進行分析，用 1,228 名無關連老年人和 1,907 名地理匹配的對照樣本。用一個固定效應薈萃分析方法（Fixed-Effect Meta-Analysis Approach），在 TOMM40 上的 rs4420638 /APOE / APOC1 基因位點與壽命呈顯著相關（p 值 = 9.6* 10^{-8}）。他們也發現長壽與 APOEε4 和 APOEε2 等位基因有關聯，並解釋了 19q13.11-q13.32 的連鎖 p 值 = 0.02，p 值 = 1.0 *10^{-5}。由於後者的聯繫結果未能被常見變體（Common Variant）解釋到，故此他們建議稀有變體（Rare Variants）在長壽家庭中也可能扮演更重要的角色 [22]。

這些擁有極長壽的老人，最重要的是他們幾乎沒有與年齡相關的疾病跡象，使他們不但極其長壽，而且能健康地生活 [1-2,35,45,88]。家族成分包括遺傳和環境的貢獻，似乎在健康老齡和生存到極端長壽中發揮了關鍵作用 [90]。

然而，每人都有和自己獨特的基因相匹配的理想生存環境。不管就其總體作用來說，還是就其各個影響要素作用來說都是有規則可循的，這就為人類提供了避害趨利，尋求的不只是長壽，而是健康長壽的可能性。環境因素有着核心的相似性，但影響人們健康長壽的基因幾乎是相同的。科學研究給我們提供嶄新和紮實的證據，概括整合健康和長壽的相關複雜因素，這對大多數人來說都是適用的，只是在具體情境下作用程度不同。

「香港百歲老人研究」基因分析

準百歲及百歲老人血液數據來自 2011 年「香港百歲老人研究」，詳細研究方法已在第六章及第七章闡述過。我們採用陣列芯片利用 Illumina HumanOmni2.5Exome-8 Beadchip（2,608,742 個標記），在 153 名準百歲及百歲老人樣本中，有 96 名受試者（69 女 / 27 男）通過質量測試（maf 0.01，基因分型率 95％）有 1,353,790 個標記。

在控制組中，有 2,373 名對照，數據來自退行性椎間盤疾病（DDD）GWAS 項目（基因型及推算）及 DDD 外顯子組項目（平均年齡為 45；28％> 50）。陣列芯片利用 Illumina HumanOmniZhongHua-8 Beadchip（878,291 標記）。經過質量測試後數據有所改變，包含（一）基因型有

814,285 個標記；2,087 名（1,240 女 / 847 男）（二）推算有 3,931,465 個標記；2,087 名（1,240 女 / 847 男）（三）外顯子組 SNP 有 70,116 個標記；612 名（348 女 / 264 男）。及後，我們將數據合併（僅限常染色體），樣本包括 96 名準百歲及百歲老人及 2,087 對照者；共有 766,982 個 SNP 標記重疊。

結果顯示沒有單一 SNP 達到全基因組顯著性（p 值 $< 5 * 10^{-8}$）。最終我們選擇 55 個 SNP 進行與準百歲及百歲老人的分析，根據以下三個條件：（一）來自五個候選基因（基因 +/- 100kb 邊界區），包括：ADRB2（chr5:148206156-148208197）minimal promoter（minP）=0.006；APOE（chr19:45409039-45412650）minP=0.016；GRIK2（chr6:101846861-102517958）minP=0.002；EBF1（chr5:158122923-158526788）minP=0.001 及 FOXO3A（chr6: 108882069 -109005971）minP=0.00（二）使用香港百歲老人數據與 DDD 對照（53 個 SNP）進行遺傳關聯的 SNP p <0.05（三）根據過往研究報導有兩個 SNP 在 ADRB2 中的 rs1042718 和 APOE 中的 rs4420638 與健康狀況有正相關。

透過統計分析，我們希望檢查 ADRB2 是否在香港百歲老人群組中也是一個健康狀況的標誌？在基因型上，我們利用 ADRB2 基因中有六個 SNP 的次要等位基因的載體（Minor Alleles Carrier）（相對於非載體）（vs Non-Carrier）。在表型上，我們採用三個自變量，包括：（一）自評健康（SelfRated Health, SRH）：由 1= 非常不好至 5= 非常好（二）認知：簡易精神狀態測驗量表（Mini Mental State Examination, MMSE）評分：0 到 30（三）抑鬱症（Geriatric Depression Scale, GDS）：老年抑鬱量表評分：0 到 15。

我們利用多元線性回歸（Multiple Linear Regression）（未調整關聯），在六個 SNP 的次要等位基因的載體上回歸 SRH、MMSE 和 GDS。之後（調整後的關聯），逐塊多元線性回歸（Block-Wise Multiple Linear Regression ）—回歸 SRH、MMSE 和 GDS 對六個 SNP 的載體進行控制，控制性別、年齡、居住安排和教育。

分析結果顯示，屬於 ADRB2 基因的六個 SNP 的攜帶者狀態與 SRH

相關，未調整（ p=0.013）及已調整人口統計學變量（ p=0.008**）。調整人口統計變量後，屬於 ADRB2 基因的六個 SNP 的攜帶者狀態與 MMSE 評分相關（ p=0.000***）。在逐塊多元線性回歸上，我們發現 ADRB2 基因的大部分作用來自 rs1168070 與自變量 SRH（ p=0.009）及 MMSE（ p=0.042）有顯著關係。

雖然如此，本研究亦有相局限，例如樣本量有限及使用橫截面數據，所以日後需要更多異構樣本作更深入分析。另外，由於 DDD GWAS 項目控制組沒有其他流行病學變量，我們亦未能採用多元線性回歸分析。

總結和討論

「香港百歲老人」的基因分析是在香港首次進行的研究項目，結果與曾毅教授及其他學者的過往研究結果接近，ADRB2 基因與健康和長壽有關。而攜帶 ADRB2 次要等位基因和 ADRB2 之間相互作用的關聯基因型和社會 / 行為因素（Genotypes and Social/Behavioral Factors, GxE）與高齡長者的健康有關。他們更發現常規運動與攜帶 rs1042718 次要等位基因之間的相互作用，與良好的認知功能有顯著和積極相關性。定期運動與攜帶 rs1042718 或 rs1042719 次等位基因之間的相互作用，與自我報告的良好健康狀況顯著正相關。互動社交休閒活動和攜帶 rs1042719 的次等位基因之相互作用，與自我報告有顯著正相關 [75]。

過往研究更顯示，中國百歲老人的子女明顯地有更好的工具性日常生活能力（Instrumental Activities of Daily Living, IADL）（ p <0.001），更少慢性病或健康的問題（ p <0.01 ），很少焦慮和孤獨感（ p <0.01），改善認知功能（ p <0.01），更具彈性（ p <0.01），自我評價更好（ p <0.001），自我評價更高（ p <0.001）。結果還揭示了家族長壽影響與三種環境因素之一有相互作用，可能會影響長者的健康結果（ p <0.05），包括：作為子女，他們是否在生病時獲得足夠的醫療保健，生活在一起的子女數量和家庭經濟狀況條件。他們相比百歲老人的子女的健康情況與沒有長壽家族史的長者，前者可能從他們長壽的父母那裏帶來積極的基因和 / 或生活方式行為，但後者大部分受環境因素影響，這發現告訴我們環境因素對促進長壽

是非常重要的 [91]。雖然估計遺傳影響的整體強度與之前的研究相符，但遺傳在 60 歲之前對生命的影響很小，但之後在高齡階段明顯增加 [92]。

Dato 及其他學者 [93] 提出新的見解，認為通過代謝途徑分組時可能找到不同的 SNP 綜合分析。他們將這種方法應用於研究屬於三種候選途徑的 SNP 對壽命的聯合影響，胰島素／胰島素樣生長因子信號傳導（Insulin/Insulin-Like Growth Factor Signalling, IIS）。結果在調查遺傳學方面對人類長壽有效性分析上，顯示 SNP-SNP 有相互作用，不但確認以前確定的標記，亦指向新基因作為涉及人類長壽的其他網絡的中心點 [93]。

極端長壽者如被確認的法國婦人珍妮·卡爾芒（Jeanne Calment）存活到 122 歲 164 日 [94]，這代表了一種極端長壽的表型。目前的百歲老人是隊列中倖存者（Survivors），他們在生命早期能延遲相關疾病的發病年齡和／或對其他致命疾病的抵抗。即使在長壽的個體中，衰老的特徵也是異質的。仔細觀察他們的經驗，如特定臨床或遺傳生物標誌物之間的關聯，可以有利於我們將健康狀態發揮到最大的峰值，甚至延長壽命，達致「壓縮殘疾」（Compression of Disability）的概念，即是説能實現到個人生活的獨立性、自主性，從健康生活方式行為中，維持優質及滿意的生活質素 [95]。

任何不健康因素都會影響整體生命的運轉。過高或過低的血糖水平，極長或極短的端粒 ① 都會威脅人體健康。而端粒長度與生命的長短相關。隨着年齡的增長，端粒會受損並逐漸變短 [4]。諾貝爾獎得主伊麗莎白·布萊克本發現人類細胞不能無限量地分裂，也是因為缺少端粒酶的緣故 ②。

---

① 　組合成人類基因的脱氧核糖核酸（DNA）分子被壓進我們的 46 個染色體裏。由於人類及大多數其他生物的染色體是線形而不是環形的，所以染色體的末端有着互相粘在一起的可能性，而且染色體裏的 DNA 很容易受到損害。但是早在二十世紀三十年代，科學家就已經發現染色體的末端有着某種極端蛋白質結構結構，能夠起到保護染色體的作用，就像鞋帶兩端防止磨損的塑料套一樣，它們被稱為端粒。在個體成長和發展過程中，每一次的細胞分裂在增加體重、替換受損細胞的時，也會讓這些細胞中的染色體受到損害，進而增加人們罹患多種疾病的風險，包括癌症、心臟病和神經退行性疾等 [4]。

② 　細胞提取物裏發現了這種酵素 —— 端粒酶。這個酵素是蛋白和核糖核酸的結合，而且該核糖核酸也擁有 CCCCAA 序列。端粒酶能夠在每次細胞分裂後，利用 CCCCAA 序列作為複製端粒的模板，來複製並增長端粒，從而確保端粒不會越來越短。隨着端粒及端粒酶的發現，科學家發現了端粒的長度在細胞的分裂能力中擔當了至關重要的角色。布萊

因為人類細胞裏的端粒酶是被抑制的，細胞裏只有微量的端粒酶，所以端粒會隨着人類細胞的分裂而逐漸縮短 [96-97]。而當端粒縮短到極限時，細胞就呈現老化，不能再分裂下去。端粒縮短導致細胞老化是人類老化的一大機制。當端粒縮短至臨界長度時，不能形成環結構，便激活 DNA 損傷反應，誘導細胞衰老和細胞凋亡，引致衰老 [97]。一些人類早衰症，如沃納綜合徵（Werner's Syndrome, WRN），就是由於端粒的加速縮短而引起的 [98]。因此端粒酶通過影響端粒長度與健康和死亡率有相關 [99-101]。

過往綜合研究亦顯示，除了已知的個體因素與端粒長度相關外 [102]，端粒酶活性及其與心理壓力、精神障礙、生活方式因素和干預措施也有關係 [103]。慢性心理壓力降低了個體的端粒酶活性是一例子 [104-105]。但另一方面，有關精神障礙與端粒酶活性之間的關係，在其他研究結果中則顯示不一致，例如重度抑鬱症（Major Depressive Disorder, MDD）的患者端粒酶活性增加 [106-108]；生活方式因素／干預措施 [109-112]，如體育鍛練 [113-115]、地中海飲食模式飲食 [116]、微量營養素補充 [117]、氣功練習 [118]、瑜伽 [119]、正念冥想 [120-125] 導致端粒酶活性增加。

動物研究亦顯示，類似抑鬱行為與海馬端粒酶活性降低有關，而體育鍛練則通過細胞類型特異性和基因型特異性方式增加端粒酶活性。科學家們認為，多種因素都會負面影響端粒酶的操作和加速端粒的縮短，其中包括由暴飲暴食引起的代謝及氧化應激，還有精神壓力等。實施生活方式干預，提升精神健康，從而可增加端粒酶活性，促進細胞活力和增殖，這對緩解衰老過程很重要 [103]。

雖然過往有部分研究證據未能支持端粒長度與年齡相關身體功能變化的假設 [126]，甚至有學者質疑端粒長度是否是人類衰老的生物標誌物 [127]，以及認為端粒長度不是百歲老人和半超級百歲老人的成功老齡化的預測因子，但百歲老人的後代很有機會成為百歲老人，而那些年齡超過 100 歲的

克、伯恩和其他學者的實驗顯示，當他們讓端粒酶的基因產生突變，從而消除端粒酶的功能後，酵母和四膜蟲的端粒在每次細胞分裂後都會持續縮短，最後導致這些細胞停止分裂 [96]。

人比其他人更能維持他們的端粒。Arai 及其他學者更認為，在人類老化到極度老年的過程中，炎症才是重要的的可塑性驅動因素 [128]。通過重複測量確定慢性炎症與一系列不健康的衰老表型有關，並且降低成功老齡化的可能性 [129]。抑制慢性炎症是成功長壽的主要決定因素 [130]。

　　總體而言，研究文獻支持健康長壽的基礎是多因素的，涉及不同的基因組合、環境、適應力和機會，所有這些都受到文化和地理影響 [95]。是基因環境的混合互動結果。人類長壽的遺傳學在這裏被描述為高度依賴環境的現象，在一個綜合生態和進化的視角內，無論是在歷史層面還是個人，並呈現為動態過程。長壽遺傳學具有高度的群組特異性。次等位基因、多效性和複雜的等位基因時間亦可能產生主要作用。遺傳風險因素是受具體年齡影響，並需要根據 Geroscience① 的觀點進行整合 [131]。某些與遺傳有關年齡的疾病（如心血管疾病）確實存在長壽遺傳學。現在我們迫切需要採用的是全位方法來處理人類遺傳學中很大程度上尚未探索的相互作用，特別強調人類身體上三個範疇：即核子（Nuclear DNA）[131-133]、線粒體（Mitochondrial DNA）[131-133] 和微生物組（Gut Microbiome）[26,131-132,134]。

　　過往研究顯示基因對健康長壽的影響只佔四分之一，其餘是受微觀和宏觀環境因素所影響。宏觀環境因素中，我們一般會聯想到包括地域、居住地的四周環境等、又或者有沒有受天災人禍或輻射所影響。這些自然環境因素，在個人角度上，不是那麼可以容易控制和改變。但是在微觀環境因素中，除了精神健康及身體鍛練的習性外，生活習慣和飲食模式是我們自身可以主動控制決定改變和選擇的，而其後果對我們整體健康是非常重要。例如吸煙及過量飲酒對身體健康造成的不良影響已在過去幾十年證實過。但人類看來並沒有害怕，反而當發現罹患癌症時，還會說不煙不酒的也會生病，這是天意。事實上，這些生活方式是與癌症無關等謬誤想法，是給自己藉口繼續這些不負責任的生活習慣。

---

①　專注於衰老生物學和影響衰老的生物醫學應用研究。這包括進化生物學、生物物理學、遺傳學、基因組學、蛋白質組學、分子生物學、細胞生物學、生物化學、內分泌學、免疫學、生理學、藥理學、神經科學和心理學。

　　到目前為止，我們仍沒有辦法改變基因，並沒有萬能藥能夠幫助我們輕鬆實現身體的健康長壽和促使心智壽命的充分發展，但我們能夠改變相關因素的作用方式，而在影響基因表達的眾多環境因素中，生活方式是非常最重要，這部分會在第十一章及十二章闡述。這些微觀環境因素包括飲食習慣、身體鍛練、睡眠質量、控制藥物使用，甚至我們的心理精神狀態都會影響人類的衰老速度。所以，認為人類無力延緩衰老的觀點是錯誤的。這樣的錯誤觀念只會讓我們合理化自己不健康的行為，對自己的行為放任自流，不尋求改變。環境和基因互動會影響人類健康長壽，要活得健康長壽、永葆生命活力，我們需要為未來的自己確立一個更加積極的形象。

參考文獻

1.　Christensen, K., McGue, M., Petersen, I., Jeune, B., & Vaupel, J. W. (2008). Exceptional longevity does not result in excessive levels of disability. *Proceedings of the National Academy of Sciences of the United States of America*, 105 (36), 13274 -13279.

2.　Andersen, S. L., Sebastiani, P., Dworkis, D. A., Feldman, L., & Perls, T. T. (2012). Health span approximates life span among many supercentenarians: Compression of morbidity at the approximate limit of life span. *The Journals of Gerontology. Series A, Biological Sciences and Medical Sciences*, 67 (4), 395 -405.

3.　Eline Slagboom, P., van den Berg, N., & Deelen, J. (2018). Phenome and genome based studies into human ageing and longevity: An overview. *Biochimica et Biophysica Acta. Molecular Basis of Disease*, 1864 (9 Pt A), 2742 -2751.

4.　Estep, P. W. III. (2016). The mindspan diet: Reduce Alzheimer's risk, minimize memory loss, and keep your brain young, New York: Ballantin Books.

5.　Fraser, G. E., & Shavlik, D. J. (2001). Ten years of life: Is it a matter of choice?. *Archives of Internal Medicine*, 161 (13), 1645 -1652.

6.　Li, K., Hüsing, A., & Kaaks, R. (2014). Lifestyle risk factors and residual life expectancy at age 40: A German cohort study. *BMC Medicine*, 12, 59.

7.　Li, Y., Pan, A., Wang, D. D., Liu, X., Dhana, K., & Franco, O. H., et al. (2018). Impact of healthy lifestyle factors on life expectancies in the US population. *Circulation*, 138 (4), 345-355.

8.　Willcox, B. J., He, Q., Chen, R., Yano, K., Masaki, K. H., & Grove, J. S., et al. (2006). Midlife risk factors and healthy survival in men. *JAMA*, 296 (19), 2343-2350.

9.　Tamakoshi, A., Tamakoshi, K., Lin, Y., Yagyu, K., Kikuchi, S., & Group, J. S. (2009).

Healthy lifestyle and preventable death: Findings from the Japan Collaborative Cohort (JACC) Study. *Prev Med*, 48 (5), 486-492.

10. O'Doherty, M. G., Cairns, K., O'Neill, V., Lamrock, F., Jørgensen, T., & Brenner, H., et al. (2016). Effect of major lifestyle risk factors, independent and jointly, on life expectancy with and without cardiovascular disease: Results from the Consortium on Health and Ageing Network of Cohorts in Europe and the United States (CHANCES). *European Journal of Epidemiology*, 31 (5), 455-468.

11. Rajpathak, S. N., Liu, Y., Ben-David, O., Reddy, S., Atzmon, G., Crandall, J., & Barzilai, N. (2011). Lifestyle factors of people with exceptional longevity. *J Am Geriatr Soc*, 59 (8), 1509-1512.

12. Herskind, A. M., McGue, M., Holm, N. V., Sorensen, T. I., Harvald, B., & Vaupel, J. W. (1996). The heritability of human longevity: A population-based study of 2872 Danish twin pairs born 1870-1900. *Hum Genet*, 97 (3), 319-323.

13. McGue, M., Vaupel, J. W., Holm, N., & Harvald, B. (1993). Longevity is moderately heritable in a sample of Danish twins born 1870-1880. *Journal of Gerontology*, 48 (6), B237-B244.

14. Skytthe, A., Pedersen, N. L., Kaprio, J., Stazi, M. A., Hjelmborg, J. V., & Iachine, I., et al. (2003). Longevity studies in GenomEUtwin. *Twin Res*, 6 (5), 448-454.

15. van den Berg, N., Beekman, M., Smith, K. R., Janssens, A., & Slagboom, P. E. (2017). Historical demography and longevity genetics: Back to the future. *Ageing Res Rev*, 38, 28-39.

16. Kaplanis, J., Gordon, A., Shor, T., Weissbrod, O., Geiger, D., & Wahl, M., et al. (2018). Quantitative analysis of population-scale family trees with millions of relatives. *Science*, 360 (6385), 171-175.

17. Gerdes, L. U., Jeune, B., Ranberg, K. A., Nybo, H., & Vaupel, J. W. (2000). Estimation of apolipoprotein E genotype-specific relative mortality risks from the distribution of genotypes in centenarians and middle-aged men: Apolipoprotein E gene is a "frailty gene," not a "longevity gene". *Genetic Epidemiology*, 19 (3), 202-210.

18. Bathum, L., Christiansen, L., Jeune, B., Vaupel, J., McGue, M., & Christensen, K. (2006). Apolipoprotein e genotypes: Relationship to cognitive functioning, cognitive decline, and survival in nonagenarians. *J Am Geriatr Soc*, 54 (4), 654-658.

19. Christensen, K., Johnson, T. E., & Vaupel, J. W. (2006). The quest for genetic determinants of human longevity: Challenges and insights. *Nat Rev Genet*, 7 (6), 436-448.

20. Deelen, J., Beekman, M., Uh, H. W., Helmer, Q., Kuningas, M., & Christiansen, L., et al. (2011). Genome-wide association study identifies a single major locus contributing to survival into old age; The APOE locus revisited. *Aging cell*, 10 (4), 686-698.

21. Nebel, A., Kleindorp, R., Caliebe, A., Nothnagel, M., Blanché, H., & Junge, O., et al. (2011). A genome-wide association study confirms APOE as the major gene influencing survival in long-lived individuals. *Mechanisms of Ageing and Development*, 132 (6-7), 324-330.

22. Beekman, M., Blanche, H., Perola, M., Hervonen, A., Bezrukov, V., & Sikora, E., et al. (2013). Genome-wide linkage analysis for human longevity: Genetics of Healthy Aging Study. *Aging Cell*, 12 (2), 184-193.

23. Deelen, J., Beekman, M., Uh, H. W., Broer, L., Ayers, K. L., & Tan, Q., et al. (2014). Genome-wide association meta-analysis of human longevity identifies a novel locus conferring survival beyond 90 years of age. *Hum Mol Genet*, 23 (16), 4420-4432.

24. Deelen, J., Beekman, M., Capri, M., Franceschi, C., & Slagboom, P. E. (2013). Identifying the genomic determinants of aging and longevity in human population studies: Progress and challenges. *Bioessays*, 35 (4), 386-396.

25. Murabito, J. M., Yuan, R., & Lunetta, K. L. (2012). The search for longevity and healthy aging genes: Insights from epidemiological studies and samples of long-lived individuals. *J Gerontol A Biol Sci Med Sci*, 67 (5), 470-479.

26. Dato, S., Rose, G., Crocco, P., Monti, D., Garagnani, P., Franceschi, C., & Passarino, G. (2017). The genetics of human longevity: An intricacy of genes, environment, culture and microbiome. *Mech Ageing Dev*, 165 (Pt B), 147-155.

27. Mahley, R. W., & Rall, S. C., Jr (2000). Apolipoprotein E: Far more than a lipid transport protein. *Annual Review of Genomics and Human Genetics*, 1, 507-537.

28. Schächter, F., Faure-Delanef, L., Guénot, F., Rouger, H., Froguel, P., Lesueur-Ginot, L., & Cohen, D. (1994). Genetic associations with human longevity at the APOE and ACE loci. *Nature genetics*, 6 (1), 29-32.

29. Suh, Y., Atzmon, G., Cho, M. O., Hwang, D., Liu, B., & Leahy, D. J., et al. (2008). Functionally significant insulin-like growth factor I receptor mutations in centenarians. *Proc Natl Acad Sci U S A*, 105 (9), 3438-3442.

30. Murphy, C. T. (2006). The search for DAF-16/FOXO transcriptional targets: Approaches and discoveries. *Exp Gerontol*, 41 (10), 910-921.

31. Willcox, B., Donlon, T., He, Q., Chen, R., Grove, J., & Yano, K., et al. (2008). FOXO3A Genotype Is Strongly Associated with Human Longevity. *Proceedings of the National Academy of Sciences of the United States of America*, 105 (37), 13987-13992.

32. Morris, B. J., Willcox, D. C., Donlon, T. A., & Willcox, B. J. (2015). FOXO3: A major gene for human longevity–a mini-review. *Gerontology*, 61 (6), 515-525.

33. Kenyon, C. J. (2010). The genetics of ageing. *Nature*, 464 (7288), 504-512.

34. Perls, T., Shea-Drinkwater, M., Bowen-Flynn, J., Ridge, S. B., Kang, S., & Joyce, E., et al. (2000). Exceptional familial clustering for extreme longevity in humans. *J Am Geriatr Soc*, 48 (11), 1483-1485.

35. Perls, T. T., Wilmoth, J., Levenson, R., Drinkwater, M., Cohen, M., & Bogan, H., et al. (2002). Life-long sustained mortality advantage of siblings of centenarians. *Proc Natl Acad Sci U S A*, 99 (12), 8442-8447.

36. Sebastiani, P., Nussbaum, L., Andersen, S. L., Black, M. J., & Perls, T. T. (2016). Increasing sibling relative risk of survival to older and older ages and the importance

第十章

健康長壽萬靈丹藥：基因與環境

of precise definitions of "aging," "life span," and "longevity". *The Journals of Gerontology. Series A, Biological Sciences and Medical Sciences*, 71 (3), 340-346.

37. Willcox, B. J., Willcox, D. C., He, Q., Curb, J. D., & Suzuki, M. (2006). Siblings of Okinawan centenarians share lifelong mortality advantages. *J Gerontol A Biol Sci Med Sci*, 61 (4), 345-354.

38. Berg, N. V. D., Rodriguez-Girondo, M., de Craen, A. J. M., Houwing-Duistermaat, J. J., Beekman, M., & Slagboom, P. E. (2018). Longevity around the turn of the 20th century: Life-long sustained survival advantage for parents of today's nonagenarians. *J Gerontol A Biol Sci Med Sci*, 73 (10), 1295-1302.

39. van den Berg, N., Rodríguez-Girondo, M., van Dijk, I. K., Mourits, R. J., Mandemakers, K., Janssens, A., Beekman, M., Smith, K. R., & Slagboom, P. E. (2019). Longevity defined as top 10% survivors and beyond is transmitted as a quantitative genetic trait. *Nature communications*, 10 (1), 35.

40. Atzmon, G., Schechter, C., Greiner, W., Davidson, D., Rennert, G., & Barzilai, N. (2004). Clinical phenotype of families with longevity. *J Am Geriatr Soc*, 52 (2), 274-277.

41. Terry, D. F., Wilcox, M. A., McCormick, M. A., Pennington, J. Y., Schoenhofen, E. A., Andersen, S. L., & Perls, T. T. (2004). Lower all-cause, cardiovascular, and cancer mortality in centenarians' offspring. *J Am Geriatr Soc*, 52 (12), 2074-2076.

42. Westendorp, R. G., van Heemst, D., Rozing, M. P., Frölich, M., Mooijaart, S. P., & Blauw, G. J., et al. (2009). Nonagenarian siblings and their offspring display lower risk of mortality and morbidity than sporadic nonagenarians: The Leiden longevity study. *Journal of the American Geriatrics Society*, 57 (9), 1634-1637.

43. Newman, A. B., Glynn, N. W., Taylor, C. A., Sebastiani, P., Perls, T. T., & Mayeux, R., et al. (2011). Health and function of participants in the Long Life Family Study: A comparison with other cohorts. *Aging (Albany NY)*, 3 (1), 63-76.

44. Deelen, J., van den Akker, E. B., Trompet, S., van Heemst, D., Mooijaart, S. P., Slagboom, P. E., & Beekman, M. (2016). Employing biomarkers of healthy ageing for leveraging genetic studies into human longevity. *Experimental Gerontology*, 82, 166-174.

45. Ash, A. S., Kroll-Desrosiers, A. R., Hoaglin, D. C., Christensen, K., Fang, H., & Perls, T. T. (2015). Are members of long-lived families healthier than their equally long-lived peers? Evidence from the long life family study. *The Journals of Gerontology. Series A, Biological Sciences and Medical Sciences*, 70 (8), 971-976.

46. Perls, T., & Terry, D. (2003). Genetics of exceptional longevity. *Exp Gerontol*, 38 (7), 725-730.

47. Govindaraju, D. R. (2015). Evolutionary genetic bases of longevity and senescence. In G. Atzmon (Ed.), *Longevity genes: A blueprint for aging* (pp. 1-44). New York: Springer.

48. Carey, J. P. (2003). *Longevity: The biology and demography of lifespan*. Princeton: Princeton University Press.

49. Hughes, K. A., & Charlesworth, B. (1994). A genetic analysis of senescence in Drosophila. *Nature*, 367 (6458), 64-66.

50. Snoke, M. S., & Promislow, D. E. (2003). Quantitative genetic tests of recent senescence theory: Age-specific mortality and male fertility in Drosophila melanogaster. *Heredity*, 91 (6), 546-556.

51. Dmitriew, C., Blows, M. W., & Rowe, L. (2010). Ontogenetic change in genetic variance in size depends on growth environment. *Am Nat*, 175 (6), 640-649.

52. Hancock, A. M., Witonsky, D. B., Alkorta-Aranburu, G., Beall, C. M., Gebremedhin, A., & Sukernik, R., et al. (2011). Adaptations to climate-mediated selective pressures in humans. *PLoS Genet*, 7 (4), e1001375.

53. 張純元（2004）。〈受教育程度與健康長壽〉，曾毅、柳玉芝、張純元 蕭振禹（編輯）《健康長壽影響因素分析》，北京大學出版，第十章，頁 125－130。

54. 氣候變化。http://www.un.org/zh/sections/issues-depth/climate-change/index.html. Accessed 25 Feb 2019.

55. Brooks-Wilson, A. R. (2013). Genetics of healthy aging and longevity. *Hum Genet*, 132 (12), 1323-1338.

56. Newman, A. B., Walter, S., Lunetta, K. L., Garcia, M. E., Slagboom, P. E., & Christensen, K., et al. (2010). A meta-analysis of four genome-wide association studies of survival to age 90 years or older: The Cohorts for Heart and Aging Research in Genomic Epidemiology Consortium. *J Gerontol A Biol Sci Med Sci*, 65 (5), 478-487.

57. Malovini, A., Illario, M., Iaccarino, G., Villa, F., Ferrario, A., & Roncarati, R., et al. (2011). Association study on long-living individuals from southern Italy identifies rs10491334 in the CAMKIV gene that regulates survival proteins. *Rejuvenation Research*, 14 (3), 283-291.

58. Walter, S., Atzmon, G., Demerath, E. W., Garcia, M. E., Kaplan, R. C., & Kumari, M., et al. (2011). A genome-wide association study of aging. *Neurobiol Aging*, 32 (11), 2109 e2115-2128.

59. Sebastiani, P., Solovieff, N., Dewan, A. T., Walsh, K. M., Puca, A., & Hartley, S. W., et al. (2012). Genetic signatures of exceptional longevity in humans. *PLoS One*, 7 (1), e29848.

60. Sebastiani, P., Bae, H., Sun, F. X., Andersen, S. L., Daw, E. W., & Malovini, A., et al. (2013). Meta-analysis of genetic variants associated with human exceptional longevity. *Aging (Albany NY)*, 5 (9), 653-661.

61. Sebastiani, P., Gurinovich, A., Bae, H., Andersen, S., Malovini, A., & Atzmon, G., et al. (2017). Four Genome-Wide Association Studies identify new extreme longevity variants. *J Gerontol A Biol Sci Med Sci*, 72 (11), 1453-1464.

62. Pilling, L. C., Kuo, C. L., Sicinski, K., Tamosauskaite, J., Kuchel, G. A., & Harries, L. W., et al. (2017). Human longevity: 25 genetic loci associated in 389,166 UK biobank participants. *Aging (Albany NY)*, 9 (12), 2504-2520.

63. Joshi, P. K., Pirastu, N., Kentistou, K. A., Fischer, K., Hofer, E., & Schraut, K. E., et al. (2017). Genome-wide meta-analysis associates HLA-DQA1/DRB1 and LPA and lifestyle factors with human longevity. *Nat Commun*, 8 (1), 910.

64. Zeng, Y., Nie, C., Min, J., Liu, X., Li, M., & Chen, H., et al. (2016). Novel loci and pathways significantly associated with longevity. *Scientific Reports*, 6 (1), 21243.

65. Yashin, A. I., Arbeev, K. G., Wu, D., Arbeeva, L. S., Bagley, O., & Stallard, E., et al. (2018). Genetics of human longevity from incomplete data: New findings from the long life family study. *J Gerontol A Biol Sci Med Sci*, 73 (11), 1472-1481.

66. Anselmi, C. V., Malovini, A., Roncarati, R., Novelli, V., Villa, F., & Condorelli, G., et al. (2009). Association of the FOXO3A locus with extreme longevity in a southern Italian centenarian study. *Rejuvenation Res*, 12 (2), 95-104.

67. Flachsbart, F., Caliebe, A., Kleindorp, R., Blanche, H., von Eller-Eberstein, H., & Nikolaus, S., et al. (2009). Association of FOXO3A variation with human longevity confirmed in German centenarians. *Proc Natl Acad Sci U S A*, 106 (8), 2700-2705.

68. Li, Y., Wang, W. J., Cao, H., Lu, J., Wu, C., & Hu, F. Y., et al. (2009). Genetic association of FOXO1A and FOXO3A with longevity trait in Han Chinese populations. *Hum Mol Genet*, 18 (24), 4897-4904.

69. Soerensen, M., Dato, S., Christensen, K., McGue, M., Stevnsner, T., Bohr, V. A., & Christiansen, L. (2010). Replication of an association of variation in the FOXO3A gene with human longevity using both case-control and longitudinal data. *Aging Cell*, 9 (6), 1010 -1017.

70. Broer, L., Buchman, A. S., Deelen, J., Evans, D. S., Faul, J. D., & Lunetta, K. L., et al. (2015). GWAS of longevity in CHARGE consortium confirms APOE and FOXO3 candidacy. *J Gerontol A Biol Sci Med Sci*, 70 (1), 110-118.

71. Zeng, Y., Cheng, L., Chen, H., Cao, H., Hauser, E. R., & Liu, Y., et al.(2010). Effects of FOXO genotypes on longevity: A biodemographic analysis. *J Gerontol A Biol Sci Med Sci*, 65 (12), 1285-1299.

72. Lin, R., Zhang, Y., Yan, D., Liao, X., Gong, G., & Hu, J., et al. (2016). Association of common variants in TOMM40/APOE/APOC1 region with human longevity in a Chinese population. *J Hum Genet*, 61 (4), 323-328.

73. Flachsbart, F., Ellinghaus, D., Gentschew, L., Heinsen, F. A., Caliebe, A., & Christiansen, L., et al. (2016). Immunochip analysis identifies association of the RAD50/IL13 region with human longevity. *Aging Cell,* 15 (3), 585-588.

74. International Consortium for Blood Pressure Genome-Wide Association, S., Ehret, G. B., Munroe, P. B., Rice, K. M., Bochud, M., & Johnson, A. D., et al. (2011). Genetic variants in novel pathways influence blood pressure and cardiovascular disease risk. *Nature,* 478 (7367), 103-109.

75. Zeng, Y., Cheng, L., Zhao, L., Tan, Q., Feng, Q., & Chen, H., et al. (2013). Interactions between social/ behavioral factors and ADRB2 genotypes may be associated with health at advanced ages in China. *BMC Geriatrics*, 13, 91.

76. Druley, T. E., Wang, L., Lin, S. J., Lee, J. H., Zhang, Q., & Daw, E. W., et al. (2016). Candidate gene resequencing to identify rare, pedigree-specific variants influencing healthy aging phenotypes in the long life family study. *BMC Geriatrics*, 16 (1), 80.

77. Broer, L., van Duijn C. M. (2015). GWAS and Meta-Analysis in Aging/Longevity. In G. Atzmon (Ed.), *Longevity genes: A blueprint for aging* (pp. 107-125). New York: Springer.

78. Partridge, L., Deelen, J., & Slagboom, P. E. (2018). Facing up to the global challenges of ageing. *Nature,* 561 (7721), 45-56.

79. Cournil, A., & Kirkwood, T. B. (2001). If you would live long, choose your parents well. *Trends in Genetics*, 17 (5), 233-235.

80. Boomsma, D., Busjahn, A., & Peltonen, L. (2002). Classical twin studies and beyond. Nature reviews. *Genetics*, 3 (11), 872-882.

81. Deelen, J., Beekman, M., Capri, M., Franceschi, C., & Slagboom, P. E. (2013). Identifying the genomic determinants of aging and longevity in human population studies: progress and challenges. *Bioessays*, 35 (4), 386-396.

82. Finch, C. E., & Tanzi, R. E. (1997). Genetics of aging. *Science,* 278 (5337), 407-411.

83. Kirkwood, T. B., Cordell, H. J., & Finch, C. E. (2011). Speed-bumps ahead for the genetics of later-life diseases. *Trends Genet*, 27 (10), 387-388.

84. Shadyab, A. H., & LaCroix, A. Z. (2015). Genetic factors associated with longevity: A review of recent findings. *Ageing Res Rev*, 19, 1-7.

85. Montesanto, A., De Rango, F., Pirazzini, C., Guidarelli, G., Domma, F., Franceschi, C., & Passarino, G. (2017). Demographic, genetic and phenotypic characteristics of centenarians in Italy: Focus on gender differences. *Mech Ageing Dev*, 165 (Pt B), 68-74.

86. Rose S. P. (2006). Commentary: Heritability estimates–long past their sell-by date. *International Journal of Epidemiology*, 35 (3), 525-527.

87. Bernstein, A. M., Willcox, B. J., Tamaki, H., Kunishima, N., & Suzuki, M., Willcox, D. C., et al. (2004). First autopsy study of an Okinawan centenarian: Absence of many age-related diseases. *J Gerontol A Biol Sci Med Sci*, 59 (11), 1195-1199.

88. Evert, J., Lawler, E., Bogan, H., & Perls, T. (2003). Morbidity profiles of centenarians: Survivors, delayers, and escapers. *J Gerontol A Biol Sci Med Sci*, 58 (3), 232-237.

89. Nygaard, M., Lindahl-Jacobsen, R., Soerensen, M., Mengel-From, J., Andersen-Ranberg, K., & Jeune, B., et al. (2014). Birth cohort differences in the prevalence of longevity-associated variants in APOE and FOXO3A in Danish long-lived individuals. *Exp Gerontol*, 57, 41-46.

90. Pedersen, J. K., Elo, I. T., Schupf, N., Perls, T. T., Stallard, E., Yashin, A. I., & Christensen, K. (2017). The survival of spouses marrying into longevity-enriched families. *J Gerontol A Biol Sci Med Sci*, 72 (1), 109-114.

91. Zeng, Y., Chen, H., Shi, X., Yin, Z., Yang, Z., Gu, J., & Blazer, D. (2013). Health consequences of familial longevity influence among the Chinese elderly. *J Gerontol A Biol Sci Med Sci*, 68 (4), 473-482.

92. vB Hjelmborg, J., Iachine, I., Skytthe, A., Vaupel, J. W., McGue, M., & Koskenvuo, M., et al. (2006). Genetic influence on human lifespan and longevity. *Human genetics*, 119 (3), 312 -321.

93. Dato, S., Soerensen, M., De Rango, F., Rose, G., Christensen, K., Christiansen, L., & Passarino, G. (2018). The genetic component of human longevity: New insights from the analysis of pathway-based SNP-SNP interactions. *Aging Cell*, 17 (3), e12755.

94. Allard, M. & Robine J-M. (2000). *Les centenaires français*. Paris: Etude de la Fondation IPSEN 1990-2000. Serdi Edition.

95. Pignolo, R. J. (2019). Exceptional Human Longevity. *Mayo Clin Proc*, 94 (1), 110-124.

96. Blackburn, E. H. (1991). Structure and function of telomeres. *Nature*, 350 (6319), 569-573.

97. Blackburn, E., Bhattacharyya, A., Gilley, D., Kirk, K., Krauskopf, A., & McEachern, M., et al. (1997). The telomere and telomerase: How do they interact? *Ciba Found Symp*, 211, 2-13; discussion 15-19.

98. Ahmed, A., & Tollefsbol, T. (2001). Telomeres and telomerase: Basic science implications for aging. *J Am Geriatr Soc*, 49 (8), 1105-1109.

99. Blackburn, E. H. (2010). Telomeres and telomerase: The means to the end (Nobel lecture). *Angew Chem Int Ed Engl*, 49 (41), 7405-7421.

100. Shalev, I., Entringer, S., Wadhwa, P. D., Wolkowitz, O. M., Puterman, E., Lin, J., & Epel, E. S. (2013). Stress and telomere biology: A lifespan perspective. *Psychoneuroendocrinology*, 38 (9), 1835-1842.

101. Epel, E. S. (2009). Psychological and metabolic stress: A recipe for accelerated cellular aging?. *Hormones (Athens)*, 8 (1), 7-22.

102. Starkweather, A. R., Alhaeeri, A. A., Montpetit, A., Brumelle, J., Filler, K., & Montpetit, M., et al. (2014). An integrative review of factors associated with telomere length and implications for biobehavioral research. *Nurs Res*, 63 (1), 36-50.

103. Deng, W., Cheung, S. T., Tsao, S. W., Wang, X. M., & Tiwari, A. F. (2016). Telomerase activity and its association with psychological stress, mental disorders, lifestyle factors and interventions: A systematic review. *Psychoneuroendocrinology*, 64, 150-163.

104. Epel, E. S., Blackburn, E. H., Lin, J., Dhabhar, F. S., Adler, N. E., Morrow, J. D., & Cawthon, R. M. (2004). Accelerated telomere shortening in response to life stress. *Proc Natl Acad Sci U S A*, 101 (49), 17312-17315.

105. Epel, E. S., Lin, J., Dhabhar, F. S., Wolkowitz, O. M., Puterman, E., Karan, L., & Blackburn, E. H. (2010). Dynamics of telomerase activity in response to acute psychological stress. *Brain Behav Immun*, 24 (4), 531-539.

106. Wolkowitz, O. M., Mellon, S. H., Lindqvist, D., Epel, E. S., Blackburn, E. H., & Lin, J., et al. (2015). PBMC telomerase activity, but not leukocyte telomere length, correlates with hippocampal volume in major depression. *Psychiatry Res*, 232 (1), 58-64.

107. Chen, S. H., Epel, E. S., Mellon, S. H., Lin, J., Reus, V. I., & Rosser, R., et al. (2014). Adverse childhood experiences and leukocyte telomere maintenance in depressed and healthy adults. *J Affect Disord*, 169, 86-90.

108. Simon, N. M., Walton, Z. E., Bui, E., Prescott, J., Hoge, E., & Keshaviah, A., et al. (2015). Telomere length and telomerase in a well-characterized sample of individuals with major depressive disorder compared to controls. *Psychoneuroendocrinology*, 58, 9-22.

109. Puterman, E., Epel, E. S., Lin, J., Blackburn, E. H., Gross, J. J., Whooley, M. A., & Cohen, B. E. (2013). Multisystem resiliency moderates the major depression-telomere length association: findings from the Heart and Soul Study. *Brain Behav Immun*, 33, 65-73.

110. Lin, J., Epel, E., & Blackburn, E. (2012). Telomeres and lifestyle factors: Roles in cellular aging. *Mutat Res*, 730 (1-2), 85-89.

111. Ornish, D., Lin, J., Daubenmier, J., Weidner, G., Epel, E., & Kemp, C., et al. (2008). Increased telomerase activity and comprehensive lifestyle changes: A pilot study. *Lancet Oncol*, 9 (11), 1048-1057.

112. Ornish, D., Lin, J., Chan, J. M., Epel, E., Kemp, C., & Weidner, G., et al. (2013). Effect of comprehensive lifestyle changes on telomerase activity and telomere length in men with biopsy-proven low-risk prostate cancer: 5-year follow-up of a descriptive pilot study. *Lancet Oncol,* 14 (11), 1112-1120.

113. Ludlow, A. T., Zimmerman, J. B., Witkowski, S., Hearn, J. W., Hatfield, B. D., & Roth, S. M. (2008). Relationship between physical activity level, telomere length, and telomerase activity. *Med Sci Sports Exerc*, 40 (10), 1764-1771.

114. Ludlow, A. T., Witkowski, S., Marshall, M. R., Wang, J., Lima, L. C., & Guth, L. M., et al. (2012). Chronic exercise modifies age-related telomere dynamics in a tissue-specific fashion. *J Gerontol A Biol Sci Med Sci*, 67 (9), 911-926.

115. Werner, C., Hanhoun, M., Widmann, T., Kazakov, A., Semenov, A., & Poss, J., et al. (2008). Effects of physical exercise on myocardial telomere-regulating proteins, survival pathways, and apoptosis. *J Am Coll Cardiol*, 52 (6), 470-482.

116. Boccardi, V., Esposito, A., Rizzo, M. R., Marfella, R., Barbieri, M., & Paolisso, G. (2013). Mediterranean diet, telomere maintenance and health status among elderly. *PLoS One*, 8 (4), e62781.

117. Balcerczyk, A., Gajewska, A., Macierzynska-Piotrowska, E., Pawelczyk, T., Bartosz, G., & Szemraj, J. (2014). Enhanced antioxidant capacity and anti-ageing biomarkers after diet micronutrient supplementation. *Molecules*, 19 (9), 14794-14808.

118. Ho, R. T., Chan, J. S., Wang, C. W., Lau, B. W., So, K. F., & Yuen, L. P., et al. (2012). A randomized controlled trial of qigong exercise on fatigue symptoms, functioning, and telomerase activity in persons with chronic fatigue or chronic fatigue syndrome.

Ann Behav Med, 44 (2), 160-170.

119. Lavretsky, H., Epel, E. S., Siddarth, P., Nazarian, N., Cyr, N. S., & Khalsa, D. S., et al. (2013). A pilot study of yogic meditation for family dementia caregivers with depressive symptoms: Effects on mental health, cognition, and telomerase activity. *Int J Geriatr Psychiatry*, 28 (1), 57-65.

120. Kumar, S. B., Yadav, R., Yadav, R. K., Tolahunase, M., & Dada, R. (2015). Telomerase activity and cellular aging might be positively modified by a yoga-based lifestyle intervention. *J Altern Complement Med*, 21 (6), 370-372.

121. Schutte, N. S., & Malouff, J. M. (2014). A meta-analytic review of the effects of mindfulness meditation on telomerase activity. *Psychoneuroendocrinology*, 42, 45-48.

122. Lengacher, C. A., Reich, R. R., Kip, K. E., Barta, M., Ramesar, S., & Paterson, C. L., et al. (2014). Influence of mindfulness-based stress reduction (MBSR) on telomerase activity in women with breast cancer (BC). *Biol Res Nurs*, 16 (4), 438-447.

123. Daubenmier, J., Lin, J., Blackburn, E., Hecht, F. M., Kristeller, J., & Maninger, N., et al. (2012). Changes in stress, eating, and metabolic factors are related to changes in telomerase activity in a randomized mindfulness intervention pilot study. *Psychoneuroendocrinology*, 37 (7), 917-928.

124. Jacobs, T. L., Epel, E. S., Lin, J., Blackburn, E. H., Wolkowitz, O. M., & Bridwell, D. A., et al. (2011). Intensive meditation training, immune cell telomerase activity, and psychological mediators. *Psychoneuroendocrinology*, 36 (5), 664-681.

125. Epel, E., Daubenmier, J., Moskowitz, J. T., Folkman, S., & Blackburn, E. (2009). Can meditation slow rate of cellular aging? Cognitive stress, mindfulness, and telomeres. *Ann N Y Acad Sci*, 1172, 34-53.

126. Mather, K. A., Jorm, A. F., Milburn, P. J., Tan, X., Easteal, S., & Christensen, H. (2010). No associations between telomere length and age-sensitive indicators of physical function in mid and later life. *J Gerontol A Biol Sci Med Sci*, 65 (8), 792-799.

127. Mather, K. A., Jorm, A. F., Parslow, R. A., & Christensen, H. (2011). Is telomere length a biomarker of aging? A review. *J Gerontol A Biol Sci Med Sci*, 66 (2), 202-213.

128. Arai, Y., Martin-Ruiz, C. M., Takayama, M., Abe, Y., Takebayashi, T., & Koyasu, S., et al. (2015). Inflammation, but not telomere length, predicts successful ageing at extreme old age: A longitudinal study of semi-supercentenarians. *EBioMedicine*, 2 (10), 1549-1558.

129. Arai, Y., Sasaki, T., & Hirose, N. (2017). Demographic, phenotypic, and genetic characteristics of centenarians in Okinawa and Honshu, Japan: Part 2 Honshu, Japan. *Mech Ageing Dev*, 165 (Pt B), 80-85.

130. Akbaraly, T. N., Hamer, M., Ferrie, J. E., Lowe, G., Batty, G. D., & Hagger-Johnson, G., et al. (2013). Chronic inflammation as a determinant of future aging phenotypes. *CMAJ*, 185 (16), E763-770.

131. Giuliani, C., Garagnani, P., & Franceschi, C. (2018). Genetics of human longevity

within an eco-evolutionary nature-nurture framework. *Circ Res*, 123 (7), 745-772.

132. Garagnani, P., Pirazzini, C., Giuliani, C., Candela, M., Brigidi, P., & Sevini, F., et al. (2014). The three genetics (nuclear DNA, mitochondrial DNA, and gut microbiome) of longevity in humans considered as metaorganisms. *Biomed Res Int*, Article ID 560340.

133. Bacalini, M. G., D'Aquila, P., Marasco, E., Nardini, C., Montesanto, A., & Franceschi, C., et al. (2017). The methylation of nuclear and mitochondrial DNA in ageing phenotypes and longevity. *Mech Ageing Dev*, 165 (Pt B), 156-161.

134. Biagi, E., Rampelli, S., Turroni, S., Quercia, S., Candela, M., & Brigidi, P. (2017). The gut microbiota of centenarians: Signatures of longevity in the gut microbiota profile. *Mech Ageing Dev*, 165 (Pt B), 180-184.

第十一章
生活方式和健康長壽的祕訣

張筱蘭

摘要

近幾十年，在尋找健康長壽和成功老齡化的決定因素時，不少學者從不同的學科角度考察生活習慣和生活方式對老年健康的影響，進行了許多相關性的研究。那麼，更長壽、更健康和幸福生活的關鍵是什麼？在「香港百歲老人」研究中，香港百歲老人是一群值得我們學習健康長壽和成功老齡化的例子，他們對事件的詮釋和正向思維模式，有助於改善精神的健康狀況。時刻保持目標感、保持積極和樂觀的心態、維持和諧的家庭和社會關係、建立健康的生活方式，不但可改善精神和身心健康和生活質量，亦有助於健康長壽。在人口層面上，為減少有關慢性疾病與生活方式的巨大公共衛生負擔，參照百歲老人的生活方式及健康行為，推廣至全民社會上是有必要的。

前言和文獻回顧

今天，人類面對的一個主要挑戰是如何改善整體的健康狀況和提升生活質量、減少公共衛生負擔以及建立一個可持續的醫療保健系統。如果健康狀況不佳，發病的平均年齡保持不變，而壽命不斷增加，即意味着個人在死亡前其身體處於患病和不健康狀態的時間會更長，這種狀況不是促進健康計劃的預期結果。理想情況下，人們應該在活得長壽之餘，仍然充滿

活力，能維持獨立的日常生活自理功能，擁有良好的認知能力，在死亡前將「疾病發病和殘疾壓縮」（Compression of Morbidity and Disability）到相對較短的時期。

成功老齡化可作為人口結構和調查的理論基礎（見第八章）。由於成功老齡化受到各種因素的影響，如身體及功能健康、心理及認知健康、社交參與及家庭支持、經濟資源及財務保障，而以往的研究多側重生物醫學維度，所以關於成功老齡化的定義仍然未有一個明確的共識。但清楚的是，成功老齡化與延長人類健康壽命或健康預期壽命有關。那麼，如何才能「在生命裏加上生活」呢？

世界衛生組織（World Health Organization, WHO）對健康的定義是包含身體、心理和社會狀態的完好（Well-being），即「完整的狀態」，而不僅僅指沒有疾病或體弱[1]。最新的老齡化報告更將健康老齡化定義為發展和維持能夠促進長者健康功能的過程[2]。可是，在一些低收入和中等收入國家，目前沒有可靠的證據證明實現了「疾病發病和殘疾壓縮」，相反，因生活方式風險因素的推動，慢性病的患病率正不斷提升。慢性非傳染性疾病（Non-Communicable Diseases, NCD）的發病率和患病率在長者人口中有所增加，而許多殘疾的產生是危險生活方式積累的結果[3]。

部分百歲老人的生活方式及健康行為是很值得我們參考的，因為他們擁有的不只是長壽，還有健康，他們甚至有獨立的日常生活自理功能及良好的認知能力。雖然在漫長的人生中，身體總會有點毛病，甚至有高低起伏，但他們好像有非常強的適應力和特殊的抗逆能力去面對各種壓力。第二章中已概述了有關壓力和適應能力的模型、成功老齡化的生命跨度模型以及健康長壽研究模型及原則。Johnson 及 Acabchuk（2018）最近的研究表明，壓力和慢性疾病之間的關係是非常複雜及雙向的。圖 11-1 説明了壓力的途徑可導致慢性疾病，包括生理反應與情緒、行為和環境的變化相互作用，並且還可能受到遺傳和表徵遺傳學（Epigenetics）改造的影響[4]。

壓力源於客觀因素的組合（如創傷、歧視、貧困）、主觀解釋及感知能力的處理、是否能在壓力源中恢復。外部因素（如社會支持）和內部因

圖 11-1　壓力與慢性疾病之間的干預途徑和干預點

複雜的雙向連接壓力和疾病的途徑：干預點

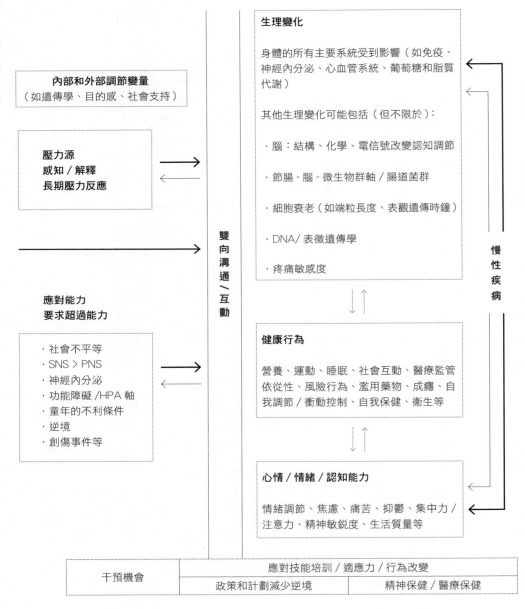

生理變化

身體的所有主要系統受到影響（如免疫、神經內分泌、心血管系統、葡萄糖和脂質代謝）

其他生理變化可能包括（但不限於）：

· 腦：結構、化學、電信號改變認知調節

· 節腸 - 腦 - 微生物群軸 / 腸道菌群

· 細胞衰老（如端粒長度、表觀遺傳時鐘）

· DNA/ 表徵遺傳學

· 疼痛敏感度

內部和外部調節變量
（如遺傳學、目的感、社會支持）

壓力源
感知 / 解釋
長期壓力反應

應對能力
要求超過能力

· 社會不平等
· SNS > PNS
· 神經內分泌
· 功能障礙 /HPA 軸
· 童年的不利條件
· 逆境
· 創傷事件等

雙向溝通／互動

慢性疾病

健康行為

營養、運動、睡眠、社會互動、醫療監管依從性、風險行為、濫用藥物、成癮、自我調節 / 衝動控制、自我保健、衛生等

心情 / 情緒 / 認知能力

情緒調節、焦慮、痛苦、抑鬱、集中力 / 注意力、精神敏銳度、生活質量等

干預機會	應對技能培訓 / 適應力 / 行為改變	
	政策和計劃減少逆境	精神保健 / 醫療保健

註：PNS= 副交感神經系統（Parasympathetic Nervous System），SNS= 交感神經系統（Sympathetic Nervous System），HPA-axis 下丘腦垂體腎上腺軸（Hypothalamic Pituitary Adrenal-axis），DNA= 脫氧核糖核酸。

資料來源：Johnson 及 Acabchuk（2018）[4]。

素（如遺傳、目的感）影響一個人應對壓力的能力，還會產生額外的生理變化，並且受經常出現的自我強迫感（粗實線和細實線箭頭）的影響。壓力反覆激活並延長，會導致神經內分泌系統、免疫系統和自主神經系統出現問題，損害身體其他多層次的生理系統，並改變人的行為、心情、情緒和認知能力。故此，Johnson 及 Acabchuk（2018）建議實施干預措施（圖 11-1 虛線下方），必須針對性地減少路徑中負面的健康負擔，改善自我監管並實施應對壓力的技能培訓，增強人的適應力並倡議改變行為方式，以提升人的精神和身心健康[4]。

提高應對技能的計劃，尤其是建立恢復能力（Resilience），可以使人抵禦負面的情緒，保護和緩解壓力引致的健康負擔。恢復能力被定義為茁壯成長的能力，即使遇到困難（如創傷、逆境）仍能發揮作用。提高恢復能力的因素，包括積極的評估應對、有效的認知和情緒調節、自我效能、加強社會支持和家庭的互信關係[5]。擁有特異的恢復能力和強大的社會關係，似乎是長者心理健康的重要決定因素[6]。

過往研究證實，推動有效的健康生活方式、廣泛的行為改變和減輕壓力源的負擔，能夠改善精神和身體健康狀況，是成功老齡化的最佳戰略[7]；保持身體獨立，是生命達到極端長壽的關鍵[8]。而生活方式的選擇會阻礙或促進成功老齡化，甚至可能改變人類的健康壽命。

生活方式

許多老年醫學家贊成維持高水平的身體、認知和社會功能與健康和成功老齡化有關[9-12]（見第八章）。而在高齡長者中，健康的生活方式（如鍛練身體）、生活習慣（如養花、種草、讀書、看報等）會對健康自評產生積極的影響，即使是長者在各方面功能狀態已經有不同程度衰退的情況下[13]。另一方面，有強勁的握手力和長壽的母親，可能對衰老有更好的恢復能力，假若與健康的生活方式相結合，會增加極端長壽的可能性[14]。實證研究已經表明，利用可改變的生活方式因素（如吸煙、身體活動和營養選擇），可以使與年齡相關的身體、生理和認知功能發生改變[14-18]。全球疾病負擔研究表明，身體活動、酒精和吸煙的影響，仍然是全世界的主要行

為負擔 [19]。

身體不活動

行為風險因素起着重要作用。高收入國家進行的大型多隊列研究表明，吸煙、缺乏身體活動和高酒精攝入量（男性每週超過 21 個單位，女性每週超過 14 個單位，酒精 1 單位約為 250～300 毫升）分別會使壽命減少 4.8 年、2.4 年和 0.5 年 [20]。久坐不動的行為在長者中尤為常見，他們平均每天有近十個小時以不動的姿勢度過 [21]。身體不活動被確定為全球死亡率的第四大風險因素 [22]。身體不活動被定義為久坐不動，不做休閒運動。45～79 歲的人，每日體力活動總量正系統性地下降。肥胖男性的體力活動比體重正常的男性低 2.6%。受過高等教育的人的體力活動比受教育程度為小學的低 7.0%。自評健康狀況不佳的男性體力活動比自評健康狀況良好的男性低 11.3% [23]。除了年齡、性別、健康狀況、自我效能和動機與身體活動有關外，遺傳學和遺傳譜也可能會影響人群的身體活動 [24]。

2012 年，《柳葉刀》雜誌發佈了第一個關於身體活動的系列報告，該系列報告顯示每年有 500 萬人因身體不活動而死亡 [25-26]。全球有 31.1% 的成年人身體不活動，這一比例在東南亞為 17.0%，在美洲和地中海東部約為 43%。身體不活動的比例隨年齡增長，女性高於男性，並且在高收入國家有所增加 [27]。據保守估計，2013 年全球範圍內，缺乏身體活動需要花費國際醫療保健系統 53.8 億美元，其中 31 億美元由公共部門支付，12.9 億美元由私營部門支付，九億美元由家庭支付。此外，與缺乏身體活動相關的死亡導致 13.7 億美元的經濟損失，缺乏身體活動導致全球傷殘調整生命年（Disability Adjusted Life Years, DALYs）13,400 萬人年的損失 [28]。

Lee 和其他學者（2012）估計全球缺乏身體活動導致患冠心病的疾病負擔為 6%（東南亞為 3.2%，而地中海東部地區為 7.8%），導致患 2 型糖尿病的負擔為 7%，患乳腺癌的負擔為 10%，患結腸癌的負擔為 10%。缺乏身體活動導致 9% 的過早死亡率。他們估計若消除缺乏身體活動的習慣，會增加 0.68 年的世界人口平均預期壽命 [29]。這些發現說明身體缺乏活動，已經與得到確認的吸煙和肥胖一樣，成為危險因素。因此，世界衛生

組織針對已確定的主要風險因素，制定了非傳染性疾病的過早死亡率的總體目標，即到 2025 年將非傳染性疾病的過早死亡率降低 25%[30]。

吸煙和飲酒

吸煙導致肺功能障礙、慢性氣流阻塞以及近一半的癌症相關的死亡率[16,31]。病因學研究發現吸煙及嗜酒對身體健康產生負面影響，並增加健康狀況惡化的風險[32-33]。一項歐洲的研究表明，70～90 歲的人群堅持地中海飲食模式，適量飲酒，不吸煙和身體鍛練，其癌症死亡率風險降低了60% 以上，而冠心病及心血管病死亡率風險也降低了 70%[34]。其他小組更發現堅持類似健康的生活方式，冠心病的發病率減少了 83%[35]，女性糖尿病的發病率減少了 91%[36]，男性結腸癌的發病率減少了 71%[37]。

最令人震驚的是，近期的研究表明，生活方式和死亡率之間存在前瞻性關係，健康生活方式帶來的不止長壽這一個好處，那些生活方式較為健康的人，如不吸煙、非身體不活動、適度飲酒（每週 1～14 個單位）、每天攝入水果和蔬菜量至少五份，其生理年齡比實際年齡小 14 歲[38]。這些結果與之前的研究結果保持一致，表明類似的風險大幅減少，而慢性疾病（如冠心病、糖尿病和癌症）與生活方式有關[39]。

生活方式與精神狀態

過往的研究顯示，生活方式與心理健康和精神狀態有着緊密的聯繫，例如，生活方式（如吸煙、飲酒、運動和飲食）與異化感（感無能為力和絕望）及心理困擾有關聯[40,41]。在全球範圍內，估計超過三億人患有抑鬱症，相當於世界人口的 4.4%[42]。抑鬱症確實會影響各個年齡及各行各業的人，而壓力源包括貧困、失業、生活事件（如親人死亡或感情關係破裂）等，患者會變得沮喪，甚至存在因為使用酒精和毒品引起疾病的問題[42]。

心理健康

多項研究證明，對百歲老人個體精神健康的研究，可能有助於理解長壽的心理特徵[43]。Frey（2011）進行了 24 項薈萃分析並指出，幸福的人比那些不認為自己幸福的人，活得更久。更快樂的人也不太可能自殺，而且他們不太經常成為事故的受害者[44]。流行病學研究表明，有社交、性格安詳、開朗、樂觀、快樂、自信及對自己生活滿意的人，比那些感到壓力、沮喪、孤立和憤怒的人，活得更健康，壽命更長[45]。越來越多的文獻表明，運動、身體活動和身體活動干預對身心健康有益[46]。根據最近的系統評估，運動已成為抑鬱症的實證治療方法之一[47]。

身體鍛練

每日體力活動，可以分為職業、體育、調節練習、家務或其他活動。身體鍛練或運動是指有計劃、結構化的、重複的、定立中間或最後的目標、用作改善或維持物理適應性的活動[48]。身體鍛練一直與全因死亡率降低及晚期生存概率下降有關[49-52]，它能維持老年時良好的健康和功能[53]，減輕慢性病的發展及與生活方式有關的疾病，降低失去認知障礙功能的風險[16,54-57]，甚至對精神分裂症患者也有幫助[58]。

參加體育鍛練的長者的平衡能力明顯比不常參加鍛練的長者好。身體鍛練對延緩長者的平衡能力退行性變化也有積極作用[59]。特別是在農村地區，維持適當的社會地位和身體活動有助於保證晚年的心理健康水平[60]。從參加常規有氧運動的長者中，可以觀察到身體功能受損和失去自我自理能力的風險在降低[61,62]。所以，我們建議在整個生命週期內，多參與體育活動以促進和維持健康[63]。

身體變化

從 30 歲開始，人的身體發生與年齡相關的變化，包括骨質、軟骨、肌肉質量和力量的減少以及腹部脂肪的增加[64,65]。隨後，在內分泌系統中

發生全身性變化，導致激素水平改變；在循環系統中，發生血壓和血脂的變化等。身體組織對激素的反應也會受到影響，如胰島素抵抗[66]，還會發生機械和結構變化，包括可影響心臟和大腦功能的血管僵硬[67]。

　　大約 40 歲之後，明顯可檢測到生理功能系統的惡化以及相關的解剖學和超微結構的變化。例如，逐步的認知下降會影響記憶和學習，骨骼肌萎縮並逐漸變弱（如肌肉減少症，Sarcopenia），骨質及老化相關的礦物質密度下降導致骨質減少（Osteopenia）和骨質疏鬆症（Osteoporosis）[68]。最終，這些持續的臨床變化，可以在中年的一系列疾病狀態中達到頂點，並且在個體中出現兩種或更多種慢性健康狀況，被定義為多發病（Multi-morbidity）[69-71]，晚年經常產生衰弱[72]（衰弱定義見第九章）。健康狀況不良，功能性和社會心理缺陷的綜合指數低[73]，會增加跌倒、骨折、住院、器官衰竭、殘疾和死亡的風險[74,75]。

　　一個人身體活動的次數越多，他們的身體能力會越好，這是生理系統的適應性。最值得注意的是，神經肌肉系統協調運動，可以使心肺系統更有效地在身體周圍分配氧氣和營養素並進行代謝，特別是調節葡萄糖和脂肪酸代謝，共同增加整個身體的有氧能力和代謝能力。定期進行身體活動有助於改善身心功能以及逆轉一些慢性疾病[68]，還可以延遲身體功能的衰退[33]。

　　保持身體活躍的生活方式與長者的健康狀況和長壽有關[76-80]。到了中老年期，開啟新的身體鍛鍊的習慣，與健康老齡化也有關[81-82]。即使對有些已到中年但久坐和從未鍛鍊的人來說，開始一個新的運動也不太晚，運動會使老年時的健康狀況發生顯著的改善[77-78,83]。通過更好地控制血壓、膽固醇和腰圍，身體活動可以降低患心血管疾病、代謝疾病[84-86]及炎症[87]的風險。一項最新的研究顯示，行為干預（Behavioral Intervention）可令 2 型糖尿病患者的身體活動持續增加，並且減少久坐的時間[88]。

　　在神經系統中，經常運動有助於維持認知的功能[56]，減緩失去健康的運動神經元（Motor Neurons）[89-90]的進程，改善整體平衡和協調功能，降低跌倒風險[91-94]。假如跌倒發生，經常鍛鍊的人（特別是負重運動）不太

可能會發生骨折，因為他們的骨骼更堅固，骨密度更高[95]。

心身干預與健康長壽

身體鍛練與健康長壽呈正相關[96]，各種有氧心肺功能運動或拉筋伸展運動（如瑜伽、氣功及太極）等心身干預（Mind-body Interventions）能改善輕度認知障礙長者的認知功能、日常活動功能、記憶力、恢復力和正念[97-98]。Almeida 等人（2013）的研究表明，從事體力活動可以增加 65～83 歲男性在 10～13 年後保持活力的概率，並且無功能或精神損傷的可能性為非從事體力活動的 1.6 倍[99]。這一結果與其他的研究一致[100-102]。在中年時從事劇烈體力活動的男性和女性的健康老齡化概率，比沒有健身或輕度運動的長者高兩倍。經常鍛練的長者可以將健康生存的概率提高 30%[103]。

最近的研究更表明，基於簡短的瑜伽生活方式干預，包括一系列身體姿勢、呼吸練習和冥想，每天約一小時，持續 100 天，可以有效減少 I 級肥胖男性患者的氧化應激水平且細胞衰老得到逆轉，包括增加端粒酶的活性（Telomerase Activity）和 β- 內啡肽水平（β-Endorphin Level），降低皮質醇（Cortisol）、白細胞介素 -6（Interleukin-6, IL-6）和氧化應激（Oxidative Stress）標記物水平，降低脫氧核糖核酸氧化性（Oxidative DNA）的損傷[104]。這一發現與之前的研究相吻合，瑜伽的干預可以盡早減少壓力的標記和炎症，可以作為補充和替代療法[105]。

氣功是中國傳統的一種保健、養生、祛病的方法。正確的氣功練習可以幫助增加端粒酶的活性，減緩細胞衰老，降低促炎細胞因子的水平，減緩壓力感知和抑鬱症狀[106]。氣功甚至有抗抑鬱的作用，下調下丘腦—垂體—腎上腺軸（Hypothalamus Pituitary Adrenal-axis）的過度活躍，這一發現為氣功改善心理社會功能[107]提供了一個解釋。氣功鍛練更可以使長者提高身體能力、功能，平衡和減輕抑鬱和焦慮[108]，甚至可用作慢性疲勞和慢性疲勞綜合症的替代療法和補充療法或康復計劃[109]。

利用氣功和太極的干預，可以顯著幫助長者改善身體功能，降低血壓，降低抑鬱和焦慮的風險[110]，改善睡眠[111]。太極課程也可以加強人的

腿部力量，改善協同平衡、活動性和步態，平衡信心和執行功能，減少跌倒的風險 [112]。實踐健康的生活方式，如定期運動、早晨經常自覺覺醒、保持咀嚼能力、過往沒有飲酒的歷史、95 歲以後沒有嚴重跌倒的歷史及維持良好的視力等，與保持日常生活自理功能和健康長壽呈正相關 [113]。

正向心靈刺激

系統和正向的心靈刺激可以改善大腦功能，並保護大腦免受認知衰退的傷害，就如同身體鍛練有助於防止骨骼和肌肉的質量損失。許多研究還發現，社交活動及宗教信仰對長者的健康具有保護作用 [114-124]，並可降低死亡的風險 [125,126]。宗教活動與更長壽命和更多年無殘疾呈正相關 [127]。積累的數據表明，通過學習新任務，特別是複雜的任務可以實現對大腦的刺激，這種刺激涉及多種功能（例如運動和感覺），如學習演奏樂器／新語言，或開始新的活動（如跳舞、瑜伽、國際象棋）[128]，繪畫和雕塑有助於思維敏捷和手腦協調，刺激大腦的可塑性 [129]。而特定休閒活動也會影響認知功能，例如閱讀書籍或報紙、打牌或麻將等，可以降低長者患認知障礙的風險 [130]。

睡眠

睡眠在促進健康方面也起着重要作用，良好的睡眠有助於鞏固長期記憶，對確保代謝穩態具有重要作用。最近的臨床研究表明，睡眠刺激了（神經膠質淋巴途徑）清潔有毒蛋白質的腦細胞機制的激活，增加 β- 澱粉樣蛋白（β-Amyloid）的清除率。β- 澱粉樣蛋白是一種與認知障礙症（或稱腦退化症）相關的大腦蛋白質，而我們的大腦會於睡眠中清除這種蛋白質。有研究發現，短期睡眠不足以增加大腦中的 β- 澱粉樣蛋白 [131]。

自然睡眠或麻醉與增加 60％ 間質空間（Interstitial Space）有關，導致腦脊液（Cerebrospinal Fluid）與間質液（Interstitial Fluid）的對流交換顯著增加。反過來，在睡覺時，間質液的對流通量會增加了 β- 澱粉樣蛋白的清除率。因此，睡眠的恢復功能可以去除清醒時中樞神經中積聚的潛在神經毒性廢物系統 [131]。睡眠還有助於改善免疫功能 [132,133]，並激活副交感

神經系統[134]。優質的睡眠可以顯著降低載脂蛋白 E（APOE）ε4 攜帶者的阿爾茨海默病（Alzheimer Disease, AD）的患病風險，這些攜帶者患阿爾茨海默病的概率更高[135]。睡眠障礙和持續的長睡眠時間，與全身炎症標誌物如高靈敏度 C- 反應性蛋白質（C-reactive Protein, CRP）和 IL-6 呈正相關[136]。午睡習慣和規律飲食是睡眠障礙的保護因素[137]。因此，充足的睡眠對腦部健康非常重要，科學家建議每天要有 7～8 小時的優質睡眠。

健康心理學與健康行為

利用跨學科的方法，健康心理學（Health Psychology）幫助我們全面了解人類如何過更健康的生活。其觀點是以「行為」為基礎，即通過健康的生活方式（如充分的運動、適當的飲食和足夠的睡覺）可以避免或減少大多數慢性疾病。健康心理學還關注社會模式，通過患者與提供者互動的形式，或以人們生活、工作及休閒的社區中的社會力量，甚至通過生態學的觀點並結合個人行為因素與個人相關的網絡（如同伴群體和社區）去了解如何影響健康行為。當今世界面臨的最緊迫的健康問題是如何改善健康、應對醫療壓力以及如何最好地預防、治療和 / 或管理慢性病。因此，行為改變是幫助減少與生活方式有關的慢性疾病的巨大公共衛生負擔的關鍵目標[4]。

在過去的兩個世紀，生物醫學模型（Biomedical Model）主導了醫學科學和實踐，將健康定義為免於疾病、痛苦和缺陷。然而，健康是一個連續的統一體系，沒有疾病並不一定意味着一個人身體健康。醫療保健專業人員引證了疾病病因以外的其他重要因素，而健康心理學提供了更新的模型，以考慮維持健康的多維因素。

生態關係與生物心理社會模型

20 世紀 70 年代，恩格爾醫生 Engel（1977）[138] 是最早提出生物心理社會的人之一，他強調生態關係重要性的模型，包括個人及其所處的環境以及個人如何感知他或她所處的環境。他認為當時的疾病模型（Disease Model）主要為生物醫學模型，屬於分子生物學的基礎科學學科。它假定

疾病完全從可測量的生物學的規範變量（體細胞）來解釋偏差，完全沒有給其他框架留下空間，如社交、心理和行為維度。生物醫學模型不僅要求將治療疾病作為一個獨立於社會的實體行為，也要求「行為」在此基礎上解釋偏差紊亂的體細胞（生化或軀體）的神經生理學過程。

生物醫學模型包含還原論及心身二元論，即將精神與軀體分開。但是恩格爾相信，在醫學或精神病學上，只堅持疾病模型是不足以從事科學研究任務和履行社會責任的。健康與疾病之間的界限，無論是健康還是病，永遠不會徹底分清楚，它們被文化、社會和文化傳播的心理因素所影響。恩格爾提出了一種「生物心理社會模型」（A Biopsychosocial Model, BPS），為後續研究提供了藍圖、教學框架和在現實世界中設計健康衛生保健的行動方案。健康心理學連同行為醫學（Behavioral Medicine）開始正式出現，後者假定積極的行為改變能創造更好的健康[139]。

生活方式醫學

最近，生物心理社會模型雖然在實踐上仍未完全普及，但在理論上已普遍被接受[140,141]，它提供了一個「整體」或「人文」醫療保健的藍圖[142]。它是一種強調相關性對心 — 腦 — 身體（Mind—Brain—Body）與環境相互作用的神經科學，可以理解為「生物、心理、社會和生物醫學」的模型[143]。

慢性疾病，如心臟病、糖尿病和關節炎等，其症狀或發展往往持久及漫長。而在大部分發達國家的基層健康保健診治之中，60%～70%是基於生活方式（因此可以預防）的疾病。而生物心理社會模型提供了基礎「生活方式醫學」（Lifestyle Medicine），這是一項拓寬範圍的新興主流醫學，包括使用循證生活方式治療方法，例如以植物為主飲食、運動、睡眠、壓力管理、酒精節制、戒煙和其他非藥物方式，以預防、治療甚至可能逆轉與生活方式有關的慢性疾病[144]。生活方式醫學並不能替代傳統醫學，而是解決過去三四十年來生活方式的變化對健康構成的挑戰。圖 11-2 表明慢性疾病有危險因素和標記，通常是臨床干預的重點。但是，這些因素和標記可以是「近端」「內側」原因，也可以是疾病的「遠端」原因。採用慢

圖 11-2　慢性疾病的層次結構

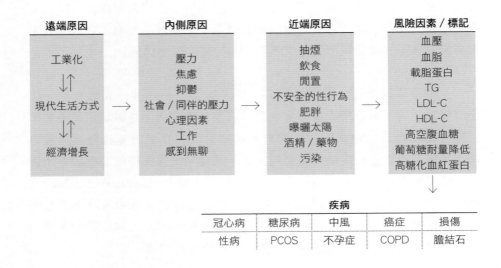

註：TG= 甘油三酯，LDL-C= 低密度脂蛋白膽固醇，HDL-C= 高密度脂蛋白膽固醇，性病 =
　　性傳播疾病，PCOS= 多囊卵巢綜合徵（Polycystic Ovary Syndrome），COPD= 慢性阻
　　塞性肺病（Chronic Obstructive Pulmonary Disease）。
資料來源：Egger, Binns 及 Rossner (2009)[144]。

性藥物治療與生活方式有關的疾病，雖然是必要且重要的，但不應該被視
為問題的完整解決方案。

　　生活方式醫學，對幾個層面疾病因果關係的理解，與傳統臨床的方向
有所不同。特別是，生活方式醫學要求患者在他或她自己的護理中更加活
躍。因為，這往往是最大的行為和情感「成本」，並需要去承諾改變生活
方式，需要更深入地了解激勵的原則，以及與醫護理人員（例如營養師、
運動生理學家、心理學家等）協調及使用醫療學科的專業知識[144]。許多人
因擔心身體機能衰退或失去自理能力而不想「太長壽」，但如果活到百歲
卻感覺像 60 歲的話，相信他們都會樂意接受。那麼，百歲老人健康長壽
的關鍵是什麼？與生活方式醫學又有什麼關係呢？

香港百歲老人研究結果

在 2011 年「香港百歲老人研究」中，我訪問了 153 位於 1905～1915 年出生、在香港居住的華裔準百歲和百歲老人。第七章定性研究中，已詳細論述百歲老人如何能「活得好」，四個關鍵的主題包括擁有良好的人際關係、正面的生命事件、對未來的希望及積極的生活態度。訪談收集了他們對健康長壽祕訣的個人看法，而他們的觀點正反映出生活方式醫學如何促進成功老齡化，甚至改善健康壽命的可能性。研究結果與過往高齡長者健康長壽的研究結果相吻合 [145]。

正向心理

情緒和精神健康會影響身體健康，遇到錐心蝕骨的情緒困擾或創傷時，會產生負面情緒，如憤怒、恐懼、悲傷、絕望等。如何調整情緒及恢復身心健康？如何令自己或身邊家人朋友活得更好、活得健康？

有超過七成半受訪的百歲老人沒有抑鬱或僅有輕微抑鬱，他們擁有高水平的心理健康，抑鬱、自殺意念和負面心理特徵都處於低水平，他們同時擁有高水平的正向心理特徵。這反映出負面情感和無意義的感覺在香港百歲老人中並不常見。他們時刻都保持情緒樂觀，並使自己的心情平和寧靜、坦然安詳、心境清明。他們不會輕易與人發生爭執，會懂得避免情緒緊張、避免在生活中掀起波瀾、避免過度興奮等。

遇到衝突，受訪的百歲老人 11058 號會選擇沉默並離開衝突現揚，以柔克剛。即使看到別人有錯誤，也不同意用挑剔的眼光死盯別人的缺陷，因為這只證明自己的狹窄。也不必反唇相譏，不要歇斯底裏地亂吵一通，他也不會用激烈的爭辯來證明什麼，盡量做到「知而不言」，避免「言多必失」，避免因憤而生亂。他凡事盡量往好的方面想，選擇記憶快樂事件，記住他人的好和善並心存感激之情。容忍別人正是對自己的大度，收穫他人的感恩，會讓胸襟更加寬廣，才能對生命保持敬畏。正所謂「金無足赤，人無完人」。凡事能站在別人的角度為他人着想，就是寬容 [146,147]。如《易經》所說，做人做事的精義在「剛柔相濟」「恩威並用」，學習「只

見自己過，不見他人非，「去惡從善」，讓自己變得更謙虛謹慎[148]。

樂觀積極

我們要明白一個簡單的事實，即重複那些悲觀的想法和話語會讓人持續消沉，被無助感攫住。受訪的百歲老人中，有超過八成能做到遇事想得開。他們會改變自己的心態，提高自己的生命意識並進行內觀，沉澱及愛惜自己，寬容別人的過錯。假如是自己犯了過錯，便改正自己，這不僅令自己心情順暢，還保持了自己的原則和底線，成為一個健康豁達的人。

受訪的百歲老人 11008 號相信，健康長壽最重要是「開心及擁有廣闊的胸襟」，時刻保持開朗豁達、溫良恭謙讓、仁厚大度，培養積極的情緒狀態，「樂天知命故不憂」[148]。這群百歲老人對事件的主觀解釋及感知能力都比較積極。能正確評價環境，以積極的心態和方式去解決困難，能夠從別人的角度考慮問題並與之和睦相處。他們用心守護生命，時常讚美別人，不抱怨，不計較[146,147]。受訪者 11049 號對生死的看法非常樂觀、通達，明白生生滅滅是宇宙永恆的法則。如《易經》中所言「天尊地卑，乾坤定矣。卑高以陳，貴賤位矣。動靜有常，剛柔斷矣。方以類聚，物以群分，吉凶生矣。在天成像，在地成形，變化見矣」[148]。生老病死如同春夏秋冬，所謂「變通配四時」[148]。生命永無止境，隨時在成長，隨時在變化，所以面對出生不要太過興奮，面對死亡也不要太過悲傷，做到如《中庸》所說「喜怒哀樂未發，謂之中；發而皆中節，謂之和」的「中和」境界[149]。故此，她樂意為自己先安排日後壽終的事情，甚至還參加了地區中心提供的「後顧無憂」善終服務，讓子女不用為自己的後事操心。這些百歲老人的例子可以讓我們學習成為一個更誠實、更耐心、更溫和的人，對生命的神祕和華美更加認同。

善良感恩

受訪的百歲老人 11001 號認為「窮富有命，有生有死」，另一位老人（編號 11008）也認為「知足者貧亦樂」，他們擁有良好和順其自然的心態，知足常樂，心存善念。不做無謂的攀比，不在意他人的看法，內

心強大，對人對事物不持有理所當然的態度，時刻保持感恩的心。受訪者11008號更覺得「施比受更為有福」，是健康長壽的關鍵，無論何種境況，不論是富是貧，都可以施捨助人。所謂「莫以善小而不為，莫以惡小而為之」[148]。在自己富足的時候，固然不忘記幫助困境中的人；在自己困頓的時候，伸出同情和關愛的雙手更難能可貴。獻出的雖微小，意義卻重大，助人的快感甚至可以對抗並克服壓力帶來的不良反應。這正是佛學中講求的「布施」，無論是物質上的還是精神上的。心裏裝着善良、寬容、感恩，關心和幫助身邊的人，摒棄自利心，保持「仁愛利他」的觀念，內心賢善，生命就會充滿陽光微笑，當給予他人幸福，也同樣給予了自己幸福，達致「厚德載物」[146,152]。

自覺自主

在反映自覺性和自主性的項目中，有接近八成的百歲老人喜歡把東西弄得干淨、整潔。例如受訪的百歲老人11039號認為「狗瘦主人羞」，11077號老人也相信健康長壽是需要「保持整潔、簡單、端正」的。雖然11077號受訪老人已100歲，但他本人非常整齊清潔，着裝端正，他將大部分空餘時間用來打掃衛生及熨燙衣服。

被訪者中約七成半可以自己決定自己的事情。他們清楚自己的位置，能夠找準自己的定位，了解自己的長處和短處，明白生活的意義和人生的價值，也會履行自己的責任，經常審視自己，「躬身自省」，勇敢地承擔，面對和自由地安排自己的生活。受訪者11047號信奉佛教，更認為人生必須「勤樸誠毅」，將自己修煉得強大，養成獨立思考的習慣，保持勤奮和簡樸，腳踏實地專注做事，做到誠實和有毅力，經常為自己喝采，不斷精進自己並懂得支配自己人生，才可「明心見性」[146,148,152]。

情緒管理

由於百歲老人已活過一個世紀，身邊的家人或朋友難免比他或她早逝，還有的老人經歷了家庭、感情或事業不順，但他們會以平常心應對無常的人生，將生命中的挫折視為常態。在完好感上，有差不多六成半受訪

者經常覺得現在與年輕時一樣快活。他們能在各種生活壓力中恢復，擁有強大的恢復能力，能夠抵禦負面的情緒或創傷。他們明白生命中總會遇到數不勝數的困境，大至各種災難、病痛、變故，小至人際糾紛，但他們對人生看得透、看得淡、放得下（見第七章），甘於寂寞不求聞達，不追名逐利、不名韁利瑣、不急功近利，所謂超脫塵世的豁達領悟人生，「不以物喜、不以己悲」[146,152]。

由於人們有不同的詮釋及思維反應，在遇到困境或難以解決的事情時，難免出現不良及負面的情緒，如憂驚、浮躁、煩惱、抱怨，且常常因為控制不好情緒，將簡單的事情複雜化，而解決複雜的事情變得更難。但若能控制好情緒，複雜的事情反而會變得簡單。受訪的百歲老人 11070 號勸告我們「千萬不要發脾氣」，避免暴躁易怒，一定要先控制好情緒，讓自己能夠冷靜思考，越往好的方面想，事情就越易解決。有效地管理情緒壓力和調節情緒，並相信現在所遭遇到的困境有它存在的理由，或許是為了能讓我們能在最艱難的時刻反省自己，或許是為了提醒我們人生需要充充電，走向新的征途[151,152]。

勇敢承擔

受訪的百歲老人 11058 號認為人生的道路難免起起落落，苦樂更迭，所以必須學會「處煩而不亂、履險而常安」。他認為「人無遠慮、必有近憂」，所以要經常保持長遠深入的思考，提高憂患意識，才會避免不虞之事的發生[148]。一些未能預知事情隨時可能出現，不會因個人喜好發生改變。他相信善良可以感染、影響生命和人生，故而安靜地接受人生的境遇，面對挫折、困境、失敗。他明白，這是對自己的考驗和磨礪，勇敢地面對生活帶來的壓力和考驗，主動以平和的心態來承擔，才能為將來可能的改變做好準備。他相信困境是可以被轉化的，心態的轉化是應對困境的良方，要用感恩的心態面對生活中發生的所有事情。困境能激發我們的勇氣，喚醒我們對抗困難的信心和力量，讓我們的心靈得到成長，通過磨練獲得嶄新的蛻變[148]。如儒家孔子在《論語》「學而篇」中所講述，一個人之所以為人，立身處世、待人接物必須以「孝」「弟」「忠」「信」為準則。「孝」「弟」是內以持己忠信，「忠」「信」是外以致用。內外備至，體用

兼圓[150]。

自我效能

在自我監管和應對壓力的技能上，受訪的百歲老人 11013 號認為應「學到老，做到老」，提升自我效能對健康長壽非常重要。他認為，「一生一世做不了，讀得書多無苦惱」，「錯過讀書，一生一世苦到老」。努力學習新事物，不要因為年紀老邁給自己找藉口，要不斷精進自己、奮發圖強，用語言和行動重塑性格，「內修心性，外煉品行」[146]。如《易經》所説，「自天佑之，吉無不利」。唯有自己先站起來，自己幫助自己，自己保護自己，才能得到他助。自助才能天助，能夠自立自強的人，才能大吉大利。人的命運掌握在自己手裏，外力是靠不住的，必須「苟日新，日日新，又日新」，不斷精進自已，與時俱進[148]。

受訪者 11058 號的人生座右銘是「潛龍勿用」。他認為弱者等待條件，強者創造條件。努力精進自己，不輕言放棄，機會才會出現，而機會的出現是不經意的，是留給有準備的人的，並靜悄悄來，他鼓勵我們時刻要保持敏感心及正念，機會總會出現[146]。

充分運動

當日常生活出現危機或創傷，當生活錯綜複雜時，腦海裏總是充斥着不良情緒和無助感，這時如何減輕壓力？如何避免生理機能衰退，避免功能逐漸減弱？如何加強自身能力，讓健康達到最高峰？如何維持高度的獨立生活，並讓自身處於生命表內活曲線右端的長尾巴上？這些問題，我們可以在他們的訪談中得到答案。

受訪的百歲老人中，約八成仍然保持經常運動的習慣。他們明白運動的重要性，並知道缺乏身體鍛練會引致體質虛弱。雖然他們不像年青人一樣走進健身房，但他們每日進行體力活動，如做家務或到公園鍛練身體。受訪的百歲老人 11008 號、11111 號及 11126 號主張「每朝太極八式」及「多做事和多運動」，11088 號及 11122 號受訪者在 90 多歲時還定時打「六

通拳」，11139 號受訪者在 85 歲時堅持繼續游泳，11140 號受訪者在 45 歲時開始登山，11088 號受訪者定時練習「氣功」。他們都鼓勵建立有規律的身體鍛練的習慣。

有規律的體育鍛練可以將思維和精神集中到運動上，將人的精力轉向自己的內心，加強自身機體調節中樞和內臟器官的功能，特別是全身肌肉和韌帶的協調，保持體內生機。這種精熟的控制過程是一種減輕壓力的最佳方法，也是重建人體生理和諧，從而提升身體自然防禦力的最佳方法之一。積極的健康鍛練還有助於減輕長者的孤獨感 [149]。

另外，瑜伽、冥想、氣功等柔和的鍛練方法可以使人專注於姿態，集中精神，在慢慢地深呼吸、放鬆中湧出舒服、輕鬆、安寧的感覺，有利於身心合一與內心平和。呼吸和運動驅使我們像一個孩子那樣聚精會神去做事，調動身體的力量，進入體內的平靜，對覺知能力的訓練，讓心思尋回一個屬於自己的人，回歸本心 [146,147,150]。又或者進行禪坐，令心善巧地安定下來。所謂善巧，即是結合對基本心性的了解，轉換各種情緒的知識，以及通過修行培養出洞見，時時刻刻知道如何調伏和轉化心境。如西藏有一句啓示性的話：「禪坐什麼都不是，只是熟習而已」，即熟習禪定的修行，持續練習，禪定就慢慢生起，把紛亂的思想和情緒安定下來 [153]。

飲食習慣

大多數人對營養學認識並不深入，我們長期輕視自己及家人的膳食狀況，甚至有些人熱衷於購買價格昂貴的保健及營養食品。多吃蔬菜、水果是科學家推薦的養生之道之一，但為什麼改善身體健康好像是一件很難的事？有什麼自然防禦力能夠抵抗疾病呢？

訪談中，我們發現百歲老人並沒揀飲擇食。有超過八成受訪者幾乎每天進食水果如蔬菜，偶爾會進食魚類，但進食肉類相對較少。「素食為主，少量葷菜」的飲食習慣在長壽健康者中居多。

受訪的百歲老人 11008 號，他時有節食，但絕不吃油炸食物，並必

將水煮沸後才飲用，肉煮熟後才進食，忌食未煮熟的食物。他建議「早上三杯水、下午兩杯水」。受訪者 11111 號也認為「油炸食物、太鹹和太甜都不適宜進食」。受訪者 11039 號及 11099 號都相信「食不過飽、穿不過暖，常帶三分飢與寒」。他們堅持三餐定時定量，每餐保持「七成飽」為宜，否則會打亂胃腸生物鐘，影響胃腸的正常運轉。有關他們的飲食習慣會在第十二章詳細闡述。

節制

人類必須與環境和諧共存，但在現代社會中，往往由於商業和經濟活動，人們受豐盛及五光十色的物質所引誘，導致追隨物質的慾望膨脹。受訪的 11098 號百歲老人認為要健康長壽，必須「檢點生活」「作息定時」，配合太陽運行，「日出而作，日入而息」，避免日夜顛倒和夜夜笙歌的生活，不為眾樂所迷惑，去掉不切實際的貪念。如佛教所說，真正的悲哀是對自己的放縱，不斷升級的慾望，為自己慾望找藉口 [146]。人的慾望千姿百態光怪陸離層出不窮，在茫茫苦海中必須駕馭它們，離開滋生煩惱的土壤。改變生活方式及實踐健康行為是第一步，要駕馭自己的慾望，自我克制，達到「無欲則剛」[146]。隨時做到自我清靜，不被外物環境所擾亂。

《黃帝內經》也強調，人們必須徹底了解生命的本源。生命重要的是「養生」，即是積極的；把現有的生命再加培養，自己來培養，保持生命的健康。要懂陰陽四時這個法則，自己養生，調養和保養身體。達致「心物一元」、「天人合一」，「修養身心」性命，隨時做到自己清靜，不被外物環境所擾亂，「無厭於日」，不要過分在太陽下面活動，不要做過分的勞動。思想越多，煩惱痛苦越大，越把生命消耗；故此必須學習「以自得為功，形體不敝，精神不散」，心理上對人對事寬容，沒有仇恨人，沒有脾氣，沒有惱怒，心平氣和，盡量做到生活恬淡、愉悅，陽氣就堅固。二十四個節氣，春夏秋冬，氣候時令，應該怎麼穿，怎麼吃，都搞得清楚，安排得好，鍛鍊身體，成為內外一致有修養的人 [151]。

風險行為

現代人在忙碌生活中已養成封閉自我的習慣。大多數人將精力集中在具體的目標上，例如應付手頭的工作或危機，尋找生活的伴侶，照顧孩子，不辜負父母、朋友、老闆、同事的期望和要求；把時間花在接電話、收發電子郵件、流連網絡、娛樂、吸煙、飲酒、大塊吃肉或者讓人心靈麻木的東西上；更有甚者肆意放縱，利用一些風險行為來舒緩內心的不安、煩躁和壓力。這些都是與健康長壽的目標背道而馳的。

在此次的調查中，有接近七成半受訪的百歲老人（甚至從以前開始就）是非吸煙和非酒精使用者。受訪者 11098 號相信健康長壽最重要的就是「不要飲酒」。《黃帝內經》亦提到，「因而飽食，筋脈橫解，腸澼為痔」，即指吃太多，我們的氣脈神經血管就起了變化。「因而大飲則氣逆」，即指喝酒喝多了傷氣，氣逆行得太過度了，元氣空虛 [151]。受訪的男性百歲老人 11008 號更認為做任何事情，應謹言，慎行，保持「克己復禮」[146]。

足夠的睡眠

有接近六成半的受訪的百歲老人自評睡眠質量為很好和好。他們的平均睡眠時間為 6～7 小時，還有短暫的午睡。睡眠對老年人的健康長壽十分有利，調整生物鐘與 24 小時晝夜週期相一致對老年人保持健康長壽有着非常重要的意義 [154]。雖然道家的活子時認為白天工作，夜裏睡覺，這是天地的規則，但我們也不可太過呆板。《生氣通天論》裏面講到，我們生命就如一個「小天地、小宇宙」，自己有個氣化，本身有個生生不已的力量，自己可以調整自己身上的四季，也可以把很不好的變成春天。用活子時休息和修養身心，所謂隨時做到無念，清淨圓明，就是一陽初動，生命可以回復，返老還童，長生不老 [151]。

社交活動

在日常活動方面，有超過八成的受訪的百歲老人會收看電視或收聽電

台節目；一半的受訪者有獨自的室外活動，如去公園散步；接近四成仍然做家務，如清潔、煮飯、買菜、熨燙衣服等。儘管已老邁，每七位被訪者中仍有一位在過去兩年曾到外地旅遊。在社交活動方面（如探望親戚，與朋友在酒樓、餐廳、娛樂場所和宗教聚會見面和做義工），有接近一半的受訪者表示幾乎每天都有或每星期至少有一次社交聚會。加強社會支持和家庭的互信關係，能有效降低長者的孤獨感及緩解不愉快的情緒狀態，其中家庭的支持比朋友的支持的影響更大，家庭的支持對失能長者的保護作用更大[155-156]。

結論與討論

人類的生活方式和行為因素對健康及壽命有着重要的影響。2008 年，全球 63％的死亡是由於非傳染性疾病造成，主要是心臟病和血管系統疾病、糖尿病、癌症和阻塞性肺病。非傳染性疾病的治療，如冠心病或 2 型糖尿病，導致整體公共衞生系統的成本上升，而身體活動可以降低這些疾病的患病風險，甚至能夠預防這些疾病[157]。聯合國認為身體活動是打擊非傳染性疾病的基石[158]。

過往一些干預措施已提供了成功例子。例如，通過改變飲食習慣、增加人們的身體活動來治療有糖尿病風險的成年人，可以像藥物治療一樣有效，並且具有更好的持續效益，這一效益持續長達 15 年[159]。通過改變生活方式，甚至可以減少高血壓、糖尿病和腦萎縮的發生風險，提高認知能力以及降低癌症和心血管疾病的死亡率。

特定飲食[160,161]、運動[162] 及兩種的組合[163]，認知訓練和血管風險管理[164]、熱量限制[165]、間歇性禁食[166] 和維生素 D[167] 的補充都對特定條件下健康長壽的目標有效。然而，這些干預措施可能因個體的差異出現不同的反應。例如，年齡較大和體弱多病的人，可以從更多的膳食蛋白質中獲益，以消除肌肉萎縮和虛弱（肌肉減少症）等，而中年人則需要較少的蛋白質來對抗癌症[168]。

身體不活動是全球第四大死亡風險，是用來預測心血管疾病、2 型糖

尿病、肥胖、某些癌症、骨骼健康狀況、心理健康、總體死亡率以及生活質量[169]的重要指標。當前的任務是集中全力解決這個問題，了解身體不活動的大流行及找出對應的解決方法[170]。

雖然有證據證明自 20 世紀 50 年代以來，人們開始從事健康體育活動，但其促進人口健康狀況的改善仍然滯後。最近才開發出系列的基礎設施，包括規劃、政策、領導和宣傳、勞動力培訓以及監測和監督方面的工作，去推廣體育活動[171]。減少非傳染性疾病是綜合戰略的一部分，應優先推廣全球性定期體育活動[28]。

在整個生命週期中，需要健全有效的健康老齡化政策，改變生活方式中的風險因素[171]。而政策制定方面，建議利用低成本的方式去鼓勵人們改變生活方式，這需要各學科專家之間的合作，如心理學家、行為學家和健康專業人士的協助[173]。

跨部門的合作對於推進基礎設施的形成尤其重要，倡導也是關鍵支柱。現在我們需要的不僅僅是關注改變個人行為的科學方法，還要了解人口和群體中，身體不活動與健康之間複雜的相關性和相互作用，從而推動全球身體活動的前進方向[174]。

事實證明，若沒有慢性疾病、認知障礙和功能性殘疾，更高水平的身體活動可能多增加十年的生存時間。這些發現強調了公共衛生干預措施的重要性，因此需要在此方面給予更多的關注和資源投放[174]。公共衛生干預計劃必須以社區為基礎，並促進生活在社區中的長者參加體育活動，如首先吸引長者更多地步行，進行每天幾分鐘的中等到劇烈強度的身體活動，這樣有助於他們避免身體功能的喪失。通過減少對醫藥處方的依賴和減少住院費用，還可以節省醫療服務的成本[175]。此外，健康行為與公共政策也有關，優化整合護理的需要涉及各利益相關者，如政策制定者、服務提供者，系統性的改革是健康計劃的重要目標[176]。

在個人層面如何選擇愉快且可持續發展的生活方式，來促進健康長壽和成功老齡化呢？Halloran[172]認為健康取決於多種因素，包括遺傳

（30％）、環境（5％）（見第十章）、社會文化（15％）、是否獲得醫療保健（10％）和行為（40％）。行為佔了四成，這表明推廣健康的生活方式是非常關鍵的。成功老齡化的長者通常是較少吸煙或不吸煙、較少飲酒、體力活動多、走路多的[174,177]，這與我們的研究發現一致。

　　身體鍛練方面，如果想達到公共衛生部門所建議的「活得更健康」的目標，每週需要進行至少 150 分鐘的中等強度的有氧運動，如快走[169]。為了促進和保持健康，所有 18～65 歲的健康成年人，每週有五天需要進行至少 30 分鐘的中等強度的有氧（耐力）體力活動，或者每週三天進行至少 20 分鐘的劇烈有氧體力活動。每週也可以進行中等強度和劇烈強度活動的組合鍛練以滿足該標準。例如，一個人可以在一週內兩次快速行走 30 分鐘，然後在另外兩天慢跑 20 分鐘。中等強度的有氧運動，通常相當於快走，會明顯加速心率，可以持續 10 分鐘或多次累積至最少 30 分鐘[63]。此外，每個成年人應該每週進行至少兩天的維持或增加肌肉力量和耐力的活動，以及各種增強心肺功能或拉筋伸展的有氧運動，如瑜伽、氣功或太極。

　　當患病時，常規的醫學治療仍然是不可或缺的，但是改變生活方式、排解身心壓力、加強身體鍛練、遵循營養學方式建立健康飲食習慣，可以保護自己並避免陷入失衡的環境，令生活更富有活力。社交網絡以及自我監管，對建立和保持健康的態度和行為至關重要。政策方面，解決收入不平等的問題有助於緩解人與人之間健康水平的差距；倡導廣泛的生活方式醫學及行為干預，有助於改善個人應對壓力的策略[178]。在研究百歲老人如何達到健康長壽和成功老齡化的祕訣時，我們找到了答案：保持目標感，維持和諧的社會關係，建立健康的生活習慣，注意營養飲食，避免風險行為，保證充足的運動和睡眠，保持積極和樂觀的心態。這些可以賦予個人和群體改善健康狀況的能力，使人們提高生活質量，達到延年益壽的效果，這才是降低整體公共衛生系統負擔的真正有效的方法。

參考文獻

1.   World Health Organization. Constitution of the World Health Organization. (2005). In World Health Organization (ed.), *Basic Documents*. 45th ed. Geneva, World Health Organization.

2.   Beard, J. R., Officer, A., de Carvalho, I. A., Sadana, R., Pot, A. M., & Michel, J. P., et al. (2016). The World report on ageing and health: A policy framework for healthy ageing. *Lancet*, 387 (10033), 2145-2154.

3.   Chatterji, S., Byles, J., Cutler, D., Seeman, T., & Verdes, E. (2015). Health, functioning, and disability in older adults–present status and future implications. *Lancet*, 385 (9967), 563-575.

4.   Johnson, B. T., & Acabchuk, R. L. (2018). What are the keys to a longer, happier life? Answers from five decades of health psychology research. *Soc Sci Med*, 196, 218-226.

5.   Bonanno, G. A. (2004). Loss, trauma, and human resilience: Have we underestimated the human capacity to thrive after extremely aversive events?. *American Psychologist*, 59 (1), 20-28.

6.   Fastame, M. C., Hitchcott, P. K., Mulas, I., Ruiu, M., & Penna, M. P. (2018). Resilience in elders of the Sardinian Blue Zone: An explorative study. *Behav Sci (Basel)*, 8 (3).

7.   Franklin, N. C., & Tate, C. A. (2008). Lifestyle and successful aging: An overview. *American Journal of Lifestyle Medicine*, 3 (1), 6-11.

8.   Arai, Y., Inagaki, H., Takayama, M., Abe, Y., Saito, Y., & Takebayashi, T., et al. (2014). Physical independence and mortality at the extreme limit of life span: Supercentenarians study in Japan. *J Gerontol A Biol Sci Med Sci*, 69 (4), 486-494.

9.   Ryff, C. D. (1989). Beyond Ponce de Leon and life satisfaction: New directions in quest of successful ageing. *International Journal of Behavioral Development*, 12 (1), 35-55.

10.   Rowe, J. W., & Kahn, R. L. (1997). Successful aging. *Gerontologist*, 37 (4), 433-440.

11.   Baltes, P. B. & Baltes, M. M. (1993). Psychological perspectives on successful aging: The model of selective optimization with compensation. In P. B. Baltes (Eds.), *Successful aging: Perspectives from the behavioral sciences* (pp. 1-27). New York: Cambridge University Press.

12.   Strawbridge, W. J., Cohen, R. D., Shema, S. J., & Kaplan, G. A. (1996). Successful aging: Predictors and associated activities. *Am J Epidemiol*, 144 (2), 135-141.

13.   李健新、張震、王家宝（2004）。《健康长寿影响因素分析》，北京大學出版，頁 165－176。

14.   Rantanen, T., Masaki, K., He, Q., Ross, G. W., Willcox, B. J., & White, L. (2012). Midlife muscle strength and human longevity up to age 100 years: A 44-year prospective

study among a decedent cohort. *Age (Dordr)*, 34 (3), 563-570.

15. Ferrucci, L., Izmirlian, G., Leveille, S., Phillips, C. L., Corti, M. C., Brock, D. B., & Guralnik, J. M. (1999). Smoking, physical activity, and active life expectancy. *Am J Epidemiol*, 149 (7), 645-653.

16. Leveille, S. G., Guralnik, J. M., Ferrucci, L., & Langlois, J. A. (1999). Aging successfully until death in old age: Opportunities for increasing active life expectancy. *Am J Epidemiol*, 149 (7), 654-664.

17. Brach, J. S., FitzGerald, S., Newman, A. B., Kelsey, S., Kuller, L., VanSwearingen, J. M., & Kriska, A. M. (2003). Physical activity and functional status in community-dwelling older women: A 14-year prospective study. *Arch Intern Med*, 163 (21), 2565-2571.

18. Harper, A. E. (1982). Nutrition, aging, and longevity. *Am J Clin Nutr*, 36, 737-749.

19. Institute for Health Metrics Evaluation (IHME). (2016). *Rethinking development and health: Findings from the global burden of disease study*. Seattle: IHME. http://www.healthdata.org/sites/default/files/files/policy_report/GBD/2016/IHME_GBD2015_report.pdf. Accessed 19 March 2019.

20. Stringhini, S., Carmeli, C., Jokela, M., Avendaño, M., Muennig, P., & Guida, F., et al. (2017). Socioeconomic status and the 25 ? × 25 risk factors as determinants of premature mortality: A multicohort study and meta-analysis of 1.7 million men and women. *Lancet*, 389 (10075), 1229-1237.

21. Harvey, J. A., Chastin, S. F., & Skelton, D. A. (2015). How Sedentary are Older People? A Systematic Review of the Amount of Sedentary Behavior. *J Aging Phys Act*, 23 (3), 471-487.

22. World Health Organization. (2010). *Global recommendations on physical activity for health*. Geneva: *World Health Organization*. https://www.who.int/publications/i/item/9789241599979. Accessed 1 April 2019.

23. Norman, A., Bellocco, R., Vaida, F., & Wolk, A. (2002). Total physical activity in relation to age, body mass, health and other factors in a cohort of Swedish men. *Int J Obes Relat Metab Disord*, 26 (5), 670-675.

24. Bauman, A. E., Reis, R. S., Sallis, J. F., Wells, J. C., Loos, R. J., & Martin, B. W. (2012). Correlates of physical activity: Why are some people physically active and others not? *Lancet*, 380 (9838), 258-271.

25. Das, P. (2012). Ken Powell: Running the distance for physical activity. *Lancet*, 380 (9838), 209.

26. Das, P., & Horton, R. (2016). Physical activity-time to take it seriously and regularly. *Lancet*, 388 (10051), 1254-1255.

27. Hallal, P. C., Andersen, L. B., Bull, F. C., Guthold, R., Haskell, W., Ekelund, U., & Lancet Physical Activity Series Working, G. (2012). Global physical activity levels: surveillance progress, pitfalls, and prospects. *Lancet*, 380 (9838), 247-257.

28. Ding, D., Lawson, K. D., Kolbe-Alexander, T. L., Finkelstein, E. A., Katzmarzyk, P. T., & van Mechelen, W., et al. (2016). The economic burden of physical inactivity: A global analysis of major non-communicable diseases. *Lancet*, 388 (10051), 1311-1324.

29. Lee, I. M., Shiroma, E. J., Lobelo, F., Puska, P., Blair, S. N., Katzmarzyk, P. T., & Lancet Physical Activity Series Working, G. (2012). Effect of physical inactivity on major non-communicable diseases worldwide: An analysis of burden of disease and life expectancy. *Lancet*, 380 (9838), 219-229.

30. World Health Organization. (2013). *Global action plan for the prevention and control of NCDs 2013-2020*. Geneva: World Health Organization. http://who.int/nmh/events/ncd_action_plan/en/. Accessed 1April 2019.

31. Stein, C., & Moritz, I. (1999). *A life course perspective of maintaining independence in older age*. Geneva: World Health Organization. https://www.who.int/ageing/publications/life_course/en/. Accessed 1 April 2019.

32. 張顯文等（2001）。〈與生活方式有關疾病的潛在險性調查〉,《中國初級衛生保健》, 2001, 15（3）。

33. Haveman-Nies, A., De Groot, L. C., Van Staveren, W. A., Survey in Europe on, N., & the Elderly: a Concerted Action, S. (2003). Relation of dietary quality, physical activity, and smoking habits to 10-year changes in health status in older Europeans in the SENECA study. *Am J Public Health*, 93 (2), 318-323.

34. Knoops, K. T., de Groot, L. C., Kromhout, D., Perrin, A. E., Moreiras-Varela, O., Menotti, A., & van Staveren, W. A. (2004). Mediterranean diet, lifestyle factors, and 10-year mortality in elderly European men and women: The HALE project. *JAMA*, 292 (12), 1433-1439.

35. Stampfer, M. J., Hu, F. B., Manson, J. E., Rimm, E. B., & Willett, W. C. (2000). Primary prevention of coronary heart disease in women through diet and lifestyle. *N Engl J Med*, 343 (1), 16-22.

36. Hu, F. B., Manson, J. E., Stampfer, M. J., Colditz, G., Liu, S., Solomon, C. G., & Willett, W. C. (2001). Diet, lifestyle, and the risk of type 2 diabetes mellitus in women. *N Engl J Med*, 34 5(11), 790-797.

37. Platz, E. A., Willett, W. C., Colditz, G. A., Rimm, E. B., Spiegelman, D., & Giovannucci, E. (2000). Proportion of colon cancer risk that might be preventable in a cohort of middle-aged US men. *Cancer Causes Control*, 11 (7), 579-588.

38. Khaw, K. T., Wareham, N., Bingham, S., Welch, A., Luben, R., & Day, N. (2008). Combined impact of health behaviours and mortality in men and women: the EPIC-Norfolk prospective population study. *PLoS Med*, 5 (1), e12.

39. Rimm, E. B., & Stampfer, M. J. (2004). Diet, lifestyle, and longevity–the next steps?. *JAMA*, 292 (12), 1490-1492.

40. Palosuo, H. (2000). Health-related lifestyles and alienation in Moscow and Helsinki. *Soc Sci Med*, 51 (9), 1325-1341.

41. Cockerham, W. C., Hinote, B. P., & Abbott, P. (2006). Psychological distress, gender, and health lifestyles in Belarus, Kazakhstan, Russia, and Ukraine. *Soc Sci Med*, 63 (9), 2381-2394.

42. World Health Organization. (2017). *Depression and other common mental disorders: Global health estimates.* Geneva: World Health Organization. http://www.who.int/iris/handle/10665/254610. License: CC BY-NC-SA 3.0 IGO. Accessed 1 April 2019.

43. Fastame, M. C., Penna, M. P., & Hitchcott, P. K. (2020). Psychological markers of longevity in Sardinian centenarians: The impact of developmental factors and social desirability. *Aging Clin Exp Res*, 32 (1), 107-114.

44. Frey, B. S. (2011). Psychology. Happy people live longer. *Science*, 331 (6017), 542-543.

45. Eisenberger, N. I., & Cole, S. W. (2012). Social neuroscience and health: Neurophysiological mechanisms linking social ties with physical health. *Nat Neurosci*, 15 (5), 669-674.

46. Penedo, F. J., & Dahn, J. R. (2005). Exercise and well-being: A review of mental and physical health benefits associated with physical activity. *Curr Opin Psychiatry*, 18 (2), 189-193.

47. Schuch, F. B., Vancampfort, D., Richards, J., Rosenbaum, S., Ward, P. B., & Stubbs, B. (2016). Exercise as a treatment for depression: A meta-analysis adjusting for publication bias. *J Psychiatr Res*, 77, 42-51.

48. Caspersen, C. J., Powell, K. E., & Christenson, G. M. (1985). Physical activity, exercise, and physical fitness: Definitions and distinctions for health-related research. *Public Health Rep*, 100 (2), 126-131.

49. Blair, S. N., & Brodney, S. (1999). Effects of physical inactivity and obesity on morbidity and mortality: Current evidence and research issues. *Med Sci Sports Exerc*, 31 (11 Suppl), S646-662.

50. Benetos, A., Thomas, F., Bean, K. E., Pannier, B., & Guize, L. (2005). Role of modifiable risk factors in life expectancy in the elderly. *J Hypertens*, 23 (10), 1803-1808.

51. Bembom, O., van der Laan, M., Haight, T., & Tager, I. (2009). Leisure-time physical activity and all-cause mortality in an elderly cohort. *Epidemiology*, 20 (3), 424-430.

52. Cooper, R., Strand, B. H., Hardy, R., Patel, K. V., & Kuh, D. (2014). Physical capability in mid-life and survival over 13 years of follow-up: British birth cohort study. *BMJ*, 348, g2219.

53. Yates, L. B., Djousse, L., Kurth, T., Buring, J. E., & Gaziano, J. M. (2008). Exceptional longevity in men: Modifiable factors associated with survival and function to age 90 years. *Arch Intern Med*, 168 (3), 284-290.

54. Churilla, J. R., & Zoeller, R. F. (2008). Physical activity: Physical activity and the metabolic syndrome: A review of the evidence. *American Journal of Lifestyle Medicine*, 2 (2), 118-125.

55. McAuley, E., Konopack, J. F., Morris, K. S., Motl, R. W., Hu, L., Doerksen, S. E., & Rosengren, K. (2006). Physical activity and functional limitations in older women: Influence of self-efficacy. *J Gerontol B Psychol Sci Soc Sci*, 61 (5), P270-277.

56. Lautenschlager, N. T., Cox, K. L., Flicker, L., Foster, J. K., van Bockxmeer, F. M., & Xiao, J., et al. (2008). Effect of physical activity on cognitive function in older adults at risk for Alzheimer disease: A randomized trial. *JAMA*, 300 (9), 1027-1037.

57. Newson, R. S., & Kemps, E. B. (2006). Cardiorespiratory fitness as a predictor of successful cognitive ageing. *J Clin Exp Neuropsychol*, 28 (6), 949-967.

58. Firth, J., Stubbs, B., Rosenbaum, S., Vancampfort, D., Malchow, B., & Schuch, F., et al. (2017). Aerobic exercise improves cognitive functioning in people with Schizophrenia: A systematic review and meta-analysis. *Schizophr Bull*, 43 (3), 546-556.

59. 肖柳紅等（2001）。＜體育鍛練對老年人平衡能力的影響＞，《現代康復》，2001，5(11)。

60. Fastame, M. C., Penna, M. P., & Hitchcott, P. K. (2015). Mental health in late adulthood: What can preserve it? *Applied Research in Quality of Life*, 10 (3), 459-471.

61. Nusselder, W. J., Looman, C. W. N., Franco, O. H., Peeters, A., Slingerland, A. S., & Mackenbach, J. P. (2008). The relation between non-occupational physical activity and years lived with and without disability. *Journal of Epidemiology and Community Health*, 62 (9), 823.

62. Paterson, D. H., & Warburton, D. E. (2010). Physical activity and functional limitations in older adults: A systematic review related to Canada's Physical Activity Guidelines. *Int J Behav Nutr Phys Act*, 7, 38.

63. Haskell, W. L., Lee, I. M., Pate, R. R., Powell, K. E., Blair, S. N., & Franklin, B. A., et al. (2007). Physical activity and public health: Updated recommendation for adults from the American College of Sports Medicine and the American Heart Association. *Med Sci Sports Exerc*, 39 (8), 1423-1434.

64. Belsky, D. W., Caspi, A., Houts, R., Cohen, H. J., Corcoran, D. L., & Danese, A., et al. (2015). Quantification of biological aging in young adults. *Proc Natl Acad Sci U S A*, 112 (30), E4104-4110.

65. Bektas, A., Schurman, S. H., Sen, R., & Ferrucci, L. (2018). Aging, inflammation and the environment. *Exp Gerontol*, 105, 10-18.

66. Chahal, H. S., & Drake, W. M. (2007). The endocrine system and ageing. *J Pathol*, 211 (2), 173-180.

67. Lakatta, E. G., & Levy, D. (2003). Arterial and cardiac aging: Major shareholders in cardiovascular disease enterprises: Part II: The aging heart in health: Links to heart disease. *Circulation*, 107 (2), 346-354.

68. McPhee, J. S., French, D. P., Jackson, D., Nazroo, J., Pendleton, N., & Degens, H. (2016). Physical activity in older age: Perspectives for healthy ageing and frailty. *Biogerontology*, 17 (3), 567-580.

69. Barnett, K., Mercer, S. W., Norbury, M., Watt, G., Wyke, S., & Guthrie, B. (2012). Epidemiology of multimorbidity and implications for health care, research, and medical education: A cross-sectional study. *Lancet*, 380 (9836), 37-43.

70. Crimmins, E. M., Kim, J. K., & Seeman, T. E. (2009). Poverty and biological risk: The earlier "aging" of the poor. *J Gerontol A Biol Sci Med Sci*, 64 (2), 286-292.

71. Nunes, B. P., Flores, T. R., Mielke, G. I., Thume, E., & Facchini, L. A. (2016). Multimorbidity and mortality in older adults: A systematic review and meta-analysis. *Arch Gerontol Geriatr*, 67, 130-138.

72. McGuigan, F. E., Bartosch, P., & Akesson, K. E. (2017). Musculoskeletal health and frailty. *Best Pract Res Clin Rheumatol*, 31 (2), 145-159.

73. Crimmins, E., Kim, J. K., & Vasunilashorn, S. (2010). Biodemography: New approaches to understanding trends and differences in population health and mortality. *Demography*, 47 Suppl, S41-64.

74. Fried, L. P., Tangen, C. M., Walston, J., Newman, A. B., Hirsch, C., & Gottdiener, J., et al. (2001). Frailty in older adults: Evidence for a phenotype. *J Gerontol A Biol Sci Med Sci*, 56 (3), M146-156.

75. Ensrud, K. E., Ewing, S. K., Taylor, B. C., Fink, H. A., Stone, K. L., & Cauley, J. A., et al. (2007). Frailty and risk of falls, fracture, and mortality in older women: The study of osteoporotic fractures. *J Gerontol A Biol Sci Med Sci*, 62 (7), 744-751.

76. Hamer, M., & Chida, Y. (2009). Physical activity and risk of neurodegenerative disease: A systematic review of prospective evidence. *Psychol Med*, 39 (1), 3-11.

77. Hamer, M., Lavoie, K. L., & Bacon, S. L. (2014). Taking up physical activity in later life and healthy ageing: The English longitudinal study of ageing. *Br J Sports Med*, 48 (3), 239-243.

78. Hamer, M., de Oliveira, C., & Demakakos, P. (2014). Non-exercise physical activity and survival: English longitudinal study of ageing. *Am J Prev Med*, 47 (4), 452-460.

79. Manini, T. M., Everhart, J. E., Patel, K. V., Schoeller, D. A., Colbert, L. H., & Visser, M., et al. (2006). Daily activity energy expenditure and mortality among older adults. *JAMA*, 296 (2), 171-179.

80. Stessman, J., Hammerman-Rozenberg, R., Cohen, A., Ein-Mor, E., & Jacobs, J. M. (2009). Physical activity, function, and longevity among the very old. *Arch Intern Med*, 169 (16), 1476-1483.

81. Sabia, S., Singh-Manoux, A., Hagger-Johnson, G., Cambois, E., Brunner, E. J., & Kivimaki, M. (2012). Influence of individual and combined healthy behaviours on successful aging. *CMAJ*, 184 (18), 1985-1992.

82. Sun, Q., Townsend, M. K., Okereke, O. I., Franco, O. H., Hu, F. B., & Grodstein, F. (2010). Physical activity at midlife in relation to successful survival in women at age 70 years or older. *Arch Intern Med*, 170 (2), 194-201.

83. Berk, D. R., Hubert, H. B., & Fries, J. F. (2006). Associations of changes in exercise level with subsequent disability among seniors: A 16-year longitudinal study. *J Gerontol A Biol Sci Med Sci*, 61 (1), 97-102.

84. Earnest, C. P., Johannsen, N. M., Swift, D. L., Lavie, C. J., Blair, S. N., & Church, T. S. (2013). Dose effect of cardiorespiratory exercise on metabolic syndrome in postmenopausal women. *Am J Cardiol*, 111 (12), 1805-1811.

85. Roberts, C. K., Hevener, A. L., & Barnard, R. J. (2013). Metabolic syndrome and insulin resistance: Underlying causes and modification by exercise training. *Compr Physiol*, 3 (1), 1-58.

86. Stewart, K. J., Bacher, A. C., Turner, K., Lim, J. G., Hees, P. S., & Shapiro, E. P., et al. (2005). Exercise and risk factors associated with metabolic syndrome in older adults. *Am J Prev Med*, 28 (1), 9-18.

87. Woods, J. A., Wilund, K. R., Martin, S. A., & Kistler, B. M. (2012). Exercise, inflammation and aging. *Aging Dis*, 3 (1), 130-140.

88. Balducci, S., D'Errico, V., Haxhi, J., Sacchetti, M., Orlando, G., & Cardelli, P., et al. (2019). Effect of a behavioral intervention strategy on sustained change in physical activity and sedentary behavior in patients with type 2 diabetes: The IDES_2 randomized clinical trial. *JAMA*, 321 (9), 880-890.

89. Power, G. A., Dalton, B. H., Behm, D. G., Vandervoort, A. A., Doherty, T. J., & Rice, C. L. (2010). Motor unit number estimates in masters runners: Use it or lose it? *Med Sci Sports Exerc*, 42 (9), 1644-1650.

90. Power, G. A., Dalton, B. H., Behm, D. G., Doherty, T. J., Vandervoort, A. A., & Rice, C. L. (2012). Motor unit survival in lifelong runners is muscle dependent. *Med Sci Sports Exerc*, 44 (7), 1235-1242.

91. Franco, M. R., Pereira, L. S. M., & Ferreira, P. H. (2014). Exercise interventions for preventing falls in older people living in the community. *British Journal of Sports Medicine*, 48 (10), 867.

92. Gillespie, L. D., Robertson, M. C., Gillespie, W. J., Sherrington, C., Gates, S., Clemson, L. M., & Lamb, S. E. (2012). Interventions for preventing falls in older people living in the community. *Cochrane Database Syst Rev* (9), Cd007146.

93. Sherrington, C., Fairhall, N. J., Wallbank, G. K., Tiedemann, A., Michaleff, Z. A., & Howard, K., et al. (2019). Exercise for preventing falls in older people living in the community. *Cochrane Database Syst Rev*, 1 (1), Cd012424.

94. Rubenstein, L. Z., Josephson, K. R., Trueblood, P. R., Loy, S., Harker, J. O., Pietruszka, F. M., & Robbins, A. S. (2000). Effects of a group exercise program on strength, mobility, and falls among fall-prone elderly men. *J Gerontol A Biol Sci Med Sci*, 55 (6), M317-321.

95. Ireland, A., Maden-Wilkinson, T., Ganse, B., Degens, H., & Rittweger, J. (2014). Effects of age and starting age upon side asymmetry in the arms of veteran tennis players: A cross-sectional study. *Osteoporos Int*, 25 (4), 1389-1400.

96. Daskalopoulou, C., Stubbs, B., Kralj, C., Koukounari, A., Prince, M., & Prina, A. M. (2017). Physical activity and healthy ageing: A systematic review and meta-analysis of longitudinal cohort studies. *Ageing Res Rev*, 38, 6-17.

97. Farhang, M., Miranda-Castillo, C., Rubio, M., & Furtado, G. (2019). Impact of mind-body interventions in older adults with mild cognitive impairment: A systematic review. *Int Psychogeriatr*, 31 (5), 643-666.

98. Chan, J. S. Y., Deng, K., Wu, J., & Yan, J. H. (2019). Effects of meditation and mind-body exercises on older adults′ cognitive performance: A meta-analysis. *Gerontologist*, 59 (6), e782-e790.

99. Almeida, O. P., Khan, K. M., Hankey, G. J., Yeap, B. B., Golledge, J., & Flicker, L. (2014). 150 minutes of vigorous physical activity per week predicts survival and successful ageing: A population-based 11-year longitudinal study of 12 201 older Australian men. *Br J Sports Med*, 48 (3), 220-225.

100. Andrews, G., Clark, M., & Luszcz, M. (2002). Successful aging in the Australian longitudinal study of aging: Applying the MacArthur model cross-nationally. *Journal of Social Issues*, 58 (4), 749-765.

101. Britton, A., Shipley, M., Singh-Manoux, A., & Marmot, M. G. (2008). Successful aging: The contribution of early-life and midlife risk factors. *J Am Geriatr Soc*, 56 (6), 1098-1105.

102. Burke, G. L., Arnold, A. M., Bild, D. E., Cushman, M., Fried, L. P., & Newman, A., et al. (2001). Factors associated with healthy aging: The cardiovascular health study. *J Am Geriatr Soc*, 49 (3), 254-262.

103. Gu, D., Zhang, Z., & Zeng, Y. (2009). Access to healthcare services makes a difference in healthy longevity among older Chinese adults. *Soc Sci Med*, 68 (2), 210-219.

104. Kumar, S. B., Yadav, R., Yadav, R. K., Tolahunase, M., & Dada, R. (2015). Telomerase activity and cellular aging might be positively modified by a yoga-based lifestyle intervention. *J Altern Complement Med*, 21 (6), 370-372.

105. Yadav, R. K., Magan, D., Mehta, N., Sharma, R., & Mahapatra, S. C. (2012). Efficacy of a short-term yoga-based lifestyle intervention in reducing stress and inflammation: Preliminary results. *J Altern Complement Med*, 18 (7), 662-667.

106. Tiwari, A., Chan, C. L., Ho, R. T., Tsao, G. S., Deng, W., & Hong, A. W., et al. (2014). Effect of a qigong intervention program on telomerase activity and psychological stress in abused Chinese women: A randomized, wait-list controlled trial. *BMC Complement Altern Med*, 14, 300.

107. Tsang, H. W., Tsang, W. W., Jones, A. Y., Fung, K. M., Chan, A. H., Chan, E. P., & Au, D. W. (2013). Psycho-physical and neurophysiological effects of qigong on depressed elders with chronic illness. *Aging Ment Health*, 17 (3), 336-348.

108. Chang, P. S., Knobf, T., Oh, B., & Funk, M. (2019). Physical and psychological health outcomes of qigong exercise in older adults: A systematic review and meta-analysis. *Am J Chin Med*, 47 (2), 301-322.

109. Ho, R. T., Chan, J. S., Wang, C. W., Lau, B. W., So, K. F., & Yuen, L. P., et al. (2012). A randomized controlled trial of qigong exercise on fatigue symptoms, functioning, and telomerase activity in persons with chronic fatigue or chronic fatigue syndrome. *Ann Behav Med*, 44 (2), 160-170.

110. Rogers, C. E., Larkey, L. K., & Keller, C. (2009). A review of clinical trials of tai chi and qigong in older adults. *West J Nurs Res*, 31 (2), 245-279.

111. 李峰、韓素萍、張承玉（2009）。〈太極拳對老年人情緒、睡眠健康的影響〉,《曲阜師範大學學報》, 2009，(35)，121－123。

112. Chewning, B., Hallisy, K. M., Mahoney, J. E., Wilson, D., Sangasubana, N., & Gangnon, R. (2020). Disseminating Tai Chi in the community: Promoting home practice and improving balance. *Gerontologist*, 60 (4), 765-775.

113. Ozaki, A., Uchiyama, M., Tagaya, H., Ohida, T., & Ogihara, R. (2007). The Japanese centenarian study: Autonomy was associated with health practices as well as physical status. *J Am Geriatr Soc*, 55 (1), 95-101.

114. Idler, E. L., & Kasl, S. V. (1997). Religion among disabled and nondisabled persons I: Cross-sectional patterns in health practices, social activities, and well-being Ellen. *The Journals of Gerontology: Series B*, 52B (6), S294-S305.

115. Ellison, C. G., & Levin, J. S. (1998). The religion-health connection: Evidence, theory, and future directions. *Health Educ Behav*, 25 (6), 700-720.

116. Hill, T. D., Ellison, C. G., Burdette, A. M., & Musick, M. A. (2007). Religious involvement and healthy lifestyles: Evidence from the survey of Texas adults. *Ann Behav Med*, 34 (2), 217-222.

117. Hummer, R. A., Rogers, R. G., Nam, C. B., & Ellison, C. G. (1999). Religious involvement and U.S. adult mortality. *Demography*, 36 (2), 273-285.

118. Hummer, R. A., Ellison, C. G., Rogers, R. G., Moulton, B. E., & Romero, R. R. (2004). Religious involvement and adult mortality in the United States: Review and perspective. *South Med J*, 97 (12), 1223-1230.

119. Iwasaki, M., Otani, T., Sunaga, R., Miyazaki, H., Xiao, L., & Wang, N., et al. (2002). Social networks and mortality based on the Komo-Ise cohort study in Japan. *Int J Epidemiol*, 31 (6), 1208-1218.

120. Krause, N., Ingersoll-Dayton, B., Liang, J., & Sugisawa, H. (1999). Religion, social support, and health among the Japanese elderly. *J Health Soc Behav*, 40 (4), 405-421.

121. Lawler-Row, K. A., & Elliott, J. (2009). The role of religious activity and spirituality in the health and well-being of older adults. *J Health Psychol*, 14 (1), 43-52.

122. Ryan, A. K., & Willits, F. K. (2007). Family ties, physical health, and psychological well-being. *J Aging Health*, 19 (6), 907-920.

123. Strawbridge, W. J., Shema, S. J., Cohen, R. D., & Kaplan, G. A. (2001). Religious attendance increases survival by improving and maintaining good health behaviors,

mental health, and social relationships. *Ann Behav Med*, 23 (1), 68-74.

124. Yeager, D. M., Glei, D. A., Au, M., Lin, H. S., Sloan, R. P., & Weinstein, M. (2006). Religious involvement and health outcomes among older persons in Taiwan. *Soc Sci Med*, 63 (8), 2228-2241.

125. Zhang, W. (2008). Religious participation and mortality risk among the oldest old in China. *J Gerontol B Psychol Sci Soc Sci*, 63 (5), S293-297.

126. Zeng, Y., Gu, D., & George, L. K. (2011). Association of religious participation with mortality among Chinese old adults. *Res Aging*, 33 (1), 51-83.

127. Hidajat, M., Zimmer, Z., Saito, Y., & Lin, H. S. (2013). Religious activity, life expectancy, and disability-free life expectancy in Taiwan. *Eur J Ageing*, 10 (3), 229-236.

128. Sakai, K. L. (2005). Language acquisition and brain development. *Science*, 310 (5749), 815-819.

129. Schlegel, A., Alexander, P., Fogelson, S. V., Li, X., Lu, Z., & Kohler, P. J., et al. (2015). The artist emerges: Visual art learning alters neural structure and function. *Neuroimage*, 105, 440-451.

130. Mao, C., Li, Z. H., Lv, Y. B., Gao, X., Kraus, V. B., & Zhou, J. H., et al. (2020). Specific leisure activities and cognitive functions among the oldest-old: The Chinese longitudinal healthy longevity survey. *J Gerontol A Biol Sci Med Sci*, 75 (4), 739-746.

131. Xie, L., Kang, H., Xu, Q., Chen, M. J., Liao, Y., & Thiyagarajan, M., et al. (2013). Sleep drives metabolite clearance from the adult brain. *Science*, 342 (6156), 373-377.

132. Besedovsky, L., Lange, T., & Born, J. (2012). Sleep and immune function. *Pflugers Arch*, 463 (1), 121-137.

133. Ingiosi, A. M., Opp, M. R., & Krueger, J. M. (2013). Sleep and immune function: Glial contributions and consequences of aging. *Curr Opin Neurobiol*, 23 (5), 806-811.

134. Baharav, A., Kotagal, S., Gibbons, V., Rubin, B. K., Pratt, G., Karin, J., & Akselrod, S. (1995). Fluctuations in autonomic nervous activity during sleep displayed by power spectrum analysis of heart rate variability. *Neurology*, 45 (6), 1183-1187.

135. Mendelsohn, A. R., & Larrick, J. W. (2013). Sleep facilitates clearance of metabolites from the brain: Glymphatic function in aging and neurodegenerative diseases. *Rejuvenation Res*, 16 (6), 518-523.

136. Irwin, M. R., Olmstead, R., & Carroll, J. E. (2016). Sleep disturbance, sleep duration, and inflammation: A systematic review and meta-analysis of cohort studies and experimental sleep deprivation. *Biol Psychiatry*, 80 (1), 40-52.

137. 姚堯、寧超學、陳小萍、朱喬、楊姍姍、曾倩、張福、欒復新、何耀、趙亞力（2018）。〈海南省百歲老年人睡眠質量及其影響因素研究〉，《中華流行病學雜誌》，2018，39（4），460－463。doi: 10.3760/cma.j.issn.0254-6450.2018.04.014.

138. Engel, G. L. (1977). The need for a new medical model: A challenge for biomedicine. *Science*, 196 (4286), 129-136.

139. Schwartz, G. E., & Weiss, S. M. (1978). Behavioral medicine revisited: An amended definition. *J Behav Med*, 1 (3), 249-251.

140. Adler, R. H. (2009). Engel's biopsychosocial model is still relevant today. *J Psychosom Res*, 67 (6), 607-611.

141. Ogden, J. (1995). Psychosocial theory and the creation of the risky self. *Soc Sci Med*, 40 (3), 409-415.

142. Henningsen, P. (2015). Still modern? Developing the biopsychosocial model for the 21st century. *J Psychosom Res*, 79 (5), 362-363.

143. Lane, R. D. (2014). Is it possible to bridge the biopsychosocial and biomedical models?. *Biopsychosoc Med*, 8 (1), 3.

144. Egger, G. J., Binns, A. F., & Rossner, S. R. (2009). The emergence of "lifestyle medicine" as a structured approach for management of chronic disease. *Med J Aust*, 190 (3), 143-145.

145. 樊新民（2007）。〈高齡老人健康長壽因素研究〉,《人口學刊》,2007(06), 13－17。

146. 加措仁波切（2014）。《一切都是好的安排》,中國友誼出版公司。

147. 加措仁波切（2016）。《一切都是好的安排2》,國際文化出版公司。

148. 南懷瑾（2018）。《易經系傳別講（一及二）》,東方出版社。

149. 南懷瑾（2017）。《説話中庸》,東方出版社。

150. 南懷瑾（2017）。《孔子和他的弟子們》,東方出版社。

151. 南懷瑾（2017）。《小言黃帝內經與生命科學》,東方出版社。

152. 加措仁波切（2017）。《逆境中覺醒》,雲南人民出版社。

153. 索甲仁波切（2011）。《西藏生死書》,浙江大學出版社。

154. 陳愛國、殷恆嬋、顏軍（2010）。〈體育鍛練與老年人幸福感的關係：孤獨感的中介作用〉,《中國體育科技》,2010,46(1),135－139。

155. 閆志暉、趙子彥、付越榕（2009）。〈百歲老人睡眠狀況調查及相關因素分析〉,《2009全國時間生物醫學學術會議論文集》,中國安徽黃山,2009,85－90。

156. 董亭月。〈社會支持對中國老年人孤獨感的影響研究——基於2014年中國老年社會追踪調查〉,載《調研世界》,國家統計局統計科學研究所發佈時間2017-09-01,14：25。

157. Reiner, M., Niermann, C., Jekauc, D., & Woll, A. (2013). Long-term health benefits of physical activity–a systematic review of longitudinal studies. *BMC Public Health*, 13, 813.

158. United Nations. (2011). *Political declaration of the high-level meeting of the general assembly on the prevention and control of non-communicable diseases. Sixty-sixth*

session. Agenda item 117. General assembly. New York: United Nations. https://www.who.int/nmh/events/un_ncd_summit2011/political_declaration_en.pdf. Accessed 1 April 2019.

159. Diabetes Prevention Program Research, G. (2015). Long-term effects of lifestyle intervention or metformin on diabetes development and microvascular complications over 15-year follow-up: The diabetes prevention program outcomes study. *Lancet Diabetes Endocrinol*, 3 (11), 866-875.

160. Estruch, R., Ros, E., Salas-Salvado, J., Covas, M. I., Corella, D., & Aros, F., et al. (2018). Primary prevention of cardiovascular disease with a Mediterranean diet supplemented with extra-virgin olive oil or nuts. *N Engl J Med*, 378 (25), e34.

161. Toledo, E., Salas-Salvadó, J., Donat-Vargas, C., Buil-Cosiales, P., Estruch, R., & Ros, E., et al. (2015). Mediterranean diet and invasive breast cancer risk among women at high cardiovascular risk in the PREDIMED trial: A randomized clinical trial. *JAMA Intern Med*, 175 (11), 1752-1760.

162. Penedo, F. J., & Dahn, J. R. (2005). Exercise and well-being: A review of mental and physical health benefits associated with physical activity. *Curr Opin Psychiatry*, 18 (2), 189-193.

163. Heilbronn, L. K., de Jonge, L., Frisard, M. I., DeLany, J. P., Larson-Meyer, D. E., & Rood, J., et al. (2006). Effect of 6-month calorie restriction on biomarkers of longevity, metabolic adaptation, and oxidative stress in overweight individuals: A randomized controlled trial. *JAMA*, 295 (13), 1539-1548.

164. Ngandu, T., Lehtisalo, J., Solomon, A., Levälahti, E., Ahtiluoto, S., & Antikainen, R., (2015). A 2 year multidomain intervention of diet, exercise, cognitive training, and vascular risk monitoring versus control to prevent cognitive decline in at-risk elderly people (FINGER): A randomised controlled trial. *Lancet*, 385 (9984), 2255-2263.

165. Most, J., Tosti, V., Redman, L. M., & Fontana, L. (2017). Calorie restriction in humans: An update. *Ageing Res Rev*, 39, 36-45.

166. Mattson, M. P., Longo, V. D., & Harvie, M. (2017). Impact of intermittent fasting on health and disease processes. *Ageing Res Rev*, 39, 46-58.

167. Laird, E., O'Halloran, A. M., Carey, D., Healy, M., O'Connor, D., & Moore, P., et al. (2018). The prevalence of vitamin d deficiency and the determinants of 25(OH)D concentration in older Irish adults: Data from the Irish longitudinal study on ageing (TILDA). *J Gerontol A Biol Sci Med Sci*, 73 (4), 519-525.

168. Levine, M. E., Suarez, J. A., Brandhorst, S., Balasubramanian, P., Cheng, C. W., & Madia, F., et al. (2014). Low protein intake is associated with a major reduction in IGF-1, cancer, and overall mortality in the 65 and younger but not older population. *Cell Metab*, 19 (3), 407-417.

169. Hallal, P. C., Bauman, A. E., Heath, G. W., Kohl, H. W., 3rd, Lee, I. M., & Pratt, M. (2012). Physical activity: More of the same is not enough. *Lancet*, 380 (9838), 190-191.

170. Kohl, H. W., 3rd, Craig, C. L., Lambert, E. V., Inoue, S., Alkandari, J. R., Leetongin, G.,

& Kahlmeier, S. (2012). The pandemic of physical inactivity: Global action for public health. *Lancet*, 380 (9838), 294-305.

171. Peel, N. M., McClure, R. J., & Bartlett, H. P. (2005). Behavioral determinants of healthy aging. *Am J Prev Med*, 28 (3), 298-304.

172. Halloran, L. (2012). Healthy aging: Clinical and lifestyle considerations. *The Journal for Nurse Practitioners*, 8 (1), 77-78.

173. Suzman, R., Beard, J. R., Boerma, T., & Chatterji, S. (2015). Health in an ageing world—what do we know?. *Lancet*, 385 (9967), 484-486.

174. Gopinath, B., Kifley, A., Flood, V. M., & Mitchell, P. (2018). Physical activity as a determinant of successful aging over ten years. *Sci Rep*, 8 (1), 10522.

175. Simmonds, B., Fox, K., Davis, M., Ku, P. W., Gray, S., & Hillsdon, M., et al. (2014). Objectively assessed physical activity and subsequent health service use of UK adults aged 70 and over: A four to five year follow up study. *PLoS One*, 9 (5), e97676.

176. Stewart, M. T., Horgan, C. M., Quinn, A. E., Garnick, D. W., Reif, S., Creedon, T. B., & Merrick, E. L. (2017). The role of health plans in supporting behavioral health integration. *Adm Policy Ment Health*, 44 (6), 967-977.

177. Bell, C. L., Chen, R., Masaki, K., Yee, P., He, Q., & Grove, J., et al. (2014). Late-life factors associated with healthy aging in older men. *J Am Geriatr Soc*, 62 (5), 880-888.

178. Sowa, A., Tobiasz-Adamczyk, B., Topór-Mądry, R., Poscia, A., & la Milia, D. I. (2016). Predictors of healthy ageing: Public health policy targets. *BMC Health Services Research*, 16 (5), 289.

第十二章
香港百歲老人與藍區長壽老人的飲食習慣

張筱蘭

摘要

在環境因素中，除自然環境外，社會和醫療制度、政治穩定性及經濟發展、工作和家庭環境、特定的生活方式，其構成要素均制約着我們的活動，影響人的健康和壽命。這些環境因素，是不容易被個人控制和改變的。但是外在環境因素中，除了身體鍛練和個人行為模式外，飲食習慣是我們可以控制和選擇的，而它對我們的健康和壽命非常重要。本章通過回顧過往已發表的科學研究論文，揭示及對比香港百歲老人與藍區長壽老人（包括日本沖繩島、意大利撒丁島、希臘伊卡利亞島、美國羅馬林達及哥斯達黎加）的飲食習慣；陳述及列舉最佳營養膳食模式，分析其如何驅使我們的身體盡可能地達到健康巔峰狀態，即促進思維活動和情感平衡、提高體能、使疾病的發生率降至最低，對疾病有更強的抵抗力及康復能力，延緩衰老過程，帶來健康長壽。這一發現可以為日後公共衛生政策的策劃和推動、慢性疾病的預防以及臨床實踐提供重要的實證。個人健康、人口健康和地球健康是緊密相連的，將飲食習慣轉向整全的最佳營養植物膳食模式，對減輕醫療和環境的負擔具有重大意義。

前言和文獻回顧

飲食和營養對人類的健康有重大的影響，相信很少人會反對這句話。

但我們往往會遇到一些常見的問題，例如：什麼是次優飲食（Suboptimal Diet）？是否存在最佳營養（Optimum Nutrition）？飲食中哪種成分最重要，能促使我們生活得更有活力和更靈敏？什麼是反營養物質？在日常生活中，我們可能不知不覺地攝入過多反營養物質，超過了自身的解毒能力導致疾病，又或者我們可能知道什麼是反營養物質，但仍然「知易難行」「看得破，忍不過」，這是為什麼？百歲老人是通過什麼樣的飲食習慣令自己長壽並健康、獨立地生活？

全世界人口的飲食和其他生活方式正發生着深刻的變化，這些變化對個人、家庭、社區和整個人口的健康都有深遠的影響。一方面，不健康的飲食選擇不是工業化國家的專利，在發展中國家變得更加普遍，在經歷急速的營養過渡期（Nutritional Transition）後，發展中國家的人口不單受貧窮和傳染病的困擾，還面對特定營養素缺乏的問題[1]，國家營養素的供應甚至與人群實現健康飲食的要求出現重大的錯配[2]。

另一方面，這些變化加之基因決定的生物學、營養狀況、文化傳統及當代西方人口的活動模式，導致許多所謂的「文明疾病」（Diseases of Civilization）出現[3]。雖然農牧業已於一萬年前起步並發展，但人類基因組的進化仍需要更長的時間進行調整以適應飲食結構的改變。農業發展前，人類的飲食有一些普遍的特徵：必然選擇最低限度加工的食物，主要依賴野生植物和動物為食物。這特徵有助於理解當前西方社會的飲食為何會使現代人群易患慢性疾病。特別是在新石器時代和工業時期（Neolithic and Industrial Periods），引入的主食和食品加工程序，從根本上改變了我們祖先源自飲食的七個重要營養特徵：（1）血糖負荷（Glycemic Load）（2）脂肪酸組成（Fatty Acid Composition）（3）宏量營養素組成（Macronutrient Composition）（4）微量營養素密度（Micronutrient Density）（5）酸鹼平衡（Acid-base Balance）（6）鈉—鉀比例（Sodium Potassium Ratio）和（7）纖維含量（Fiber Content）[3]。

在農業、工業化和先進技術發展之前，一些加工食品，如餅乾、蛋糕、烘焙食品、精製早餐麥片、百吉餅、麵包捲、鬆餅、薯條、比薩餅、加糖調味飲料、汽水、糖果、冰淇淋、調味品和色拉醬及其他休閒食品，

以往我們人類是無從消費這些食品的，但今天它們卻主導着典型工業化國家的飲食[3]。這些近代引入的食品，對我們身體內存在的古老基因組產生革命性的衝撞，可能正是西方社會許多慢性疾病產生的根源[3]。過往的研究證據曾指出飲食與慢性疾病的關係，告訴我們應適當攝入最合理的營養素，以達到最佳營養和降低疾病風險[4]。

根據世界衛生組織（World Health Organization, WHO）的報告，大部分由非傳染性疾病（Non-Communicable Diseases, NCDs）引致的過早死亡，如心臟病、中風和 2 型糖尿病，有高達 80％ 是可以預防的，超過三分之一的癌症也是可以預防的[5]。而世界癌症研究基金會（World Cancer Research Fund, WCRF）／美國癌症研究（American Institute for Cancer Research, AICR）[6] 最新的一份持續更新報告（Continuous Update Project）甚至估計，30％～50％ 的癌症病例是可以預防的，方法是通過維持健康的體重、健康飲食、體能活動、避免暴露在職業性致癌物或受污染的環境中，以及避免長期感染某類疾病。

體能活動和飲食營養是人類生存的重要部分。這些因素一旦處於不平衡和不合適的水平，正常的穩態就會受到干擾，面對外來挑戰的抵禦能力便會減弱，容易受到感染，或患上心血管代謝疾病或癌症。因此 21 世紀每個國家的首要綱領[7]，應是通過使用衛生系統來更有效和更公平地對非傳染性疾病患者的衛生保健需求作出反應，並利用公共政策來解決共同的風險因素，如吸煙、不健康飲食、缺乏身體活動以及有害地使用酒精，以促進健康長壽並提高人口的健康預期壽命。那麼，在個人方面，我們又該如何選擇和決定飲食方式呢？

過往大量的研究顯示，特定飲食風險因素（如低水果和蔬菜攝入，進食紅肉、加工肉類、精製穀物、甜點，攝入反式脂肪及高鈉含量飲食）與非傳染性疾病（如心臟病、糖尿病和結腸直腸癌）存在潛在的因果關係[8-20]。無論進食多少加工肉類，都會有患上腸癌的風險[6]。其他風險因素，如酒精內的乙醇（Ethanol）會增加患上某些癌症的風險。大量飲酒與許多心血管疾病高度相關，包括高血壓疾病、出血性中風和心房纖顫。飲酒與各種肝病有關，脂肪肝、酒精性肝炎和肝硬化為最常見，還會增加胰腺炎的患病

風險 [6]。酒精消費對健康的淨影響是有害的，這也是一個最大可避免的風險因素。估計全球死亡人數的 3.8％和全球殘疾調整生命年（Disability-Adjusted Life-Years, DALYs）的 4.6％歸因於酒精。疾病負擔與平均飲酒量有密切相關，而由酒精引起的後果使整個社會付出巨大的代價；這代價不僅限於醫療保健費用，也包括與社會危害有關的費用 [21]。

由於能量攝入和消耗之間的不平衡，過度的肥胖也是發達國家和發展中國家重要的營養問題，並迅速成為全球流行病 [22]。對熱量平衡的需求會受到幾個不同因素的影響，包括身體活動、體型和代謝活動（如荷爾蒙平衡），同時還需注意食品的數量和質量。食物中的營養質量，對健康和內分泌系統的影響各有不同，這反過來又會影響卡路里的脂肪含量。當胰島素反應活躍時，可以促進脂肪中卡路里的沉積，包括肝臟中的脂肪。這種內臟脂肪是導致代謝綜合症的煽動元素 [23]。因此，試圖只依靠飲食指南中詳細能量攝入量的定義來解決超重問題，是不會成功的 [24]。

超重是胰島素抵抗的一個重要決定因素。過往的研究有力地證明食用「快餐」和「西式飲食」（特點是高游離糖、多肉和高脂肪）是體重增加、超重和肥胖的原因。身體較肥胖也是多種癌症的成因 [6]。人口研究亦顯示，精製碳水化合物、高膳食血糖負荷攝入量、甘油三酯濃度水平（Triacylglycerol Concentrations）[25]、冠心病的風險（Coronary Heart Disease, CHD）等與超重者或肥胖有很強的關係 [26]。

現在我們幾乎不可能只在食物方面描述最佳飲食。主要原因是同樣的食物可以通過多種方式來製作。例如，可以用豬油、部分氫化植物油或非氫化植物油、玉米油製作餅乾，餐館供應的蔬菜可以用黃油、未知成分製成的人造黃油或橄欖油進行烹飪。不同的製作方式對健康的影響會有很大的差異。這個問題變得越來越重要，原因是我們已經習慣性地依賴加工食品和越來越多地出外用餐。急速的生活節奏使「快餐」和「精製食品」慢慢變得理所當然，人們用來製作新鮮食物的時間越來越少，留給那些緩慢釋放的碳水化合物的空間就更少。漸漸地，我們對食物營養的了解越來越草率，相反，過分注重食品的賣相及包裝，甚至追求視覺上的滿足或用作拍照放在社交平台上分享。

最近，針對全球疾病負擔，傷害和風險因素研究（The Global Burden of Diseases, Injuries, and Risk Factors Study）[27] 利用風險評估框架比較了 84 種行為、環境、職業和 195 個國家和地區的代謝風險及其主要食物的消費和營養素攝入量，量化了「次優飲食」對非傳染性疾病死亡率和發病率的影響，總結了一些特定的飲食風險會導致 1,100 萬人的死亡和 2.55 億人 DALYs [27,28]。死亡的主要飲食風險因素是高鈉、低全穀物、低果實／堅果／種子、低蔬菜攝入量和低 ω-3 脂肪酸含量食物，每個因素貢獻了全球 2% 以上的死亡 [27]。最近一項來自法國的大型觀察性前瞻性研究（The French Nutri Net-Santé Cohort, 2009～2019）發現，飲食中超級加工食品（Ultra-processed Foods, UPF）進食量較高，不但與 2 型糖尿病的患病風險較高有關 [29]，甚至會增加心血管疾病、冠心病和腦血管病的患病風險 [30]，與發生抑鬱症的風險也呈正相關 [31]。而飲食中 UPF 比例每增加 10%，會顯著地增加總體患病率和 10% 的乳腺癌患病風險 [32]，死亡率也會相對地增加 15% [33]。

超級加工食品在西方飲食中廣泛存在。依據 NOVA 食物加工程度分類系統，UPF 屬於第 4 組，即是說 UPF 經歷了幾個轉變過程，包括在高溫下加熱以及添加劑、乳化劑和增稠劑的使用。大多是高鈉、高糖、低維生素和低纖維的加熱即食產品。UPF 的消費反映出了社會的不平等，特別是大多數低收入或受教育程度較低的人會購買更多 UPF。這類食品具有吸引力，它們價格便宜，亦因高糖、高鹽和高飽和脂肪含量而可口。雖然這項研究結果仍需要在其他人群和環境中得到證實，但它們提供了有力的證據，來支持公共衛生當局應限制 UPF 消費的建議，並開始推廣食用未加工或最低加工的食品 [29,30]。

根據所有可用的證據 [16] 及 WHO 的指南 [34]，確定了保守的最優飲食中的鈉攝入量為每日 2,000 毫克 [15]，並強調控制「次優飲食」是死亡和殘疾的風險因素，各國有改善次優飲食的必要性 [15,35-37]。代謝風險增加和人口老齡化的結合，可能會繼續推動全球範圍內非傳染性疾病的增長趨勢，這既是公共衛生面臨的挑戰，也是機遇 [38]。

那麼，最佳營養飲食是否存在？根據霍爾福德的《營養聖經》（The

New Optimum Nutrition Bible）[39,40]，最佳營養的意思是，先從自己對膳食和生活方式的理念和價值觀改變開始，並付諸行動，讓自己攝入最合理的營養素，使身體盡可能地達到健康狀態，各項機能達到巔峰狀態，即促進我們的思維活動和情感平衡、提高體能、使疾病的發生率降至最低，帶來最長的健康預期壽命（Healthy Life Expectancy）[41]。攝取最佳營養，我們對疾病就有了更強的抵抗力及康復能力，更有可能達到健康和充滿活力的狀態。或許很多人會問為什麼要獲得健康？回想一下，假若我們的人生沒有健康，如何能體驗世上不一樣的樂趣？當內心經常產生和時刻懷有感激和幸福時，生活會變得多美好和愉悅！那麼，健康是什麼呢？

在前幾章已闡述過，健康不僅意味着沒有疾病，還意味着擁有充沛的活力（Vitality），即在自我健康評價上、日常活動功能上、體力上、精神上和認知上的狀況是良好和健康的，它甚至涉及多維度及跨學科，包括在心理上、社交上和經濟上的完好和獨立[42]。能長時間保持頭腦清晰、精力旺盛、心態平和舒暢、思維敏銳，並且有維持身體健康的意願以及清醒的意識。「健康」的概念，就是指能優化我們的身體、精神、心理、社交和基因組功能，以及在患病和傷害後，能擁有康復的能力（Resilience）及保護自己不受疾病困擾的能力，延緩衰老的過程，擁有一個健康長壽的人生[43]。

故此，健康是一種信念（Belief）和心態（Mindset），是一種知識（Knowledge）和選擇（Choice），是人生的一種體驗（Experience）和行動（Action），是對自己、家人和社會的一份責任（Responsibility）和分享（Sharing）。而人們的行為（Behavior）受制於社會規範（Social Norms）及上游因素（Upstream Factors），如社會或經濟因素、與物理或其他環境相關的因素，這些因素可以在地方、國家或全球層面運作。政策影響上游因素和社會規範，這是人們行為的主要決定因素。最重要的是，健康是一種動態和正念的狀態（Dynamic and Mindful State），是一個無窮無盡的探索旅程（Endless and Exploring Journey）。自我看見朋友和家人身受疾病和身體處於不平衡，開始不斷認識、了解及改善健康。獲得健康是一個持久的發現和學習過程，並需要逐步堅持和篤實履踐，才能使自己和身邊的人擁有更充沛和更旺盛的精力。整體健康的飲食習慣是基於一個人長時間的食物攝入的總體模式，而不是一餐的攝入，也不是單為減肥

美容，而必須從身體整體健康的需要出發，保護自己免受反營養物質的危害，以降低自身對環境的負荷。那麼，最合理的營養素是什麼呢？

所謂「人如其食」（You Are What You Eat），我們的身體從食物中得到各種分子得以構建而成 [39,40]。而食物在消化道當中，會被富含酶（Enzyme）消化液分解。宏量營養素（Macronutrients）如脂肪、蛋白質、碳水化合物，微量營養素（Micronutrients）如維生素和礦物質，都在消化道中被吸收，而消化道的健康狀態和完整性，從根本上又取決於我們所吃的東西。因此，在很大程度上，我們的營養狀態決定着我們整個身體的適應環境和維持健康的能力 [39,40]。

食物攝入對於維持體內平衡至關重要，這是所有物種生存所需的。然而，宏量營養素的攝入，會影響潛在認知中的多種生化過程，如修改內分泌信號（Endocrine Signals）。大的中性氨基酸（Large Neutral Amino Acids, LNAAs）可以發揮作用調節腦神經遞質動力學（Brain Neurotransmitter Dynamics）。特別的，人類吸取和消耗富含蛋白質的食物，已被證明可以改變血液酪氨酸水平（Tyrosine Levels）；攝入富含碳水化合物的食物，會增加血液色氨酸水平（Tryptophan Levels），且其與外圍 LNAA 水平與腦多巴胺（Brain Dopamine）和血清素合成（Serotonin Synthesis）有關，從而影響我們的行為 [44]。我們必須依靠所吃的食物，來提供組織生長、繁殖、維持功能和活動所需的能量，以及一些不能由人類合成的化合物，以維持正常的新陳代謝。所以，我們每個人都應評估自身的營養狀況，「綜合我們吃什麼，我們是什麼，以及我們能做什麼」（A Composite of What We Eat, What We Are and What We Can Do），而營養對疾病病因學和疾病管理，特別是對疾病預防尤其重要 [43]。

人體由大約 63% 的水、22% 的蛋白質、13% 的脂肪和 2% 的其他物質組成。身體的每一個分子都來自所攝入的食物和水 [39,40]。攝入適量的優質食物，有助於獲得健康、保持活力以及抵禦疾病，且顯著地降低所有慢性疾病的風險因素及改善基因表達 [45]。理想的膳食結構狀態分佈應該是碳水化合物佔攝入的總熱量中的 65%、蛋白質佔 15%、脂肪佔 20% [3,39,40,46,47]。

很可惜，近幾十年現代人的膳食結構中明顯地增加了太多的飽和脂肪以及精製糖，同時明顯減少了澱粉（複雜碳水化合物）和不飽和脂肪的攝入。根據霍爾福德[39,40]的研究，在當今食品生產與經濟利益緊密相連的社會中，理想的膳食結構狀態已漸漸被忽視或誤導，這種狀況的發生部分是由宣傳廣告造成的。化學物質的包裝和精細加工食物狀況的持續，使得食物中一些最基本的營養素悄然消失了，這成為了癌症的最大致病因素，而企業卻從中獲得更高的利潤。

迄今為止，已知為人體健康所需的營養素共有 50 種。表 12-1 中列出了 50 種必需的宏量營養素和微量營養素[39,40]，它們可以給我們提供能量以及生長、發育和勞動所需要的各種物質，構成機體和組織修復，並具有生理調節功能的化學成分。碳水化合物代表所有生物的主要形式，因此是人類飲食的主要能量來源。植物主要由碳水化合物組成，其中大部分由澱粉、植物中的碳水化合物能量儲備、構成細胞壁的纖維素組成[48]。自 2001年《營養臨床實踐》第一版問世以來，限制碳水化合物作為減肥的輔助手段達到了頂峰，但這一趨勢隨後失去了可觀的發展動力。長期限制碳水化合物的攝取比較其他飲食方式用作減肥並未顯示出優勢，實際上可能會導致不良的健康後果甚至病理惡化[49]。因此，不鼓勵實行全面限制碳水化合物的做法，而應鼓勵選擇性地限制糖和簡單的碳水化合物[48]。

大多數脂肪酸可以從任何來源的過量能量或由其他脂肪酸內源性合成。代謝功能所需的必需營養素是不能內源合成的。Omega-3 和 Omega-6等多不飽和類別的脂肪酸被稱為必需脂肪酸[50]。蛋白質是三種主要宏量營養素之一。氨基酸，包括必需和非必需氨基酸，人體內共有九種必需氨基酸：組氨酸、異亮氨酸、亮氨酸、賴氨酸、蛋氨酸、苯丙氨酸、蘇氨酸、色氨酸和纈氨酸[51]。膳食蛋白質是必需氨基酸，用於合成結構和功能性人體蛋白質。對氨基酸的需求是由人體組織不斷更新驅動的，例如，增長與發展的需求、肌肉使用引起的合成代謝、組織修復等。而維生素分為水溶性和脂溶性。水溶性維生素通常很容易從食物中獲得且容易吸收，在體內的儲藏量非常有限。水溶性維生素包括維生素 C 和 B 族維生素——硫胺素（B1）、核黃素（B2）、煙酸（B3）、泛酸（B5）、吡哆醇（B6）、葉酸、生物素、氰鈷胺（B12）。B 族維生素中所含的維生素彼此之間不是化學

表 12-1　50 種必需營養素

脂類 Fats	氨基酸 Amino acids	礦物質 Minerals	維生素 Vitamins	其他 Others
亞油酸 Linoleic acid	亮氨酸 Leucine	鈣 Calcium	維生素 A（視黃醇及 β - 胡蘿蔔素） A (retinol and beta-carotene)	碳水化合物 Carbohydrate
亞麻酸 Linolenic acid	賴氨酸 Lysine	鎂 Magnesium	維生素 B1（硫胺素） B1 (thiamine)	纖維 Fiber
	異亮氨酸 Isoleucine	磷 Phosphorus	維生素 B2（核黃素） B2 (riboflavin)	光 Light
	蘇氨酸 Threonine	鉀 Potassium	維生素 B3（煙酸） B3 (niacin)	氧氣 Oxygen
	色氨酸 Tryptophan	鈉 Sodium	維生素 B5（泛酸） B5 (pantothenic acid)	水 Water
	蛋氨酸 Methionine	硫 Sulfur	維生素 B6（吡哆醇） B6 (pyridoxine)	
	纈氨酸 Valine	鐵 Iron	維生素 B12（氰鈷胺） B12 (cyanocobalamine)	
	苯丙氨酸 Phenylalanine	鋅 Zinc	葉酸 Folic acid	
	組氨酸 Histidine	銅 Copper	生物素 Biotin	
		錳 Manganese	維生素 C C	
		鉻 Chromium	維生素 D D	
		硒 Selenium	維生素 E E	
		鈷 Cobalt	維生素 K K	
		氟 Fluorine		
		矽 Silicon		
		碘 Iodine		
		鉬 Molybdenum		

資料來源：霍爾福德（2004, 2018）[39, 40]。

健康長壽：香港實證研究

表 12-2　各種營養素與最佳食物來源

維生素	Vitamins		微克		微克		微克
維生素 A（視黃醇及 β-胡蘿蔔素）	A (retinol and beta-carotene)	胡蘿蔔	8,500	蕃薯	5,170	芒果	1,18
			毫克		毫克		毫克
維生素 B1（硫胺素）	B1 (thiamine)	豌豆	0.32	蘆筍	0.11	西藍花	0.1
維生素 B2（核黃素）	B2 (riboflavin)	蘑菇	0.4	西藍花	0.3	蘆筍	0.12
維生素 B3（煙酸）	B3 (niacin)	金槍魚	12.9	三文魚	7	蘑菇	4
維生素 B5（泛酸）	B5 (pantothenic acid)	蘑菇	2	雞蛋	1.5	小扁豆	1.36
維生素 B6（吡哆醇）	B6 (pyridoxine)	香蕉	0.51	紅芸豆	0.44	孢子甘藍	0.25
			微克		微克		微克
維生素 B12（氰鈷胺）	B12 (cyanocobalamine)	沙丁魚	25	蠔	15	金槍魚	5
葉酸	Folic acid	菠菜	140	西藍花	130	芽菜	110
生物素	Biotin	雞蛋	25	杏仁	20	甜玉米	6
			毫克		毫克		毫克
維生素 C	Vitamin C	西藍花	110	胡椒	100	蕃茄／椰菜花	60
			微克		微克		微克
維生素 D	Vitamin D	鯡魚	22.5	鯖魚	17.5	三文魚	12.5
			毫克		毫克		毫克
維生素 E	Vitamin E	葵花子	52.6	麥芽	27.5	芝麻	22.7
			微克		微克		微克
維生素 K	Vitamin K	椰菜花	3,600	孢子甘藍	1,888	大豆	290
礦物質	Minerals		毫克		毫克		毫克
鈣	Calcium	杏仁	234	西芹	203	洋薊	51
鎂	Magnesium	麥芽	490	杏仁	270	腰果	267
鉀	Potassium	蜂蜜	2,925	西芹	540	蘑菇	371
鈉	Sodium	日本豆麵醬	2,950	小蝦	2,300	橄欖	2,02
鐵	Iron	南瓜子	11.2	西芹	6.2	杏仁	4.7
鋅	Zinc	蠔	148.7	山核桃	4.5	巴西堅果	4.2
錳	Manganese	菠蘿	1.7	藍莓	1.1	秋葵	0.9
			微克		微克		微克
鉻	Chronmium	全麥麵包	42	蠔	26	馬鈴薯	24
			毫克		毫克		毫克
硒	Selenium	鯡魚	0.61	蜂蜜	0.13	蘑菇	0.13
鉬	Molybdenum	蕃茄		麥芽		小扁豆	
脂類	Fats						
阿麻酸 Omega 3 脂肪酸	Omega 3 Linolenic acid	鯖魚		金槍魚		三文魚	
阿油酸 Omega 6 脂肪酸	Omega 6 Linoleic acid	南瓜子		胡桃		葵花子	

資料來源：霍爾福德（2004, 2018）[39, 40]。

註：數字是每 100 克食物中營養素含量。

微克		微克		微克		微克		微克	
木瓜	610	南瓜	500	蕃茄	350	西藍花	460	橙	280
毫克		**毫克**		**毫克**		**毫克**		**毫克**	
蘑菇	0.1	豆瓣菜	0.1	生菜	0.07	辣椒	0.07	蕃茄	0.06
豆瓣菜	0.1	捲心菜	0.05	南瓜	0.04	蕃茄	0.04	豆芽	0.03
蘆筍	1.11	蕃茄	0.7	花椰菜	0.6	小黃瓜	0.54	捲心菜	0.3
牛油果	1.07	芹菜	0.4	士多啤梨	0.34	蕃茄	0.33	南瓜	0.16
西藍花	0.21	椰菜花	0.2	辣椒	0.17	蘆筍	0.15	洋蔥	0.1
微克		**微克**		**微克**		**微克**		**微克**	
軟乾酪	5	雞肉	2	雞蛋	1.7	乾酪	1.5	小蝦	1
花生	110	蘆筍	95	芝麻	97	腰果	69	胡桃 / 牛油果	66
西瓜	4	蕃茄	1.5	椰菜花	1.5	捲心菜	1.1	櫻桃	0.4
毫克		**毫克**		**毫克**		**毫克**		**毫克**	
榨菜 / 捲心菜	60	士多啤梨	60	獼猴桃	55	橙 / 檸檬	50	瓜類	25
微克		**微克**		**微克**		**微克**		**微克**	
蠔	3	白軟乾酪	2	雞蛋	1.75				
毫克		**毫克**		**毫克**		**毫克**		**毫克**	
花生	11.5	豆類	7.7	蕃薯	4	豌豆	2.3	三文魚	1.5
微克		**微克**		**微克**		**微克**		**微克**	
西藍花	200	捲心菜	125	生菜	135	馬鈴薯	80	蘆筍	57
毫克		**毫克**		**毫克**		**毫克**		**毫克**	
西李乾	51	南瓜子	51	豆類	50	冬小麥	46	捲心菜	4
巴西堅果	225	花生	175	山核桃	142	大蒜	36	青豆	35
椰菜花	355	南瓜	339	豆瓣菜	329	捲心菜	251	蘿蔔	231
火腿	1,500	泡菜	664	捲心菜	643	白軟乾酪	405	紅芸豆	327
腰果	3.6	葡萄乾	3.5	巴西堅果	3.4	胡桃	3.1	芝麻	2.4
蛋黃	3.5	全麥穀物	3.2	燕麥	3.2	花生	3.2	杏仁	3.1
葡萄	0.7	燕麥	0.6	豆瓣菜	0.5	士多啤梨	0.3	生菜	0.15
微克		**微克**		**微克**		**微克**		**微克**	
麥芽	23	青椒	19	雞蛋	15	雞肉	15	蘋果	14
毫克		**毫克**		**毫克**		**毫克**		**毫克**	
槍魚	0.116	鱈魚	0.029	雞肉	0.027	白軟乾酪	0.023	小黃瓜	0.003
豆類		豬肉							
沙丁魚		槍魚		葵花子		亞麻子			
芝麻		麥芽							

相關的，而是代表最初被認為的一種水溶性維生素的離散營養素。通常，脂溶性維生素會以足夠的儲備儲存在體內，因此不需要每日攝入。脂溶性維生素包括維生素 A、維生素 D、維生素 E 和維生素 K。脂溶性維生素缺乏與脂肪吸收不良有關，脂肪吸收不良存在於多種疾病中，包括囊性纖維化、腹腔疾病、膽汁淤積性肝病和胰腺疾病 [52]。

營養和飲食學院（The Academy of Nutrition and Dietetic）也指出，適當規劃的素食可提供充足的營養，有健康的益處，如預防和治療某些疾病，這也包括純素食（Vegan）[53]。這些飲食適用於生命週期的所有階段。最重要的是，基於植物的飲食比富含動物產品的飲食更具有環境可持續性，它們使用較少的自然資源，並且對環境的破壞更少。素食者患某些疾病的風險也可降低，包括缺血性心臟病、2 型糖尿病、高血壓、某些類型的癌症和肥胖。蔬菜、水果、全穀物、豆類、豆製品、堅果和種子，含有高膳食纖維和植物化學物質（Phytochemicals），是素食（Vegetarian Diets）和純素食的特徵，可產生較低的總膽固醇、低密度脂蛋白膽固醇水平和更好的血清葡萄糖控制。這些因素有助於減少慢性疾病 [53]。且強調以飲食質量為基礎，特別是將加工食品攝入量降至最低、提高富含生物活性（Bioactive-rich）的食物，這樣會有助於減少心臟代謝疾病（Cardio-metabolic Diseases）的負擔 [15]。表 12-2 綜合了各種營養素與最佳食物來源，且這些主要營養素大部可以從植物性食物中獲得 [39,40]。

美國羅馬林達大學公共衛生學院營養系 Sabaté 認為，過去幾十年的科學進步導致了一個範式的轉變，即與基於肉類的飲食相比，主要基於植物性食物的飲食，例如均衡的素食，被視為改善了健康，而非引起疾病 [54]。但 20 世紀 60 年代時，一些錯誤的觀念仍然存在，即遵循素食的人群發生營養缺乏症的風險高於以肉食為主的人群。這一錯誤觀念的出現主要是因為蛋白質和營養不良的關係，以及其他與貧困有關的因素混淆了飲食和健康，特別是涉及肉類消費的利益活動。很可惜的是，這些錯誤觀念或許仍然存在於一些貧窮國家中或發展國家中的一些人群裏。消費者對健康飲食的了解仍然非常貧瘠。文獻還表明，關於單一食物或營養素對健康的保護作用的證據不充分。低社會經濟地位（Social Economic Status, SES）是一致的風險因素，導致對健康飲食的認識不足 [55]。

限制性或不平衡的飲食，如只吃水果餐（Fruitarian Diets）、穀類飲食（Macrobiotic Diets）、魚素者（Pescetarian Diet），可能導致營養缺乏，特別是在代謝需求高的情況下[54]。從公共衛生的角度來看，精心策劃的素食的健康益處遠遠超過潛在的風險[56]。

大量研究表明，素食飲食的不同成分具有重要和可量化的益處，即減少許多慢性病的風險和延長壽命。健康的素食飲食與幾種慢性退行性疾病呈負相關，如冠心病[57-61]和心臟病的危險因素，包括腹部肥胖[62-66]和高血壓[67]。與非素食者相比，素食者的高血壓患病率較低。一項薈萃分析比較了世界各地超過 21,000 人的血壓，發現與食用雜食性食物的研究參與者相比，素食者的收縮壓低約 7mmHg，舒張壓低約 5mmHg[68]。因此，素食者減少了缺血性心臟病發病和死亡的風險[69-71]。另一項前瞻性隊列研究的薈萃分析也表明，水果和蔬菜的攝入量從每天少於三份增加到每天超過五份能降低 17% 的冠心病風險，這些結果為每天攝入超過五份水果和蔬菜的建議提供了有力的證據[72]。

歐洲癌症與營養前瞻性調查——牛津研究 [European Prospective Investigation into Cancer and Nutrition(EPIC), Oxford study] 涉及了歐洲十個國家，結果顯示，肉食者的平均 BMI 最高（24.4），素食主義者最低（22.5）[73]。比較所有飲食組（如素食者、食魚者和食肉者），純素食主義者的收縮壓和舒張壓水平最低，他們擁有最低的高血壓率[53,74]。與雜食者（Omnivores）和其他素食者相比，他們吃最多的膳食纖維，擁有的總脂肪和飽和脂肪是最少的，而且有最健康的體重和膽固醇水平[75]。純素飲食似乎最有益於改善心臟病的風險因素[67,76]。EPIC 的分析發現，素食組患心臟病的住院或死亡風險降低了 32%[70]。在復臨信徒健康研究 -2（Adventist Health Study-2，AHS-2）中也發現，與非素食者相比，素食者發生心血管疾病和缺血性心臟病的風險分別降低了 13% 和 19%[69]。素食飲食與非西班牙裔白人（Non-Hispanic White）的心臟病的危險因素水平明顯降低有關[77]。

最近一項對 11 種隨機對照試驗的薈萃分析也發現，那些素食飲食的參與者，總體來說，低密度脂蛋白膽固醇（Low Density Lipoprotein Cholesterol, LDL-C）和高密度脂蛋白膽固醇（High Density Lipoprotein

Cholesterol, HDL-C）大幅減少，相當於心臟病風險降低約 10%[78]。健康的素食飲食可改善血糖（Blood Glucose）[57,79]，減少炎症（Inflammation）標誌物如 C 反應蛋白（C-Reactive Protein），減少氧化應激（Oxidative Stress），並能防止動脈粥樣硬化斑塊（Atherosclerotic Plaque）的形成[80]。通過經常食用各種蔬菜、水果、全穀物、豆類和堅果／種子，素食者患心臟病的風險明顯較低。均衡的素食，結合其他生活方式因素，包括不吸煙和減輕體重，已被證明可逆轉動脈粥樣硬化。甚至在不使用降膽固醇藥物的情況下，只要進行素食，雖然時間較短，但冠心病的危險因素，如總膽固醇和低密度脂蛋白膽固醇水平、體重和體脂，也會有所改善[81]。減少飽和脂肪酸的攝入並增加多不飽和脂肪酸的攝入，會降低總膽固醇與 HDL 膽固醇的比例，這可以減少冠心病的風險。精製的碳水化合物，尤其是加糖的飲料，會增加患冠心病的風險。相反，全穀物和穀物纖維具有保護作用。每天額外食用一份或兩份這些食物會使風險增加或降低大約 10%～20%[82]。

來自 AHS-2 的結果還顯示，素食飲食與較低的總體癌症風險相關，尤其是降低胃腸癌的患病風險。此外，純素飲食似乎比任何其他飲食模式更能提供對整體癌症發病率的保護[60,61,80,84,85]。最近一項報導指出，純素飲食能使前列腺癌的患病風險降低 35%[86]。EPIC 研究報告也發現，通常與其他飲食相比，素食者飲食中的膳食纖維含量更高，可將結直腸癌風險降低 25%[87]。Singh 及其他學者[88]回顧了六項前瞻性隊列研究的數據，發現在其中兩項研究中，低肉量攝入能降低死亡率的風險，長期堅持這種飲食（≥2 年）可能能使預期壽命增加 3.6 年（95% 置信區間為 1.4～5.8 年）。

在亞洲地區，中國的飲食習慣與肉食有着長期而複雜的關係。在 20 世紀的許多日子裏，肉食是一種稀有的奢侈品，而隨着中國變得更加富裕，吃肉越來越普遍。到 2017 年，中國消耗的肉類數量比任何其他國家都多，每年消費約 7,400 萬噸豬肉、牛肉和家禽肉，約為美國的兩倍[89]。這一情況不禁令人擔心。其實，早在 20 世紀 90 年代，T・柯林・坎貝爾（T. Colin Campbell）就啟動了「救命飲食—中國健康調查」（The Cornell China Study）[90]，並報告了動物產品（包括乳製品）的消費與慢性疾病之間的聯繫，例如冠心病、糖尿病、乳腺癌、前列腺癌和腸癌。他得出的

結論是，那些主要吃完整食物、以植物飲食（A Whole Food, Plant-based Diet, WFPB）為主的人——避免以動物產品為主要營養來源，包括牛肉、豬肉、家禽、魚、蛋、奶酪和牛奶，並減少加工食品的攝入量和精製碳水化合物，可逃避和減少或逆轉多種疾病的發展。研究還指出，中國農村男女的合併冠狀動脈疾病死亡率與綠色蔬菜和血漿中紅細胞單不飽和脂肪酸（Plasma Erythrocyte Monounsaturated Fatty Acids）的攝入頻率成反比，但與鹽攝入量、尿鈉、血漿載脂蛋白 B（Plasma Apolipoprotein B）的綜合指數成正比[91]。

在中國香港地區，素食的女性長者患缺血性心臟病的風險，與非素食者相比更低。除了降低血清膽固醇水平，素食主義者可能還有其他預防缺血性心臟病的保護因素[92]。長期素食者比雜食者具有更好的抗氧化劑狀態和冠心病風險特徵[93]。另外，大多數接受研究的素食長者均年逾 90 歲，顯示長期素食對心血管及長壽均有好處。不過，研究也發現，有三成素食的被訪者缺乏維生素 B12，兩成人患有貧血，這可能會影響中樞神經及大腦功能，甚至導致阿爾茨海默症及影響行動能力[92]，所以素食長者需要特別注意吸收維生素 B12，如定時進食適量的蛋製品，以使均衡營養[94]。

在中國台灣地區，Chiu 及其他學者[95] 也指出，持續性的素食飲食可降低 35% 的糖尿病的危害（危險概率為 0.65，95% 置信區間為 0.46～0.92）；而從非素食者轉變為素食者，危害降低 53%（危險機率為 0.47，95% 置信區間為 0.30～0.71）。Chiu 的研究參照對象為非素食者，同時調整了年齡、性別、受教育程度、體育鍛練、糖尿病家族史、隨訪方法、降脂藥物的使用和基線 BMI。

在日本，紅肉攝入量的增加與 2 型糖尿病患病風險增加相關，尤其在男性身上體現得更明顯[96]。

流行病學的研究一致表明，適當規劃和均衡的素食飲食，包括各種蔬菜、水果、全穀物、豆類、堅果 / 種子，可以給人體提供新陳代謝的活性物質，調節激素軸來改變細胞環境，從而影響生長和特定細胞群的增殖，可降低某些癌症的患病風險[53]，並幫助人們在日常生活中做出健康的選

擇[6]。這種飲食的典型案例有南歐經典的地中海飲食及東南亞人的高素食飲食[97]。更多的地中海飲食與較低的心血管疾病和冠心病死亡率[98-102]及降低身體虛弱的可能性[103]相關。在中年時高度遵守地中海飲食，可以在老化過程中使整體保持良好的健康並產生有利的作用[104]。地中海飲食的主要組成部分，包括攝入大量蔬菜、水果、穀物、堅果／種子、豆類和橄欖油，適度飲用酒精，低攝取肉類，均可降低死亡率[108-111]。我們關注的重點應放在天然、未經加工的低血糖食物上。綠色蔬菜和複雜碳水化合物（例如全穀物）應包含在大部分飲食內。定期食用堅果和橄欖油可能會預防中風[105-107]。

哈佛大學公共衛生學院、營養系、醫學系和慢性病流行病學中心的 Willett 及 Stampfer[24] 也曾報告，人類應該謹慎考慮脂肪和碳水化合物的質量和不同蛋白質的來源。最佳營養和優質的膳食應該基於植物脂肪和蛋白質，例如以堅果、全穀物和水果為來源和從蔬菜中攝入；應避免部分氫化脂肪，並限制紅肉和精製碳水化合物的攝入。至於社會上流傳的減少所有脂肪攝入的簡單建議，又或者減少所有的碳水化合物的攝入的觀點，都經不起科學的考驗。我們的重點應集中在「整體飲食模式」上，而不是單一的營養素上[112]，對營養素和食物的單獨分析可能會忽略飲食成分之間重要的相互作用，更重要的是人們不會食用孤立的營養素[100]。

在前瞻性研究的薈萃分析中（Meta-Analyses of Prospective Studies），水果、蔬菜、全穀物和堅果的攝入與冠心病、中風、整體心血管疾病、總癌症和全因死亡率的風險之間存在負相關關係。水果和蔬菜的攝入量分別為每天 800 克，全穀類為每天 225 克，堅果為每天 15～20 克，可以最大程度地降低風險。攝取全麥和堅果與呼吸系統疾病、感染和糖尿病死亡率也呈負相關。與飲食攝入相比，抗氧化劑（維生素 C、類胡蘿蔔素、維生素 E）的血濃度與心血管疾病、癌症和全因死亡率之間存在更強的負相關關係[113]。

自 1980 年以來，越來越多的研究證實，許多 20 世紀常見的疾病與抗氧化營養素的缺乏有關。抗氧化營養素的前體存在於水果和蔬菜中，並且被證明可能是延遲死亡和預防疾病的最佳標誌。一些已知的必需營養

素，如維生素 A、β- 胡蘿蔔素、維生素 C 和維生素 E，其他如生物類黃酮（Bioflavonoids）、花青素（Anthocyanidins）、碧蘿芷（Pyenogenol），能夠解除自由基（Free Radicals）的化學物質，而且最近發現了超過百種的抗氧化劑營養素 [39,40]。抗氧化劑需要「團隊作業」。抗氧化營養素的協同作用，維生素 E、維生素 C、β- 胡蘿蔔素與穀胱甘肽（Glutathione）、花青素、硫辛酸（Lipoic Acid）及輔酶 Q10（Coenzyme Q10）的結合，能正確地清除抗氧化劑的工作。相反，僅服用其中一種抗氧化劑不僅是不明智的，而且可能是危險的 [39,40]。

植物化學物質（Phytochemical）是食物中的生物活性成分。它們尚不被認為是營養素，因為我們的人體不像依賴維生素那樣依賴它們。然而，它們確實在身體的化學過程中發揮着至關重要的作用，影響我們的健康，就像維生素和礦物質一樣。從這個意義上講，它們被認為是半必需營養素（Semi-essential Nutrients），因此最好定期食用植物化學物質和未摻假的食物 [39,40]。過往的研究顯示，相對於素食者，以肉類為主要飲食的人群經歷癌症和心血管疾病的風險增加。這可能不僅僅是因為能量、總脂肪和飽和脂肪以及其他營養成分過剩，而且還因為缺乏植物化學物質和植物性食物中含有的豐富的其他化合物，雖然這些化合物尚未被標記為營養成分 [54]，但超過一百種植物化學物質已經被鑒定，其中一些作為抗氧化劑是免疫系統的增強劑和激素的穩定劑。表 12-3 列出了常見食品中發現的 30 種植物化學物質，他們對健康均有益處 [39,40]。

最佳營養學一直強調要盡可能地吃完整、未摻假、純粹的天然食物。霍爾福德 [39,40] 更認為將營養素從食品中分離出來並加以濃縮，然後「單一」品種地進行補充是一件「荒唐可笑」的事情，原因是天然食物中含有多種活性物質和酶類，它們相互影響。故此，增加膳食中抗氧化劑和植物化學物質的攝入量，可以抵氧化物質，並可能恢復健康的細胞氧化，還原平衡 [114]。

幾個世紀以來，人們已經認識到營養在預防疾病中的作用。希波克拉底（Hippocrate）曾說：「讓食物成為你的藥物，不要讓藥物成為你的食物 [97]。」除表 12-3 列出的最常見食品中發現的植物化學物質外，不同的水果和蔬菜不僅含有豐富的維生素，如抗壞血酸（Ascorbic Acid）、生育

表 12-3　常見食品中發現的 30 種植物化學物質

蔥屬化合物	Allium Compounds	雙硫氫硫基	Dithiolthiones	酚類	Phenols
花青素	Anthocyanidins	鞣花酸	Ellagic Acid	植物雌激素	Phytoestrogens
生物類黃酮	Bioflavonoids	染料木黃酮	Genistein	植物固醇	Phytosterols
乳香酸	Boswellic acid	硫甙	Glucosinolates	胡椒鹼	Piperine
辣椒素	Capsaicin	吲哚	Indoles	原花青素	Proanthocyanidins
類胡蘿蔔素	Carotenoids	異硫氰酸鹽	Isothiocyanates	益生菌	Probiotics
綠原酸	Chlorogenic Acid	蘑菇多糖	Lentinan	槲皮素	Quercetin
葉綠素	Chlorophyll	木酚素	Lignans	皂角苷	Saponins
香豆素	Coumarins	葉黃素	Lutein	菜菔硫烷	Sulforaphane
薑黃素	Curcumin	番茄紅素	Lycopene	玉米黃素	Zeanxanthin

資料來源：霍爾福德 (2004, 2018)[39, 40]。

酚（Tocopherols）和葉酸（Folic Acid），還含有纖維、異氰酸酯（Hiocy-anates）、類黃酮（Flavonoids）、萜類（Terpenes）、蛋白酶抑製劑（Protease Inhibitors）以及其他未知和未命名的植物化學物質和非營養素化合物（Non-nutrient Compounds），它們可以保護人類免受癌症和許多其他疾病的襲擊[56]。

　　植物酚類（Plant Phenols）可以增強人體的免疫系統，識別和破壞癌細胞，抑制腫瘤生長所必需的新血管（血管生成）的發展，減弱癌細胞的粘附性和侵襲性，從而降低其轉移潛力[97]。一系列微量營養素，包括類黃酮和聯合單酚（Allied Monophenolic）、多酚化合物（Polyphenolic Compounds）、萜類化合物（Terpenoids）、含氮生物鹼（Nitrogen-containing Alkaloids）、植物固醇和含硫化合物（Sulphur-containing Compounds），與癌症發病率降低有關[71]。

　　最近的研究顯示，大量的植物化學物質在蔬菜、豆類、水果、香料和全穀物中被發現（部分可參考表 12-3），如菜菔硫烷（Sulforaphane）、阿魏酸（Ferulic Acid）、染料木黃酮（Genistein）、吲哚 -3- 甲醇（Indole-3-Carbinol）、薑黃素（Curcumin）、表梧兒茶素 -3- 沒食子酸酯（Epigallocatechin-3-Gallate）、二烯丙基二硫化物（Diallyldi Sulfide）、白藜蘆醇（Resveratrol）、番茄紅素（Lycopene）和槲皮素（Quercetin），它們可以提供抗癌保護[97,115,116]。這些植物化學物質可以干擾多種細胞參與癌症進展的過程[113]。

最近被證實作為癌症保護的植物化合物，包括來自綠茶（較小程度上來自紅茶）的各種兒茶素（Catechins）；來自大蒜和洋蔥的二烯丙基硫化物和大蒜素（Allicin）；來自蕓苔屬蔬菜（Brassica Vegetables）的菜菔硫烷（Sulforaphane）和吲哚-3-巴比妥醇（Indole-3-Carbanols）；來自大豆的染料木黃酮（Genistein）；來自柔軟水果和各種堅果的翠雀花素（Delphinidine）和鞣花酸（Ellagic Acid）；分別來自薑黃和紅葡萄的薑黃素和白藜蘆醇；以及來自漿果、葡萄、櫻桃和許多其他水果的花青素[97]。

最近的研究更確定了十種食物和七種營養素提供心臟代謝效應（Cardio-metabolic Effects）的因果證據，包括：富含生物活性（Bioactive-rich）的水果、蔬菜、豆類、堅果/種子、全穀物、魚和酸奶［含有活性益生菌（Active Probiotics）］，提供充分膳食纖維的、ω-3脂肪酸［指二十碳五烯酸（Eicosapentaenoic Acid, EPA）］、二十二碳六烯酸（Docosahexaenoic Acid, DHA）、多不飽和脂肪（Polyunsaturated Fats）和鉀（Potassium）；並確定了有傷害作用的食物，包括未加工的紅肉、加工肉類、含糖飲料、血糖負載、反式脂肪和鈉[15]。他們的研究結論與WHO、世界癌症研究基金會[6]及美國心臟協會[47]有關飲食及慢性病因果關係的結論一致，並強調「整體」膳食模式比「單一」食物更重要，以完整食物質量為飲食的基礎，營養素應從最低限度加工、富含生物活性的食物中吸取，以減少心臟代謝疾病的負擔。

百歲老人代表了一個有趣的老齡研究模型，他們顯示了極長的壽命，同時一部分人已經實現成功老齡化，他們擁有獨特的生活方式和飲食習慣。

「香港百歲老人研究」與藍區長壽老人

在2011年的香港百歲老人研究中，4～9月我和我的團隊訪問了153

位 1905～1915 年出生的準百歲及百歲老人。他們對自身的膳食並沒有很嚴緊的計劃，也沒有豐盛的食物，但他們大部分人的認知、精神、身心健康狀況良好，能長時間地保持頭腦清晰、精力旺盛、心態平和及思維敏銳[42]。

比較當代世界人口中「藍區」（Blue Zones, BZ）的百歲老人，他們好像擁有一些共通的地方。「藍區」指一個相當有限和同質（Homogenous）的地理區域，那裏的長壽老人擁有相同的生活方式和環境，並且他們的長壽程度被證實是非常高的[118]。「藍區」的百歲老人主要來自五個地方：日本的沖繩島（Okinawa, Japan）、意大利撒丁島的一部分（Ogliastra Region, Sardinia, Italy）、希臘的伊卡里亞（Ikaria, Greece）、哥斯達黎加的尼科亞（Nicoya Peninsula, Costa Rica）和美國的洛馬琳達（Loma Linda, California, USA）。這些地區在地理上和 / 或歷史上是比較孤立的（處於島嶼或山區）。這些人能成功地維持傳統的生活方式，例如在日常生活中，能夠自然地進行大量的體力活動至 80 歲，能夠有效地減輕壓力。在飲食方面，主要食用當地生產的食物，維持適中的卡路里平均攝入量和低患病率，並能夠在家庭和社區中維持積極的聯繫。這些理想的條件很可能促進了健康長壽，並能夠限制大多數西方流行病的負面因素。比較這些人群與臨近地區的人群，即使在基因上尚未發現不同，但環境和生活方式（包括社交網絡）似乎對這些「藍區」的百歲老人的健康，起了重要的催化作用[119]。

香港地區百歲老人

在飲食方面，香港百歲老人以「素食為主，少量葷菜」作為原則。他們主要以長粒大米香型的穀物為主食，如茉莉香米，超過半數被訪者每天平均吃 250～300 克主食。大部分（93.3%）每天 / 幾乎每天 / 經常吃新鮮蔬菜，如蕃茄、西芹、青瓜、白瓜等。有 85.3% 的被訪者每天 / 幾乎每天 / 經常吃水果，如酸橙、橘子、蘋果、獼猴桃、香蕉、葡萄等。

雖然華人一般喜歡吃豬肉，但在香港百歲老人研究中，有接近四成的被訪者回答有時吃 / 很少吃 / 從不吃肉類，如果吃豬肉，只吃去肥後的瘦肉，甚至大部分的被訪者不吃牛肉。有超過九成的被訪者經常 / 幾乎每

天／有時吃魚類等水產，代替吃禽畜肉類，但食用份量較少。而被訪者11061 號不但不吃牛肉，也不吃蝦。

有七至八成被訪者回答經常／幾乎每天／有時吃蛋類及豆製品／豆腐／豆漿。有接近一半被訪者很少吃或從不吃白糖或糖果，他們不飲用含精製糖的飲料，不吃主餐以外的零食。有超過七成被訪者經常／幾乎每天／有時喝茶，如壽眉、人參茶、水仙、菊花茶、普洱、香片等。有接近一半的被訪者經常／幾乎每天／有時吃大蒜／蒜頭。

受訪者 11008 號更認為「水沸至飲，肉必須煮熟才可進食，切忌進食未煮熟的食物」，建議「早上三杯水，下午二杯水」，一週有一天進行「節食」，即三餐減一餐。他與其餘兩位被訪者（11084 號及 11111 號）還指出，不吃「高溫油炸的食物」，並鼓勵不要吃「太鹹和太甜」的食物。有接近七成半受訪的百歲老人從來不是酒精使用者。受訪者 11098 號相信健康長壽最重要的就是「不要飲酒」。11113 號被訪者建議不要吃「醃製和加工的肉食」。

有幾種食物他們認為對健康長壽有幫助。被訪者 11042 號贊成每天吃少量的「胡桃」，如覺得太硬，可將胡桃磨成碎粒或粉狀加入食物內。被訪者 11064 號鼓勵用「蜜糖代替精製白砂糖」。被訪者 11141 號更是主張將「醋」加入食物或作為調味，以增加食慾。被訪者 11144 號鼓勵大家食用「海帶和綠豆」。最重要的是，被訪者 11039 號、11099 號指出要「食不過飽、穿不過暖，常帶三分飢與寒」，他們健康長壽的座右銘是：三餐定時定量，每餐保持「七成飽」，絕不能暴飲暴食。

藍區長壽老人

藍區長壽老人大多居住在一個相當同質的地理區域，並擁有相同的生活方式和環境。根據 Buettner 的報告 [120]，他們主要食用當地生產的食物，幾乎沒有受西方飲食所影響。雖然各地區擁有獨特的文化、風土人情和本土特產，但共同點是：以草本植物及原型食物為膳食基礎，如鷹嘴豆、眉豆、小扁豆、綠色蔬菜、水果等。如果他們進食魚類，份量也是相

對較小的；避免過度加熱及煎炸、燒烤或褐變的食品；建議慢慢進食如「羊食草」；建議飲用花茶或飲食中加入薄荷葉；選擇低卡路里、低脂肪、天然低脂、低糖和低鹽及沒有加工食物。表 12-4 列舉了藍區長壽老人的食物基礎[120]。

Appel[121] 認為「雖然藍區（BZ）現在只局限於世界上的少數人口，但日後可能變得司空見慣」。關鍵是如何應用從 BZ 獲得的經驗用來改善後工業社會的健康老齡化。這也促使 Buettner[120] 發起了「藍區社區項目」（Blue Zones Project, BZP），旨在創建一個社區級別的計劃，利用學校、企業、家庭、社區和政府，攜手合作以改善居民的健康狀況。

藍區社區項目（BZP），由小區與小區之間引領，啟發人們思考如何在活得長壽之餘，仍然可以健康、快樂、自主自在。其目的是獲得健康快樂生活的鎖匙，實現個人生命的意義，與社會互動，保持健康的體魄，維持充裕的財力，並與小區緊密結合。最重要的是避免慢性疾病的出現及降低疾病的惡化風險。Buettner[120] 倡議實行一個公共健康政策，在美國的城市將 BZP 的基本原則進行轉化，由個人、家庭和小區逐步建立正確的生活方式及飲食行為。正確的生活方式，不單指不抽煙、維持中度體重、定時運動及享受中度運動（如登山）、進行壓力管理的技巧練習（包括瑜伽及冥想），並且指能維持良好的社交支持及小區參與（營造互愛關懷、啟迪生命意義及豐富人生的社區參與環境）。而健康的飲食行為，除了知道「應該」和「不應該」食用什麼食物外，要明白飲食如何影響我們的身體健康和生活，還要理解食物中的營養價值、食物來源、食物包裝、煮食方法和如何進食，另外，必須從選擇合適食物的過程中學習，篤實履踐，不斷強化良好的飲食習慣。

Buettner[120] 還發現，在過去訪問的 253 位百歲老人中，沒有一位健身及進食健康產品，但他們的居住環境促使他們經常自然地活動、與別人溝通、合理飲食。他更指出廣大群眾和一般家庭對健康存在一些偏見，例如「肥和病不是我的錯」。人們的傳統思想中，仍然更注重外表，例如通過節食來減肥，這需要持久內在自律及習性，且以個人責任為主，但個人的行為往往受到居住及工作環境所限制。我們的生活中充斥着很多便利的即食

表 12-4　藍區長壽老人的食物基礎

地區	類別	食物
日本沖繩島（Buettner 2015 [120]；Willcox et al 2001、2004）[122-123]	各種全穀物	糙米、小米（millet）、藜麥（quinoa）、蕎麥（buckwheat）、大麥（barley）、小麥（bulgur）等
	各種豆類	小豆（adzuki beans）、黃豆、毛豆、小扁豆、豆腐等
	各種草本植物、不同顏色（紫、黃、橙）	蕃薯、塊莖、苦瓜、南瓜、蒜頭、白紅蘿蔔、秋葵、蕃茄、西蘭花、菠菜、茄子、香菇、豆芽、大蒜、燈籠椒等
	各種香草	日式茴香（Hijiki）、姜、肉桂、百里香（thyme）等
	各種種子及堅果	亞麻籽、芝麻、胡桃
	各種豐富水果	木瓜、菠蘿、香蕉、西瓜、柑桔（shikwasa）、藍莓、無花果等
	本土海產	（間中）如沙丁魚、三文魚、金槍魚（每兩星期一次）等
	其他	面豉、海帶（kombu）、海藻（mozuku/wakeme）；咖哩（薑黃素）；綠茶及抹茶
意大利撒丁島（Buettner 2015 [120]）	各種全穀物	燕麥、未經發酵的麵包／酵母麵包／酸麵包（moddizzosu）、高膳食纖維扁麵包、大麥、大餅（carta di musica）等
	各種豆類	蠶豆（fava beans）、鷹嘴豆、白豆等
	各種草本植物	蕃茄、西蘭花、菠菜、茄子、朝鮮薊（artichoke）、夏南瓜、蘑菇、洋蔥、大蒜等
	各種香草	羅勒葉、茴香（fennel）及牛至（oregano）等
	各種種子及堅果	杏仁、胡桃等
	各種豐富水果	李子、櫻桃等
	本土海產	（間中）如章魚等
	其他	羊奶及牛奶薊茶（milk thistle）
希臘的伊卡里亞（Buettner 2015 [120]；Kochilas 2014 [124]）	各種全穀物	酸麵包（sour bread）、皮塔餅（pita）等
	各種豆類	眉豆、鷹嘴豆、蠶豆、小扁豆、羽扇豆（lupine bean）等
	各種草本植物	野菜、芝麻菜（arugula）、蘆筍、馬鈴薯、蕃薯、芋頭根、南瓜、夏南瓜、黃瓜、羽衣甘藍、洋蔥、燈籠椒、芹菜、蘑菇、甜菜、菜花、捲心菜等
	各種香草	迷迭香（rosemary）、鼠尾草（sage）、香菜葉、薄荷葉及百里香等
	各種種子及堅果	葵花籽、松子、綠杏仁等
	各種豐富水果	葡萄、無花果、櫻桃、桃子、檸檬、蔓越莓等
	本土海產	（間中）如章魚、烏賊、紅鰡魚等
	其他	橄欖油；紅酒醋；羊奶酪；洋甘菊、咖啡及蜜糖
哥斯達黎加尼科亞（Buettner 2015 [120]）	各種全穀物	玉餅／玉米（corn tortillas）等
	各種豆類	黑豆、白豆、小扁豆等
	各種草本植物	絲蘭、芋頭、山藥、南瓜、蕃茄、燈籠椒、棕櫚果（pejibaye）等
	各種香草	香菜（cilantro）、月桂葉、丁香等
	各種種子及堅果	腰果等
	各種豐富水果	黃晶果、石榴、木瓜、香蕉、菠蘿、芒果、桃椰子及桃駁李等
	其他	橄欖油；海葡萄
美國洛馬琳達（Buettner 2015 [120]）	各種全穀物	全麥、燕麥／全麥麵包、藜麥、大米、大麥、燕麥等
	各種豆類	扁豆、花生、豌豆、毛豆、蠶豆、豆漿、豆腐等
	各種草本植物	生蔬菜、露筍、椰菜、西蘭花、深色綠葉蔬菜、芝麻菜、甜椒、地瓜、胡蘿蔔、洋蔥、羽衣甘藍、蘑菇等
	各種香草	迷迭香、肉桂、肉豆蔻、墨角蘭葉、薄荷葉及百里香等
	各種種子及堅果	杏仁、腰果、胡桃、巴西堅果、葵花籽、芝麻籽、奇亞籽、大麻籽、亞麻籽等
	各種豐富水果	牛油果、香蕉、蘋果、橙、葡萄、漿果、桃子、菠蘿、芒果等
	本土海產	三文魚（間中進食）
	其他	黑橄欖；蜜餞

快餐、成分不明的快餐食品以及平價低廉的高卡路里食品。甚至，一些食物科學及公共政策偏向於這些食品加工業，鼓勵製造更多的廉價和加工的食品，以便在市場銷售中推廣謀利。

當季的水果和新鮮蔬菜是否有足夠的供應？是否為一般家庭能負擔得起的價格？供應地點是否便利？商店擺放的健康食物種類是否太少或處於偏遠的位置？平時我們攝入的微量營養和膳食纖維是否足夠？這些問題，很少有人考慮。我們時刻受到食品廣告的潛言物化，加上城市的快節奏、不定時、忙碌的工作和生活方式，使得人們經常外出用餐。我們對食物的選擇也會受傳統思想、文化的影響。在喜慶的節日，可能會過度進食或暴飲暴食（Binge Eating），慣性地製造了一些不顧累（Mindless）的飲食行為模式，使得膽固醇和糖尿指數居高不下，只可依賴藥物控制，形成惡性循環。故此，Buettner 提出藍區長壽六大綱領及藍區長壽食物指南 [120]，詳細內容綜合如下。

藍區長壽六大綱領 [120]

1. 早餐是「皇」，午餐是「王子」，晚餐是「窮光蛋」。平均每餐含約 650 卡路里，假若每日多食 200 卡路里，一年即 73,000 卡路里，即增加 20 磅體重。

2. 盡量在家煮食。慢煮，自備午餐飯盒。避免過量的油炸。

3. 每餐 7~8 分飽。帶手環提醒自己。

4. 準備飯前碟，在特定的日子與家人或朋友進行有限度的節食，即每隔一日將每日所攝卡路里降至 1,000（或 500），但仍然維持每天飲 6~8 杯水。

5. 嘗試每星期有一天只進食兩餐，下午 5 點後不再用餐（建議與你的醫生及營養師討論）。與朋友及家人進食，確保有一個舒適的廚房桌，可容許溝通及對話。不要站立進食，開車時不要進食，自己進食時不要看手

機、電視或電腦，這會製造「不顧累進食」。

6.「親人優先」，即指定立一個常規與家人用餐的時間和慶祝及享受食物的日子，來牢固家庭關係。找一日（如週末）與家人一起準備及享受食物和培養「夥伴步行」（Moai/Buddy）的長久關係，並通過強大的社交網絡推廣出去。

藍區（BZ）長壽食物指南 [120]

1. 主要以草本植物為主（佔九成五）。植物傾斜（Plant Slant）即指以豆類、全穀類、蔬菜和水果為飲食的中心。藍區（BZ）的人們在當季時，會吃各種蔬菜，然後在淡季裏醃製或烘乾多餘的食物。最好的長壽食品是綠葉蔬菜，例如菠菜、羽衣甘藍和甜菜。一年四季，全穀物、豆類與時令水果和蔬菜相結合。

2. 許多來自植物的食用油，比動物油脂更可取。在藍區中最常用的一種植物油是橄欖油。有證據表明，食用橄欖油可以增加好的膽固醇，降低壞的膽固醇。

3. 遠離肉類。如要進食，選擇自由放養或無籠飼養（Free-range/Cage-free）的家禽及家庭式飼養（Family-farmed）或有機（Organic）的豬肉和羊肉（一星期最多兩次）。避免進食任何加工的肉類，如熱狗、午餐肉、火腿、香腸等。

4. 如果必須吃魚，少於三盎司（約 85 克），每週最多吃三次。選擇細中魚類，如鱒魚、鯖魚、鯛魚、石斑、沙丁等，確保它們沒有暴露於高水平的汞或其他化學物質（如多氯聯苯）中。避免進食飼養魚。

5. 減少奶類製品，（通常在不知不覺中）難以消化乳糖的人數可能高達 60％。用純粹天然和有機的豆奶、椰子奶、杏仁奶代替奶類製品。

6. 穿插式進食雞蛋（每星期不要超過三顆）。藍區的雞蛋來自自由放

養的雞，它們可以吃到各種的天然食物，遠離激素或抗生素。緩慢成熟的雞蛋天然含有較高的 Omega-3 脂肪酸。

7. 選擇純天然有機豆類（每天進食最少 20 克豆類）。不要購買加工豆類。每天至少吃半杯熟豆，可提供人體所需的大部分維生素和礦物質。而且，由於豆類如此豐盛而令人滿足，它們可能會減少其他加工食品的誘惑。豆類在藍區飲食中佔主要地位（表 12-4）。它們是世界上每種長壽飲食的基石：尼科亞的黑豆、地中海小扁豆、鷹嘴豆和白豆、沖繩的大豆。豆是最完美的超級食物。平均而言，它們由 21％的蛋白質、77％的複雜碳水化合物組成（並且僅包含百分之幾的脂肪）。豆類能提供緩慢而穩定的能量，而不像白麵粉這樣的精製碳水化合物產生能量的峰值；還是纖維的極好來源。豆類價格便宜，用途廣泛，具有多種質地，每克所含的營養物質比地球上其他任何食物都多。鷹嘴豆更是「豆中之王」，主要營養成分有蛋白質、水分、脂肪、碳水化合物等，其次含有大量的葉酸、鉀、鐵、煙酸、泛酸成分，營養功效特殊，可為人體補血、補鈣，也可成為糖尿病患者的保健食物。

8. 對糖說不。用果糖、蜜糖、花糖、植物糖、椰糖代替。每天僅攝入28 克（七茶匙）的糖。避免糖是很困難的。它天然存在於水果、蔬菜甚至牛奶中。但這不是問題。如果您必須吃甜食，請在特殊場合保存餅乾、糖果和烘焙食品，最好是在用餐時使用。限制添加到咖啡、茶或其他食物中的糖，每天不得超過四茶匙。

9. 小食要有堅果（每天進食兩次）。在家貯存不同種類的堅果，可以隨時拿到。每天吃少許堅果（重約兩盎司，約 56 克）。堅果的最佳組合是：杏仁（維生素 E 和鎂含量高）、花生（蛋白質和葉酸含量高，B 族維生素含量高）、巴西堅果（硒含量高，可有效預防前列腺癌）、腰果（含量高鎂）和胡桃（富含 α- 亞油酸，這是植物性食品中唯一的 Omega-3 脂肪）。胡桃、花生和杏仁是最有可能降低膽固醇的堅果。

10. 選擇多穀類種子酵母低血糖生成指數（Glycemic Index, GI）的麵包或酸麵包。只吃酸麵團或 100％全麥。藍區（BZ）麵包與大多數美國人

購買的麵包不同。美國大多數的市面售麵包以漂白白麵粉為製作原料，這種白麵粉會迅速代謝為糖，並會升高胰島素水平。但是 BZ 麵包既可以是全穀物食品，也可以是酸麵團，每種都有其自身的健康特徵。在依卡里亞（Ikaria）和撒丁島（Sardinia），麵包是由多種全穀物製成的，例如小麥、黑麥或大麥，每種穀物可以提供多種營養素，例如色氨酸（Tryptophan）、氨基酸（Amino Acid）以及礦物質硒（Selenium）和鎂（Magnesium）。全穀物的纖維含量也高於最常用的小麥粉。一些傳統的藍區麵包是用天然細菌乳桿菌（Lactobacilli）製成的，該細菌在使麵包膨大的同時「消化」澱粉（Starches）和麩質（Glutens）。該過程還會產生一種酸——麵團中的「酸味」。傳統的酸麵包實際上降低了膳食中的血糖負荷，使全餐更健康，消耗更慢，胰腺更容易消化，並且更有可能使熱量作為能量而非作為脂肪儲存。

11. 選擇可以識別的食物。傳統上，藍區（BZ）的人們會吃掉整個食物。他們不會扔掉蛋黃，也不會從酸奶中分離出脂肪，也不會僅將水果富含纖維的果肉榨出。他們也不會添加額外的成分來改變食物的營養成分。他們無需攝取維生素或其他補品，而是從營養豐富、富含纖維的全食中獲得所需的一切。對「整個食物」的一個很好的定義是，它是由單一成分製成的，未加工、煮熟、磨碎或發酵的，未經高度加工的食物。例如，豆腐的加工少，而奶酪味的玉米泡芙則加工得很多。BZ 的菜餚通常包含六種左右的成分，只需將它們混合在一起即可。BZ 的百歲老人所食用的食物基本生長在其房屋方圓十英里的範圍內。他們吃生的水果和蔬菜。他們自己碾碎粗糧，然後慢慢煮。他們在豆腐、麵團麵包、酒和醃製蔬菜中使用發酵法（一種古老的方法來使營養素可生物利用）。他們很少攝入人工防腐劑。

12. 大部分情況下喝水，不喝軟飲料（包括減肥汽水）。除極少數例外，藍區（BZ）的人們喝咖啡、茶、水和葡萄酒。復臨信徒建議每天喝七杯水。研究表明，水會促進血液流動並減少血塊形成的機會。在撒丁島，伊卡里亞人和尼古里亞人喝咖啡。研究發現，喝咖啡與阿爾茨海默症和帕金森氏病發病率較低有關。所有 BZ 的人們都喝茶。沖繩人整天都喝綠茶。綠茶已被證明可以降低心臟病和幾種癌症的患病風險。伊卡里亞人

喝迷迭香、鼠尾草和蒲公英（Dandelion），是已知具有抗炎特性的草藥。

13. 進食紅色覆盆子（Red Raspberry）、黑色覆盆子（Black Raspberry）、黑莓（Blackberry）。測量這三種莓類的酚類和花青素含量，發現黑色覆盆子的含量是另外兩種莓類的十倍之多。

14. 適度飲用紅葡萄酒（這並不意味着現在就應該喝酒）。在藍區，大多數人每天喝一到兩小杯紅酒，通常是在用餐時與朋友一起喝。

芬蘭北卡累利阿「草根行動方案」

Buettner[120] 認為有良心的領袖應推行健康環境，倡議「全民小區健康行動綱領」[Community Wide Health Initiative（CWHI）]，從環境着手而非從完全改變個人行為着手，利用本土智慧建構以信念為本、社團共享的生活方式。他發現美國有幾個城市類似 BZ，包括聖路易斯奧比斯波（San Luis Obispo）、加利福尼亞州（California）及維吉尼亞州的夏洛茨維爾（Charlottesville, Virginia），這些地方只有不足二成居民是癡肥；相反，賓漢頓（Binghamton）、紐約（New York）及西維吉尼亞州的亨廷頓（Huntington, West Virginia）有接近四成的人為過胖。很多人的生活朝着錯誤的方向進行。他們適應久坐的生活方式，例如坐在汽車和沙發上，並攝入經過加工的高熱量食物。他們在自己生活裏，特別是在組織生活上也會出錯，對選擇什麼樣的食物、怎樣消費、怎樣與小區建立關係產生疑惑。

Buettner 舉例，在 20 世紀 70 年代，芬蘭北卡累利阿（North Karelia, Finland）被視為一個最不健康及最低經濟社會狀況的地區。由青年醫生 Pekka Puska 帶領，於 1972 年開始推行第一個名為「草根行動方案」（A 10-year Grassroots Strategy）的十年行動，基線研究於 1972 年 1～4 月在北卡累利阿及鄰近的 Kuopio 省配合參考的地方完成，之後第二個十年研究於 1982～1992 年完成，整個計劃於 1997 年結束，前後為期 25 年。雖然研究計劃已完成，但工作仍然在北卡累利阿繼續進行。計劃的推行主要是為了改變人們的生活習慣及飲食方式，結果在 17 萬打工人口中減少了八成心臟疾病及六成癌症的患病風險[120]。

該行動方案包括：除講授個人責任外，還加強資源建設以改變本土長遠的健康生態環境（Health Ecology）；隊伍根據精細、彈性及不斷創新的系統進行（Think Operating System）；與醫生護士合作，將訊息傳遞出去（Work with Local Health Systems）；不斷友善及創新地指出問題（Push Push Push）；與學校合作，讓校長告訴學生健康食物的選擇（Find a Charismatic Leader）；社區領袖自身首先必須參與實踐改變（Community Ownership）；隊伍需充分利用時間及資源向草根解釋他們存在的膳食問題，同時「自上而下」地調整和修改食物政策，以配合「自下而上」的行動（Bottom Up Top Down）；團隊需為參加者進行生活方式風險測試，包括前測和後測（Measure Measure Measure）；效果開始實證後，將「草根行動方案」及整個系統推至全民（Start Small Go Big）[120]。

「藍區活力計劃」

Buettner[120] 在美國 26 個城市推動「藍區」（BZ）項目，旨在帶來持久的變化。第一個進行的城市是美國阿爾伯特利阿（Albert Lea, USA），由羅伯特‧凱恩（Robert Kane）、亨利‧布萊克本（Henry Blackburn）和明尼蘇達大學（The University of Minnesota）公共衛生學院的其他教授帶領，名為「藍區活力計劃」（Blue Zones Vitality Project）。約 800 人參加了活力指南針（Vitality Compass）。相較於單一集中於個人行為轉變的措施，「藍區活力計劃」更多地是針對社會生態系統（Social Ecosystem）進行調控以改善社區健康（Community Makeover）。

第一階段，妥善利用膳食心理學。將低營養價值加工的食品、精製糖及反式脂肪食品放在遠處；加強健康長壽食物的供應，例如豆類、堅果／種子（如太陽花子、南瓜子）及綠茶。到學校、餐廳、社區會堂推行營養教育、健康食物的選擇，以預防兒童過度肥胖。期間，建立健康新起點大使，推動一連串工作坊及推廣運動，例如避免到院舍派發曲奇餅、健康補充劑和精製奶粉，又如避免在銀行櫃檯上擺放糖果；相反，可派發未摻假、完整、純粹天然及沒有加工的食物，如水果、堅果／種子等[120]。

第二階段，製造「夥伴步行」（Moai/Buddy）的長久關係。將志同道合

者歸類，使他們互相支持，互相傳遞選擇健康食物的信息。人的行為是可以傳染的，將強身健體、運動、健康草本植物美食的相片、短片、食譜及菜單上傳到互聯網。向人們宣傳為什麼要選擇水果和蔬菜來代替炸薯條。加強培訓，鼓勵志願者通過健康草本植物獲取營養及參與運動，將互動層次推廣到一般大眾。工作場所擺放的自助食物購買機中，改售健康食品。特別地，使一般市民很容易和便利地用可負擔的價錢買到新鮮水果及草本植物和蔬菜。建立綠色生活方式的環境，例如用椰子水代替汽水。改變人們的思考習慣，開啟新的生命意義（Reason for Living=Antidotes；在沖繩島稱為 Ikigai，在哥斯達利加稱為 Plan de Vida），並培養人們強烈的目標意識。通過以上一系列的行動，優化人們生活的質量，降低人們失去自我照顧能力及抑鬱的風險。最重要是先從研究人員本身開始實踐，然後再推廣開去 [120]。

　　研究結果顯示 [120]，參加者平均減去 2.8 磅體重，平均壽命加了兩年，進食多種多量蔬菜與抑鬱呈負相關。四成工作地點設置了吸煙區，缺席上班人數減少了兩成，公司醫療費用明顯減少，公共場所、公園池邊新建了單車道。「藍區活力計劃」取得了豐碩的成果，約有 4,000 人，即阿爾伯特利阿的四分之一成年人宣誓參加活力指南針，半數在阿爾伯特利阿的僱主宣誓參與建立健康的環境，涉及 4,300 名員工。約 1,400 名 8～14 歲的兒童參加了學校舉辦的計劃。大約 800 人參加了夥伴步行的計劃。超過七成的阿爾伯特利阿的本地餐廳發生了改變，並幫助客人食得更健康。社區花園由之前的 76 個增加至 116 個。

結論與討論

　　人類存在了大約 200 萬年，而我們的原始人類祖先——南方古猿（Australopithecines）至少出現在 400 萬年前。這一進化歷史階段，對我們當前的遺傳組成有明確的貢獻，部分受到當時飲食狀況的影響。古生物學時期，因為地理位置和季節條件，原始人類的食物供應與現在相比有很大不同，故我們的祖先，保持了大多數靈長類雜食動物（Omnivore）的多樣性 [125]。早期靈長類動物的生理結構以碳水化合物為基礎，而攝入碳水化合物的最普遍方式是食用穀物，而叢林提供了富含碳水化合物的水果和其

他植物性食物。與現代膳食相比，我們現在吃的食物脂肪過多，充滿了抗生素、激素和農藥殘留 [39,40]。

大約在四萬年前，真正的現代人類——智人（Homo Sapien）出現以來，人類基因構成的變化相對較小。即使是一萬年前的農業發展，對人類基因的影響也很小。人類的基因依然留有數十萬年前演變的印記，那時人類的飲食會因地理位置、氣候和特定的生態環境而異。人類居住的環境也決定了膳食構成，而膳食又會改變人體的生理結構和未來的生存前景 [125]。

物競天擇（Natural Selection）為人類提供了營養適應性；然而，今天我們面臨着與飲食有關的健康問題，這一問題在以前不太重要，而且我們在遺傳適應中也未對此做好完全充足的準備。在進化過程中，慢性疾病正影響着已過生殖期的人和老年人，而他們受到較小的自然選擇的影響（Selective Influence），這種情況成為當今西方國家慢性疾病發病和死亡的主要原因 [125]。

現代人的生活與我們祖先百萬年進化得來的特性背道而馳。我們的祖先在百萬年的時間中一直從事採集和狩獵，直到 1760 年工業革命之後，我們和許多國家的人一樣，走進新興的城鎮中，成為勞動力 [39,40]。新產業工人們吃的是脂肪、蔗糖和精製白麵粉組成的膳食。餅乾、蛋糕和方便麵就是例子。麵粉是精製過的，不易生蟲，而且精製糖和飽和脂肪一樣不容易變質。人們一般視這些廉價高熱量的食品為勞動力的能量，孕育出方便、防腐和可持久保存、高糖、高脂肪和高蛋白、過度加工以及人工合成的膳食結構 [39,40]。

事實上，我們每個人都是獨一無二的。從父母那裏繼承來的進化動力，遺傳基因的優勢和劣勢，還有自胚胎發育和嬰兒成長早期開始至成人的經歷，與外界環境的相互作用，這些產生了個體生化的獨特性 [39,40]，但一些健康的飲食習慣是通用的。

總結香港百歲老人和藍區長壽歲老人的生活方式和飲食習慣，就是：順應身體的自然生理構造，日出而作日入而息，每餐七分飽，膳食以多樣

化的草本植物及原型食物為基礎，如各種當季的水果和不同顏色的蔬菜、全穀物、豆類、種子／堅果等。進食未摻假、完整、純粹天然的食物。如進食魚類和肉類（以非紅肉為主）時，份量相對較少。每天飲用足夠的水（7～8 杯）或草藥茶、綠茶、花茶等。選擇低卡路里、低脂肪、天然低脂、低糖和低鹽及沒有加工的食物。不吃濃縮食品，如精製糖或甜味劑食品。少吃乳類食物、精製白麵粉食物和其他精製穀物。

煮烹方式建議使用輕度烹製，如水煮、蒸煎及慢煮。食物的處理方法會改變其中的營養素和反營養物質之間的平衡，故應避免過度加熱及煎炸食物，避免食用燒烤、焙烤或褐變的食品及合成的食物化學製品，甚至避免使用微波爐加熱食物，微波烹調中所產生的強力，能產生促使癌症發生的物質——丙烯酰胺（Acrylamide）[39,40]。現代科學還證明，140℃以上的高溫加熱可能產生多種有毒有害物質，如澱粉類會產生丙烯酰胺、蛋白質產生雜環胺（Heterocyclic Amine），脂肪產生苯並芘類（Benzopyrene）[39,40]。烹調改變了食物中的分子，摧毀了許多寶貴的營養和酶類。酶類可以幫助將食物降解成人體能夠利用的成分，而且咀嚼過程中能與口腔中的消化酶相混合。更重要的是，酶讓體內的所有生命過程得以運行[39,40]。用油煎炸食物會產生自由基或氧化劑。另外，進食時必須慢慢咀嚼，如「羊食草」，而不應狼吞虎咽。

如之前所引述，霍爾福德《營養聖經》[39,40]中介紹的理想膳食結構應該是碳水化合物佔攝入總熱量的 65%、蛋白質佔 15%、脂肪佔 20%。人體的能量主要來源於碳水化合物。碳水化合物轉化成能量有兩種形式：快速釋放型，代表食物有糖、甜食和絕大多數精製食物；慢速釋放型，如穀類食物、新鮮水果和蔬菜及豆類。後者包含了更多的複雜碳水化合物和（或）膳食纖維。慢速釋放的碳水化合物可以減緩糖分進入血液的速度，從而提供更平穩的能量。膳食纖維理想的攝入量是每天不少於 35 克[39,40]。

蛋白質是構成人體的基礎物質，它本身由 25 種氨基酸組成，是人體發育、生長和修復的重要元素，蛋白質及植物蛋白質的品質比份量更重要。蛋白質每天的最佳攝入量是 35 克，高質量蛋白質的主要來源有雞蛋（建議選擇有機、無注射激素及抗生素、自由放養或無籠飼養）、奎奴亞藜

（又稱藜麥）、大豆、小扁豆和菜豆等[39,40]。

脂肪有兩個基本類型：飽和脂肪、不飽和脂肪。前者不是人體必需的，大量攝入更無益，它的主要來源是肉類和乳製品。後者分為兩種，一種是單不飽和脂肪，主要來源於橄欖油；一種是多不飽和脂肪，主要來源於植物種子及種子油脂，如堅果、魚。對人體有益的是不飽和脂肪酸。主要食用橄欖油（含富單不飽和脂肪）相對安全一些。多不飽和脂肪酸，通常分為 Omega-6 脂肪酸（芝麻和葵花子）及 Omega-3 脂肪酸（南瓜子和亞麻子，在人體內能夠轉變為 DHA 和 EPA），對於大腦、神經系統、免疫系統、心血管系統和皮膚是必須的。另外，在植物食物（例如水果、蔬菜、堅果、種子和全穀物）中發現了一種少量的化學物質，這種生物活性化合物在體內具有促進健康的作用。過往的研究顯示它們正在預防癌症、心臟病和其他疾病。生物活性化合物的實例，包括番茄紅素、白藜蘆醇、木脂素、單寧和吲哚[39,40]。

在最佳營養方案中，不僅與你吃什麼有關係，你不吃什麼也同樣重要。所以我們在評價個人最佳營養的需要時，不是按照一些主觀的通用規則評判，而是有根據地去嘗試，並留意哪些食物讓你感覺良好，哪些食物讓你無精打采，來比較一餐之後的感覺差異[39,40]。現在許多的慢性疾病，一半原因是營養的缺乏，另一半同樣重要的原因是人體對這些反營養物質攝入過多。人體對某種物質的負荷，超過了自身的解毒能力便會導致疾病[39,40]。過往大量的研究證明，地中海式飲食模式與心血管疾病的發生呈反比關係[126,127]，它能降低炎症并改善內皮功能（Endothelial Function）[128]，減少心臟死亡的風險[108,109]。而一個健康的飲食模式，包括大量水果、蔬菜（最好謹慎地選擇有機和新鮮蔬菜）及豆類，避免從膳食中攝取過量除害劑及殘餘農藥，同時限制肉類和油炸食品，這樣更能提高成功老齡化的可能性[129]。相反，加工肉類、包裝和快餐食品以及加糖飲料會增加慢性疾病的風險。食物結構、製備方法、脂肪酸譜、碳水化合物質量（例如血糖指數、纖維含量）、蛋白質類型、微量營養素和植物化學物質之間關係複雜，會產生協同效應及相互作用，影響身體的健康[130]。

健康的飲食方式具有許多特徵，包括強調完整或最低加工的食物和

植物油，很少加工或食用含糖飲料。這類飲食中的鹽、反式脂肪、飽和脂肪、精製碳水化合物和添加的糖類自然也較低；相反，不飽和脂肪、膳食纖維、抗氧化、礦物質和植物化學物質含量較高，並且使人更加滿足和精力充沛[130]。對於降低慢性病的風險來說，建議注意食物之間的相關性，因為食物維生素之間會產生「雞尾酒和協同作用」，所以在選擇食物時，不應單單基於營養指標，而應基於整體食物群體多於孤立的營養素[15]。

營養均衡是一系列綜合的過程，通過這些過程，細胞、組織、器官和整個身體獲得正常運作所需的能量和營養。營養在生物體的整個生命中都很重要，並根據生物體 DNA 中遺傳密碼定義的模板生長、發育和發揮作用。生物體內發生的維持生命的生化反應所需的所有能量和營養都來自於飲食。營養可以影響身體成分，例如造成身體肥胖。食用「西式」膳食（以大量游離糖、肉和脂肪為特徵）、「快餐」和其他富含脂肪、精製澱粉或糖類（高度可口、能量高、儲存方便）的加工食品日益增加，正是導致全球超重和肥胖率上升的原因[6]。不適當的營養，更會反映在細胞和分子水平的無序營養微環境中，這可以創造有利條件累積 DNA 的損傷，並因此有助於癌症的發展[6]。

根據世界癌症研究基金會的報告[6]，建議促進「整體生活方式」，不但有助於提高生活質量和做到健康長壽，甚至可以預防癌症、其他非傳染性疾病、超重和肥胖。地中海型飲食模式是其中一個建議的飲食方案，就是通過食用一系列植物來源的食物，來滿足膳食纖維的攝入量，限制進食紅肉和加工肉類。如需要攝入蛋白質，可選擇食用少量的瘦肉或魚類。蛋白質亦可以從全穀物和豆類的混合物中獲得，例如豆類和小扁豆。鐵也可以在許多植物性食物中獲得[6]。限制「快餐」和其他高脂肪、精製澱粉或添加糖的加工食品的消費（包括白麵粉製成的產品、蛋糕、糕點、餅乾及其他烘焙食品、糖果等）。強調不吸煙，避免接觸煙草，限制消費含糖的飲料及限制飲酒[6]。對大多數人而言，食用正確的食物和飲料，比食用膳食補充劑更有可能預防癌症。報告更不建議通過高劑量飲食補充劑用來預防癌症[6]。而暴飲暴食可能減少端粒長度，端粒長度較短是增加死亡率的預測因子[131]。

　　美國衛生與公共服務和美國農業部於 2015 年 [132] 出版了《美國人飲食指南 2015～2020》（*Dietary Guidelines for Americans 2015～2020, DGA*）。與早期版本的指南不同，這一版側重於「整體健康飲食模式」，而不是單獨的食物群和營養素。食物群和營養素不能孤立地食用，也沒有單一的一種「神奇的食物」或固定的營養成分適合每個人。

　　該指南 [132] 與香港百歲老人研究結果、藍區百歲老人的飲食習慣有很大的共通點。在個人層面上，以自律和謹慎的態度實踐整體健康的飲食模式，以素食為飲食基礎。健康的素食飲食模式，包括多種不同高品質的新鮮蔬菜、不同顏色的當季水果、豆製品、豆類（豆和豌豆）、澱粉類、全穀物、堅果 / 種子和植物油類，同時避免肉類、家禽和海鮮 [132]。Chiu 和其他學者更認為，我們的地球正面對許多迫切需要解決的問題，如氣候變化和糖尿病的威脅，而素食飲食模式可能是飲食—環境—健康難題的令人驚喜的解決方案 [95]。

　　在過去，素食飲食被描述為缺乏幾種營養素，包括蛋白質、鐵、鋅、鈣、維生素 B12、維生素 A、Omega-3 脂肪酸和碘。大量研究表明，觀察到的缺陷通常是由於膳食計劃不當造成的。均衡的素食適合生命週期的各個階段，包括兒童、青少年、孕婦和哺乳期女性、長者和競技運動員。在大多數情況下，素食飲食有益於預防和治療某些疾病，如心血管疾病、高血壓、糖尿病、癌症、骨質疏鬆症、腎病、腦退化症、膽結石和類風濕性關節炎。選擇素食的原因往往超出健康和福祉的範疇，它涉及經濟、生態和社會問題。而素食飲食方面的影響是營養生態學領域的新主題，涉及可持續的生活方式和人類發展 [133]。與富含動物產品的飲食相比，植物性飲食更具有可持續性，因為它們使用的自然資源少得多，對環境的負擔也更少 [134]。

　　關於推行整體健康飲食模式的政策，世界衛生組織（World Health Organization, WHO）於 2015 年 5 月 5～6 日在瑞士日內瓦發表了一份「飲食和預防非傳染性疾病的財政政策」的技術會議報告 [135]，得出的結論是：越來越多的證據表明，對含糖甜味飲料進行適當設計的稅收，將導致消費量成比例的減少，特別是在將零售價提高 20％ 或更多的情況下。類似的

有力證據表明，對新鮮水果和蔬菜的補貼會使價格降低 10％～30％，可以有效地增加水果和蔬菜的消費量。通過結合對水果和蔬菜的補貼以及對目標食品和飲料徵稅，可以對人的淨能量攝入和體重產生更大的影響。包括低收入消費者在內的弱勢群體最容易受到價格的影響，就健康而言，他們最多地受益於食品和飲料相對價格的變化 [135]。減少鈉攝入量的策略可能會大大減少中風和心肌梗死的發病率，這將節省數十億美元的醫療費用，應成為公共衛生目標 [136,137]。

很可惜，現在市場上銷售的大量高度加工產品，用精製的碳水化合物替代脂肪，製造了所謂「健康光環」，但這並沒有實際的健康益處。食品工業用精選的微量營養素「強化」了高加工食品，例如精製穀物和含糖飲料，並使其具有營養價值。這些營銷策略幾乎沒有給公眾健康帶來好處，反而可能造成危害 [130]。

普遍的以營養為重點的方法產生了廣泛的後果，影響了食品標籤所關注的重點，如學校午餐政策、低收入食品援助政策、工業和飯店產品的配方以及公眾對健康與不健康食品的看法。這種關注加劇了混亂，分散了公眾對更有效的策略的注意，加工產品的銷售和消費名義上滿足所選營養要求，但卻破壞了整體飲食的質量 [130]。

對營養的關注與理論、實踐之間存在越來越大的差距。隨着國家和國際組織更新飲食指南，營養目標應在更大程度上被食品目標所取代。這種變化將有助於向公眾進行詮釋，與慢性病預防方面的科學進步相對應，減輕行業操縱並糾正人們對健康飲食的普遍誤解 [130]。這需要一種基於人口、多部門、多學科、與文化相關的方法。決策者、科學家和臨床醫生應加倍努力，明確整體健康飲食模式的有益作用，將其納入公共衛生和臨床實踐活動中。在不同人口群體中，改善整體飲食模式的習慣是臨床和政策的重點工作。決策者迫切需要制定綜合的、多方利益相關者的政策，以改善整體飲食質量和人們的生活方式 [138]。

在全球範圍內，飲食不良是心血管疾病的主要原因。要改善飲食和人口健康，循證政策至關重要。Afshin 及其他學者 [139] 建議利用針對性的

大眾媒體宣傳活動（尤其是針對進食多種不同的水果和蔬菜及限制鈉的攝入）、食品定價策略（補貼和稅收，對較低收入水平的家庭會產生更強的效果）、學校採購政策（增加健康選擇或減少不健康選擇）和工作場所保健計劃（尤其注重全面而多元化）。

良好的臨床和公共衛生策略，首先要求認識到營養的重要性，並在適當的時間進行詳細的篩查和評估。營養狀況通常受疾病和治療水平的影響。在偶爾的情況下，營養是疾病的唯一原因或治療方法，但通常情況下疾病病因和管理才是重要的因素，特別是對於預防疾病來說[43]。訂立以植物為主的整體健康飲食模式政策策略，必須根據廣泛的評估和綜合性的研究達到「人口醫學」（Population Medicine）的目的——減少全世界與健康和經濟及飲食有關的疾病負擔和不平等現象[139]。

食物不僅是營養的來源，也是一種樂趣和社會凝聚力的體現。人類利用膳食來團結和凝聚家庭、友誼、社會。但食物可以產生高利潤並構成商業經濟中最大的部分。對人口健康來說，食物和營養至關重要，對促進健康也很重要[43]。世界各國政府越來越多地採用健康推動干預措施（Health Nudge Interventions, HNI），使人們生活在更健康的生活方式中，自然地尋求通過改變選擇飲食的方法來改善健康。個人的意圖、習慣、自我調節技能、社交以及身體環境是健康飲食最重要的決定因素；相應地，可以通過不同水平的干預策略來改變其效力[55]。

健康長壽的決定因素，包括飲食成分，還包括多種文化和社會壓力、認知影響因素（感知壓力、健康態度、焦慮和抑鬱）以及家族、遺傳和表觀遺傳對人格特徵的影響[140]。在保持人們自由選擇飲食的同時，可以利用法律和政策方法的微調和推動，引導人們朝特定的方向發展。越來越多的證據表明，生活和消費環境的設計——所謂「選擇架構」——是改變營養和活動模式的關鍵[140]。就如 Buettner[120] 在美國 26 個城市推動的「藍區活力計劃」項目一樣，飲食選擇受到地域範圍（包括個人、社會文化、社區、國家和全球層面）以及潛在政策策略的影響，而藍區長壽老人和香港百歲老人的健康飲食習慣給我們提供了有力的證據和可借鑒的藍本。

　　有利於健康的政策行動與創造可持續生態環境，包括影響整個生命歷程的食物環境、食物系統、建築環境和行為改變溝通的政策，需要整個政府和社會來制定和推動一整套政策行動[6]，以創造有利於遵循健康長壽建議的社區環境，使人們能夠實現並保持健康的體重。這些政策也有助於促進可持續的生態環境，但政策制定者必須根據本土國情制定具體的目標和行動[6]。

　　可持續飲食雖然不是新鮮事物，但在全球範圍內越來越受到關注，特別是在預計的人口增長和對氣候變化的擔憂方面。聯合國糧食及農業組織2012 年對「可持續飲食」的定義是「那些對環境和環境影響較小的飲食，它們對今世後代的糧食和營養安全以及健康生活都有貢獻」[134]。需要有一致和可信的科學來將農業、食品系統、營養、公共衛生、環境、經濟、文化和貿易結合起來，以識別協同作用和做出取捨。為人口健康着想，必須向大眾提供可持續飲食的重要要素指導[141]，例如，鼓勵特定健康產品組的消費（全穀物、水果、蔬菜、豆類、堅果／種子等），限制肉類消費。而較低的肉類消費會導致牲畜數量減少，降低農業生產的累計能源需求，便能降低溫室氣體排放量[142]，並減少土地數量的需要[141]。

　　飲食將環境與人類健康聯繫起來。城市化進程和人們收入的增加，正推動全球「飲食過渡」。在現代飲食中，精製糖、精製脂肪、精製碳水化合物、油脂和肉類的飲食正在氾濫。這些飲食結構極大增加了 2 型糖尿病、冠心病和其他慢性非傳染性疾病的發生，而這些疾病同時降低了全球人口的預期壽命。如果不加以控制，到 2050 年，這些飲食趨勢將成為造成糧食生產壓力、增加全球農業溫室氣體排放量約 80％的主要因素[143]。相反，如果轉向以植物為基礎的飲食，估計會減少 29%～70%的農業溫室氣體的排放量[144]，還可以減少土地清理成本和由此造成的物種滅絕，並有助於預防與飲食有關的慢性非傳染性疾病。實施飲食解決方案來解決飲食環境與健康之間的緊密聯繫，是全球性的挑戰，也是機遇，對環境和公共衛生具有重大意義[143]。香港百歲老人和藍區長壽老人的健康飲食習慣，正是公共衛生政策推動的重要實證。

　　政策制定者必須實施創造健康食品環境的政策，根據當地或國家的

具體情況制定特定目標和行動。在預防和減少慢性疾病的臨床工作上，個人、家庭和社會扮演同樣重要的角色，共同分攤經濟負擔 [145]。過往由於不良的飲食質量和過度消費，與飲食有關的慢性疾病的發病率和死亡率以及醫療負擔正在增加。同時，全球糧食生產系統正在消耗地球的資源，危害環境和未來糧食安全。人身健康、人口健康和地球健康緊密相連，除非採取行動，否則所有人都將繼續受到這些威脅和傷害。將當前的全球飲食方式轉向高質量的整全植物性膳食，才可能真正減輕這些健康和環境的負擔 [146]。

參考文獻

1. World Health Organization. (2002). *The world health report 2002: Reducing risks, promoting healthy life.* Geneva: World Health Organization https://www.who.int/whr/2002/en/whr02_en.pdf?ua=1. Accessed 3 July 2019.

2. Schmidhuber, J., Sur, P., Fay, K., Huntley, B., Salama, J., & Lee, A., et al. (2018). The global nutrient database: Availability of macronutrients and micronutrients in 195 countries from 1980 to 2013. *Lancet Planet Health*, 2 (8), e353-e368.

3. Cordain, L., Eaton, S. B., Sebastian, A., Mann, N., Lindeberg, S., & Watkins, B. A., et al. (2005). Origins and evolution of the Western diet: Health implications for the 21st century. *Am J Clin Nutr*, 81 (2), 341-354.

4. Raatz, S. (2003). Diet and nutrition—what should we eat? *Minn Med*, 86 (11), 28-33.

5. World Health Organization. (2008). *2008 -2013 action plan for the global strategy for the prevention and control of noncommunicable diseases: Prevent and control cardiovascular diseases, cancers, chronic respiratory diseases and diabetes.* Geneva: World Health Organization. https://www.who.int/nmh/publications/ncd_action_plan_en.pdf. Accessed 3 July 2019.

6. World Cancer Research Fund/American Institute for Cancer Research. (2018). *Diet, nutrition, physical activity and cancer: A global perspective. Continuous update project expert report.* https://www.wcrf.org/dietandcancer. Accessed 3 July 2019.

7. World Health Organization. (2013). *Global action plan for the prevention and control of noncommunicable diseases: 2013 -2020.* Geneva: World Health Organization. http://apps.who.int/iris/bitstream/10665/94384/1/9789241506236_eng.pdf. Accessed 3 July 2019.

8. Ascherio, A., Hennekens, C. H., Buring, J. E., Master, C., Stampfer, M. J., & Willett, W. C. (1994). Trans-fatty acids intake and risk of myocardial infarction. *Circulation*, 89 (1), 94-101.

9.   Fung, T. T., Willett, W. C., Stampfer, M. J., Manson, J. E., & Hu, F. B. (2001). Dietary patterns and the risk of coronary heart disease in women. *Arch Intern Med*, 161 (15), 1857-1862.

10. Gan, Y., Tong, X., Li, L., Cao, S., Yin, X., & Gao, C., et al. (2015). Consumption of fruit and vegetable and risk of coronary heart disease: A meta-analysis of prospective cohort studies. *Int J Cardiol*, 183, 129-137.

11. Johnsen, S. P., Overvad, K., Stripp, C., Tjonneland, A., Husted, S. E., & Sorensen, H. T. (2003). Intake of fruit and vegetables and the risk of ischemic stroke in a cohort of Danish men and women. *Am J Clin Nutr*, 78 (1), 57-64.

12. Joshipura, K. J., Ascherio, A., Manson, J. E., Stampfer, M. J., Rimm, E. B., & Speizer, F. E., et al. (1999). Fruit and vegetable intake in relation to risk of ischemic stroke. *JAMA*, 282 (13), 1233-1239.

13. Norat, T., Chan D., Lau R., Aune D., Vieira R., & Corpet D. (2010). *The associations between food, nutrition and physical activity and the risk of colorectal cancer*. Oct. http://www.wcrf.org/sites/default/files/SLR_colorectal_cancer_2010.pdf. Accessed 3 July 2019.

14. Micha, R., Kalantarian, S., Wirojratana, P., Byers, T., Danaei, G., & Elmadfa, I., et al. (2012). Estimating the global and regional burden of suboptimal nutrition on chronic disease: Methods and inputs to the analysis. *Eur J Clin Nutr*, 66 (1), 119-129.

15. Micha, R., Peñalvo, J. L., Cudhea, F., Imamura, F., Rehm, C. D., & Mozaffarian, D. (2017). Association between dietary factors and mortality from heart disease, stroke, and type 2 diabetes in the United States. *JAMA*, 317 (9), 912-924.

16. Mozaffarian, D., Fahimi, S., Singh, G. M., Micha, R., Khatibzadeh, S., & Engell, R. E., et al. (2014). Global sodium consumption and death from cardiovascular causes. *N Engl J Med*, 371 (7), 624-634.

17. Rossetti, L., Giaccari, A., & DeFronzo, R. A. (1990). Glucose toxicity. *Diabetes Care*, 13 (6), 610-630.

18. Sauvaget, C., Nagano, J., Allen, N., & Kodama, K. (2003). Vegetable and fruit intake and stroke mortality in the Hiroshima/Nagasaki life span study. *Stroke*, 34 (10), 2355-2360.

19. Tabung, F. K., Brown, L. S., & Fung, T. T. (2017). Dietary patterns and colorectal cancer risk: A review of 17 years of evidence (2000-2016). *Curr Colorectal Cancer Rep*, 13 (6), 440-454.

20. Wang, Q., Afshin, A., Yakoob, M. Y., Singh, G. M., Rehm, C. D., & Khatibzadeh, S., et al. (2016). Impact of nonoptimal intakes of saturated, polyunsaturated, and trans fat on global burdens of coronary heart disease. *J Am Heart Assoc*, 5 (1).

21. Rehm, J., Mathers, C., Popova, S., Thavorncharoensap, M., Teerawattananon, Y., & Patra, J. (2009). Global burden of disease and injury and economic cost attributable to alcohol use and alcohol-use disorders. *Lancet*, 373 (9682), 2223-2233.

22. Collaboration, N. C. D. R. F. (2017). Worldwide trends in body-mass index, underweight, overweight, and obesity from 1975 to 2016: A pooled analysis of 2416 population-based measurement studies in 128.9 million children, adolescents, and adults. *Lancet*, 390 (10113), 2627-2642.

23. Katz, D. L., Friedman, R. S. C., & Lucan, S. C. (2015). *Nutrition in clinical practice* (pp. 621-623). Third Edition. New York: Wolters Kluwer.

24. Willett, W. C., & Stampfer, M. J. (2013). Current evidence on healthy eating. *Annu Rev Public Health*, 34, 77-95.

25. Liu, S., Manson, J. E., Stampfer, M. J., Holmes, M. D., Hu, F. B., Hankinson, S. E., & Willett, W. C. (2001). Dietary glycemic load assessed by food-frequency questionnaire in relation to plasma high-density-lipoprotein cholesterol and fasting plasma triacylglycerols in postmenopausal women. *Am J Clin Nutr*, 73 (3), 560-566.

26. Liu, S., Willett, W. C., Stampfer, M. J., Hu, F. B., Franz, M., & Sampson, L., et al. (2000). A prospective study of dietary glycemic load, carbohydrate intake, and risk of coronary heart disease in US women. *Am J Clin Nutr*, 71 (6), 1455-1461.

27. Collaborators, G. B. D. D. (2019). Health effects of dietary risks in 195 countries, 1990-2017: A systematic analysis for the Global Burden of Disease Study 2017. *Lancet*, 393 (10184), 1958-1972.

28. Forouhi, N. G., & Unwin, N. (2019). Global diet and health: Old questions, fresh evidence, and new horizons. *Lancet*, 393 (10184), 1916-1918.

29. Srour, B., Fezeu, L. K., Kesse-Guyot, E., Allès, B., Debras, C., & Druesne-Pecollo, N., et al. (2020). Ultraprocessed food consumption and risk of type 2 diabetes among participants of the NutriNet-Santé prospective cohort. *JAMA Intern Med*, 180 (2), 283-291.

30. Srour, B., Fezeu, L. K., Kesse-Guyot, E., Alles, B., Mejean, C., & Andrianasolo, R. M., et al. (2019). Ultra-processed food intake and risk of cardiovascular disease: Prospective cohort study (NutriNet-Sante). *BMJ*, 365, l1451.

31. Adjibade, M., Julia, C., Allès, B., Touvier, M., Lemogne, C., & Srour, B., et al. (2019). Prospective association between ultra-processed food consumption and incident depressive symptoms in the French NutriNet-Santé cohort. *BMC Medicine*, 17 (1), 78.

32. Fiolet, T., Srour, B., Sellem, L., Kesse-Guyot, E., Alles, B., & Mejean, C., et al. (2018). Consumption of ultra-processed foods and cancer risk: Results from NutriNet-Sante prospective cohort. *BMJ*, 360, k322.

33. Schnabel, L., Kesse-Guyot, E., Allès, B., Touvier, M., Srour, B., & Hercberg, S., et al. (2019). Association between ultraprocessed food consumption and risk of mortality among middle-aged adults in France. *JAMA Intern Med*, 179 (4), 490-498.

34. World Health Organization. (2012). *WHO guideline: Sodium intake for adults and children.* Geneva: World Health Organization. https://www.who.int/nutrition/publications/guidelines/sodium_intake_printversion.pdf. Accessed 3 July 2019.

35. Lim, S. S., Vos, T., Flaxman, A. D., Danaei, G., Shibuya, K., & Adair-Rohani, H., et al.

第十二章 香港百歲老人與藍區長壽老人的飲食習慣

(2012). A comparative risk assessment of burden of disease and injury attributable to 67 risk factors and risk factor clusters in 21 regions, 1990-2010: A systematic analysis for the Global Burden of Disease Study 2010. *Lancet*, 380 (9859), 2224-2260.

36. Collaborators, G. B. D. R. F., Forouzanfar, M. H., Alexander, L., Anderson, H. R., Bachman, V. F., & Biryukov, S., et al. (2015). Global, regional, and national comparative risk assessment of 79 behavioural, environmental and occupational, and metabolic risks or clusters of risks in 188 countries, 1990-2013: A systematic analysis for the Global Burden of Disease Study 2013. *Lancet*, 386 (10010), 2287-2323.

37. Jardim, T. V., Mozaffarian, D., Abrahams-Gessel, S., Sy, S., Lee, Y., & Liu, J., et al. (2019) Cardiometabolic disease costs associated with suboptimal diet in the United States: A cost analysis based on a microsimulation model. *PLoS Med* 16 (12): e1002981.

38. Collaborators, G. B. D. R. F. (2018). Global, regional, and national comparative risk assessment of 84 behavioural, environmental and occupational, and metabolic risks or clusters of risks for 195 countries and territories, 1990-2017: A systematic analysis for the Global Burden of Disease Study 2017. *Lancet*, 392 (10159), 1923-1994.

39. Holford, P. (2004). *The new optimum nutrition bible*. New York: Crossing Press.

40. 帕特里克、霍爾福（2018）。《營養聖經》，范志紅（譯）。北京：北京聯合出版公司。

41. World Health Organization. (2002). *The world health report 2002: Reducing risks, promoting healthy life*. Geneva: World Health Organization. https://www.who.int/whr/2002/en/whr02_en.pdf?ua=1. Accessed 3 July 2019.

42. Cheung, S-L. K., & Lau, H-P. B. (2016). Successful aging among Chinese near-centenarians and centenarians in Hong Kong: A multidimensional and interdisciplinary approach. *Aging Ment Health*, 20 (12), 1314-1326.

43. Lean, M. E. J. (2019). Principles of human nutrition. *Medicine*, 47 (3), 140-144.

44. Strang, S., Hoeber, C., Uhl, O., Koletzko, B., Munte, T. F., & Lehnert, H., et al. (2017). Impact of nutrition on social decision making. *Proc Natl Acad Sci U S A*, 114 (25), 6510-6514.

45. Katz, D. L., & Meller, S. (2014). Can we say what diet is best for health?. *Annu Rev Public Health*, 35, 83-103.

46. Krauss, R. M., Eckel, R. H., Howard, B., Appel, L. J., Daniels, S. R., & Deckelbaum, R. J., et al. (2000). AHA dietary guidelines: Revision 2000: A statement for healthcare professionals from the Nutrition Committee of the American Heart Association. *Circulation*, 102 (18), 2284-2299.

47. American Heart Association. (2015). *The facts on fats-American Heart Association*. https://www.heart.org/idc/groups/heart-public/@wcm/@fc/documents/downloadable/ucm_475005.pdf. Accessed 5 July 2019.

48. Katz, D. L., Friedman, R. S. C., & Lucan, S. C. (2015). *Nutrition in clinical practice* (pp.

3-13). Third Edition. New York: Wolters Kluwer.

49. Frigolet, M. E., Ramos Barragan, V. E., & Tamez Gonzalez, M. (2011). Low-carbohydrate diets: A matter of love or hate. *Ann Nutr Metab,* 58 (4), 320-334.

50. Katz, D. L., Friedman, R. S. C., & Lucan, S. C. (2015). *Nutrition in clinical practice* (pp. 14-24). Third Edition. New York: Wolters Kluwer.

51. Katz, D. L., Friedman, R. S. C., & Lucan, S. C. (2015). *Nutrition in clinical practice* (pp. 25-32). Third Edition. New York: Wolters Kluwer.

52. Katz, D. L., Friedman, R. S. C., & Lucan, S. C. (2015). *Nutrition in clinical practice* (pp. 33-51). Third Edition. New York: Wolters Kluwer.

53. Melina, V., Craig, W., & Levin, S. (2016). Position of the Academy of Nutrition and Dietetics: Vegetarian diets. *J Acad Nutr Diet,* 116 (12), 1970-1980.

54. Sabaté, J. (2003a). The contribution of vegetarian diets to health and disease: A paradigm shift? *Am J Clin Nutr,* 78 (3 Suppl), 502S-507S.

55. de Ridder, D., Kroese, F., Evers, C., Adriaanse, M., & Gillebaart, M. (2017). Healthy diet: Health impact, prevalence, correlates, and interventions. *Psychol Health,* 32 (8), 907-941.

56. Sabaté, J. (2003b). The contribution of vegetarian diets to human health. *Forum Nutr,* 56, 218-20.

57. Snowdon, D. A., Phillips, R. L., & Fraser, G. E. (1984). Meat consumption and fatal ischemic heart disease. *Prev Med,* 13 (5), 490-500.

58. Snowdon, D. A. (1988). Animal product consumption and mortality because of all causes combined, coronary heart disease, stroke, diabetes, and cancer in Seventh-day Adventists. *Am J Clin Nutr,* 48 (3 Suppl), 739-748.

59. Fraser, G. E., Lindsted, K. D., & Beeson, W. L. (1995). Effect of risk factor values on lifetime risk of and age at first coronary event. The Adventist health study. *Am J Epidemiol,* 142 (7), 746-758.

60. Fraser, G. E. (1999). Associations between diet and cancer, ischemic heart disease, and all-cause mortality in non-Hispanic white California Seventh-day Adventists. *Am J Clin Nutr,* 70 (3 Suppl), 532s-538s.

61. Thorogood, M., Mann, J., Appleby, P., & McPherson, K. (1994). Risk of death from cancer and ischaemic heart disease in meat and non-meat eaters. *BMJ (Clinical research ed.),* 308 (6945), 1667 -1670.

62. Key, T., & Davey, G. (1996). Prevalence of obesity is low in people who do not eat meat. *BMJ (Clinical research ed.),* 313 (7060), 816-817.

63. Singh, P. N., & Lindsted, K. D. (1998). Body mass and 26-year risk of mortality from specific diseases among women who never smoked. *Epidemiology,* 9 (3), 246-254.

64. Appleby, P. N., Thorogood, M., Mann, J. I., & Key, T. J. (1998). Low body mass index

in non-meat eaters: The possible roles of animal fat, dietary fibre and alcohol. *Int J Obes Relat Metab Disord*, 22 (5), 454-460.

65. Mozaffarian, D., Hao, T., Rimm, E. B., Willett, W. C., & Hu, F. B. (2011). Changes in diet and lifestyle and long-term weight gain in women and men. *N Engl J Med*, 364 (25), 2392-2404.

66. Rizzo, N. S., Sabaté, J., Jaceldo-Siegl, K., & Fraser, G. E. (2011). Vegetarian dietary patterns are associated with a lower risk of metabolic syndrome: The Adventist health study 2. *Diabetes Care*, 34 (5), 1225-1227.

67. Pettersen, B. J., Anousheh, R., Fan, J., Jaceldo-Siegl, K., & Fraser, G. E. (2012). Vegetarian diets and blood pressure among white subjects: results from the Adventist health study-2 (AHS-2). *Public Health Nutr*, 15 (10), 1909-1916.

68. Yokoyama, Y., Nishimura, K., Barnard, N. D., Takegami, M., Watanabe, M., & Sekikawa, A., et al. (2014). Vegetarian diets and blood pressure: A meta-analysis. *JAMA Intern Med*, 174 (4), 577-587.

69. Orlich, M. J., Singh, P. N., Sabaté, J., Jaceldo-Siegl, K., Fan, J., & Knutsen, S., et al. (2013). Vegetarian dietary patterns and mortality in Adventist health study 2. *JAMA Intern Med*, 173 (13), 1230-1238.

70. Crowe, F. L., Appleby, P. N., Travis, R. C., & Key, T. J. (2013). Risk of hospitalization or death from ischemic heart disease among British vegetarians and nonvegetarians: Results from the EPIC-Oxford cohort study. *Am J Clin Nutr*, 97 (3), 597-603.

71. Huang, T., Yang, B., Zheng, J., Li, G., Wahlqvist, M. L., & Li, D. (2012). Cardiovascular disease mortality and cancer incidence in vegetarians: A meta-analysis and systematic review. *Ann Nutr Metab*, 60 (4), 233-240.

72. He, F. J., Nowson, C. A., Lucas, M., & MacGregor, G. A. (2007). Increased consumption of fruit and vegetables is related to a reduced risk of coronary heart disease: Meta-analysis of cohort studies. *J Hum Hypertens*, 21 (9), 717-728.

73. Spencer, E. A., Appleby, P. N., Davey, G. K., & Key, T. J. (2003). Diet and body mass index in 38000 EPIC-Oxford meat-eaters, fish-eaters, vegetarians and vegans. *Int J Obes Relat Metab Disord*, 27 (6), 728-734..

74. Appleby, P. N., Davey, G. K., & Key, T. J. (2002). Hypertension and blood pressure among meat eaters, fish eaters, vegetarians and vegans in EPIC-Oxford. *Public Health Nutr*, 5 (5), 645-654.

75. Bradbury, K. E., Crowe, F. L., Appleby, P. N., Schmidt, J. A., Travis, R. C., & Key, T. J. (2014). Serum concentrations of cholesterol, apolipoprotein A-I and apolipoprotein B in a total of 1694 meat-eaters, fish-eaters, vegetarians and vegans. *Eur J Clin Nutr*, 68 (2), 178-183.

76. Barnard, N. D., Katcher, H. I., Jenkins, D. J., Cohen, J., & Turner-McGrievy, G. (2009). Vegetarian and vegan diets in type 2 diabetes management. *Nutr Rev*, 67 (5), 255-263.

77. Matsumoto, S., Beeson, W. L., Shavlik, D. J., Siapco, G., Jaceldo-Siegl, K., Fraser, G., & Knutsen, S. F. (2019). Association between vegetarian diets and cardiovascular risk factors in non-Hispanic white participants of the Adventist health study-2. *J Nutr Sci*, 8, e6.

78. Wang, F., Zheng, J., Yang, B., Jiang, J., Fu, Y., & Li, D. (2015). Effects of vegetarian diets on blood lipids: A systematic review and meta-analysis of randomized controlled trials. *Journal of the American Heart Association*, 4 (10), e002408-e002408.

79. Snowdon, D. A., & Phillips, R. L. (1985). Does a vegetarian diet reduce the occurrence of diabetes?. *Am J Public Health*, 75(5), 507-512.

80. Yang, S. Y., Li, X. J., Zhang, W., Liu, C. Q., Zhang, H. J., & Lin, J. R., et al. (2012). Chinese lacto-vegetarian diet exerts favorable effects on metabolic parameters, intima-media thickness, and cardiovascular risks in healthy men. *Nutr Clin Pract*, 27 (3), 392-398.

81. Ornish, D., Brown, S. E., Scherwitz, L. W., Billings, J. H., Armstrong, W. T., & Ports, T. A., et al. (1990). Can lifestyle changes reverse coronary heart disease? The lifestyle heart trial. *Lancet*, 336 (8708), 129-133.

82. Temple, N. J. (2018). Fat, sugar, whole grains and heart disease: 50 years of confusion. *Nutrients*, 10 (1).

83. Mills, P. K., Beeson, W. L., Phillips, R. L., & Fraser, G. E. (1994). Cancer incidence among California Seventh-Day Adventists, 1976-1982. *Am J Clin Nutr*, 59 (5 Suppl), 1136s-1142s.

84. Phillips, R. L., Garfinkel, L., Kuzma, J. W., Beeson, W. L., Lotz, T., & Brin, B. (1980). Mortality among California Seventh-Day Adventists for selected cancer sites. *J Natl Cancer Inst*, 65 (5), 1097-1107.

85. Tantamango-Bartley, Y., Jaceldo-Siegl, K., Fan, J., & Fraser, G. (2013). Vegetarian diets and the incidence of cancer in a low-risk population. *Cancer Epidemiol Biomarkers Prev*, 22 (2), 286-294..

86. Tantamango-Bartley, Y., Knutsen, S. F., Knutsen, R., Jacobsen, B. K., Fan, J., & Beeson, W. L., et al. (2016). Are strict vegetarians protected against prostate cancer?. *Am J Clin Nutr*, 103 (1), 153-160.

87. Bingham, S. A., Day, N. E., Luben, R., Ferrari, P., Slimani, N., & Norat, T., et al. (2003). Dietary fibre in food and protection against colorectal cancer in the European Prospective Investigation into Cancer and Nutrition (EPIC): An observational study. *Lancet*, 361 (9368), 1496-1501.

88. Singh, P. N., Sabaté, J., & Fraser, G. E. (2003). Does low meat consumption increase life expectancy in humans?. *Am J Clin Nutr*, 78 (3 Suppl), 526s-532s.

89. Roxburgh, H. (2017). *Life on the veg: The rise of vegetarianism in China*. http://www.timeoutbeijing.com/features/Living_in_Beijing/162166/Life-on-the-veg-the-rise-of-vegetarianism-in-China-.html. Accessed 10 Dec 2019.

健康長壽：香港實證研究

90. Campbell, T. C., & Campbell, T. M. (2016). *The China study*. Dallas: BenBella Book, Inc.

91. Campbell, T. C., Parpia, B., & Chen, J. (1998). Diet, lifestyle, and the etiology of coronary artery disease: The Cornell China study. *Am J Cardiol*, 82 (10B), 18T-21T.

92. Kwok, T. K., Woo, J., Ho, S., & Sham, A. (2000). Vegetarianism and ischemic heart disease in older Chinese women. *J Am Coll Nutr*, 19 (5), 622-627.

93. Szeto, Y. T., Kwok, T. C., & Benzie, I. F. (2004). Effects of a long-term vegetarian diet on biomarkers of antioxidant status and cardiovascular disease risk. *Nutrition*, 20 (10), 863-866.

94. Woo, K. S., Kwok, T. C., & Celermajer, D. S. (2014). Vegan diet, subnormal vitamin B-12 status and cardiovascular health. *Nutrients*, 6 (8), 3259-3273.

95. Chiu, T. H. T., Pan, W. H., Lin, M. N., & Lin, C. L. (2018). Vegetarian diet, change in dietary patterns, and diabetes risk: A prospective study. *Nutr Diabetes*, 8 (1), 12.

96. Kurotani, K., Nanri, A., Goto, A., Mizoue, T., Noda, M., & Oba, S., et al. (2013). Red meat consumption is associated with the risk of type 2 diabetes in men but not in women: A Japan public health center-based prospective study. *Br J Nutr*, 110 (10), 1910-1918.

97. Wahle, K. W., Brown, I., Rotondo, D., & Heys, S. D. (2010). Plant Phenolics in the prevention and treatment of cancer. In M. T. Giardi (Eds.), *Bio-farms for nutraceuticals: Functional food and safety control by biosensors* (pp. 36-51). New York: Springer Science+Business Media, LLC, Landes Bioscience.

98. Fung, T. T., Rexrode, K. M., Mantzoros, C. S., Manson, J. E., Willett, W. C., & Hu, F. B. (2009). Mediterranean diet and incidence of and mortality from coronary heart disease and stroke in women. *Circulation*, 119 (8), 1093-1100.

99. Sofi, F., Cesari, F., Abbate, R., Gensini, G. F., & Casini, A. (2008). Adherence to Mediterranean diet and health status: Meta-analysis. *BMJ*, 337, a1344.

100. Sofi, F., Abbate, R., Gensini, G. F., & Casini, A. (2009). [Evidences on the relationship between Mediterranean diet and health status]. *Recenti Prog Med*, 100 (3), 127-131.

101. Assmann, K. E., Adjibade, M., Shivappa, N., Hébert, J. R., Wirth, M. D., & Touvier, M., et al. (2018). The inflammatory potential of the diet at midlife is associated with later healthy aging in French adults. *J Nutr*, 148 (3), 437-444.

102. Hodge, A. M., Bassett, J. K., Dugué, P. A., Shivappa, N., Hébert, J. R., & Milne, R. L., et al. (2018). Dietary inflammatory index or Mediterranean diet score as risk factors for total and cardiovascular mortality. *Nutr Metab Cardiovasc Dis*, 28 (5), 461-469.

103. Ntanasi, E., Yannakoulia, M., Kosmidis, M. H., Anastasiou, C. A., Dardiotis, E., & Hadjigeorgiou, G., et al. (2018). Adherence to Mediterranean diet and frailty. *J Am Med Dir Assoc*, 1 9(4), 315-322 e312.

104. Assmann, K. E., Adjibade, M., Andreeva, V. A., Hercberg, S., Galan, P., & Kesse-Guy-

ot, E. (2018). Association between adherence to the Mediterranean diet at midlife and healthy aging in a cohort of French adults. *J Gerontol A Biol Sci Med Sci*, 73 (3), 347-354.

105. Estruch, R., Ros, E., Salas-Salvado, J., Covas, M. I., Corella, D., & Aros, F., et al. (2013). Primary prevention of cardiovascular disease with a Mediterranean diet. *N Engl J Med*, 368 (14), 1279-1290.

106. Stewart, R. A. H. (2018). Primary prevention of cardiovascular disease with a Mediterranean diet supplemented with extra-virgin olive oil or nuts. *N Engl J Med*, 379 (14), 1388.

107. Kandel, S. (2019). An evidence-based look at the effects of diet on health. *Cureus*, 11 (5), e4715.

108. Willett, W. C., Sacks, F., Trichopoulou, A., Drescher, G., Ferro-Luzzi, A., Helsing, E., & Trichopoulos, D. (1995). Mediterranean diet pyramid: A cultural model for healthy eating. *Am J Clin Nutr*, 61 (6 Suppl), 1402S-1406S.

109. Stamler, J. (2013). Toward a modern Mediterranean diet for the 21st century. *Nutr Metab Cardiovasc Dis*, 23 (12), 1159-1162.

110. Trichopoulou, A., Costacou, T., Bamia, C., & Trichopoulos, D. (2003). Adherence to a Mediterranean diet and survival in a Greek population. *N Engl J Med*, 348 (26), 2599-2608.

111. Trichopoulou, A., Bamia, C., & Trichopoulos, D. (2009). Anatomy of health effects of Mediterranean diet: Greek EPIC prospective cohort study. *BMJ*, 338, b2337.

112. Katz, D. L. (2018). *The truth about food: Why pandas eat bamboo and people get bamboozled*. New York: Dystel & Goderich.

113. Aune, D. (2019). Plant foods, antioxidant biomarkers, and the risk of cardiovascular disease, cancer, and mortality: A review of the evidence. *Adv Nutr*, 10 (Suppl_4), S404-S421.

114. Vattem, D. A., Ghaedian, R., & Shetty, K. (2005). Enhancing health benefits of berries through phenolic antioxidant enrichment: Focus on cranberry. *Asia Pac J Clin Nutr*, 14 (2), 120-130.

115. Anand, P., Kunnumakkara, A. B., Sundaram, C., Harikumar, K. B., Tharakan, S. T., & Lai, O. S., et al. (2008). Cancer is a preventable disease that requires major lifestyle changes. *Pharm Res*, 25 (9), 2097-2116.

116. Zhang, Y. J., Gan, R. Y., Li, S., Zhou, Y., Li, A. N., Xu, D. P., & Li, H. B. (2015). Antioxidant phytochemicals for the prevention and treatment of chronic diseases. *Molecules*, 20 (12), 21138-21156.

117. Thakur, V. S., Deb, G., Babcook, M. A., & Gupta, S. (2014). Plant phytochemicals as epigenetic modulators: Role in cancer chemoprevention. *AAPS J*, 16 (1), 151-163.

118. Poulain, M., Pes, G. M., Grasland, C., Carru, C., Ferrucci, L., & Baggio, G., et al. (2004).

Identification of a geographic area characterized by extreme longevity in the Sardinia island: The AKEA study. *Exp Gerontol*, 39 (9), 1423-1429.

119. Poulain, M., Herm, A., & Pes, G. (2013). The blue zones: Areas of exceptional longevity around the world. *Vienna Yearbook of Population Research*. 11, 87 -108.

120. Buettner, D. (2015). *The blue zones solution*. Washington: National Geographic Partners, LLC.

121. Appel, L. J. (2008). Dietary patterns and longevity: Expanding the blue zones. *Circulation*, 118 (3), 214-215.

122. Willcox, B. J., Willcox, C., & Suzuki, M. (2001). *The Okinawa program: How the world's longest-lived people achieve everlasting health--and how you can too*. New York: Three Rivers Press.

123. Willcox, B. J., Willcox, C., & Suzuki, M. (2004). *The Okinawa diet plan: Get leaner, live longer, and never feel hungry*. New York: Three Rivers Press.

124. Kochilas, D. (2014). *Ikaria: Lessons on food, life, and longevity from the Greek island where people forget to die*. New York: Rodale.

125. Eaton, S. B., & Konner, M. (1985). Paleolithic nutrition. A consideration of its nature and current implications. *N Engl J Med*, 31 2(5), 283-289.

126. Anderson, J. W. (2003). Whole grains protect against atherosclerotic cardiovascular disease. *Proc Nutr Soc*, 62 (1), 135-142.

127. Mellen, P. B., Walsh, T. F., & Herrington, D. M. (2008). Whole grain intake and cardiovascular disease: A meta-analysis. *Nutr Metab Cardiovasc Dis*, 18 (4), 283-290.

128. Schwingshackl, L., & Hoffmann, G. (2014). Mediterranean dietary pattern, inflammation and endothelial function: A systematic review and meta-analysis of intervention trials. *Nutr Metab Cardiovasc Dis*, 24 (9), 929-939.

129. Hodge, A. M., O'Dea, K., English, D. R., Giles, G. G., & Flicker, L. (2014). Dietary patterns as predictors of successful ageing. *J Nutr Health Aging*, 18 (3), 221-227.

130. Mozaffarian, D., & Ludwig, D. S. (2010). Dietary guidelines in the 21st century–a time for food. *JAMA*, 304 (6), 681-682.

131. Dixit, S., Whooley, M. A., Vittinghoff, E., Roberts, J. D., Heckbert, S. R., & Fitzpatrick, A. L., et al. (2019). Alcohol consumption and leukocyte telomere length. *Sci Rep*, 9 (1), 1404.

132. U.S. Department of Health and Human Services and U.S. Department of Agriculture *2015 -2020 Dietary guidelines for Americans*. 8th edition. http://health.gov/dietaryguidelines/2015/guidelines/. Accessed 7 July 2019.

133. Leitzmann, C. (2005). Vegetarian diets: What are the advantages?. *Forum Nutr*, (57), 147-156.

134. Sabaté, J., & Soret, S. (2014). Sustainability of plant-based diets: Back to the future.

Am J Clin Nutr, 100 Suppl 1, 476S-482S.

135. World Health Organization. (2015). *Fiscal policies for diet and prevention of noncommunicable diseases: Technical meeting report*, 5-6 May 2015. Geneva: World Health Organization. https://www.who.int/dietphysicalactivity/publications/fiscal-policies-diet-prevention/en/. Accessed 10 Dec 2019.

136. Bibbins-Domingo, K., Chertow, G. M., Coxson, P. G., Moran, A., Lightwood, J. M., Pletcher, M. J., & Goldman, L. (2010). Projected effect of dietary salt reductions on future cardiovascular disease. *N Engl J Med*, 362 (7), 590-599.

137. Smith-Spangler, C. M., Juusola, J. L., Enns, E. A., Owens, D. K., & Garber, A. M. (2010). Population strategies to decrease sodium intake and the burden of cardiovascular disease: A cost-effectiveness analysis. *Ann Intern Med*, 152 (8), 481-487, W170-483.

138. Lachat, C., Otchere, S., Roberfroid, D., Abdulai, A., Seret, F. M., & Milesevic, J., et al. (2013). Diet and physical activity for the prevention of noncommunicable diseases in low- and middle-income countries: A systematic policy review. *PLoS Med*, 10 (6), e1001465.

139. Afshin, A., Penalvo, J., Del Gobbo, L., Kashaf, M., Micha, R., & Morrish, K., et al. (2015). CVD prevention through policy: A review of mass media, food/menu labeling, taxation/subsidies, built environment, school procurement, worksite wellness, and marketing standards to improve diet. *Curr Cardiol Rep*, 17 (11), 98.

140. Leng, G., Adan, R. A. H., Belot, M., Brunstrom, J. M., de Graaf, K., & Dickson, S. L., et al. (2017). The determinants of food choice. *Proc Nutr Soc*, 76 (3), 316-327.

141. Auestad, N., & Fulgoni, V. L., 3rd. (2015). What current literature tells us about sustainable diets: Emerging research linking dietary patterns, environmental sustainability, and economics. *Adv Nutr*, 6 (1), 19-36.

142. Farchi, S., De Sario, M., Lapucci, E., Davoli, M., & Michelozzi, P. (2017). Meat consumption reduction in Italian regions: Health co-benefits and decreases in GHG emissions. *PLoS One*, 12(8), e0182960.

143. Tilman, D., & Clark, M. (2014). Global diets link environmental sustainability and human health. *Nature*, 515 (7528), 518-522.

144. Springmann, M., Godfray, H. C., Rayner, M., & Scarborough, P. (2016). Analysis and valuation of the health and climate change cobenefits of dietary change. *Proc Natl Acad Sci U S A*, 113 (15), 4146-4151.

145. Wiseman, M. (2008). The second World Cancer Research Fund/American Institute for Cancer Research expert report. Food, nutrition, physical activity, and the prevention of cancer: A global perspective. *Proc Nutr Soc*, 67 (3), 253-256.

146. Hemler, E. C., & Hu, F. B. (2019). Plant-based diets for personal, population, and planetary health. *Adv Nutr*, 10 (Suppl_4), S275-s283.

結語

　　聯合國《世界人口展望 2019：發現提要》確認，由於人均預期壽命的增加和生育率的下降，全球人口正在逐步老齡化。根據聯合國方案的預測，全球百歲老人的數量將從 2020 年的 57.3 萬人增至 2050 年的 320 萬人，到 2100 年將超過 1,900 萬人。而到 2100 年，中國的百歲老人將會增加至 455.2 萬人，成為全球之冠 [1]。香港地區的百歲老人到 2100 年將增至 10.9 萬人 [1]。最近，羅賓教授及其他學者對 1903 年出生隊列的死亡風險進行了數學統計建模，顯示平均每一千萬個百歲老人中，就有一位的年齡可以達到 122 歲或更大，所以到 2100 年會有多個超級百歲老人出現，也許能打破全球認證最長壽的老人的紀錄——法國珍妮·卡爾芒（Jeanne Calment），她逝世時 122 歲 164 日 [2]。

　　在世界上的大多數國家，包括中國，面臨的主要挑戰之一就是人口老齡化。隨着 80 歲及以上長者和百歲老人數量的急劇增加，他們的身體很大可能愈來愈衰弱，經常需要日常協助和醫療服務，對健康和社會護理系統將產生重大的挑戰 [3]。中國高齡女性的死亡率往往低於男性，但是她們在日常生活、認知和身體的表現上卻比男性差 [3]。香港也不例外，愈來愈多的人存活到更高的年齡，但生活質量及整體健康（如自我評估健康、慢性疾病和殘疾）的情況愈來愈差 [4]。壽命成功地延長，卻增加身體和認知功能的依賴和殘疾為代價。因此，現在迫切地需要確定是哪些因素與健康長壽有關，哪些因素可以預測健康老齡化，特別是那些潛在和可改變的因素。甚至迫切需要針對公共衛生應對措施的多部門和多利益相關者的連貫和合作 [5]。

　　在宏觀經濟上，人口老齡化給國家經濟帶來了挑戰，一般長者比年輕人具有更大的健康和長期護理的需求，導致家庭和公共支出的增加。如果

他們不健康，他們繼續工作的可能性也會大大降低，並可能給家庭和社會帶來經濟負擔。像其他所有人一樣，長者既需要人身安全，也需要經濟安全，但是因不健康造成的負擔將落在一小部分人身上。養老金系統將承擔更大的壓力，因此在應對人口老齡化時，需要與退休政策一起進行重新評估，並需要充分關注負責疾病預防的衛生系統。應通過不同的方式，包括個人和企業行為的適應和改變，應對新的人口統計學現象及隨之而來的人口健康狀況的變化[6]。

面對人口老齡化問題，這些改變會對經濟、工作生產、勞動人口年齡分佈、供養比、家庭結構和家庭關係，甚至長者照顧、院舍服務、休閒設施、醫療、福利及退休政策等方面產生顯著的影響。我們必須好好了解這些長者的生物學、心理學、社會學、健康狀況及疾病、存活、適應力、生活質量和身心健康等各方面的知識，了解先天及後天因素對健康長壽的影響。人口統計學在其中發揮重要的作用，包括不同性別、不同地域群組和不同隊列的研究；群體遺傳學，包括與原始人類進化和適應不同環境相關的因素、所有與文化習慣相關的變量（如生活方式和性格）——這些都是人類的典型特徵、非生物因素（如營養、教育和心理及社交支持），也可能會調節基因對壽命的影響。甚至醫療和科技進步、社會保障政策、公共衛生政策、醫療保健系統的變化以及退休待遇的變化均可能對健康長壽造成影響。此外，成功老齡化是基於歷史和文化的判斷，反映了特定文化在特定歷史時刻的價值[7]。

正如普魯奇諾[8]給出成功老齡化的定義，應該客觀或主觀地去分析，並將其用作研究社會，它可以是一個過程也可以是一個結果。假設成功老齡化是人們渴望實現的目標，它就能為我們提供是否需要干預定下標準[7]。如果我們能確定成功或失敗老齡化的人群，便可以探索它們共有的功能，例如長壽基因的存在或常見的營養史。這些共有的功能，可以給我們提供干預措施的建議，以及指導我們如何針對性地進行干預[7]。

人類壽命的延長是一項巨大的成就，值得慶祝。但老化作為一個問題經常被放在「負面」的框架內，被質疑是否提供了足夠的保健服務、福利和經濟增長是否可持續。其實人口老齡化也帶來了機遇，讓我們重新考

慮老少皆宜的公共衛生政策，以造福於所有的人[9]。長壽是社會的寶貴資源，因為長者在退休後，也在越來越多的地方尋找新的參與方式和回饋社會的機會。然而，他們的貢獻取決於他們的身體健康、心理健康和身體完好（Well-being）。精神健康和身體完好，這兩個獨立但相互關聯的結構所發揮的潛在作用，通常未被充分認識，而且針對性不足。積極老齡化（Positive Aging）是首先對長者有積極和建設性的看法和概念，讓長者可以保持積極的態度，並最大程度地提高自身的健康水平。刺激積極老齡化的干預措施，需要特別注意精神健康和身體完好這兩個方面，其覆蓋面能發揮更重要的作用，遠遠比單靠醫療途徑實現積極老齡化更有效[10]。

正如 Beard 及 Bloom（2015）指出[11]，人口老齡化明顯地表現出功能的異質性。在長者的生活中，這種異質性可能是由於健康不平等的累積效應造成的。在國際社會邁向全民健康的背景下，覆蓋面必須逐步增加，尤其是患有多種慢性疾病的長者的特殊需求，必須先由衛生系統解決，但整體衛生系統需要有效的策略以擴大對衛生保健、預防疾病和健康長壽的認識[12]。假若各國政府和國際機構未能優先推動和進行有效的干預方法，這代表錯過了前所未有的機會去減少死亡率、疾病和殘疾的發生概率[9]，而衛生系統的負擔將達到難以控制的程度[12]。

干預措施應特別針對中年及老年長者，包括促進他們的身心精神健康、身體完好、疾病預防以及整個範圍的綜合治療，即使長者年齡增長，他們保持良好狀態的時間應該維持更長[13]，甚至可以利用認知老年病學的認知功能訓練進行篩查和干預，幫助長者減少衰弱綜合徵的出現[14]。通過多種形式的干預措施，將逆境因素添加到健康的衰老模型中，以幫助長者駕馭逆境，增強其復原能力。隨着年齡的增長，長者遇到某種形式的逆境的可能性會增加，因此長者更應該學會調用個人、企業、社會和環境資源，通過公共政策的干預以增強抵禦逆境的能力[15]。正如 Steptoe 及其他學者（2015）指出[16]，除了確保長者的身心認知功能健康外，還需要確保他們時刻擁有主觀的幸福感。基本保健系統更需要以「長者友善」

（Age-friendly）① 為重心，通過適當的培訓不單給予中年及老年長者，而且給予各行各業的人群（可先從醫療保健專業人士開始）以指導，鼓勵全體人整體的健康生活方式。只有這樣，才能確保壽命延長的同時活得更健康 [12]。

世界上存在着一群健康長壽的百歲老人，他們身心健康、身體完好，認知能力日常基本自我照顧及操作能力、生活質量得到了最大限度的發展，他們幾乎同年輕人一樣反應機敏、態度積極樂觀、對生命尊重、有節制地約束自我、幽默平和、行為自主、對生活滿意和充滿幸福感，抱着「活到老學到老的精神」[17]。甚至當他們面對親人、家人和朋友先行離世，或工作和生活上的失敗和挫折，仍然能保持心態平和，面對逆境時也表現出優良復原力。他們絕不是「長壽危機」所描述體弱衰老的形象。雖然這群百歲老人或多或少存在一些健康問題，但他們即使患有些慢性疾病和有功能依賴也並不意味着健康狀況不佳。自我評估健康狀況的高度變異，以及客觀和主觀衡量指標之間的不一致，證明存在着百歲老人的適應能力和個人資源的影響，這可能對一個人在高齡時的感知健康狀況有決定性的作用 [18]。

百歲老人或超級百歲老人的表型，是基因與環境之間相互作用的結果，也是在終生適應之下產生其獨特特性的基礎。他們在很大程度上避免或推遲了與年齡相關的慢性疾病，並且縮短了他們經歷嚴重衰老的時間，他們在身體和認知上保持活躍和輕快，他們就是健康長壽和成功老齡化的好例子。

---

① 　歐洲聯盟發起了「歐洲積極老齡化與團結年」（The European Year for Active Aging and Solidarity between Generations 2012）運動，2012 年世代（EY 2012）朝着 2020 年實現「友善歐洲聯盟」的目標邁進。這意味着促進「年齡友好環境」（Age-friendly Environments）並增加「健康生命年」（Healthy Life Year）指標。根據世界衛生組織（WHO）的觀點，物理和社交環境是關鍵的決定因素，決定着人們是否可以保持健康、獨立和自治的老年生活。創建「年齡友好環境」必須適應我們的日常生活環境，以滿足人口老齡化的需求，使人們能夠享有更好的身心健康，促進其社會包容性和積極參與，幫助他們保持自主和優質的高齡生活。即使已接近或到達退休年齡仍然可參與勞動市場的工作，減輕傳統照料和援助的壓力，並通過創新解決方案刺激經濟。https://www.age-platform.eu/sites/default/files/Towards_an_Age_Friendly_EU_FINAL.pdf. 國際計劃，例如建立「歐洲創新夥伴關係積極和健康老齡化」（The European Innovation Partnership on Active and Healthy Aging）是為了收集有關健康衰老因素的信息。https://ec.europa.eu/eip/ageing/home_en.

　　雖然香港在百歲老人的數據收集上仍然比較落後，大部分財政資源分配或研究資金仍偏向於疾病的藥物治療和醫學科技的研發，慶幸是，曾與我一起進行 2011 年「香港百歲老人」調查、數據分析和撰寫英文論文的劉喜寶博士，於 2019 年成功獲得大學教育資助委員會內研究資助局（University Grants Council）的資助，她的研究計劃名為 "Adapting to the Challenges of the Tenth Decade of Life : A Mixed Method Study with Hong Kong Near-Centenarians and Centenarians"（資助研究項目編號：UGC/FDS15/M01/19），為期三年。該計劃延續了 2011 年「香港百歲老人」的研究，被視為「香港百歲老人」的第二期研究，我感到非常欣慰和感恩，並相信日後的研究結果能提供更多的實證，為香港在應對人口老齡化和高齡化的各項工作上（包括輿論、理論、人才、立法、制度等）做好準備工作。將百歲老人的健康長壽生活模式推廣至社區，建立全民、可持續、全方位的健康長壽計劃，這才能真正避免「長壽危機」的出現及解決社會龐大的醫療及財政負擔。這些準備工作，政府、社會、家庭和個人均責無旁貸，而我作為一名知識分子，也應力所能及地提供智力及學術支持，吸收東西方的科研成果，並將之與本土地理和文化相結合。

　　在過去的二十年中，非傳染性和最依賴年齡的疾病（如腦退化、中風、慢性阻塞性肺疾病和視力障礙）更多地導致了殘疾，而非過早死亡[14]。長期護理的費用往往超過了用於預防的支出，這些疾病的社會成本巨大[13]。香港與許多發達地區一樣，正面臨日益嚴峻的非傳染性疾病的威脅，若不及時處理，將無可避免地增加市民的死亡率、發病率和殘疾率。2018 年，四種主要的非傳染病，即癌症、心血管疾病、慢性呼吸系統疾病和糖尿病，佔所有登記死亡人數的 56.6%。為應對此情況，香港特別行政區於 2018 年發佈了《邁向 2025：香港非傳染病防控策略及行動計劃》[19]，建議做出一籃子行動，在 2025 年或之前針對非傳染病定下了九個目標。九個目標為：

目標一：減少市民因罹患非傳染性疾病而早逝的情況
目標二：減少酒精相關危害
目標三：減少體能活動不足
目標四：減少鹽攝入量

目標五：減少吸煙

目標六：遏止市民的高血壓患病率上升

目標七：制止糖尿病及肥胖問題上升

目標八：通過藥物治療及輔導服務來預防心臟病和中風

目標九：為市民提供可負擔、用作治療主要非傳染性疾病的基本設備和必需藥物

最近，香港食物及衛生局局長陳肇始表示，衛生署將於 2020 年進行新一輪的全港人口健康調查[20]，此舉可加強政府的人口健康資料庫，配合以實證為本的衛生政策、資源分配並提供各種預防性醫療服務和計劃，甚至有助於監察香港本地非傳染病防控措施的進展。這一全港性人口健康調查是邁向「健康城市」[19,20]正確的一步，但必須定期進行，並應該與大學或科研機構合作進行數據分析及開展全方位的定性和定量研究，深入探討大眾及不同年齡層在實踐健康生活方式過程中所面對的困難和阻礙。

另外，於 2019 年 9 月投入服務的葵青地區康健中心通過推動個人和社區參與，鼓勵市民管理自身的健康、預防疾病、降低風險因素及防治多病症，具體措施包括健康講座、身體檢查等，還開設了「匿獅 Lion」和「活出健康新方向」等網站[19]，向公眾提供有關非傳染性疾病防控行動的最新資訊，鼓勵市民將體能活動融入日常生活。雖然這些工作有助提高一般市民對慢性疾病（例如高血壓、糖尿病）的管理意識，但這些個人和社區的健康推廣活動仍然缺乏系統、長遠、個人主導性和多元化的干預。

如果香港政府只依賴非政府機構及社區團體推行健康推廣活動，依靠醫護人員提供健康教育及醫護服務，甚至幫助一般市民知曉照顧自己健康的責任，這在控制非傳染性疾病發生率、減輕醫療和環境負擔、推動全民健康長壽方面的效果仍然是非常有限的。建議香港政府及政策策劃者參考本書的內容，特別應細讀第十章「健康長壽萬靈丹藥：基因與環境」及第十一章「生活方式和健康長壽的祕訣」。推行健康飲食習慣，必須轉向「整全最佳營養植物膳食模式」，這方面可參考香港百歲老人的研究實證、藍區長壽老人的飲食習慣以及「藍區活力計劃」的項目。「健康老齡化」的概念不僅僅意味着個人擁有健康的身心，對疾病有更強的抵抗力及康復能

力，還意味着積極的社會參與，在政策、經濟和社會層面上，必須全面支持健康老齡化的干預計劃[21]。

　　健康長壽及成功老齡化並非可望而不可及。過往的研究證明，健康長壽之路沒有單一的偏方，它是多種環境因素與基因因素長期互動和綜合作用產生的結果。除了優良的遺傳因子具有積極作用外，關鍵在於個人科學的行為方式與創造良好的自然、家庭、社會環境[22]。針對雙胞胎的研究顯示，其中一個被領養的孩子死亡是生活習慣的影響，而不是基因的作用[23]。基因對健康長壽的影響只佔約三分之一，其餘更多地受到環境因素的影響。在不同的環境中，我們的基因會有不同的表達。如果對於基因來說環境過於惡劣，那麼我們就無法適應環境，從而罹患疾病。

　　每人都有與自己獨特的基因相匹配的理想生存環境，基因和環境因素的互動關係不是一套固定的規則，也不可能千篇一律。過往的研究顯示，環境因素有着核心的相似性，對大多數人來說都是適用的，只是在具體情況下有着不同的作用程度。在適宜的環境中生活，攝取整體的最佳營養（整全植物膳食），摒除風險行為模式（例如吸煙及過量飲酒）對身體健康造成的不良影響，已在過去幾十年得到證實。願意改變緊張和壓力的源頭，勤於身體鍛練，堅持健康的生活方式，對預防疾病是絕對有效的[24]。

　　全球人類在健康和公共衛生工作中，將越來越集中在減少肥胖、吸煙、高酒精攝入、缺乏運動、高血壓的風險和低密度脂蛋白膽固醇上，並更廣泛地減少糖尿病、心血管疾病和癌症的過早出現[25]。在許多人口中，不健康長者的比例在不斷增加，的確對社會造成了全球性挑戰。生活方式的調整和預防性藥物治療已經迫在眉睫，而減少癌症、代謝和心血管疾病發生風險的公共衛生措施可能是有效的，但應在初級保健中就進行監測，並積極推動干預措施[25]。

　　癌症現在已經開始影響那些從不吸煙的人，還有那些生活看似「和諧平衡」甚至吃得「很清淡」的人。病人為什麼會愈來愈年輕？炎症和血管增生是腫瘤生長的潛在原因，應當採取措施來阻止新血管向腫瘤提供養分來限制腫瘤擴散。為了獲得身體、心理和身體完好的狀態，我們需要超越

營養或藥物治療，實施組合式的干預措施，這樣不僅可以增強我們身體的代謝健康，還可以促進我們的心理、情感、智力和精神發展，增進我們的社會關係和文化福祉。這一觀點強調一系列基於科學研究的干預措施，有助於促進人類的健康長壽 [26]。

老年患者治療所面臨的另一個的醫學挑戰是多發病（Multi-morbidity），在 70 歲以上的長者中至少有一半存在這種疾病 [27,28]。長者的多發病率為 55%～98%。長者、女性和低社會經濟地位，證實是該病的相關因素。而多發病的主要後果是殘疾和身體功能的下降、低生活質量以及高昂的醫療費用 [28,29]。造成晚年殘疾（大於 60 歲）的三個主要因素是：衰老過程、生活中積累的不健康的生活方式、健康失調 [14]。因此，干預措施的重點應包括逆轉風險的趨勢，如吸煙、肥胖等。Prince 及其他學者 [13] 在其系列論文中也提出了早期干預措施，包括增加身體活動、增強精神刺激、參與休閒活動，以及及早檢查發現，這可能有助於保持老年認知功能。然而，正如 Beard 和 Bloom 指出 [11]，這些風險一直持續到老年，並且需要對長者進行持續的監視和干預。可以通過技能的培訓去改變長者的認知功能和行為方式，以便他們適應不斷變化的生活環境，幫助他們在以後的生活中保持良好的健康狀況。

迄今為止，世界衛生組織（WHO）已將社會經濟因素納入高收入世衛組織成員國的倡議項目，其總體目標是到 2025 年將非傳染性疾病的過早死亡率降低 25% [30]。而主要的行為危險因素包括吸煙、缺乏運動和酗酒（男性每週超過 21 個單位，女性每週超過 14 個單位），它們導致的平均損失壽命分別為 4.8 年、2.4 年和 0.5 年 [31]。

自 20 世紀下半葉以來，久坐不動的生活方式在高收入國家已經很普遍 [32]。對於成年人來說，許多職業需要長時間坐着。對於成年人和兒童，在電視、電腦、智能手機和視頻遊戲終端等設備上觀看屏幕（包括工作時）是一種久坐不動的行為。在一些國家，兒童在這些設備上花費的時間通常超過每天三個小時，在此期間，他們還經常食用高度加工的、高脂肪、精製澱粉食品或糖類飲料，而久坐的行為在長者中也尤為常見 [33]。

要想健康長壽就不能四肢慵懶，法國哲學家伏爾泰（Voltaire）在 18 世紀提出「生命在於運動」的著名論斷。人的一生必須堅持運動，運動給予生命活力，運動使生命永遠煥發青春，但運動需因人而異，根據自身的條件和身體狀況選擇運動的類別[24]。工作時久坐不動的人需要特別注意在日常生活中保持身體的活動。世界衛生組織建議成年人每天進行活動，每週至少參加 150 分鐘的中等強度的有氧運動或至少 75 分鐘劇烈強度的有氧運動（或兩者組合）。這是代表心臟代謝健康的最小量的身體活動。中等強度的活動包括散步、騎自行車、做家務、園藝和某些職業，以及游泳和跳舞等娛樂活動。精力充沛的活動包括跑步、快速游泳、快速騎自行車、健美操和一些團隊運動。適當的體育鍛練會在體內形成代謝環境，從而降低對某些癌症的敏感性[32]。

此外，大多數政策制定者似乎還不了解，肥胖的流行是人們過去 40 年來體育活動急劇減少和各國糧食供應發生重大變化的正常現象。因此，食物供應和物質環境的變化是社會經濟驅動的，衛生部門只是簡單地接受後果。對於大多數或所有人來說，體重增加和肥胖是不可避免的[34]。另外，西化飲食[35]、身體活動量減少、城市化的生活方式，均會產生有害的影響。中國成年人的代謝綜合徵狀與飲食中較低蔬菜的攝入量以及高牛奶、高脂肪攝入量有關[36,37]，與較低的身體活動水平也相關[38,39]。城市化影響了這兩種生活方式因素，並間接影響代謝綜合徵的風險，如腹部肥胖、甘油三酯水平升高、低高密度脂蛋白、高血壓和血糖升高，這些都有助於肥胖的流行。而乳製品和肉類的攝入量增加以及快餐的普及化，使中國人飲食消費模式發生了轉變，這也是城市生活方式的結果[40]。

2000～2009 年，中國健康與營養調查在 218 個社區的 30～65 歲的成年人中開展，調查結果表明，城市化進程中，人們的身體活動和體育活動快速地減少，穀物攝入量減少，紅肉、乳製品和牛奶、快餐的攝入量增加，這些均會增加新陳代謝綜合徵的發生[41]。這些研究將飲食模式與青少年[42]、長者[43]的肥胖聯繫起來。從實際的角度來看，城市化與社區內快餐店的可用性增加有關[44]。城市化的食物環境，可能會增強社區對快餐的偏好，增加不健康飲食的攝入量，如方便食品和含糖飲料，這些都會導致飲食過量和肥胖[44]。

　　政府可以通過制定法律來規範菜單標籤、限制不健康垃圾食品的營銷、禁止使用反式脂肪，以此來阻止快餐消費並保護公眾健康。可以採取公共衛生干預措施來提高公民的健康飲食水平，使公眾意識到不健康飲食的健康風險，並促進健康飲食知識的普及。社區層面的大眾媒體宣傳有助於改變個人的飲食行為[45]。城市規劃政策可以着重於促進身體活動水平的整體提升、維持代謝的平衡[46]、調節飲食攝入量[47]和轉變生活方式[48]，這需要一套全面的政策來支持人們採納整體最佳營養植物膳食，包括限制紅肉和極少的加工肉類攝入，也包括影響食物環境、食物系統和行為的政策。在全球範圍內，倡議植物性食物體系而非動物性食物，更有可能為可持續的生態環境做出貢獻[40]。

　　另外，多元藥物（Polypharmacy）也是一個大的醫學挑戰，即指五種或更多類型藥物的相關使用，這種情況的發生在超過 10% 的總人口[49,50]和 30% 的長者[51]中。12% 的老年患者的住院治療可歸因於藥物的不良反應[52,53]，其中最常見的是抗凝藥、降血壓藥、降血糖藥、抗血小板藥（阿司匹林）和非甾體抗炎藥[54]。理想情況下，預防性藥物治療應從晚年開始，以盡量減少長期服用藥物可能產生不良反應的持續時間。多元藥物也是高齡長者面臨的主要問題，他們對藥物的了解程度低，對藥物的依從性較低，並且還會高頻率不適當地使用藥物[55]。

　　隨着人口老齡化進程加深加快，不難想像更多的人將會成為照顧者，從而面臨更大的財政及情緒負擔；同時，長者比年輕人有更大的機會需要健康和長期護理，特別是可能要迎接前所未有的腦退化症（或稱認知障礙症）浪潮。照顧腦退化症患者的工作是極具挑戰和難度的，需要幾乎全天候的照療。在照顧者眼中的行為問題，對患者而言未必是不當的行為。如果因此而生氣譴罵，只會令大家都不愉快，更不能解決問題。故此，要不時地提醒大眾關注自己及家人的腦部和認知健康，讓更多的人了解腦退化症。全球衛生保健人員短缺的情況正在惡化[56]。世界衛生組織報告，2013年衛生保健人員不足數量只有 700 萬，但到 2030 年，預計不足的情況會加劇，數字飆升到 1,800 萬人[57,58]。

　　越來越多人認為，投資於衛生和衛生保健的工作不僅可以改善人口健

康和延長壽命，而且可以帶來可觀的經濟效益[56]。通過採用「全民健康覆蓋」（Universal Health Coverage, UHC）議程，可以解決衛生保健人員短缺的問題，還可以合理調整衛生保健的需求。儘管 UHC 不是萬能藥，但它提供了一個良好的機會改革衛生系統。它可以代替「錢跟人走」（Pay as You Go）的整合資源，並將與人口健康需求和治療聯繫起來[56]。

衛生保健人員的短缺可見於許多發達國家，他們會從較貧窮的國家招聘人員，這是其中一個可行的解決方法並推動了全球勞動力市場[56]。從 20 世紀 60 年代開始，加拿大已開始實行 UHC，衛生系統儘管由國家統籌，但仍然依賴受過外國培訓的衛生保健人員。英國和美國的情況也類似[56]。對擁有專業背景的醫護人員進行教育，雖然如此，但仍不能使他們為應對多發病或長期慢性疾病的挑戰做好充分的準備[29]。世界衛生組織正在制定一項綜合戰略——以人為本的護理，其目標是實現「全民健康覆蓋」。該策略鼓勵一個整合式跨疾病的、連續的護理，統一管理年齡更大及患有多種慢性疾病的成年人，而不是分開管理。該策略賦予個人和社區參與的力量，加強治理和問責制，並重新調整護理模式，並創造有利的環境營造部門內部和部門之間服務的協調[57,58]。

要避免日後依賴衛生保健人員照顧自己，又或者自己成為照顧者，最折中的方法是注重健康，越早開始越好。很多人為生計匆匆奔波，而忽視了自己的健康，直至有一天發現自己患有不可逆轉的疾病時，才開始思考，為什麼自己是不幸者。當你自己或身邊的家人或朋友確診患有癌症、心臟病、糖尿病、腦中風時，你可能聽過一些零零散散，但並不完整或似是而非的信息。甚至，有些醫生會告訴迷茫的患者及其家屬「沒有什麼特別可以做的，照常生活就好」，「定時吃藥覆診，進行檢查，如果有什麼不適，就回來見醫生」，「及早發現問題」。診斷後給予了藥物治療或手術治療，但最終的問題仍然沒有解決，也不知道為什麼疾病會出現。我們彷彿走到了目前知識所能達到的極限。對大多數醫生來說，除了藥物和手術治療手段，有關於身心調節、護理及營養學的知識，他們似乎沒有時間也沒有興趣去探索，更不會與患者及其家屬交流分享。

對我來說，只有把過往實證研究的結果和信息進行有系統的歸納和

總結，才能顯現全部的意義。很多患者或家屬可能接觸過一些醫生，醫生告訴他們患病的原因是不明的，而我們亦可能接觸很多零碎信息破壞自身抗病能力的謬論，例如，很多人深信癌症主要與基因有關，與生活方式無關，從而繼續進行不自律、高風險的行為，例如吸煙和酗酒、飲用高糖飲料和甜蘇打水、進食超級加工食品和過多肉類、食用高鈉及高反式脂肪含量的食品和烤製食品、吸取低膳食纖維及微量元素。甚至有些人罹患癌症時，還會疑惑為何自己不抽煙不喝酒也會患病，這是天意，這是命運。正正是這些謬誤的想法，造成了和繼續給自己不健康生活方式和習慣的藉口。

如何將生命掌握在自己手中，保持正確的生活信念？在成長過程中，沒有誰能真正告訴我們如何保持健康。除了父母傳授的一點生活知識，多數人在他們的後半生中，都要忍受不斷增加的痛苦和疾病的煎熬。我們在小學、中學、大學教育中，在各種媒體上都學不到真正保持健康的方法，反而承受着學習和生活上的壓力——應付考試，希望名列前茅，出類拔萃，希望躋身著名學府，日後找一份好待遇、好薪酬、好前途的工作。政府部門的宣傳中會忠告我們不要吸煙、少喝酒，但這並沒有起到真正的指導作用，產生的實際效果微乎其微。我們與生俱來的優勢和劣勢各不相同，患病後的康復能力也不同。「物競天擇」（Fitness of Survival），到今天或許我們在與各種慢性疾病的鬥爭中是輸了，而不是贏了。

在完成這本書的兩年裏，2018 年 10 月我看見我摯愛的母親飽受帶狀皰疹神經痛之苦，左頸、肩膀、前胸及肩胛骨位置均出現大量水痘，多處水泡滲出液體、裂開及泛紅，有膿流出，腫脹部位的疼痛感達到 10 級，痛楚令她苦不堪言，令她失去自尊，令她生活質量下降。雖然已有公私營醫生為她治療，但她的神經痛楚仍然時好時壞，她失眠及精神崩潰，被折磨至不成人形，這火燒的痛楚煎熬，甚至令她想結束生命。在私營醫院，她已接受過三次超聲波定位局部神經麻醉藥及類固醇注射治療。雖然痛症已大部分減少，但未能完全徹底治癒，在一部分發病位置，仍出現間歇性抽搐針刺的痛楚。再加上她曾經患過乳腺癌和糖尿病、動過腸通血管和心臟支架手術、經歷過左膝蓋手術，抑鬱情況更加嚴重。眼見她受盡精神肉體折磨，家人心身也相當疲憊。在起居飲食及護理照顧上，我作為家屬中的主要照顧者，這項工作非常不容易。在經歷家人患病的日子裏，我更加

明白健康的保貴。

2019 年伊始，我們子女為她聘請了一位能講廣東話的印傭與她同住，希望這位印傭能在日常生活中提供照顧之外，同時擔當衛生保健人員的職務。但文化背景的不同和生活細節相處上的差異，彼此不能融合相處，生活上的齟齬和分歧未能在寬容中化解，最後她們相處了三個月，就不能繼續下去。而母親抑鬱情況也有惡化跡象，對於聘請印傭的事情耿耿於懷，想不開、放不下。在這段期間，除藥物治療外，幸好她的子女互相幫忙，經常不斷地關心和安慰她，直至她身心開始調整和舒緩。

我母親曾經罹患乳腺癌、心臟病、高血壓和 2 型糖尿病，是一位名副其實的多發病古稀老人，對管理自己不良的飲食習慣仍然比較鬆散。原因是抵受不住身邊食物的誘惑，例如精製糖果、餅乾和糕點，煎炸香脆的食品和肉類，對於接受新的飲食理念相當抗拒。一邊每日服用 8～9 種慢性疾病和精神疾病的藥物，一邊又放縱自己的嘴巴，覺得只要吃了藥，就可以解決身體的疾病。這種根深蒂固的觀念，使得在普羅大眾中推廣「整全植物膳食」仍然有很大的阻力。有時他們寧願花費大量的金錢和時間去看醫生、覆診和治療、購買價格高昂的「健康食品」或健康補充劑，也不願意好好管理或改變自己的生活方式和飲食習慣。

2019 年 7 月中旬，當我帶母親去做心血管掃描時，很不幸發現她肺部右上葉有一個 22 毫米 ×19 毫米的腫瘤及右中葉有兩個代謝異常的肺結節，表示出現轉移，並出現肺積水。由於我母親是非吸煙亞裔女性，所以有一半的可能性是患表皮細胞生長因子受體（EGFR）病變成腫瘤腺癌，癌細胞生長會非常快速，如不治療，可以在兩個月內走遍全身。而抽針活檢分子分析報告，確認是由 EGFR（Leu858Arg）第 21 基因突變導致她罹患肺腺癌第四期。

在治療上，由於腫瘤原發位是肺中及肺門，而肺根也有腫瘤，如果要做手術就要割去六成右肺，所以胸肺科醫生不建議動手術。至於化療和電療，由於母親的年紀，且腫瘤有轉移及面積和數量的問題，也不適合化療和電療。在四個星期內，她的生命就像過山車一樣「死去活來」。與醫生

詳細討論後，母親決定接受第三代標靶藥 Osimertinib 的治療，但藥物費用非常昂貴，每天要服用一粒，每粒大約 2,000 元港幣，開始了標靶藥治療是不可以停止的，直至藥物失效。到 2020 年 6 月中旬，第三代標靶藥開始失效，並需要抽肺積水及進行第二次抽針活檢分子檢查，去確定第三代標靶藥失效原因及是否有其他基因突變。

雖然香港擁有一個行之有效、公私營並行的雙軌醫療制度，公營醫療是香港醫療體系的全民安全網，可以確保市民不會因為經濟原因而得不到所需的治療，但這種第三代標靶藥物是要自費的。而關愛基金之下聖雅各布福群會惠澤社區藥房雖然有推出 EGFR 一線治療藥物資助計劃 [59]，但患者必須在醫院管理局（醫管局）轄下醫院持續自費購買 570 粒藥片後，才可以申請免費資助藥物。即是説要自費大約 114 萬元港幣後才可以申請藥物資助。這筆龐大的藥物費用，不單使長期病患者和家屬有沉重的經濟負擔，還有疾病衍生的日常生活和照顧壓力、覆診安排和陪診交通，以及溝通支持和身心開導方面的壓力，絕對不是單是金錢可以解決的。

2019 年，除了面對我母親突然罹患末期肺腺癌的事情，我的丈夫也經歷了喪失他最愛母親的悲痛。在這年的伊始，凌晨四點半，他母親突然心臟劇痛、呼吸困難、全身酸痛，召喚救護車送往屯門醫院冠心病監護病房（Coronary Care Unit, CCU）。當值醫生為她急救和檢查，確診為 A 型主動脈撕裂，引致血液浸漏心包，產生了 1.1～2 厘米的心包填塞，心臟的雙層膜囊（Cardiac Tamponade）累積大量血液（Pericardial Effusion），造成血腫並壓迫心臟。心壓驟降和心包填塞導致她出現心因性休克（Cardiogenic Shock），出現呼吸困難、虛弱、頭輕飄飄的眩暈和咳嗽。他看見自己的母親重病纏身地躺在 CCU 的病床上，戴着呼吸機，身體插上多條導管，甚至意識模糊，不能説話。為了「搶救」，她可能還會接受多次胸外按壓、電除顫等急救措施，直到再沒有任何辦法能挽回她的生命體徵。這時候，家人開始思考，如果真的到了彌留之際，是否會選擇不搶救，不再採取任何急救措施，而讓她沒有痛苦地死去。可能有人會説，人還沒死，就該盡一切努力延長她的生命，這難道會有什麼不妥嗎？但在某些情況下，這種堅定的信念可能會動搖。

當他母親仍在世時，他為母親把握住每一個最佳治療的機會，子女們同意將母親由屯門醫院轉去沙田威爾斯親王醫院，由經驗豐富的心臟科專家黃醫生主診。醫生給我們提供了兩個治療方案：

方案一：做開胸及冷凍器官手術治療，修補 A 型主動脈撕裂的位置。這樣做可以適當延長她的壽命，但手術風險非常高，過程很痛苦，手術治療後的生活完全不能自理。

方案二：不施手術，進行普通保守治療，只為她打強心針。這樣的話，無法估計她的生命有多長，如果心包停止填塞，或許會有奇蹟出現。

面對這兩個方案，雖然家中內部發生了少許分歧，但大部分成員同意保守治療，他們無法忍受老人家經歷開胸手術及接受長時間冷凍器官手術的生理和心理痛苦，以及日後束手無策的照顧；但也有家人希望採用第一個方案，多活一天是一天，這既有積極救治帶來的心理安慰，也有不忍親人就這樣離世的心結，可是卻要面對嚴峻的大型手術風險，以及手術治療後生活完全不能自理的負擔。即使挽救了性命，卻可能面對「非常恐怖」的康復治療和殘疾。這種時刻，又有多少患病者和照顧者願意承受呢？

我相信，不少人也遇過類似的兩難境地。明知結局是「死亡」，即使用各種醫療手段，哪怕痛苦萬分，也要盡一切可能延長患病親友的生命時間？還是在適當的時候選擇放手，犧牲一些生命的長度，讓病人帶着盡可能少的痛苦離開？最後，他們和我的奶奶選擇了方案二。

同天晚上，我的奶奶出現緊急症狀，感覺異常疲累，胸口壓迫感愈來愈重，頸肩酸痛、呼吸困難、暈厥、流冷汗、肩部、頸部和手臂感覺疼痛。心包周圍血液累積至兩厘米，嚴重壓迫心臟跳動。當時我的丈夫在現場，緊急召喚黃醫生返醫院做放血手術。放血後，奶奶神智恢復清醒，可以交談，血壓開始上升，並保持平穩，但她全身仍然疼痛，坐立不安、不能呼吸、缺氧、胸悶，少量活動已非常氣促。

我的丈夫看着自己的母親不斷叫疼，睡在氣氈上及穿上壓力襪子也不能減少痛楚，不能飲食，就算嘗試飲水，也不成功。時間一秒一秒地過

去，看見摯親摯愛的母親飽受疾病的折磨，而我們卻變得如此渺小和無能。最後的那天晚上，她仍然神智清醒，雖然已很虛弱和疲倦，但她仍有能力繼續陳述她入院時在救援車上的情況，並把諸多後事做了清晰的交代。第二天早上六時左右，她突發心痛、血壓急跌、失去知覺，心跳脈搏就這樣停頓了，迷迷糊糊地在她自己不熟悉、冰冷的醫院告別了這個世界，撒手人寰。

在面對家人罹患重病或彌留之際，大家也可能經歷過這種百感交集的心情。從出生那刻起，每個人都在不斷老去，這是無人可以擺脫的命運。當你老了，不再擁有像年輕時強健靈活的身體，不再擁有明亮的雙眸、良好的聽力、敏捷的思維，你該如何與這樣的自己相處？對於已經衰老的長輩，我們該給他們怎樣的陪伴和照顧？當親朋甚至我們自己，步入生命的最後階段，什麼事才是真正重要和有意義的，怎樣才能有尊嚴而且安寧地告別此生？

對大多數人來說，因為不治之症而在加護病房度過生命的最後日子，看似是一種錯誤。你躺在那裏，戴着呼吸機，每一個器官都已停止運轉，你的心智搖擺於譫妄之間，意識不到自己可能將永遠離開這個暫住的、燈火通明的地方。大限到來之時，你沒有機會說「再見」、「別難過」、「我很抱歉」、「對不起」或者「我愛你」。

請別誤會，我的奶奶是按自己的意願走完了生命的最後時刻，但我並不是在鼓勵大家讓重病親友放棄治療。對於絕症，致力的目標是緩解疼痛和不舒服，或者盡量保持頭腦清醒，或者偶爾能和家人外出，給予其最真誠的關懷，而不是僅關注生命的長短。不是盲目地搶救，使用各種維持生命的措施，也不是徹底放手，而是幫助病人盡可能減輕痛苦，滿足他們的意願。雖然現代醫學科技越來越先進、精湛，但生命的終結是宇宙的法則和定律。在面臨高風險手術、各器官衰竭和持續惡化，以及不能自理的情況下，紓緩和善終服務或許是一個選擇。在抵達生命的終點前，讓病人有尊嚴、維持較高質量的生活，作「最好的告別」。

人生能夠擁有一個寧靜、平和的結尾，是對生命的尊重。我們應該學

會接納和經歷生老病死。「向死而生」，我們要更真切地明白自己人生的意義和價值。我們要把每一天當作最後一天來過，這是一種人生觀和一次生死教育。南懷瑾老師在解讀《易經‧繫辭下》時告訴我們：要懂得一個圓的一半為「明心見性」，即修好心靈和「修性」；另一半為「修命」，即修好身體生理健康。兩半合起來才能組成一個圓，才完整。道家稱「性命雙修」，性命雙修的法則就是修養身體與心靈並重[60]。

南懷瑾老師在解讀《黃帝內經》時[61]指出，人有五臟，心、肝、脾、肺、腎，對應金、木、水、火、土。飲食生活調養要注意「肝隨脾升，膽隨胃降」，配合四時。生活要跟着太陽月亮，晝夜分明，作息定時，根據節氣、季節的變化安排吃穿好。這與「香港百歲老人」研究中所提的「三餐定時定量」、「每餐保持」、「七成飽」、「食不過飽、穿不過暖，常帶三分飢與寒」互應。吃過多或攝入過高的營養，超出脾胃的消化吸收能力，會導致消化不良，使脾胃功能受損。

在人口老齡和高齡化進程中，雖然醫學界原本認定人類的壽命極限為100～110歲，但人口學家卻發現這極限正慢慢改變，在過去60年，這一極限已推遲到115歲。普通人一般認為人的壽命為80～85歲，或者90歲左右，甚至假定生命最後的20年會掙扎在很差的健康狀態當中，很難想像在退休後能夠自由自在地健康生活，相反，更可能受疾病折磨，甚至承受昂貴的醫藥費。要改變這狀況，我們需要的是一個新理念和新方向。

我們的健康狀況，是由遺傳、個人適應能力與所處的生存環境相互作用下產生的結果。如果我們生活的環境非常惡劣，如污染、病毒感染、過敏原、極差衛生條件、動亂（第十章），或者進行風險行為，如經常吸煙、喝烈酒、缺乏身體鍛練和睡眠、長期受到精神創傷或超出承受的壓力（第十一章），或者進食糟糕及受污染的飲食、精製和加工食品、高熱量及反式脂肪（第十二章），又或者長期服用某些藥物和激素，那麼患上慢性疾病的危險就會上升。相反，當有益因素明顯多於不利因素時，健康狀況就會得到改善。

世界衛生組織正在倡導生命歷程（Life Course）健康積極的老齡化方

法，包括：促進所有年齡層人的健康，預防慢性病的發展；及早發現慢性疾病，最大程度地減少其影響；創造促進健康的物理和社會環境，令長者有更多的參與機會；改變社會對老齡化的態度[62]。Stathi 及其他學者[63]鼓勵 ACE，即活動（Active）、連接（Connected）、參與（Engaged），這是一種理論知識，是實用的干預措施，使用同伴（Buddy）志願服務來改善社交脫離，令不活躍的長者能夠實現積極老齡化，讓他們走出去，獲得更多信息，提高信心，與社區進行更多的社交互動。

世界衞生組織發佈了第一份關於衰老與健康的世界報告[64]。該報告從人生歷程的角度考慮衰老，重點關注生命的後半段。在整體推動和干預之下，有理由相信，將來可實現「新 60」，即 80 歲也看似是「60 歲」[5]，甚至 100 歲看似是「80 歲」的「新 80」。

至此，我們探尋健康長壽的奧祕之旅暫且告一段落。為了身體健康、活得更幸福和快樂，我們應該汲取哪些精華呢？本書的第一部分主要幫助讀者理解百歲老人的研究背景、人口概念和模型、相關理論、人口分析及人口高齡化的展望。第二部分與大家分享「香港百歲老人研究」豐碩的科研成果，揭示香港百歲老人能活得健康長壽及實現成功老齡的主要因素，並介紹了如何介定健康及避免衰弱。第三部分闡述的主要觀點為避免慢性非傳染性疾病及失去自我照顧能力和認知能力的出現，主要影響因素可以歸為五個方面：（1）基因與環境（2）精神心理身體健康（3）正確處理身心的壓力（4）生活方式的改變（5）遵循整全最佳營養植物膳食模式。

改變基因比改變生活方式和飲食習慣要難得多，但不是毫無可能，這需要科學家更進一步研究；相反，改變生活方式和飲食習慣可以依靠自身的努力，我們選擇和進食的任何東西，無論是健康食品、飲料、加工食品、原型和完整食物，甚至煮食時用的調料、煮食方法、食物保存方法、食材的種植及農藥和殺蟲劑的使用、家畜飼養的方法及來源、食品加工製造過程、食物運送過程，在相當程度上影響着我們對食物營養的吸收。不容置疑的證據説明，人類的行為，如飲食習慣、心理狀況和態度、休息睡眠、社交娛樂、復原力、生活方式、身體鍛練等因素，會對健康和壽命造成影響[65]。通過轉向以整全植物膳食為主的整體最佳營養、加強身體鍛練

來提升免疫力、排解身心壓力，對改變細胞內部的基因表達和預防慢性疾病的出現有積極的作用，甚至減少地球資源的消耗，為環保出一份力。

　　2019 年結束之際至 2020 年，正當我完成這本書的結語，新型冠狀病毒肺炎（COVID-19，簡稱新冠肺炎）席捲全球，2020 年 3 月 11 日世界衛生組織正式宣布將 COVID-19 疫情列為大流行（Pandemic）級別，六大洲均有確診個案，死亡數不斷攀升，各國紛紛實施「封城」或宵禁，執行「居家令」及「社交距離」政策等，試圖阻止疫情蔓延。截至 2021 年 3 月 30 日，根據約翰‧霍普金斯大學系統科學與工程中心 [The Center for Systems Science and Engineering（CSSE）at John Hopkins University] 的統計數據，全球有 192 個國家（地區）發現確診病例，確診病例超過 1 億 2 千 7 百多萬人，超過 279 萬人喪命，而康復者亦有 7 千 2 百多萬人 [①]。

　　從新冠肺炎大流行開始，我們對每天增加的確診數字漸漸變得麻木。即使死亡人數仍然繼續在攀升，它似乎不再使我們困惑，好像是意料之中的事兒。但是這些數字背後是真實的人，是某人的父親、母親、丈夫、妻子，甚至是長輩、子女、朋友。COVID-19 大流行的形成和高致命率或許「非一朝一夕之故」。它出現的機會看似偶然，實際上並非如此。《易經》有言，「其所由來者，漸矣」，說的是天地間事都有原因，早有一個前因潛伏在那裏 [66]。

　　根據醫學書庫文獻搜索（使用 PubMed 數據庫），自 2020 年 2 月 7 日至 4 月 21 日總共發表了 76 篇有關 COVID-19 死者的臨床特徵及患者風險因素的中文及英文論文。從死者和康復者之間的差異，我們可以開始理解是什麼導致了不好的結果，什麼導致了好的結果。根據流行病學史並分析其臨床特徵，某些 COVID-19 患者，尤其是男性 [73,77,79,82,84]，死亡的危險因素主要與下列因素有關：（1）年齡，如中年和老年長者 [67,77,79,84,86,94-97]（2）患有其他潛在慢性疾病，如高血壓 [67-74,78-80,84-85,87-88,90,92-93,96]、心血管疾病 [67,69,71-75,77,79-80,84,87-88,90,95]、糖尿病 [67-68,70-72,74,77-80,83-85,87-88,92-93]、腦

---

① 　　https://coronavirus.jhu.edu/map.html. Updated 30 March 2021.

血管疾病 [84,87,90]、慢性阻塞性肺疾病（COPD）[67-68,70,75,78-79,87-88]、惡性腫瘤 [67,78-79,85,88,94]（如肺癌，患者在 COVID-19 確診前的 14 天內接受過抗腫瘤治療，包括化療、放射治療、標靶藥治療如 gefitinib 和免疫治療及聯合化療 [75]）、肝病 [70,82]、神經系統疾病 [70,92]、慢性腎病 [70,72,78,87,96]（3）ACE-2（Angiotensin Converting Enzyme-2）基因。而吸煙者更呈顯著相關，提示吸煙史應該是在確定易感染人群時的考慮因素 [79,88,91,94]。

美國疾病預防控制中心（Centers for Disease Control and Prevention Response Team）[98] 初步發現，具有潛在健康狀況的患者和風險因素，包括但不限於糖尿病、高血壓、COPD、冠狀動脈疾病、腦血管疾病、慢性腎臟疾病和吸煙，這些因素使人更易患上 COVID-19 而導致嚴重疾病或死亡的風險。以上的慢性疾病和風險行為是全世界殘疾和死亡的主要原因之一，這個發現並不是新鮮事，我們一直為實現全球公共衛生安全而努力和奮鬥，目前看來仍然需要相當長期和艱難的工作。現在，除了要依賴前線醫護人員和醫療器材治療患者外，還需要科學家拼命研發疫苗和測試有效抗病毒藥物及抗生素，更需要大眾恪守防疫令，政策者推出一輪又一輪的抗疫基金和疏解民困的經濟措施。但真正要解決 COVID-19 之難，大家需審慎反思，究竟我們最需要的是怎樣的生活？維持哪種生活方式和飲食習慣？

這本書的內容，除了與大家分享首個在香港進行的「香港百歲老人研究」豐碩成果，亦是我利用自己作為學者和從事科研工作多年經驗的技巧，查閱不同領域的各學科和醫學文獻，並將自己所學和鑽研到的東西總結而成。我想通過本書，影響世界各地那些因身患絕症或慢性疾病而感到恐懼、消沉、灰心絕望的人，或者目睹親人患癌症或腦退化症而備受煎熬的照顧者，又或者為促進健康而盼望獲得新的觀點來重整生活的人，讓他們或身邊的家人、朋友活得更有活力，從而使每一個人的認知、身心和精神健康狀態、生活質量可以達到最大的峰值。

一個社會或一個國家有不同年齡層的人群，所謂「二十弱冠、三十而立、四十不惑、五十知天命、六十耳順、七十古稀、八十九十耄耋、百歲樂頤年」。就算在不同的年齡，就如《論語》[66] 所說，亦應時刻學習做人

的道理，「正心誠意、修身齊家、治國平天下」，時刻做到「道不可須臾離」。現代社會，新知識、新技能不斷發展進步，年青人、成年人要抱着「苟日新、日日新、又日新」的態度，不斷精進自己；長者、高齡長者和百歲老人也要繼續學習，不要落伍，千萬不要被人生的煩惱痛苦所左右。只有這樣，才能更好地融入現代生活，避免與社會脫節、疏離，才能發現生命的意義，實現生命的價值。

避免慢性疾病過早出現及減少疾病的惡化，保持樂觀的、開朗的心態和積極地與社會互動，與社區和諧地緊密結合，即使到了耳順或耄耋，甚至百歲之年仍然能活得獨立、自在、自主、自決，能正向地影響身邊家人、朋友和同事。要想解決養老的問題，不僅需要政府、家庭、社會組織等出心出力，長者自己也要保持健康的生活方式、正向的心態和行為，相信一定可以發揮餘熱，為社會做出更大的貢獻，做到「老有所養、老有所屬、老有所健、老有所安、老有所敬、老有所愛、老有所樂、老有所用、老有所為、老有所終」，這就是積極應對人口老齡化的方向。

在寫作和編輯這本書時，我可能遺漏了某項特殊研究或是某些細節，正所謂「書不盡言、言不盡意」。在修改和校對本書時，我鼓起無比的勇氣和智慧，處理生命中不斷出現的煩惱、困難和挫折，抱着「安而不忘危」的態度，時刻小心謹慎，轉化並感恩接連遭遇的麻煩和失敗。在通往健康的希望之路上，繼續用誠懇和謙恭的態度前行，我希望你們也是一樣。我更相信，自己和身邊更多的人可以像健康的百歲老人一樣，將生活長久地沐浴在生命之光中。同時，我也想將此書獻給我的同事，他們在各自的國家領土、文化背景、語言、生活方式和飲食習慣之下，為百歲老人健康長壽的研究傾注了最大的心力，將豐碩的研究成果與大眾分享，他們的科研實證正是推動公共衛生政策決定，推動社區服務、人口健康及成功老齡化的藍圖。

參考文獻

1. United Nations, Department of Economic and Social Affairs, Population Division. (2019). *World population prospects 2019: Highlights*. https://population.un.org/wpp/

Publications/Files/WPP2019_Highlights.pdf. Accessed 16 January 2020.

2. Robine, J-M., Allard, M., Herrmann, F. R., & Jeune, B. (2019). The real facts supporting Jeanne Calment as the oldest ever human. *J Gerontol A Biol Sci Med Sci*, 74 (Suppl_1), S13-s20.

3. Zeng, Y., Feng, Q., Hesketh, T., Christensen, K., & Vaupel, J. W. (2017). Survival, disabilities in activities of daily living, and physical and cognitive functioning among the oldest-old in China: A cohort study. *Lancet*, 389 (10079), 1619-1629.

4. Zheng, Y., Cheung, S-L. K., & Yip, S-F. P. (2020). Are we living longer and healthier?. *Journal of Aging and Health*, 32 (10), 1645-1658.

5. Beard, J. R., Officer, A., de Carvalho, I. A., Sadana, R., Pot, A. M., & Michel, J. P., et al. (2016). The world report on ageing and health: A policy framework for healthy ageing. *Lancet*, 387 (10033), 2145-2154.

6. Bloom, D. E., Chatterji, S., Kowal, P., Lloyd-Sherlock, P., McKee, M., & Rechel, B., et al. (2015). Macroeconomic implications of population ageing and selected policy responses. *Lancet*, 385 (9968), 649-657.

7. Hartley, A., Angel, L., Castel, A., Didierjean, A., Geraci, L., & Hartley, J., et al. (2018). Successful aging: The role of cognitive gerontology. *Exp Aging Res*, 44 (1), 82-93.

8. Pruchno, R. (2015). Successful aging: Contentious past, productive future. *Gerontologist*, 55 (1), 1-4.

9. Lloyd-Sherlock, P., McKee, M., Ebrahim, S., Gorman, M., Greengross, S., & Prince, M., et al. (2012). Population ageing and health. *Lancet*, 379 (9823), 1295-1296.

10. Iasiello, M., Bartholomaeus, J., Jarden, A., & van Agteren, J. (2018). Maximising the opportunity for healthy ageing: Online mental health measurement and targeted interventions. *Stud Health Technol Inform*, 246, 111-123.

11. Beard, J. R., & Bloom, D. E. (2015). Towards a comprehensive public health response to population ageing. *Lancet*, 385 (9968), 658-661.

12. Suzman, R., Beard, J. R., Boerma, T., & Chatterji, S. (2015). Health in an ageing world--what do we know?. *Lancet*, 385 (9967), 484-486.

13. Prince, M. J., Wu, F., Guo, Y., Gutierrez Robledo, L. M., O'Donnell, M., Sullivan, R., & Yusuf, S. (2015). The burden of disease in older people and implications for health policy and practice. *Lancet*, 385 (9967), 549-562.

14. Rodriguez-Manas, L., & Fried, L. P. (2015). Frailty in the clinical scenario. *Lancet*, 385 (9968), e7-e9.

15. Cosco, T. D., Howse, K., & Brayne, C. (2017). Healthy ageing, resilience and wellbeing. *Epidemiol Psychiatr Sci*, 26 (6), 579-583.

16. Steptoe, A., Deaton, A., & Stone, A. A. (2015). Subjective wellbeing, health, and ageing. *Lancet*, 385 (9968), 640-648.

17. Holstege, H., Beker, N., Dijkstra, T., Pieterse, K., Wemmenhove, E., & Schouten, K., et al. (2018). The 100-plus study of cognitively healthy centenarians: Rationale, design and cohort description. *Eur J Epidemiol*, 33 (12), 1229-1249.

18. Araújo, L., Teixeira, L., Ribeiro, O., & Paúl, C. (2018). Objective vs. subjective health in very advanced ages: Looking for discordance in centenarians. *Frontiers in Medicine*, 5, 189-189.

19. 香港衛生署。*邁向 2025：香港非傳染病防控策略及行動計劃*。https://www. change4health.gov.hk/tc/about_us/index.html。瀏覽日期：2020 年 1 月 10 日。

20. 香港政府新聞網。*全港人口健康調查明年進行*（2019 年 12 月 29 日）。https:// www.news.gov.hk/chi/2019/12/20191229/20191229_131855_497.html。瀏覽日期：2020 年 1 月 2 日。

21. Zeng, Y. (2012). Towards deeper research and better policy for healthy aging –using the unique data of Chinese longitudinal healthy longevity survey. *China Economic J*, 5 (2-3), 131-149.

22. 鄔滄萍、徐勤（1999）。〈長壽時代──從個別人長壽到群體長壽〉，劉岱岳、余傳隆（編）《人生百歲不是蘿》，頁 29 – 33。中國醫藥科技出版社。

23. Sørensen, T. I., Nielsen, G. G., Andersen, P. K., & Teasdale, T. W. (1988). Genetic and environmental influences on premature death in adult adoptees. *N Engl J Med*, 318 (12), 727-732.

24. 劉汴生（1999）。〈通往百歲之路〉，劉岱岳、余傳隆（編）《人生百歲不是夢》，頁 35 – 37。中國醫藥科技出版社。

25. Partridge, L., Deelen, J., & Slagboom, P. E. (2018). Facing up to the global challenges of ageing. *Nature*, 561 (7721), 45-56.

26. Bertozzi, B., Tosti, V., & Fontana, L. (2017). Beyond calories: An Integrated approach to promote health, longevity, and well-being. *Gerontology*, 63 (1), 13-19.

27. Barnett, K., Mercer, S. W., Norbury, M., Watt, G., Wyke, S., & Guthrie, B. (2012). Epidemiology of multimorbidity and implications for health care, research, and medical education: A cross-sectional study. *Lancet*, 380 (9836), 37-43.

28. Marengoni, A., Angleman, S., Melis, R., Mangialasche, F., Karp, A., & Garmen, A., et al. (2011). Aging with multimorbidity: A systematic review of the literature. *Ageing Res Rev*, 10 (4), 430-439.

29. Banerjee, S. (2015). Multimorbidity–older adults need health care that can count past one. *Lancet*, 385 (9968), 587-589.

30. World Health Organization. (2013). Global action plan for the prevention and control of NCDs 2013 -2020. http://who.int/nmh/events/ncd_action_plan/en/. Accessed 3 July 2019.

31. Stringhini, S., Carmeli, C., Jokela, M., Avendaño, M., Muennig, P., & Guida, F., et al. (2017). Socioeconomic status and the 25 × 25 risk factors as determinants of prema-

ture mortality: A multicohort study and meta-analysis of 1.7 million men and women. *Lancet*, 389 (10075), 1229-1237.

32. World Cancer Research Fund/American Institute for Cancer Research. (2018). *Diet, nutrition, physical activity and cancer: A global perspective. Continuous update project expert report.* https://www.wcrf.org/dietandcancer. Accessed 3 July 2019.

33. Harvey, J. A., Chastin, S. F., & Skelton, D. A. (2015). How sedentary are older people? A systematic review of the amount of sedentary behavior. *J Aging Phys Act*, 23 (3), 471-487.

34. Chatterji, S., Byles, J., Cutler, D., Seeman, T., & Verdes, E. (2015). Health, functioning, and disability in older adults--present status and future implications. *Lancet*, 385 (9967), 563-575.

35. Rodríguez -Monforte, M., Sanchez, E., Barrio, F., Costa, B., & Flores-Mateo, G. (2017). Metabolic syndrome and dietary patterns: A systematic review and meta-analysis of observational studies. *Eur J Nutr*, 56 (3), 925-947.

36. Cheng, M., Wang, H., Wang, Z., Du, W., Ouyang, Y., & Zhang, B. (2017). Relationship between dietary factors and the number of altered metabolic syndrome components in Chinese adults: A cross-sectional study using data from the China health and nutrition survey. *BMJ Open*, 7 (5), e014911.

37. Guo, H., Gao, X., Ma, R., Liu, J., Ding, Y., & Zhang, M., et al. (2017). Prevalence of metabolic syndrome and its associated factors among multi-ethnic adults in rural areas in Xinjiang, China. *Scientific Reports*, 7 (1), 17643.

38. Laaksonen, D. E., Lakka, H. M., Salonen, J. T., Niskanen, L. K., Rauramaa, R., & Lakka, T. A. (2002). Low levels of leisure-time physical activity and cardiorespiratory fitness predict development of the metabolic syndrome. *Diabetes Care*, 25 (9), 1612-1618.

39. Lakka, T. A., & Laaksonen, D. E. (2007). Physical activity in prevention and treatment of the metabolic syndrome. *Appl Physiol Nutr Metab*, 32 (1), 76-88.

40. Hawkes, C. & Harris, J. & Gillespie, S., (2017). Changing diets: Urbanization and the nutrition transition. In IFPRI, *2017 Global food policy report* (pp. 34-41). Washington, DC: International Food Policy Research Institute (IFPRI). https://doi.org/10.2499/9780896292529_04. 2017. Accessed 3 July 2019.

41. Fong, T. C. T., Ho, R. T. H., & Yip, P. S. F. (2019). Effects of urbanization on metabolic syndrome via dietary intake and physical activity in Chinese adults: Multilevel mediation analysis with latent centering. *Soc Sci Med*, 234, 112372.

42. Zhen, S., Ma, Y., Zhao, Z., Yang, X., & Wen, D. (2018). Dietary pattern is associated with obesity in Chinese children and adolescents: Data from China health and nutrition survey (CHNS). *Nutr J*, 17 (1), 68.

43. Xu, X., Hall, J., Byles, J., & Shi, Z. (2015). Dietary pattern is associated with obesity in older people in China: Data from China health and nutrition survey (CHNS). *Nutrients*, 7 (9), 8170-8188.

44. Wu, Y., Xue, H., Wang, H., Su, C., Du, S., & Wang, Y. (2017). The impact of urbanization on the community food environment in China. *Asia Pac J Clin Nutr*, 26 (3), 504-513.

45. Wakefield, M. A., Loken, B., & Hornik, R. C. (2010). Use of mass media campaigns to change health behaviour. *Lancet*, 376 (9748), 1261-1271.

46. Ng, S. W., Howard, A. G., Wang, H. J., Su, C., & Zhang, B. (2014). The physical activity transition among adults in China: 1991-2011. *Obes Rev*, 15 Suppl 1 (0 1), 27-36.

47. Lutsey, P. L., Steffen, L. M., & Stevens, J. (2008). Dietary intake and the development of the metabolic syndrome: The atherosclerosis risk in communities study. *Circulation*, 117 (6), 754-761.

48. Popkin, B. M. (1999). Urbanization, lifestyle changes and the nutrition transition. *World Development*, 27 (11), 1905-1916.

49. Guthrie, B., Makubate, B., Hernandez-Santiago, V., & Dreischulte, T. (2015). The rising tide of polypharmacy and drug-drug interactions: Population database analysis 1995-2010. *BMC Med*, 13, 74.

50. Gu, Q., Dillon, C. F., & Burt, V. L. (2010). Prescription drug use continues to increase: U.S. prescription drug data for 2007-2008. *NCHS Data Brief*, (42), 1-8.

51. Bushardt, R. L., Massey, E. B., Simpson, T. W., Ariail, J. C., & Simpson, K. N. (2008). Polypharmacy: Misleading, but manageable. *Clin Interv Aging*, 3 (2), 383-389.

52. Parameswaran Nair, N., Chalmers, L., Peterson, G. M., Bereznicki, B. J., Castelino, R. L., & Bereznicki, L. R. (2016). Hospitalization in older patients due to adverse drug reactions-the need for a prediction tool. *Clin Interv Aging*, 11, 497-505.

53. Marcum, Z. A., Amuan, M. E., Hanlon, J. T., Aspinall, S. L., Handler, S. M., Ruby, C. M., & Pugh, M. J. (2012). Prevalence of unplanned hospitalizations caused by adverse drug reactions in older veterans. *J Am Geriatr Soc*, 60 (1), 34-41.

54. Howard, R. L., Avery, A. J., Slavenburg, S., Royal, S., Pipe, G., Lucassen, P., & Pirmohamed, M. (2007). Which drugs cause preventable admissions to hospital? A systematic review. *British Journal of Clinical Pharmacology*, 63 (2), 136-147.

55. Lai, X., Zhu, H., Huo, X., & Li, Z. (2018). Polypharmacy in the oldest old (≥80 years of age) patients in China: A cross-sectional study. *BMC Geriatrics*, 18 (1), 64.

56. Darzi, A., & Evans, T. (2016). The global shortage of health workers-an opportunity to transform care. *Lancet*, 388 (10060), 2576-2577.

57. World Health Organization. (2016a). *Framework on integrated people-centred health services*. Geneva: World Health Organization. https://www.who.int/servicedelivery-safety/areas/people-centred-care/en/. Accessed 16 Nov 2019.

58. World Health Organization. (2016b). *Draft global strategy on human resources for health: Workforce 2030*. Geneva: World Health Organization. https://www.who.int/hrh/resources/pub_globstrathrh-2030/en/. Accessed 16 Nov 2019.

59. 聖雅各佈福群會惠澤社區藥房。https://charityservices.sjs.org.hk/charity/pharmacy。瀏覽日期：2019 年 10 月 29 日。

60. 南懷瑾（2018）。《易經系傳別講（一及二）》，東方出版社。

61. 南懷瑾（2017）。《小言黃帝內經與生命科學》，東方出版社。

62. Ageing well: A global priority. (2012). *Lancet*, 379 (9823), 1274.

63. Stathi, A., Withall, J., Thompson, J. L., Davis, M. G., Gray, S., & De Koning, J., et al. (2020). Feasibility trial evaluation of a peer volunteering active aging intervention: ACE (Active, Connected, Engaged). *Gerontologist*, 60 (3), 571-582.

64. Beard, J., Officer, A., & Cassels, A. (2015). *World report on ageing and health*. Geneva: World Health Organization. http://www.who.int/ageing/publications/world-report-2015/en/. Accessed 1 November 2015.

65. Bortz, W. M. (1996). *Dare to be 100*. New York: Rockefeller Centre.

66. 南懷瑾（2018）。《論語別裁》，東方出版社。

67. Liu, K., Fang, Y. Y., Deng, Y., Liu, W., Wang, M. F., & Ma, J. P., et al. (2020). Clinical characteristics of novel coronavirus cases in tertiary hospitals in Hubei Province. *Chin Med J (Engl)*, 133 (9), 1025-1031.

68. Guan, W. J., Ni, Z. Y., Hu, Y., Liang, W. H., Ou, C. Q., & He, J. X., et al. (2020). Clinical Characteristics of Coronavirus Disease 2019 in China. *N Engl J Med*, 382 (18), 1708-1720.

69. Peng, Y. D., Meng, K., Guan, H. Q., Leng, L., Zhu, R. R., & Wang, B. Y., et al. (2020). [Clinical characteristics and outcomes of 112 cardiovascular disease patients infected by 2019-nCoV]. *Zhonghua Xin Xue Guan Bing Za Zhi*, 48 (6), 450-455.

70. Wu, C., Chen, X., Cai, Y., Xia, J., Zhou, X., & Xu, S., et al. (2020). Risk factors associated with acute respiratory distress syndrome and death in patients with coronavirus disease 2019 pneumonia in Wuhan, China. *JAMA Intern Med*, 180 (7), 934-943.

71. Zhou, F., Yu, T., Du, R., Fan, G., Liu, Y., & Liu, Z., et al. (2020). Clinical course and risk factors for mortality of adult inpatients with COVID-19 in Wuhan, China: A retrospective cohort study. *Lancet*, 395 (10229), 1054-1062.

72. Deng, Y., Liu, W., Liu, K., Fang, Y. Y., Shang, J., & Zhou, L., et al. (2020). Clinical characteristics of fatal and recovered cases of coronavirus disease 2019 in Wuhan, China: A retrospective study. *Chin Med J (Engl)*, 133 (11), 1261-1267.

73. Chen, T., Wu, D., Chen, H., Yan, W., Yang, D., & Chen, G., et al. (2020). Clinical characteristics of 113 deceased patients with coronavirus disease 2019: Retrospective study. *BMJ*, 368, m1091.

74. Zhang, Y., Cao, W., Xiao, M., Li, Y. J., Yang, Y., & Zhao, J., et al. (2020). [Clinical and coagulation characteristics in 7 patients with critical COVID-2019 pneumonia and acro-ischemia]. *Zhonghua xue ye xue za zhi = Zhonghua xueyexue zazhi*, 41 (4), 302-307.

健
康
長
壽
：
香
港
實
證
研
究

75. Zhang, L., Zhu, F., Xie, L., Wang, C., Wang, J., & Chen, R., et al. (2020). Clinical characteristics of COVID-19-infected cancer patients: A retrospective case study in three hospitals within Wuhan, China. *Ann Oncol,* 31 (7), 894-901.

76. Wang, L., He, W., Yu, X., Hu, D., Bao, M., & Liu, H., et al. (2020). Coronavirus disease 2019 in elderly patients: Characteristics and prognostic factors based on 4-week follow-up. *J Infect,* 80 (6), 639-645.

77. Wang, X., Fang, J., Zhu, Y., Chen, L., Ding, F., & Zhou, R., et al. (2020). Clinical characteristics of non-critically ill patients with novel coronavirus infection (COVID-19) in a Fangcang Hospital. *Clin Microbiol Infect,* 26 (8), 1063-1068.

78. Cheng, Y., Luo, R., Wang, K., Zhang, M., Wang, Z., & Dong, L., et al. (2020). Kidney disease is associated with in-hospital death of patients with COVID-19. *Kidney Int,* 97 (5), 829-838.

79. Rabi, F. A., Al Zoubi, M. S., Kasasbeh, G. A., Salameh, D. M., & Al-Nasser, A. D. (2020). SARS-CoV-2 and coronavirus disease 2019: What we know so far. *Pathogens,* 9 (3).

80. Du, Y., Tu, L., Zhu, P., Mu, M., Wang, R., & Yang, P., et al. (2020). Clinical features of 85 fatal cases of COVID-19 from Wuhan. A retrospective observational study. *Am J Respir Crit Care Med,* 201 (11), 1372-1379.

81. Preliminary estimates of the prevalence of selected underlying health conditions among patients with coronavirus disease 2019 – United States, February 12 -March 28, 2020. *Morbidity and mortality weekly report (MMWR),* 69 (13), 382 -386. http://dx.doi.org/10.15585/mmwr.mm6913e2. Accessed 3 April 2020.

82. Xie, H., Zhao, J., Lian, N., Lin, S., Xie, Q., & Zhuo, H. (2020). Clinical characteristics of non-ICU hospitalized patients with coronavirus disease 2019 and liver injury: A retrospective study. *Liver Int,* 40 (6), 1321-1326.

83. Guo, W., Li, M., Dong, Y., Zhou, H., Zhang, Z., & Tian, C., et al. (2020). Diabetes is a risk factor for the progression and prognosis of COVID-19. *Diabetes Metab Res Rev,* e3319.

84. Madjid, M., Safavi-Naeini, P., Solomon, S. D., & Vardeny, O. (2020). Potential effects of coronaviruses on the cardiovascular system: A review. *JAMA Cardiol,* 5 (7), 831-840.

85. Guan, W. J., Liang, W. H., Zhao, Y., Liang, H. R., Chen, Z. S., & Li, Y. M., et al. (2020). Comorbidity and its impact on 1590 patients with COVID-19 in China: A nationwide analysis. *Eur Respir J,* 55 (5).

86. Zhang, G., Zhang, J., Wang, B., Zhu, X., Wang, Q., & Qiu, S. (2020). Analysis of clinical characteristics and laboratory findings of 95 cases of 2019 novel coronavirus pneumonia in Wuhan, China: A retrospective analysis. *Respir Res,* 21 (1), 74.

87. Ji, H. L., Zhao, R., Matalon, S., & Matthay, M. A. (2020). Elevated plasmin(ogen) as a common risk factor for COVID-19 susceptibility. *Physiol Rev,* 100 (3), 1065-1075.

88. Yang, J., Zheng, Y., Gou, X., Pu, K., Chen, Z., & Guo, Q., et al. (2020). Prevalence of

comorbidities and its effects in patients infected with SARS-CoV-2: A systematic review and meta-analysis. *Int J Infect Dis*, 94, 91-95.

89. Porcheddu, R., Serra, C., Kelvin, D., Kelvin, N., & Rubino, S. (2020). Similarity in case fatality rates (CFR) of COVID-19/SARS-COV-2 in Italy and China. *J Infect Dev Ctries*, 14 (2), 125-128.

90. 陳晨，陳琛，嚴江濤，周寧，趙建平，汪道文。(2020)。新型冠狀病毒肺炎危重症患者心肌損傷及有血管基礎疾的情況分析。*Zhonghua Xin Xue Guan Bing Za Zhi*, 48 (00), E008.

91. Liu, W., Tao, Z. W., Wang, L., Yuan, M. L., Liu, K., & Zhou, L., et al. (2020). Analysis of factors associated with disease outcomes in hospitalized patients with 2019 novel coronavirus disease. *Chin Med J (Engl)*, 133 (9), 1032-1038.

92. Zhu, Y., Chen, L., Ji, H., Xi, M., Fang, Y., & Li, Y. (2020). The risk and prevention of novel coronavirus pneumonia infections among inpatients in psychiatric hospitals. *Neurosci Bull*, 36 (3), 299-302.

93. Zhang, J. J., Dong, X., Cao, Y. Y., Yuan, Y. D., Yang, Y. B., & Yan, Y. Q., et al. (2020). Clinical characteristics of 140 patients infected with SARS-CoV-2 in Wuhan, China. *Allergy*, 75 (7), 1730-1741.

94. Liang, W., Guan, W., Chen, R., Wang, W., Li, J., & Xu, K., et al. (2020). Cancer patients in SARS-CoV-2 infection: A nationwide analysis in China. *Lancet Oncol*, 21 (3), 335-337.

95. Chen, R., Liang, W., Jiang, M., Guan, W., Zhan, C., & Wang, T., et al. (2020). Risk factors of fatal outcome in hospitalized subjects with coronavirus disease 2019 from a nationwide analysis in China. *Chest*, 158 (1), 97-105.

96. Bhatraju, P. K., Ghassemieh, B. J., Nichols, M., Kim, R., Jerome, K. R., & Nalla, A. K., et al. (2020). Covid-19 in critically ill patients in the Seattle region-case series. *N Engl J Med*, 382 (21), 2012-2022.

97. Yi, Y., Lagniton, P. N. P., Ye, S., Li, E., & Xu, R.-H. (2020). COVID-19: What has been learned and to be learned about the novel coronavirus disease. *International Journal of Biological Sciences*, 16 (10), 1753-1766.

98. CDC COVID-19 Response Team. (2020). *Preliminary estimates of the prevalence of selected underlying health conditions among patients with coronavirus disease 2019 – United States*, 69 (13), 382 -386. https://www.cdc.gov/mmwr/volumes/69/wr/mm6913e2.htm. Accessed 9 April 2020.

後記
「從死看生」燃亮「希望之光」

相片由哥哥於 2020 年 12 月 31 日拍攝及提供

今天是我最親愛的母親離開了人間七七四十九天，我相信她已在天國與父親重聚。在這 17 個月母親的抗癌道路上，到她安詳離世前最後一天；我還記得我坐在醫院床邊，她告訴我：「今次這場火燒得非常猛烈」，而我就回答她：「不必害怕，這場大火我們是會和您一起去撲息的」，藉此給予她精神上的支持；之後當我離開醫院時，她向我飛吻道別，不料這已是最後一次；到翌日早上看見母親已昏迷躺在加護病房，直至決定放棄為她進行心外壓及維生器材搶救，讓她的心靈更平靜和更有尊嚴地離開。轉眼間到今天，這些情景仍歷歷在目；而今天我亦終於完成新書《健康長壽：香港實證研究》最後審閱的工作。雖然我已準備充足面對母親的死亡，甚至覺得就算這日子來臨，我也可以做到「不以物喜 不以己悲」，但自己都訝異對於這預期中的悲慟和難過仍是極度的無力和軟弱。而這段時間我不得不學會面對、接受、沉澱和放下心靈跟肉體分離的轉化關係。

與母親一起在抗癌的戰爭路上，慶幸我能有機會學會做一個更好的人，甚至做一個更體貼的照顧者。珍惜每次與母親相處的時光，亦有更多

機會反思什麼是健康、生命和死亡，以及人生的價值。感恩遇到所有的喜樂悲愁都能令我變得更加堅毅、忍耐、溫柔、勇敢和睿智。甚至當去到發現之前的癌細胞基因病變已改變，而再沒有其他合適的標靶藥物可使用時，母親仍一直奮力抗癌。她的戰鬥一直與我們同在，她積極的態度不單激勵醫學界努力尋求更有效和適切的治療方法，並且提醒對紓緩治療和管理水平的關注，去對付現時最棘手的醫療問題，她的樂天知命和勇氣令人欽佩。

在此，我非常感謝醫生團隊對母親專業和悉心的醫治，以及常霖法師去年到醫院給母親臨終的關懷，還有她的朋友和弟妹不間斷地給她心靈上的支持。最後我要多謝我的家人、朋友和工作同事在這段艱難的期間對我的包容與體諒，特別是我的丈夫和兒子，將我從悲痛的風暴中拯救出來，與我一起完成了母親的遺願，將她生前八千多張殘舊的黑白和彩色相片整理成 38 本精美相冊，將母親的人生旅途劃上一個美麗的句號，也是給了我療癒悲痛和釋懷的力量。

因香港早期戰亂，母親年幼時沒有機會上學讀書，但當她纏綿病榻時，我看見她努力抄經、唸佛和織冷衫，將疾病帶來的恐懼不安和焦慮轉化為芬芳撲鼻的花香，將抄好的經本和織好的衣物送給身邊的人，就好像將芳香散發出去，令愛循環不息。死亡不是終結或毀滅，是生命的一部分，亦是另一個生命的開始。雖然生命永遠是「生不了之，死不了之」，人生就好像有很多未了的事情，但母親的患病和死亡令我更深信，我多年來從事健康長壽研究和相關的學術寫作道路是正確和迫切的。沒有健康的長壽只會延長痛苦和增加醫療及財政負擔，如何能及早避免「不可逆轉的疾病」出現及「失去自我照顧能力和認知能力」是急不容緩的，這才是真正化解「長壽危機」。人的生命不單有長度，還必須維持有寬度和有品質的生活狀態，這是當代一個非常重要的課題。謝謝母親令我可以「從死看生」燃亮了「希望之光」，讓有限的生命活出無限的精彩，讓生命影響更多生命，永遠懷念您！

2021 年 3 月 30 日

主編　張筱蘭

□ 責任編輯：陳思思
□ 設　計：黃希欣
□ 排　版：時　潔
□ 印　務：劉漢舉

健康長壽：香港實證研究

□
主編
張筱蘭

□
出版
中華書局（香港）有限公司
香港北角英皇道 499 號北角工業大廈一樓 B
電話：(852) 2137 2338　傳真：(852) 2713 8202
電子郵件：info@chunghwabook.com.hk
網址：http://www.chunghwabook.com.hk

□
發行
香港聯合書刊物流有限公司
香港新界荃灣德士古道 220-248 號
荃灣工業中心 16 樓
電話：(852) 2150 2100　傳真：(852) 2407 3062
電子郵件：info@suplogistics.com.hk

□
印刷
美雅印刷製本有限公司
香港觀塘榮業街 6 號 海濱工業大廈 4 樓 A 室

□
版次
2021 年 5 月第 1 版第 1 次印刷
2021 年 7 月第 1 版第 2 次印刷
© 2021 中華書局（香港）有限公司

□
規格
16 開（230 mm×170 mm）

□
ISBN：978-988-8758-63-0